L'IMPROBABILITÉ
DE L'AMOUR

Vous pouvez consulter le site de l'auteur à l'adresse suivante :
www.hannahrothschild.com

HANNAH ROTHSCHILD

L'IMPROBABILITÉ DE L'AMOUR

Traduit de l'anglais
par Valérie Bourgeois

belfond

Titre original :
THE IMPROBABILITY OF LOVE
publié par Bloomsbury Publishing Plc, Londres

Retrouvez-nous sur
www.belfond.fr
ou www.facebook.com/belfond

Éditions Belfond,
12, avenue d'Italie, 75013 Paris.
Pour le Canada,
Interforum Canada, Inc.,
1055, bd René-Lévesque-Est,
Bureau 1100,
Montréal, Québec, H2L 4S5.

ISBN 978-2-7144-6901-4

Belfond | un département **place des éditeurs**

place
des
éditeurs

À Nell, Clemency et Rose

Prologue

La vente aux enchères (3 juillet)

Ce devait être la vente du siècle.

La foule avait commencé à se masser dès l'aube devant le portique gris monumental de la maison de vente aux enchères Monachorum & Sons (fondée en 1756). En fin d'après-midi, elle s'étirait jusque dans Houghton Street. Des barrières métalliques furent érigées à midi afin de ménager un passage aux invités, et à 16 heures, deux portiers en uniforme déroulèrent un épais tapis rouge entre les colonnes doriques cannelées de l'entrée et le bord du trottoir. Le soleil tapait si fort que la maison, en signe de bonne volonté, distribua gratuitement des bouteilles d'eau et des glaces. Puis Big Ben sonna six coups mélancoliques. La police dévia la circulation et envoya dix agents patrouiller la rue, dont deux à cheval. Parqués dans un coin sur le côté avec leurs escabeaux, leurs ordinateurs portables et leurs objectifs, les paparazzis observaient avec envie à travers la porte ouverte les trois équipes de télévision et les divers journalistes qui avaient réussi à obtenir des accréditations pour couvrir l'événement de l'intérieur.

— Que se passe-t-il ? demanda un badaud à une personne dans la foule.

— Ils vendent ce fameux tableau - vous savez, celui qu'ils ont montré aux infos, expliqua Felicia Speers, qui patientait là depuis le petit déjeuner. *L'Impossibilité de l'amour.*

— *L'Improbabilité de l'amour,* la corrigea son amie Dawn Morelos, avant de répéter le mot en détachant lentement chaque syllabe. L'im-pro-ba-bi-li-té.

— Peu importe. Tout le monde voit de quoi je parle, répliqua Felicia en riant.

— Et les autorités craignent des débordements ? s'étonna l'homme en observant tour à tour les chevaux de la police et les gardes baraqués de chez Monachorum.

— Pas de débordements, non. Seulement, tout le gratin de la société est réuni ici, répondit Dawn en brandissant son Smartphone et un carnet d'autographes dont la couverture arborait les mots « Rock et Royauté » en lettres dorées et gaufrées.

— Quoi, tout ce cirque pour un tableau ?

— Oui, mais pas n'importe lequel, dit Felicia. Vous n'avez pas lu les articles de presse à son sujet ?

Au sommet des larges marches de Monachorum, quatre jeunes femmes en robe noire et talons hauts, tablette à la main, attendaient de cocher des noms - il s'agissait d'une vente sur invitation uniquement. À certains endroits bien placés, la foule au-dehors entrevoyait vaguement le splendide intérieur. Ancien lieu de résidence des ducs de Dartmouth à Londres, le bâtiment comptait parmi les plus beaux palais palladiens encore debout en Europe. Le vestibule était assez grand pour accueillir deux bus à impériale, et son plafond en plâtre peint dans des tons roses et dorés offrait aux regards une profusion d'angelots joufflus et de sublimes sirènes. Un immense escalier – que huit cavaliers auraient pu monter de front – menait à la salle de vente proprement dite, un atrium aux murs couverts de marbre blanc et vert, éclairé en haut par trois rotondes. À bien des égards, ce cadre n'était absolument pas adapté à l'exposition d'œuvres d'art, mais au moins générait-il un maelström parfait d'admiration et de désir.

Dans une pièce adjacente, une vingtaine de jeunes gens à la mise impeccable recevaient leurs dernières instructions. Il faisait une chaleur étouffante ce soir-là mais, par chance, l'air conditionné maintenait la pièce à 18 degrés. Planté devant eux, le commissaire-priseur et grand ordonnateur de la vente, le comte Beachendon, vêtu pour l'occasion d'un smoking, s'exprimait d'une voix ferme et posée, fruit d'un art de vivre et d'une prétendue supériorité aristocratique transmis dans la famille depuis huit générations. Beachendon avait fait ses études à Eton et Oxford, mais en raison du penchant de son père pour la table de roulette, il était le premier membre de cette illustre lignée à avoir dû trouver un emploi fixe.

Il jaugea son équipe. Cela faisait quatre semaines qu'ils se préparaient à parer à toute éventualité, d'un simple talon cassé à une tentative d'assassinat. La présence en ce lieu de médias internationaux et d'un grand nombre des plus importants clients de Monachorum imposait une organisation aussi rigoureuse et précise qu'une montre suisse. Cette soirée ferait date dans l'histoire du marché de l'art : il y avait fort à parier qu'un tableau batte ce jour-là le record du prix le plus élevé jamais atteint.

— Le monde entier aura les yeux rivés sur nous, déclara Beachendon à son auditoire fasciné. Des centaines et des centaines de milliers de personnes. La moindre petite erreur transformera ce triomphe en désastre. Il n'est pas seulement question ici de Monachorum, de nos primes, ou même de la vente d'un tableau. Cet événement influera sur l'image d'un secteur qui pèse plus de 100 milliards de dollars chaque année, et la manière dont nous le gérerons restera gravée dans les mémoires sur tous les continents. Inutile de vous rappeler que nous évoluons dans l'arène internationale. Il est temps que notre contribution à la richesse et au bien-être des nations soit reconnue.

— Bonjour la pression, ironisa quelqu'un.

Le comte ignora l'intervention.

— D'après les recherches très poussées que nous avons menées, les clients dont vous aurez la charge seront les principaux enchérisseurs. Vous devrez les bichonner, les cajoler et les encourager à aller toujours plus loin. Persuadez-les du prestige que recèle l'acte d'achat. Excitez leur curiosité et leur instinct de compétition. Utilisez toutes les armes à votre disposition. Répandez autour d'eux une suavité parfaitement dosée. Rappelez-leur qu'ils sont uniques, indispensables, talentueux et riches, et surtout que cette maison est le seul endroit où ils sont appréciés et compris à leur juste valeur. Pour un soir, oubliez l'amitié et la morale. Ne pensez qu'à la victoire.

Beachendon contempla les visages rouges d'excitation devant lui.

— Chacun de vous doit veiller à ce que son protégé se sente particulièrement important. Important avec un grand I. Même s'ils ne réussissent pas à rafler la mise, je tiens à ce que ces ultra-riches repartent à la fin en mourant d'impatience de revenir et de remporter la manche suivante. Personne ne doit se faire l'effet d'être un loser ou un tocard. L'idée est plutôt de leur donner l'impression qu'un tout petit détail a joué contre eux et qu'ils triompheront la prochaine fois.

Le comte passa devant chacun de ses employés en les examinant. Pour eux, cette soirée se résumait à une expérience galvanisante avec un éventuel bonus à la clé. Pour lui, son enjeu tenait en deux mots : misère et fierté.

— Maintenant – et je m'adresse en particulier à vous, mesdames –, rappelez-vous que votre mission est de servir et de ravir. Je vous laisse libres d'interpréter ça comme bon vous semble, dès lors que vous restez discrètes.

Quelques rires nerveux fusèrent dans les rangs.

— Lorsque je lirai le nom des invités, j'aimerais que ceux d'entre vous qui leur sont affectés fassent un pas en avant. Vous devez tous savoir de quoi ils ont l'air, ce qu'ils aiment ou pas, ainsi que leurs petites excentricités.

Beachendon marqua une pause avant de lâcher sa blague politiquement incorrecte mille fois répétée :

— Ne servez pas d'alcool aux musulmans ni de sandwiches au jambon aux juifs.

Son auditoire s'esclaffa sagement.

— Qui s'occupe de Vlad Antipovsky et de Dmitri Voldakov ?

Deux jeunes femmes levèrent la main, l'une vêtue d'un fourreau en taffetas noir, l'autre d'une robe dos nu en soie verte.

— Venetia et Flora, rappelez-vous que ces deux-là s'étriperont à la première occasion. Nous avons réussi à réduire le nombre de leurs gardes du corps au strict minimum et nous leur avons demandé de laisser leurs armes à feu chez eux – adopter une politique de prévention est encore ce que nous pouvons faire de mieux. Mais tenez-les éloignés l'un de l'autre, compris ?

Venetia et Flora hochèrent la tête.

— Viennent ensuite leurs Altesses royales, l'émir et la princesse d'Alwabbi, dit Beachendon en consultant sa liste.

Tabitha Rowley-Hutchinson, la plus âgée de l'équipe, portait une robe de satin bleu roi qui ne laissait voir que son long cou et ses fins poignets.

— Tabitha, quel sujet devez-vous éviter à tout prix ?

— Je ne mentionnerai pas le soutien supposé d'Alwabbi à al-Qaida, ni les autres femmes de l'émir, ni les violations des droits de l'homme dans son pays.

— Li Han Ta. Avez-vous été briefée sur M. Lee Lan Fok ?

Li Han Ta acquiesça gravement.

— N'oubliez pas : les Chinois ne triompheront peut-être pas aujourd'hui, mais ils représentent l'avenir.

En balayant la pièce du regard, le comte vit que tout le monde autour de lui partageait son opinion.

— Qui s'occupera de Son Excellence le président de la République française ?

Marie de Nancy avait opté pour un tailleur-pantalon en soie bleue.

— Je l'interrogerai sur ses fromages préférés, la première dame et la peinture française, mais je ne mentionnerai ni la dernière victoire remportée par un Britannique sur le Tour de France, ni sa maîtresse, ni sa cote de popularité, récita-t-elle.

— Très bien. Qui se chargera du très honorable Barnaby Damson, le ministre de la Culture ?

Un jeune homme fit un petit bond en avant. Il portait quant à lui un costume en velours rose et ses cheveux étaient ramenés en pointe vers l'arrière, selon une mode très en vogue dans les années 1950.

— Un peu plus de subtilité, je vous en prie. Le ministre est peut-être de ce bord-là, mais il n'aime pas qu'on le lui rappelle publiquement.

— Je me disais que je pourrais discuter ballets avec lui. Il adore la danse classique.

— Tenez-vous-en au football et au cinéma. Bien, qui est en charge de M. M. Powder Dub-Box ?

Ces derniers mois, le rappeur le plus célèbre de la planète avait surpris le monde de l'art en achetant plusieurs œuvres iconiques. Du haut de ses 2,10 mètres et de ses 125 kilos, M. M. Powder Dub-Box ne passait pas franchement inaperçu - sans compter qu'il se déplaçait en général avec un cortège d'assistants en costume noir et de femmes à moitié nues. Il était semble-t-il intraitable, aussi. Influencé par les drogues et l'alcool, exacerbé par sa triste notoriété, son comportement lui avait souvent valu d'être arrêté mais, pour l'heure, jamais condamné. Deux armoires à glace en costume-cravate firent un pas en avant. Vassily était un ex-champion de boxe russe, catégorie poids moyens, et Elmore, un ancien de Harvard spécialiste du sport.

À la vue des deux hommes, Beachendon eut une petite pensée pour son service des ressources humaines qui avait réussi à lui dénicher des colosses pareils dans ce milieu peuplé d'esthètes fluets.

— On continue. Qui tiendra compagnie à Stevie Brent ?

Dotty Fairclough-Hawes avait osé une minijupe rayée et une brassière qui la faisaient ressembler à une pom-pom girl.

— On n'est pas là pour la finale du championnat de base-ball, jeta sèchement Beachendon.

— Mais ça pourrait l'aider à se sentir comme chez lui.

— Il dirige un fonds spéculatif et essaie de masquer les grosses pertes qu'il a subies récemment. La dernière chose dont il a besoin, c'est une fan survoltée des Boston Red Sox qui attirera l'attention sur le fait qu'il n'a pas les moyens d'acheter ce tableau. Dotty, vous êtes la seule personne ici dont la mission est de ne *pas* laisser son protégé se porter acquéreur. Selon nos sources, il est en déficit de quatre milliards de dollars. Je me fiche qu'il lève sa plaquette au début, mais je ne veux pas qu'il y touche une fois que les enchères auront franchi la barre des deux cents millions de livres sterling.

Dépitée, la jeune femme partit en quête de sa robe de bal en taffetas bleu.

— Oh, j'oubliais ! lui lança Beachendon. Ne lui proposez pas de Coca-Cola. Il a misé sur une chute des cours, mais ils ont augmenté de 18 pour cent.

Le comte passa ainsi en revue sa liste de VIP en veillant à ce que chaque invité dispose d'un assistant idoine.

— Mme Appledore ? Merci, Céline. Le comte et la comtesse de Ragstone ? Merci, John. M. et Mme Hercules Christantopolis ? Merci, Sally. M. et Mme Mahmud ? Lucy, très bien. M. et Mme Elliot Slicer, quatrième du nom ? Parfait, Rod. M. Lee Hong Quiuo-Xo ? Merci, Bai. M. et Mme Bastri ? Merci, Tam.

Venetia Trumpington-Turner leva la main.

— Qui s'occupera des vendeurs ?

— Cette tâche importante et délicate incombe au président de notre conseil d'administration, répondit le comte.

Tout le monde en prit note d'un air sérieux.

— Le reste d'entre vous devra veiller à ce que le commun des mortels soit bien à sa place, continua-t-il. Les directeurs des musées du monde entier seront assis au rang H. Les rédacteurs en chef des journaux, au rang I. Les autres journalistes ne sont pas autorisés à sortir de la zone qui leur est réservée, à l'exception de certaines plumes célèbres – Camilla a tous les noms. Les grosses fortunes sont aux rangs J, K, L et M. Les grands marchands d'art, aux rangs P et Q. Je veux que les quelques top models et actrices invitées ce soir soient éparpillées ici et là, histoire d'apporter une touche de glamour, mais aucune de celles qui ont franchi le cap de la quarantaine ou de la taille 36 ne saurait être surclassée. Et toutes les célébrités qui ne sont pas de premier plan resteront debout.

Beachendon bomba le torse.

— Mesdemoiselles, filez remettre du rouge à lèvres. Messieurs, ajustez vos nœuds de cravate et allez vous placer en rang près de l'entrée. Faites de votre mieux.

La limousine de Mme Appledore avançait lentement. Le trajet de l'hôtel Claridge jusqu'à Houghton Street prenait dix minutes en temps normal, mais il y avait des travaux et des déviations sur la route, et les véhicules roulaient au pas autour de Berkeley Square. Cette soirée de juin était inhabituellement chaude. Les Londoniens, persuadés d'entrevoir le soleil pour la première et dernière fois cette année-là, sortaient des pubs pour boire leur verre sur les trottoirs. Les hommes ôtaient leur veste, dévoilant des taches humides et sombres sous leurs aisselles, tandis que les femmes portaient des robes qui découvraient leurs bras et leurs jambes rose crevette. Au moins avaient-ils l'air à peu près joyeux, nota Mme Appledore. Les Britanniques étaient si lugubres et taciturnes en hiver. À mesure que sa voiture remontait Berkeley Street, elle se fit la réflexion qu'elle assisterait peut-être ce soir-là à sa dernière grande vente aux enchères. Elle allait sur ses quatre-vingts ans, et le voyage qu'elle effectuait chaque année pour assister aux ventes londoniennes perdait de son charme. Autrefois, elle connaissait toutes les personnes présentes dans la salle et, plus important encore, tout le monde la connaissait.

Melanie Appledore gardait les yeux tournés vers l'avenir, mais regrettait les codes et les usages du passé. Née Inna Pawlokowski en Pologne en 1935, elle avait perdu toute sa famille lors du massacre de la forêt de Katyn perpétré par les troupes soviétiques. Prise en charge par des bonnes sœurs jusqu'à la fin de la guerre, elle avait ensuite été envoyée en Amérique en 1948 avec trois mille autres orphelins. Elle avait rencontré son futur mari Yannic sur leur bateau de réfugiés, le *Cargo of Hope*, et bien qu'ils n'aient été âgés que de treize ans à l'époque, il l'avait demandée en mariage au moment où ils passaient devant la statue de la Liberté. Elle avait promis de lui donner six enfants (elle en avait eu neuf) et il avait juré de les rendre tous deux millionnaires (à sa mort, en 1990, son patrimoine avait été évalué à six milliards de dollars). Le jour de leur mariage, en 1951, Inna et Yannic avaient abandonné leurs noms d'origine au profit de Melanie et Horace Appledore. Depuis lors, ils n'avaient plus jamais prononcé un mot de polonais. Leur première boutique, ouverte dès le lendemain du mariage, louait des costumes et des chaussures à des immigrants pauvres qui avaient besoin de se présenter sous leur meilleur jour lors d'entretiens d'embauche. Très vite, Appledore Inc. avait aussi englobé des biens immobiliers, des ateliers de confection et des fonds d'investissement. Sachant par expérience que les nouveaux arrivants aux États-Unis travaillaient beaucoup plus dur que les autochtones, ils avaient financé de jeunes entreprises en échange de quelques parts dans ces dernières et d'intérêts sur leur capital. Grâce à la loi sur les personnes déplacées, des vagues d'immigrants s'étaient succédé sur les rivages américains, et les Appledore avaient ainsi aidé des Européens, des Mexicains, des Coréens, des Caribéens et des Vietnamiens. À l'aube du XXIe siècle, le couple détenait des parts modestes, mais non négligeables – et surtout très rentables –, dans des sociétés familiales réparties sur tout le territoire.

Melanie avait compris que l'argent seul ne garantissait pas un siège à la meilleure table. Résolue à se faire une place dans les hautes sphères de Park Avenue et consciente qu'il lui faudrait assimiler certains codes si elle voulait afficher elle aussi le plus naturellement du monde le comportement raffiné et convenu de ce milieu, elle avait engagé des Prix Nobel, des directeurs de musée et des dames de bonne famille victimes de revers de fortune en leur demandant de lui enseigner tout ce qui pouvait favoriser son ascension sociale. Elle avait appris à disposer l'argenterie sur une table, à reconnaître les cépages et les mouvements artistiques, à différencier un allegro et un staccato. Et grâce à eux, elle savait aussi quel pourboire donner au majordome d'un duc, vers qui se tourner lors d'un repas et dans quel sens faire circuler une bouteille de porto. En comparaison, songeait-elle avec nostalgie, les nouvelles générations portaient leur vulgarité en étendard.

Horace et Melanie avaient subventionné de nombreuses institutions culturelles et contribué notamment à la reconstruction de la Fenice à Venise ainsi qu'à la restauration d'une toute petite église à Aix-en-Provence. Cependant, leur grande passion était un manoir que l'industriel Lawrence D. Smith avait fait ériger en 1924 en gage de son amour pour son épouse française. Située sur les rives de l'Hudson, à soixante-dix kilomètres environ au nord de Manhattan, la bâtisse s'étendait sur quatre-vingt-dix mètres de long et sa surface au sol couvrait près d'un hectare et demi. Sa femme étant malheureusement décédée juste après la fin des travaux, Lawrence D. Smith, le cœur brisé, n'y avait jamais emménagé, et les lieux étaient restés vides et abandonnés jusqu'à ce que les Appledore les rachètent en 1978 pour la royale somme de 100 dollars.

Le manoir Smith fut rebaptisé musée Appledore des Arts décoratifs français. Horace et Melanie avaient consacré les décennies suivantes et la majeure partie de leur immense fortune à restaurer le bâtiment et à donner naissance à l'une des plus grandes collections de meubles et d'œuvres d'art français en dehors de l'Europe. Posséder des biens de valeur leur donnait le sentiment d'être des personnes de valeur. À présent, souffrant de problèmes cardiaques et d'ostéoporose, Mme Appledore avait décidé de consacrer jusqu'au dernier sou de sa fondation caritative à l'acquisition de *L'Improbabilité de l'amour*. Tant pis si cela devait la mettre sur la paille. De toute façon, elle avait déjà un pied dans la tombe et ses enfants ne manquaient de rien.

Sa robe Chanel, dont la soie vert citron rappelait le feuillage des arbres du tableau, avait été choisie par Karl Lagerfeld et elle-même en hommage à l'œuvre d'art. Sa tenue était rehaussée d'un simple collier en diamants et de clips d'oreilles. Rien ne devait détourner l'attention de son dernier grand achat. Ce matin-là, elle avait demandé une nouvelle permanente en insistant pour que ses boucles soient un tantinet plus souples et plus roses que la fois précédente. Elle voulait être parfaite au moment de la victoire. À la même heure le lendemain, tous les journaux publieraient une photo du tableau et de sa nouvelle propriétaire, et elle annoncerait lors d'une conférence de presse le don immédiat au musée Appledore de toute sa collection personnelle, à laquelle s'ajouterait bien sûr *L'Improbabilité de l'amour*. Si seulement son cher et tendre époux avait pu être encore là pour assister à son ultime coup de maître.

Assis devant son ordinateur dans sa nouvelle maison de Chester Square, Vladimir Antipovsky tapa dix-sept mots de passe différents, approcha son œil d'un dispositif de reconnaissance rétinienne et plaça ses doigts dans le lecteur d'empreintes digitales avant de transférer 500 millions de dollars sur son compte courant. Il était prêt à risquer plus que sa fortune pour acquérir le tableau.

L'émir d'Alwabbi attendait que sa femme, la princesse Midora, le rejoigne dans sa voiture blindée garée devant l'hôtel Dorchester de Londres. Assister à une vente aux enchères était pour lui une torture. Homme réservé, il évitait depuis toujours les flashs des photographes et la curiosité moqueuse des journalistes – et donc toute apparition publique. Il n'avait consenti une entorse à cette règle que lorsque son cheval, Fighting Spirit, avait remporté le derby d'Epsom. En ce jour de gloire, rêve de toute une vie, l'émir n'avait pu résister au plaisir de s'avancer devant Sa Majesté la reine afin de recevoir le magnifique trophée au nom de son tout petit émirat. Il se désolait de voir tant de gens ignorer que les purs-sangs descendaient tous de quatre chevaux arabes. Les Anglais en particulier le consternaient, eux qui se plaisaient à croire que de bonnes méthodes d'élevage et la sélection naturelle expliquaient à elles seules comment leurs poneys trapus aux pattes arquées et à la crinière hirsute avaient pu engendrer ces magnifiques destriers.

L'émir avait voulu construire dans son pays enclavé un musée dédié à la plus belle conquête de l'homme. Durant des siècles, les chameaux et les chevaux avaient été le seul moyen de subsistance de sa famille, les gisements de pétrole n'ayant été découverts qu'au cours des trois décennies précédentes. Mais sa femme avait affirmé qu'il n'attirerait jamais un seul visiteur. Seul l'art pouvait inciter les gens à voyager. Elle avait mis en avant le succès des projets lancés au Qatar et à Dubai, ou encore la métamorphose de Bilbao et de Hobart, deux villes pourtant perdues au milieu de nulle part. Ces arguments n'ayant pas réussi à convaincre son mari, elle avait tempêté et clamé qu'il ne lui faudrait même pas l'équivalent d'une semaine de production de pétrole brut pour construire le plus grand musée du monde. L'émir avait cédé. Le bâtiment édifié était perçu à l'échelle internationale comme le chef-d'œuvre du meilleur architecte du moment, une ode à la civilisation et à l'art. Seulement, il y avait un problème fondamental que ni la princesse, ni son armée de conseillers, ni ses designers, ni même son éminent architecte n'avaient anticipé : le musée était vide. Les visiteurs déambulaient dans ses vastes salles en s'émerveillant devant les jeux d'ombre, le système parfait de contrôle de la température, les sols en marbre, l'éclairage ingénieux, mais rien ou presque ne brisait la monotonie de ses interminables murs immaculés : l'art en ces lieux était absent.

Quatre étages au-dessus de son mari, dans la suite royale du Dorchester, la princesse achevait de se préparer devant sa coiffeuse. À quarante-deux ans – après avoir été fiancée à neuf ans, mariée à treize et mère de quatre enfants à vingt –, elle savait que son avenir était assuré grâce à l'héritier qu'elle avait donné au royaume d'Alwabbi. Son mari et ses courtisans, qui ne pouvaient guère tempérer sa frénésie dépensière, en étaient réduits à la regarder s'arroger les plus belles pièces des salles de vente et tirer leurs prix vers de nouveaux sommets. La princesse avait à présent besoin d'un coup d'éclat. Hélas pour elle, la plupart des grandes œuvres d'art se trouvaient dans des collections nationales ou privées, mais dès l'instant où elle avait posé les yeux sur *L'Improbabilité de l'amour*, elle avait compris qu'elle tenait le futur joyau de son musée. Un joyau capable d'attirer les touristes du monde entier. Et, contrairement à ceux qui souhaitaient l'acquérir à un prix raisonnable, elle voulait que les enchères s'emballent et que son tableau (car elle partait depuis longtemps du principe qu'il serait sien) soit le plus cher jamais acheté. Plus il y aurait de battage médiatique autour de la vente, mieux cela vaudrait. Ainsi, pendant que son mari remporterait des courses de chevaux, elle triompherait dans la grande arène internationale de l'art, et les écrans de tous les pays la montreraient en train de se battre pour rafler la mise. Au terme d'une longue lutte acharnée, les dirigeants d'Alwabbi arracheraient la victoire face aux collectionneurs les plus riches et les plus cupides. Ce serait la consécration de son rêve et la meilleure des publicités, songea-t-elle en traçant un dernier trait de khôl autour de ses beaux yeux noirs.

Puis elle tapa dans ses mains, et sept dames de compagnie surgirent en lui présentant chacune une robe haute couture. La princesse ne portait qu'une infime partie des vêtements réalisés pour elle, mais elle aimait avoir le choix. Ce soir-là, elle regarda les tenues qui lui étaient proposées – toutes griffées

Elie Saab, McQueen, Balenciaga, Chanel ou de la Renta – et, après quelques instants de réflexion, opta plutôt pour une nouvelle robe Versace en soie noire parsemée de fils d'or et bordée de pièces en or massif qui tintaient doucement lorsqu'elle marchait. Sa longue abaya noire la masquerait, mais au moins ses bottines Manolo Blahnik en chevreau blanc souligné de vison seraient-elles visibles : avec leurs talons incrustés de diamants 24 carats, elles ne manqueraient pas de renvoyer la lumière des flashs lorsqu'elle s'avancerait sur l'estrade afin d'examiner sa plus belle acquisition.

Dans son deux-pièces d'East Clapham, un autre quartier de Londres, la critique d'art Delores Ryan pleurait de désespoir. Le seul moyen pour elle de sauver sa réputation aurait été de détruire le tableau, ou de se détruire elle-même, ou les deux. Qui ignorait encore que l'une des plus grandes spécialistes de l'art français du XVIIIe siècle, à savoir elle, avait eu sous les yeux *L'Improbabilité de l'amour* et n'y avait vu qu'une vulgaire copie ? Une malencontreuse erreur d'attribution, un simple jugement malavisé, avait suffi à détruire le travail de toute une vie et une réputation qui reposait entièrement sur son dur labeur et sur ses connaissances. Elle avait beau avoir plus de quatre triomphes à son actif, dont la découverte d'un Boucher à Stourhead, d'un Fragonard à Fonthill et, le plus spectaculaire de tous, d'un Watteau accroché sous une fausse étiquette dans la cantine du personnel du Rijksmuseum, cela n'avait plus aucune importance. Elle resterait à jamais dans l'histoire comme la demeurée qui s'était cassé les dents sur *L'Improbabilité de l'amour*.

Peut-être aurait-elle dû accepter la demande en mariage de lord Walreddon, toutes ces années plus tôt. Elle serait à présent la maîtresse d'un manoir et vivrait dans un décor grandiose, quoique décrépit, entourée d'une ribambelle d'enfants bruyants et de labradors noirs vieillissants. Mais son premier et unique amour était l'art. Elle croyait au pouvoir transformateur de la beauté. La compagnie de Johnny Walreddon l'ennuyait à mourir, alors que la vue d'un Titien lui arrachait des larmes de ravissement. Tel un moine attiré par la prêtrise, elle avait donc renoncé à tous les plaisirs terrestres (ou presque) dans sa quête d'un plus noble paradis.

Son incapacité à voir l'importance du tableau et la folie qui entourait cette vente lui avaient fait perdre non seulement la face, mais aussi la foi. Elle ne se sentait plus à sa place dans ce milieu qui ne dissociait plus l'art et l'argent et qui reléguait la spiritualité et la beauté au second plan. Même elle désormais regardait les tableaux en s'interrogeant sur leur valeur. Ses œuvres chéries n'étaient plus que des biens monnayables. Pis encore, ce domaine de connaissance qui possédait sa propre langue et ses propres codes s'était démystifié : pas plus tard que la veille, elle avait entendu deux petites frappes discuter dans un café des mérites comparés de Boucher et Fragonard. Delores n'était plus une grande prêtresse au service de l'Art, mais simplement une vieille fille comme tant d'autres dans un appartement en location.

Elle pleura sur ses années d'études gâchées, sur toutes ces heures passées à lire des monographies et des analyses, sur ses vacances sacrifiées dans des bibliothèques souterraines. Elle pleura sur les tableaux qu'elle avait tenus dans ses mains et qui, si elle avait eu un peu plus de jugeote sur le plan financier, lui auraient permis de vivre à jamais dans le confort et l'opulence. Elle pleura sur les enfants qu'elle n'avait pas eus et sur cette autre existence qu'elle aurait pu mener. Anéantie, elle mesurait à quel point elle avait manqué dans sa jeunesse de clairvoyance et de sagesse pour ne pas avoir anticipé un tel dénouement.

À 19 heures précises, une heure avant le début de la vente, un brouhaha fiévreux accueillit l'arrivée d'une première limousine devant la maison de ventes aux enchères. Liudmila savait faire des entrées remarquées. Lentement, très lentement, elle déplia une longue jambe hors de la voiture. Les flashs des paparazzis crépitèrent et, n'étaient certains autres événements, l'image de cette jambe en bas résille émergeant d'une Bentley noire aurait fait la une de tous les tabloïds, de Croydon jusqu'au Kurdistan. Son fiancé, Dmitri Voldakov, qui contrôlait 68 pour cent de la potasse mondiale et pesait plusieurs dizaines de milliards de livres sterling, n'attira l'attention d'aucun photographe. Cela ne le gênait pas : moins il y aurait de gens qui savaient à quoi il ressemblait, moins il risquerait d'être assassiné ou kidnappé. Il leva les yeux vers les toits des immeubles alentour et fut soulagé de voir ses hommes à leur poste, armés et aux aguets. Les deux gardes du corps autorisés à entrer à l'intérieur du bâtiment avaient déjà pris place à ses côtés. Dmitri supposait que ce petit parvenu de Vlad ferait tout pour lui damer le pion ce soir-là. Qu'il essaie un peu.

— Liudmila ! Liudmila ! crièrent les photographes.

La jeune femme pivota d'un côté et de l'autre avec une petite moue parfaite.

Surgirent ensuite deux Range Rover customisées d'un blanc éblouissant et résonnant chacune d'une musique rap diffusée à plein volume.

La nouvelle se répandit comme une traînée de poudre dans la foule.

— C'est M. Power Dub-Box ! Power Dub-Box !

D'imposants gardes du corps portant des costumes noirs et des boucles d'oreilles voyantes sortirent vivement de la première voiture et se précipitèrent vers la seconde. Lorsque la portière s'ouvrit, la rue entière vibra au rythme du plus grand succès de M. Power Dub-Box, « I Is da King ». Vêtu simplement d'un jean et d'un T-shirt, l'autoproclamé grand prêtre du rap était accompagné de trois femmes qui semblaient quant à elles dans le plus simple appareil.

— Elles doivent se réjouir qu'il fasse chaud ce soir, dit Felicia à Dawn.

— La dernière a-t-elle seulement un vêtement sur elle ? s'enquit son amie, qui observait la scène avec étonnement.

— Sa brassière est couleur chair.

— Je ne te parle pas de ça, répliqua Dawn en prenant avec son téléphone une photo des fesses nues de la femme au moment où elle disparaissait dans la maison de vente aux enchères.

Pendant ce temps, dans le hall d'entrée de Monachorum, le comte Beachendon s'avançait pour accueillir le musicien.

— C'est un immense plaisir de vous rencontrer, monsieur M. Power Dub-Box.

Il tenta sans succès de ne pas dévisager les femmes dévêtues qui suivaient le rappeur. M. Power lui tapa mollement dans la main avant de se tourner vers les équipes de télévision. Aussitôt, ses trois escortes féminines prirent la pose à ses côtés comme des pétales autour d'une grosse étamine.

— Hello ! lança Marina Ferranti, la petite présentatrice de *BBC Arts Live*, en saluant M. Power Dub-Box comme s'il s'agissait d'un ami perdu de vue depuis longtemps. Pourquoi êtes-vous ici ce soir ?

— J'aime faire du shopping.

— Et pas dans n'importe quelle boutique, visiblement !

— Yep.

— Vous espérez acheter ce tableau ?

— Yep.

— Combien êtes-vous prêt à dépenser ?

— Ce qu'il faudra.

— Fera-t-il une bonne couverture d'album, à votre avis ?

— Bien sûr que non, répliqua le rappeur en la fixant avec incrédulité.

La BBC n'ignorait tout de même pas que les

albums étaient totalement ringards ? Désormais, il n'était plus question que de propagation virale sur les réseaux sociaux et les sites de partage en ligne.

— Alors pourquoi souhaitez-vous l'acheter ? insista Marina.

— Parce qu'il me plaît.

Et, sur ces belles paroles, le rappeur la planta là.

Imperturbable, Marina et son équipe de télévision encerclèrent le comte Beachendon.

— Lord Beachendon, êtes-vous surpris par l'attention dont bénéficie ce tableau ?

— *L'Improbabilité de l'amour* est l'œuvre d'art la plus exceptionnelle que Monachorum ait jamais eu le plaisir de mettre en vente.

— De nombreux experts s'accordent à penser qu'il ne s'agit que d'une esquisse et que sa valeur estimée est sans commune mesure avec son importance.

— Laissez-moi vous répondre par une autre question : comment évalue-t-on une œuvre d'art ? Cela n'a rien à voir avec la peinture utilisée, la toile, ou même le cadre. Non, la valeur d'une œuvre est déterminée par le désir. Tout dépend de qui veut la posséder, et à quel point.

— Vous croyez vraiment que ce petit tableau vaut des dizaines de millions de livres ?

— Des *centaines* de millions.

— Comment pouvez-vous l'affirmer ?

— Ce n'est pas moi qui en décide, dit le comte en souriant. Mon travail consiste à présenter le tableau sous son meilleur jour. La vente aux enchères fixera ensuite son prix.

— C'est la première fois qu'une œuvre fait l'objet d'une campagne marketing comprenant une exposition itinérante dans le monde entier, une biographie, une application, un site Internet, un film et un documentaire, non ?

— Nous avons estimé nécessaire de resituer cette toile dans son contexte en utilisant tous les moyens technologiques modernes. Nous avons affaire ici à un tableau qui a initié un nouveau mouvement artistique et changé l'histoire de l'art. Sa provenance est également sans égale puisque *L'Improbabilité de l'amour* a appartenu à quelques-unes des plus grandes figures des siècles passés. Cette toile a été témoin d'actes de grandeur et d'atrocités, de passions et de haines. Si seulement elle pouvait parler.

— Mais elle ne le peut pas.

— J'en ai bien conscience, reconnut le comte d'un ton sec et condescendant. Mais quiconque ayant un vernis de culture est capable d'imaginer quels événements et personnages célèbres lui sont associés. L'heureux nouveau propriétaire de cette œuvre accolera à jamais son nom aux leurs.

Marina ne lâcha pas le morceau.

— Une seule des personnes que j'ai interrogées ce soir déclare aimer ce tableau – M. Power Dub-Box. À part lui, tout le monde semble vouloir l'acquérir pour d'autres raisons. Le ministre français de la Culture et l'ambassadeur de France mettent en avant son importance capitale aux yeux de leur pays. Le directeur de la National Gallery m'a expliqué que la peinture française du XVIIIe siècle était sous-représentée à Trafalgar Square. Les Takris veulent l'accrocher dans leur nouveau musée à Singapour. Steve Brent, dans son casino de Las Vegas. Et la liste ne s'arrête pas là. Serait-il incongru d'aimer l'art de nos jours ? Posséder des tableaux n'est-il plus qu'un moyen d'étaler sa fortune ?

— Des invités de marque viennent de nous rejoindre. Il faut que j'aille les accueillir, répondit Beachendon d'une voix doucereuse.

— Une dernière question, lança Marina. À combien espérez-vous vendre ce tableau ce soir ?

— Je ne doute pas qu'un nouveau record mondial sera établi. Maintenant, si vous voulez bien m'excuser...

Conscient d'en avoir trop dit, le comte s'éloigna rapidement pour aller saluer l'émir et la princesse d'Alwabbi.

Une demi-heure plus tard, une fois les principaux invités dûment confiés à leurs assistants, le comte s'éclipsa par une grande double porte en acajou donnant accès au saint des saints de Monachorum. Appuyé contre son estrade en bois sombre, il contempla les rangées de chaises vides devant lui, puis les postes téléphoniques qui bordaient le fond de la salle. Il était là dans son amphithéâtre, dans son arène. Encore vingt minutes et il présiderait l'une des batailles les plus féroces de l'histoire de l'art. L'arsenal des enchérisseurs se composait de livres sterling, de dollars et de quelques autres monnaies. Ses armes à lui étaient un marteau et la voix de l'autorité. Il devrait réguler les assaillants, obtenir d'eux les plus beaux coups dont ils étaient capables et empêcher les différentes factions de se détruire trop rapidement. Lorsque les émotions atteignaient un tel niveau d'intensité, lorsque les enjeux excédaient de beaucoup l'orgueil et l'argent, lorsque voisinaient ego démesurés et anciennes plaies à vif, tout pouvait déraper, il le savait.

Il baissa les yeux sur son calepin noir qui renfermait ses notes secrètes sur tous les participants à la vente – où ils seraient assis et quelle somme ils étaient susceptibles de débourser. Dans les marges, il avait dressé la liste des acheteurs par téléphone et de ceux qui tenaient à rester anonymes. Au cours de l'après-midi, quatorze nouveaux candidats s'étaient fait connaître, et ses collègues avaient dû réunir à la hâte leurs références bancaires ainsi que diverses autres garanties. Un acquéreur avait déjà mis 250 millions de livres sur la table – autant dire qu'un record était assuré avant même la première enchère publique. Si personne ne proposait mieux, l'œuvre reviendrait à ce mystérieux inconnu. Beachendon s'échauffa mentalement en énonçant dans sa tête des enchères imaginaires :

Soixante-dix millions, quatre-vingts millions deux cent mille, quatre-vingt-dix millions trois cent mille, cent millions quatre cent mille. L'offre la plus élevée vient de nous parvenir par téléphone. Non, elle est maintenant dans la salle. Elle nous est faite par monsieur. Deux cent cinquante millions cinq cent mille !

Chaque enchère s'afficherait sur de grands écrans et serait convertie simultanément en dollars, en euros, en yens, en yuans, en roupies indiennes et en roupies indonésiennes.

Malgré son air calme et posé, le comte était en proie à une profonde agitation. Un peu plus d'un siècle auparavant, ce tableau avait appartenu à un membre de la branche maternelle de sa famille – et pas des moindres puisqu'il s'agissait de la reine Victoria en personne. Sa vente illustrait à nouveau l'inexorable déclin de sa noble lignée. La valeur fabuleuse et la notoriété de l'œuvre le narguaient en lui rappelant tout ce que les siens avaient perdu : quarante-cinq mille hectares de terres dans le Wiltshire, en Écosse et en Irlande, des propriétés dans les Caraïbes et de grands tableaux signés Van Dyck, Titien, Rubens, Canaletto et Léonard de Vinci. Si seulement on s'était accrochés à celui-là, pensa-t-il tristement en observant la toute petite toile protégée par une vitrine pare-balles. Il s'imagina vivre une autre vie où il ne serait plus obligé de prendre le métro et de s'incliner devant des gens ridiculement riches et leur cortège de parasites, tous ces négociants, ces conseillers, ces agents, ces critiques et ces experts qui tournaient autour d'eux comme des rémoras dans les eaux du marché international de l'art. D'ici une demi-heure, la salle serait remplie de ces gros poissons, et ce serait à lui qu'il reviendrait de leur soutirer le plus d'argent possible. Il se consola à l'idée que, en découvrant personnellement ce chef-d'œuvre, il avait prouvé que les Beachendon avaient conservé leur flair, à défaut de leur fortune.

À l'image du reste du monde, il se demandait quel montant atteindrait le petit tableau. Même son prix estimé le plus bas suffirait à acheter deux ou trois manoirs à Mayfair, ainsi qu'une propriété en Écosse et une autre dans les Caraïbes, à rembourser les dettes de jeu de son fils et héritier, le vicomte Draycott, et à offrir des appartements décents à chacune de ses six filles, Mlles Desdémone, Cordélia, Juliette, Béatrice, Cressida et Portia, dites aussi les demoiselles Sans-le-Sou.

Homme impie, Beachendon n'en était pas moins pragmatique, aussi adressa-t-il une petite prière au Ciel.

Il était tellement plongé dans ses rêveries qu'il ne remarqua pas le jeune homme d'origine chinoise habillé en portier qui examinait le socle recouvert de velours de la vitrine. Des heures plus tard, lorsqu'ils visionneraient les bandes de vidéosurveillance, le service de sécurité et la police s'étonneraient qu'un seul individu ait pu réussir un coup si audacieux en présence du comte, des caméras et des gardes. Presque tous l'avaient pris pour un fils de, un jeune stagiaire parmi tant d'autres qui avait accepté un job prestigieux, mais non rémunéré, dans une grande maison de vente aux enchères en espérant que cela distinguerait son CV des autres. Bien évidemment, les responsables des ressources humaines et de la sécurité démissionnèrent sur-le-champ, mais il était alors trop tard. Bien trop tard.

1

Six mois plus tôt (11 janvier)

Bien qu'elle passât souvent devant Bernoff & Son, Annie n'avait jamais été tentée d'entrer dans ce bric-à-brac. La devanture sale derrière laquelle s'empilaient les rebuts d'autrui avait quelque chose de repoussant. C'était sur un coup de tête qu'elle avait décidé ce samedi matin-là d'en franchir le seuil. Avec un peu de chance, elle y trouverait un cadeau pour l'homme avec lequel elle couchait sans vraiment le connaître.

Elle avait rencontré Robert cinq semaines plus tôt à la Wallace Collection de Manchester Square, lors d'une soirée pour célibataires organisée par l'agence de rencontres L'Art de l'amour. C'était sa première incursion dans le monde de la drague depuis qu'elle était adolescente. Elle y était allée non pas vraiment pour rencontrer quelqu'un, mais plutôt pour étoffer ses connaissances sur l'art. La brochure promettait « des conférences à faire chavirer les cœurs » et « des experts d'envergure internationale » conviés à discuter de tableaux spécifiques. Robert avait attiré son attention durant un débat sur « La passion à la cour de Louis XIV ». Le coup d'œil qu'il lui avait lancé était hésitant, presque défaitiste. D'instinct, elle avait deviné en lui un homme au cœur brisé. Il était beau, mais peu soigneux de sa personne – ses cheveux étaient trop longs, sa chemise mal repassée, et son allure générale un peu pathétique. En résumé, il était séduisant sans être menaçant. Quelques heures plus tard, ils s'étaient embrassés dans une allée derrière Marylebone High Street. Robert lui avait demandé son numéro – par simple politesse, avait-elle supposé. Dès le lendemain, pourtant, il lui envoyait ce texto : « Chère Annie, ma grand-mère disait toujours qu'après une mauvaise chute, il fallait se remettre en selle. Ça te dit d'aller boire un verre ? » Elle l'avait ensuite vu une ou deux fois par semaine pour des rapports sexuels énergiques et quelques conversations décousues. Lorsqu'il lui avait avoué qu'il s'apprêtait à passer son anniversaire tout seul, elle avait offert de lui préparer un bon dîner. Un peu malgré elle, elle s'efforçait de ne pas céder à l'optimisme. Son envie d'aimer et d'être aimée était si forte qu'elle fermait les yeux sur leurs différences. Robert, avocat de Crouch End, était un homme bon et digne de confiance dont la femme avait commis l'impardonnable en s'enfuyant avec son meilleur ami. Lui au moins, pensait-elle, ne se montrerait jamais méchant ni grossier à son égard.

Elle poussa la porte de la boutique, qui s'ouvrit avec une secousse récalcitrante. Un homme se tenait assis dans un coin. Elle eut d'abord du mal à le distinguer de son fauteuil, tant l'un et l'autre étaient pareillement avachis et enveloppés de velours marron. Devant lui, un téléviseur au son coupé diffusait une course de chevaux qui se reflétait sur ses lunettes.

— Vous êtes ouvert ? demanda-t-elle.

Il lui fit signe d'entrer sans détacher les yeux de l'écran.

— Dépêchez-vous de fermer la porte.

Alors qu'elle s'exécutait, un téléphone sonna. L'homme le décrocha d'un geste brusque.

« Antiquités Bernoff, récupération et brocante, dit-il avec l'accent monocorde du sud de Londres. Ralph Bernoff à l'appareil. »

Sa voix était étonnamment jeune et haut perchée. Il paraissait cinquante ans, mais n'en avait sans doute que trente.

« Gaz, mon vieux, t'es devant Channel 4 ? T'as vu, Ninnifer est à 30 contre 1 ! Putain, j'en reviens pas. »

Il se tut pour écouter la réponse de son interlocuteur.

« Évidemment que j'l'aime pas, l'autre merdeux de canasson. Il a couru dans le mauvais sens à Haydock la semaine dernière. Prête-moi quelques livres. Je sais que Ninnifer va casser la baraque. S'il te plaît, vieux. »

Un silence.

« Comment ça, je te dois de l'argent ? » gémit Bernoff.

Un silence.

« Mets ça sur mon ardoise. Ces connards ont dit qu'ils me briseraient les jambes si je ne les remboursais pas ce soir. S'il te plaît, Gaz. Aide-moi. »

Un silence.

Annie se dirigea vers le fond de la boutique, se frayant un chemin entre des services en porcelaine, des piles de livres de poche dont le titre s'affichait en lettres gaufrées sur la couverture, des tasses ébréchées, des bols fêlés, des sachets de perles en plastique, une fausse poupée victorienne et toute une série de mugs en forme de gros bonhomme à tricorne. Ce faisant, elle coula des regards nerveux vers la porte en se demandant si les créanciers de Bernoff n'allaient pas soudain faire irruption dans sa boutique.

« Personne ne m'achètera rien. Personne ! Je ne vois passer que les chieurs habituels du samedi, ceux qui s'emmerdent et me font perdre mon temps », se lamentait-il.

Annie souleva un moule en cuivre victorien en forme de comète. Pourrait-il lui servir ? Robert était né en 1972 et elle comptait lui préparer un dîner inspiré de cette période. Un dessert en gelée sophistiqué serait-il préférable au baba au rhum qu'elle avait prévu ? Elle retourna le moule. Il coûtait trois livres. Plutôt cher pour un seul repas. De toute façon, la gelée n'aurait pas le temps de prendre avant ce soir. Elle reposa l'objet à côté d'une poupée en porcelaine.

« Si tu ne veux pas me prêter 500 livres, disons au moins 25. Je te les rembourserai avec des intérêts quand j'aurai gagné. »

Un silence.

Puis Bernoff raccrocha violemment. Le dénommé

Gaz n'avait pas dû lui donner la réponse qu'il espérait.

Annie s'approcha d'une autre table et feuilleta une édition reliée de *Stalingrad*. Cela plairait-il à Robert ? Non, instructif, mais trop déprimant. Elle examina une boîte incrustée de nacre. Jolie, mais trop féminine. Un peu plus loin, elle aperçut un tableau appuyé contre le mur sur un meuble d'archivage, juste derrière un ficus.

— Je peux ? s'enquit-elle.

— Allez-y.

Bernoff ne leva même pas les yeux et resta affaissé sur son fauteuil, son attention de nouveau tournée vers le téléviseur. Annie prit la toile et l'approcha de la devanture.

— Que savez-vous sur ce tableau ? demanda-t-elle.

— C'est un tableau.

Elle le dévisagea en essayant de déterminer s'il était stupide ou grossier – ou les deux.

— De quand date-t-il ? Qui l'a réalisé ?

— Aucune idée. Ça fait des lustres qu'il traîne là.

— Je cherche un cadeau pour un ami..., dit-elle d'un ton hésitant. Cela pourrait peut-être l'amuser.

Mais Ralph Bernoff n'aimait pas faire la conversation. Il était habitué aux vieilles dames esseulées qui n'arrêtaient pas de jacasser, et si celle-là était un peu plus jeune que les autres, il savait reconnaître une cliente triste et célibataire de plus de vingt-cinq ans. Il l'examina de la tête aux pieds. De jolies jambes, mais pas assez de poitrine. Il aurait fallu qu'elle éclaircisse sa couleur de cheveux et qu'elle porte une jupe courte pour avoir une chance de trouver quelqu'un.

— Nous partageons un certain intérêt pour la peinture, lui confia Annie en rougissant devant son regard indiscret. Ce tableau pourrait lui plaire. Il m'en rappelle un que nous avons vu à la Wallace Collection.

— Si vous le dites, répliqua Ralph en consultant sa montre et en fouillant dans ses poches comme si de la monnaie avait pu y apparaître par magie.

— D'où vient-il ?

— Aucune idée. Il faisait partie de la boutique. Mon père a racheté ce bazar et tout ce qu'il contenait. Ç'a été la pire décision qu'il ait jamais prise.

— Et combien le vendez-vous ? demanda Annie en tirant sur la manche de son manteau afin d'essuyer délicatement la poussière à la surface du tableau.

— Je ne sais pas. Revenez lundi, mon père vous le dira.

— Ce sera trop tard. Dommage, il me plaît beaucoup.

Ralph ricana.

— Ce ne sont pas les vieilleries qui manquent ici. Prenez autre chose - je vous ferai un rabais pour la peine.

Il enfonça son petit doigt dans une de ses oreilles et le secoua avec autant de concentration qu'un violoniste cherchant à produire un *do* aigu. Annie détourna les yeux et reposa soigneusement le tableau sur le meuble d'archivage. L'horloge de la boutique indiquait presque 15 heures.

— Quoi ! Ninnifer est à 50 contre 1 ? s'écria Ralph en bondissant de son fauteuil, le doigt tendu vers l'écran. Putain de merde !

— Il n'y a rien d'autre qui me convienne, dit Annie, qui en avait assez de ce rustre et de l'atmosphère oppressante de sa brocante.

— Foutue chieuse, marmonna-t-il.

Elle resserra la ceinture de son manteau et enfonça son bonnet de laine sur sa tête avant d'ouvrir la porte. Une bouffée d'air froid s'engouffra dans la boutique, l'enveloppant de tourbillons de poussière. Elle jeta un dernier regard au tableau. Malgré la crasse et la faible lumière, il était plutôt joli. Elle en parlerait à Robert un peu plus tard – cela leur ferait un sujet de conversation dans une relation qui n'en comptait pas beaucoup. Elle était sortie sur le trottoir et se baissait afin de détacher l'antivol de son vélo lorsque Ralph émergea de la boutique en brandissant le tableau.

— Attendez ! Combien vous pouvez mettre ?

— Cinquante livres, lâcha-t-elle avec un sourire contrit.

— Je vous le fais à 500.

— Je ne dispose pas d'une somme pareille !

— Combien vous avez ?

— J'ai retiré 100 livres au distributeur, mais il faut encore que je fasse des courses pour ce soir, expliqua-t-elle, gênée.

— Disons 200 livres en liquide, alors.

— Je vous répète que je ne les ai pas.

Agacée, elle rangea l'antivol et commença à pousser son vélo.

— Vous avez quatre minutes pour vous décider, ma belle, sinon je retire mon offre.

— Soixante-quinze livres. Je n'irai pas au-delà, s'entendit-elle répondre.

Ralph hésita.

— Va pour 75. Donnez-les-moi. Vite !

2

Je savais que quelqu'un viendrait à mon secours, mais je ne pensais pas que cela prendrait si longtemps. Il aurait dû y avoir des recherches, des milliers et des milliers de recherches menées pour me retrouver. Pourquoi ? Parce que ma valeur est inestimable et que je suis l'œuvre fondatrice de tout un mouvement artistique. Et si cela ne suffisait pas, on voit aussi en moi la représentation la plus belle, la plus émouvante et la plus excitante qui soit de l'amour.

Un profond sentiment de joie, d'optimisme et de gaieté a présidé à ma création, mais ma composition masque une âme tourmentée et dévorée par le mystérieux poison du désespoir. Malheureusement, j'exerce malgré moi un pouvoir imprévisible sur les hommes et les femmes. Tantôt je suis pour eux une source d'inspiration et de soutien, tantôt l'inverse. Je suis à la fois la conséquence et la cause de tragédies.

Mais revenons-en au présent. Imaginez-vous dans un bric-à-brac en compagnie de tout un tas de meubles en rotin, de vaisselle bon marché et de reproductions de tableaux. Sans vouloir paraître snob, il y a des limites. Je refuse de converser avec des pots de chambre et des colliers en fausses perles. *Non**[1] ! Je suis habitué au luxe, au bruissement du taffetas et des étoffes damassées, à la lueur tremblotante des bougies, à l'éclat de l'acajou, au parfum délicat de l'eau de rose et de la cire d'abeille, au crissement du gravier et aux murmures des courtisans. Pas à une petite boutique exiguë, éclairée par des ampoules nues et par la lumière verdâtre que laisse péniblement filtrer sa vitrine crasseuse. L'air de cette boutique charrie tant de moisissures qu'il m'est fort dommageable. Sans parler de la fumée des cigarettes et des effluves corporels qui flottent là.

Ce n'est pas la première fois que l'on me néglige. Les humains sont des êtres fantasques, esclaves de leurs caprices et de la mode. Ils sont voués à rester de perpétuels amateurs – ils ne vivent pas assez longtemps pour accéder à un statut supérieur. Que peut-on bien accomplir en soixante-dix ou quatre-vingts ans ? La première partie de leur existence se résume en deux mots : précipitation et fornication. De ce fait, la plupart de leurs efforts ne visent qu'à les maintenir en vie.

Moi, j'ai trois cents ans. Les premières peintures ayant été réalisées il y a quelque quarante mille ans, je ne suis qu'un petit jeunot dans l'histoire de l'art, mais j'aime à me voir comme un vieux briscard en termes d'expérience. Propriété chérie

---

1. En français dans le texte, comme tous les mots ou passages en italiques suivis d'un astérisque. *(Toutes les notes sont de la traductrice.)*

de rois et de connaisseurs, j'ai été exposé à la place d'honneur dans les plus grands palais et salons. À l'occasion aussi, les lubies de quelque nouvelle maîtresse ou un jugement assassin ont conduit à ma mise au placard, et j'ai été relégué sans façon dans des chambres de bonne ou des salles de stockage.

Mais cette fois, c'était différent. J'étais bel et bien perdu.

Je me sentais de plus en plus seul dans la boutique de Bernoff. Il est prétentieux de supposer que les humains ont le monopole de la communication. Nous autres tableaux discutons aussi avec nos semblables. Mais essayez d'entretenir une relation avec un moule à gâteau ou un mug en forme de gros bonhomme. Celui auquel je pense avait été fabriqué dans l'East End de Londres et se caractérisait par un esprit fruste affligeant. Seuls comptaient à ses yeux le football, la castagne et la baise. Cela déteint sur vous, vous savez. Je me surprends parfois à employer des expressions terriblement obscènes et vulgaires. Ma langue natale est le français d'avant la Révolution, mais j'ai séjourné en Espagne, en Angleterre, en Russie, en Scandinavie, en Allemagne, en Italie et même en Amérique. Résultat, mon vocabulaire autrefois précieux est devenu un horrible *franglais** à la croisée de plusieurs siècles.

Mais tout de même, un chef-d'œuvre puise un certain sang-froid dans sa conviction que l'excellence triomphera. Après tout, que sont quelques décennies lorsqu'il nous reste des siècles pour inspirer, plaire et instruire ? C'était une question de patience : tôt ou tard, quelqu'un franchirait la porte de cette brocante et reconnaîtrait ma vraie valeur. Et ce moment arriva. Deux fois en une journée. La première était irréelle. Je n'aurais jamais cru le revoir. Ces yeux bleu clair, ce brusque regard en coin et cette silhouette imposante à peine usée ou courbée par le temps... Je le détestais alors, et je le déteste encore. Je savais qu'il me cherchait depuis longtemps, mais pour une raison qui m'échappe, il ne m'acheta pas sur-le-champ et se contenta de me cacher derrière une plante verte et un cache-pot. Cette erreur allait lui coûter très cher.

Quelques heures seulement s'écoulèrent avant qu'une femme arrive – une fille, en réalité, visiblement pauvre et très ignorante. Cela ne me disait rien qui vaille. J'ai un sixième sens qui me permet de flairer les ennuis, mais bon, l'intuition ne vous sert pas à grand-chose quand vous ne pouvez ni marcher ni crier.

C'était un samedi matin comme les autres chez Bernoff. Le vieil homme avait pris sa journée et Ralph, son bon à rien de fils, tenait la boutique. Cette pourriture (et je suis poli) examinait un tableau listant les performances de plusieurs chevaux de course. Le sport hippique était la seule chose qui l'excitait, en dehors d'une blonde occasionnelle à forte poitrine et aux sous-vêtements bas de gamme qu'il sautait à la va-vite sur le meuble d'archivage, en transpirant et en faisant beaucoup de bruit. Ce jour-là, un petit poste de télé en couleur posé sur le bureau retransmettait des courses à Cheltenham. Toutes les deux ou trois minutes, le téléphone sonnait. C'était son « copain » Gaz. Aimait-il tel canasson ? Et que pensait-il de Jock ? Non, il avait mal couru à Haydock, etc. – la scène se répétait chaque samedi. Gaz mit Ralph dans tous ses états au sujet d'un cheval bai du nom de Ninnifer qui devait participer à une course à 15 h 30. Problème : Ralph avait déjà dépensé sa paie de la semaine au pub. Comme à son habitude, il fouilla tous les tiroirs, les poches du manteau de son père et la boîte où il rangeait sa menue monnaie. Peine perdue. Le vieil homme, qui n'était pas né de la dernière pluie, avait vidé tout l'argent qu'elle contenait. Ninnifer était un coup sûr, apparemment, et Ralph n'en finissait pas de jurer. Il était 14 h 30. Il commença à appeler ses amis et tenta de leur emprunter 10 livres, mais tous le connaissaient trop bien pour les lui prêter.

Le carillon sonna et la porte de la boutique s'ouvrit en tremblant.

« Putain de merde, grommela-t-il au téléphone. Encore une chieuse. »

Un silence.

« Comment veux-tu que je le sache ? Sans doute une vieille qui cherche un coussin pour son chat. »

Nouveau silence.

« Les clients du samedi n'achètent jamais rien. »

Je regardai la jeune femme s'avancer entre les tables, qui gémissaient toutes sous le poids d'un bric-à-brac bon à jeter. Elle souleva un livre relié qui ne paraissait plus très jeune, avant de se diriger vers une autre table afin d'examiner une boîte incrustée de nacre – et assez jolie, à vrai dire. C'est alors qu'elle m'aperçut. Elle s'approcha du meuble d'archivage et déplaça légèrement le ficus sur le côté.

— Je peux ? demanda-t-elle à Ralph.

— Allez-y.

Il n'avait même pas levé les yeux.

La jeune femme me saisit très délicatement et revint vers la devanture. Je n'y vois plus très bien – mes deux couches de vernis ont bien noirci et toute la fumée de cigarette qui s'est déposée sur ma surface n'a rien arrangé –, mais elle m'étudia avec une extrême attention. Cela faisait longtemps qu'on ne m'avait pas admiré ainsi, et je dois admettre que je ne boudai pas mon plaisir. J'en profitai aussi pour lorgner sa main. Pas d'alliance. J'aurais dû m'en douter. C'était soit une souillon, soit une *jeune fille à marier** désespérée. À coup sûr, elle était désargentée, aussi ne m'inquiétai-je pas trop encore.

Lorsqu'elle me reposa à côté de la plante, un petit frisson de soulagement me parcourut. Elle quitta ensuite la boutique. Mais soudain, Ralph bondit de son fauteuil, s'empara de moi et fonça dans la rue rejoindre la fille. Elle ne me voulait pas vraiment. De mon côté, je l'exhortai à ne pas m'acheter. Après un bref marchandage, pourtant, elle plongea la main dans son sac et en sortit tour à tour un vieux poudrier, un carnet, deux jeux de clés, un stick à lèvres, un téléphone portable, un stylo sans capuchon, une barre chocolatée entamée et divers bouts de papier. Enfin, elle trouva un portefeuille en cuir défraîchi qui débordait de facturettes et de photos. Elle compta l'argent à voix haute. Le prix fixé était dérisoire – l'humiliation suprême.

À quoi m'attendais-je ? me direz-vous. En tout cas, je ne sautais pas de joie. Entre Ralph Bernoff et moi, ce n'était pas l'amour fou. J'en avais plus qu'assez de ses cigarettes, de sa compagnie, de son téléviseur. Pour autant, je m'y étais habitué, et j'étais en sécurité dans sa boutique, alors que j'ignorais tout de cette fille pugnace et du garçon dont elle voulait fêter l'anniversaire. Qui sait comment ils étaient et ce qu'ils mijotaient.

Je nourrissais un petit rêve. Un jour, la porte s'ouvrirait, le carillon tinterait et un homme à la mine sérieuse entrerait dans la boutique. Il porterait un costume en tweed et des lunettes demi-lunes à monture dorée. Ses yeux se poseraient sur moi. Il comprendrait tout de suite. Très vite, d'autres hommes aux mains gantées de blanc me transféreraient avec précaution sur un coussin de velours rouge. Conduit par un garde armé vers une galerie aux murs lambrissés d'acajou et au sol recouvert d'une moquette moelleuse, je serais exposé publiquement et recevrais la visite d'experts qui parleraient de moi avec des cris d'exclamation. On me nettoierait avec soin et on m'installerait dans un cadre digne de ce nom. Et surtout, je retrouverais quelques-unes des autres œuvres de mon maître.

Mais, comme toujours, je n'ai pas eu mon mot à dire, à jamais victime du caractère fantasque des êtres humains.

Ralph me fourra dans un sac en plastique et me remit à sa cliente avant de foncer chez le bookmaker local. La fille claquait légèrement des dents lorsqu'elle me rangea dans le panier en osier à l'avant de son vélo. Il pleuvait un peu et les éclaboussures froides qui atterrissaient sur le plastique transparent du sac brouillaient encore plus ma vision. Ma nouvelle propriétaire détacha son antivol, enfourcha son vélo, et nous partîmes tous les deux en luttant contre un vent glacial. C'était une expérience nouvelle pour moi que d'avancer parmi des monstres grondants, grinçants et crissants. Ils passaient près de nous à vive allure, nous aspiraient dans leur sillage humide, nous entraînaient vers leurs grosses roues noires. La fille roulait à vélo comme Pierre le Grand allait à cheval, sans prêter attention à personne, rapidement, fièrement et sans peur. J'ai survécu à bien des situations, mais on ne m'avait jamais bringuebalé de la sorte depuis l'année où Philippe et Isabelle avaient été chassés de l'Escurial et où j'avais traversé les Pyrénées à dos de mulet en compagnie de leurs plus grandes œuvres d'art pour être conduit en lieu sûr.

Après dix minutes à zigzaguer au milieu de la circulation et à cahoter sur les trous d'eau dans une cacophonie sans fin de klaxons, de cris et d'aboiements, nous parvînmes à un marché. De part et d'autre d'une ruelle longue de dix mètres environ, des tables en bois protégées par des auvents rayés luisaient dans l'air humide, croulant sous les marchandises. Certains étals se paraient encore de quelques décorations de Noël et il régnait en ce lieu une gaieté factice, semblable à un parfum bon marché.

— Tu as passé un bon Noël, ma jolie ? demanda l'un des vendeurs à la fille. Tu es allée aux Caraïbes ?

— Je suis restée ici et j'ai cuisiné une dinde pour un ami, répondit-elle en choisissant des tomates avec soin.

— Tu veux que je vienne te tenir chaud ce soir ? lança un autre.

Elle garda le silence.

— On annonce un vent glacial. Tu risques de le regretter.

— Ces tomates ne sont pas très belles, dit-elle pour tenter de les décourager.

— On est en janvier, mon ange, au cas où tu ne l'aurais pas remarqué.

Elle était manifestement connue et appréciée des commerçants du marché. Deux d'entre eux l'invitèrent à sortir avec eux. Un autre lui offrit un sac d'oranges. Et presque tous l'appelaient Annie. Cette absence de nom de famille et de titre n'augurait rien de bon. J'ai rarement été la propriété d'une personne dépourvue de classe ou de statut social. Je ne suis pas snob – mon maître était tout sauf bien né –, mais tout de même, un titre de noblesse suggère des choses rassurantes comme la richesse, l'éducation et la sécurité. Je n'ai encore jamais croisé de reine baptisée Annie.

La fille mit une éternité à choisir ses fruits et légumes. Elle les palpait et les sentait en s'assurant que chacun d'eux était parfait. Au bout du compte, ses pommes de terre lui prirent plus de temps que moi. Elle interrogea aussi les vendeurs sur tous leurs produits – d'où venaient-ils ? quand avaient-ils été récoltés ? Je les soupçonne d'être restés patients seulement parce qu'elle avait un joli minois. Chez le boucher, elle hésita devant un filet de bœuf, mais elle ne put se permettre qu'un morceau appelé bavette, dont je sais à présent qu'il est goûteux et meilleur marché.

Au moins ne mit-elle pas la viande, les pommes de terre et les autres produits frais dans mon sac en plastique. Il faut remercier le Ciel de ses petits bienfaits. Et puis, force m'était de reconnaître qu'elle me plaisait beaucoup. Elle avait une voix agréable, un peu assourdie par les profondes inspirations qu'elle prenait avant de parler. À l'évidence, on ne lui avait jamais appris à respirer avec son diaphragme, et son souffle court me donnait à penser qu'elle était sujette à des crises de panique. Son accent bien anglais ne trahissait pas non plus sa classe sociale, et elle s'exprimait correctement au lieu d'user de cet horrible langage abrégé que je devais supporter chez Bernoff. En revanche – et je déplore cette habitude moderne –, elle avait tendance à avaler les mots dans sa hâte à finir ses phrases.

Au bout d'un moment, elle reprit son vélo et me conduisit à sa demeure. J'ignore comment nous arrivâmes à destination. Le trajet fut cahoteux et bruyant, et plus d'une voiture pila en faisant hurler ses freins afin d'éviter une collision. La fille se fit plusieurs fois sermonner, mais ne parut pas s'en rendre compte. Il y avait de quoi s'inquiéter.

Vint le moment où nous nous arrêtâmes et où elle ouvrit une porte d'entrée. Imaginez ma déception en constatant qu'il n'y avait personne pour l'accueillir, pas même un vieux serviteur. C'était un très mauvais présage. Nous montâmes un escalier interminable. Je comptai deux, trois, quatre, et enfin cinq étages. Permettez-moi de réfuter d'emblée l'idée romantique selon laquelle les artistes aiment vivre dans des mansardes. Sornettes. Les artistes sont comme tout le monde : ils veulent des pièces somptueuses. Sous les toits, là où dort la domesticité, les marches ne mesurent parfois pas plus de sept centimètres de haut et les plafonds sont bas et inclinés. Ce fut la première chose qui me sauta aux yeux lorsque la fille me sortit du sac en plastique. Une mauvaise nouvelle, ça. J'avais été acheté par une personne d'un rang social décidément très inférieur. Je ne cesserai de le répéter, mais ma survie dépend des conditions dans lesquelles je suis conservé. Les guerres, la famine, la pauvreté, les intempéries, la mode et les actes d'impiété me terrifient.

Appuyé sur une table en bois branlante, j'examinai à loisir mon nouveau domicile. La pièce d'un jaune criard s'étendait sur toute la longueur et toute la largeur du petit immeuble. Elle était si basse de plafond que l'on n'aurait pas pu y accrocher un grand tableau de Rubens – sans parler de Véronèse, dont les toiles auraient dû être pliées en huit –, et la présence de fenêtres sur trois des murs m'inquiéta dans la mesure où la lumière du soleil représente un grand danger pour nous autres, tableaux. Derrière une cloison – il était difficile de parler de pièce séparée –, j'entrevis un lit défait aux draps froissés d'un côté et bien lisses de l'autre. À l'évidence, la fille vivait seule. Je notai le matelas posé sur des planches et des briques, ainsi que des ouvrages empilés sur une caisse près du côté chiffonné du lit. Bien que ma vision fût très déformée, je ne distinguai que des livres de cuisine.

Il n'y avait pas d'autre œuvre d'art pour me tenir compagnie, mais au moins, aucun enfant ne semblait habiter là. Je ne supporte pas les enfants. Je frémis encore au souvenir du jour où ce misérable porcelet, ce demeuré aux pieds plats qu'était le dauphin de France, fils et héritier de Louis XIV, avait osé me jeter un ballon à la figure durant l'une de ses crises de colère. Non, vraiment, aucun de ces jeunes humains ne devrait être autorisé à s'approcher de *moi**.

À l'autre bout de la pièce se trouvait un coin cuisine où une boîte métallique blanche comportant plusieurs cadrans côtoyait un évier en inox. Au-dessus, une fenêtre donnait sur les toits de la ville, tandis que de chaque côté, des casseroles, des poêles et de la vaisselle s'entassaient n'importe comment sur des étagères. Il y avait aussi deux vieux pots en faïence remplis de tout un fouillis d'ustensiles, de fourchettes et de couteaux, et des petits placards situés de part et d'autre de la boîte blanche, où ma nouvelle maîtresse rangeait divers paquets et denrées non périssables. La pièce était chichement décorée : un pot ébréché en porcelaine, très banal, qui servait de vase à des fleurs fanées. Un poster encadré d'un film, *Isabelle et Ferdinand*. Un ours en peluche élimé et borgne avec un bandana rouge autour du cou. Le parquet peint en blanc était éraflé, et un tapis bleu et blanc faisait face à deux petits fauteuils au dossier protégé par une couverture. Une sorte de fougère poussait dans un pot en terre cuite posé sur une palette.

Pendant qu'elle déballait ses courses, j'examinai la fille plus en détail. Elle était toute menue et ne mesurait pas plus d'un mètre soixante. Sa tenue m'apparut calamiteuse – un pantalon informe, un pull reprisé maladroitement au niveau des coudes avec du fil rose vif et une paire de bottines marron à semelles compensées. En revanche, elle avait le teint merveilleusement clair et une masse de boucles auburn encadrait son visage de la façon la plus séduisante qui soit. Peu de temps après, elle se prépara une boisson chaude et s'assit en me fixant intensément, ce qui me permit de la voir encore mieux. Ce n'était pas une beauté classique comparable à la *Joconde* ou à la *Vénus* de Milo, mais il y avait un certain *je-ne-sais-quoi** de remarquable en elle. De grands yeux verts en amande, des sourcils à la courbe parfaite, des dents blanches légèrement ébréchées au milieu. Sa bouche était un tantinet trop grande, mais d'un beau rouge profond, sa peau pâle avait l'éclat d'un marbre tendre et son visage un poil trop allongé lui donnait un air pensif, sérieux et assez charmant. C'est alors qu'elle sourit. « La vache ! » auraient dit les mugs en faïence de chez Bernoff. « Mon Dieu », pour citer le vieux Nicolas

Poussin. Ma sauveuse, il fallait bien le reconnaître, était vraiment très jolie. *Une belle pépée**.

— Je me demande quelle est ton histoire, dit-elle en s'adressant à moi comme personne ne l'avait fait depuis très longtemps.

Ma peinture craquelée en brilla de plaisir.

— Dommage que je ne puisse pas mieux t'admirer. Est-ce la faute au temps qui passe ou à la saleté ? En tout cas, il y a quelque chose de touchant chez cet homme étendu sur l'herbe qui regarde danser la femme d'un air émerveillé. Elle ne s'intéresse pas vraiment à lui, n'est-ce pas ? Elle nous observe, nous qui l'observons aussi, et se moque bien de ce qu'il pense. Elle est capable d'inspirer un grand amour, non ? Où sont-ils ? On dirait une clairière dans un bois, les rayons du soleil se déversent par la gauche en créant une belle lumière mouchetée. Est-ce bien un fantôme que l'on distingue dans un coin ? Ou un nuage ?

Que pouvais-je dire ? Elle avait l'œil. Elle avait du cœur. Elle était peut-être pauvre, mais elle *savait*. Elle percevait ma grandeur. Et moi, comme tout le monde, j'ai besoin d'être aimé et admiré.

Elle jeta un coup d'œil à l'horloge murale et se leva d'un bond en se sermonnant. Elle avait du pain sur la planche. Manifestement, ce n'était pas une journée ordinaire. La fille sortit un grand drap blanc du fond d'un placard – une nappe en lin ou en tissu damassé aurait été trop demander, évidemment. Elle le déplia sur la table et lissa les coins avec soin avant de prendre dans un pot des couteaux et des fourchettes qu'elle essuya sur l'envers de la nappe. Pas très ragoûtant, vous en conviendrez. Elle répartit ensuite des petits narcisses blancs dans quatre tasses émaillées. Marie-Antoinette aimait beaucoup ces fleurs, et leur vue me ramena des années et des années en arrière. La fille poursuivit ses préparatifs en polissant deux verres à vin qui rejoignirent chacun une extrémité de la table, puis en nouant un ruban rouge autour de deux petites serviettes roses qu'elle disposa entre les couteaux et les fourchettes selon un angle bizarre. Qu'est-ce qui ne tourne pas rond chez les jeunes ? Quel mal y a-t-il à respecter une présentation classique et à faire les choses correctement ? Mais tout de même, elle témoignait d'un esprit créatif et l'ensemble avait un air festif – je devais lui concéder cette qualité.

La table mise, elle sortit le bœuf, le frotta avec diverses poudres et le recouvrit d'un linge. Après quoi elle disparut dans une petite pièce adjacente. Le bruit de l'eau qui coulait me parvint bientôt. Lorsqu'elle émergea de son bain, j'eus des visions fugitives de sa chair nue. Ses longs membres dorés auraient renvoyé le Titien à ses pinceaux, croyez-moi, et la *Vénus à son miroir* de Vélasquez aurait piqué une crise devant une telle rivale.

Je la regardai s'habiller. Elle choisit une chemise en soie blanche et un pantalon en velours pourpre usé aux genoux et rapiécé sur un côté. Était-il si difficile d'enfiler une jolie robe ? Elle tordit ensuite ses longs cheveux en un chignon qu'elle fixa avec une baguette en bois. Là encore, pourquoi ne pas utiliser une barrette ? Mais enfin, elle présentait beaucoup mieux ainsi.

Il m'est arrivé de temps à autre de séjourner dans des salles de banquet, de grandes pièces d'apparat et des boudoirs – *oh là là**, je pourrais vous en raconter de bien belles sur la vie sexuelle des rois et des reines –, mais je n'avais encore jamais trôné dans une cuisine, ni vu une *domestique** en plein travail. À vrai dire, cela était plutôt agréable. La fille donnait l'impression de diriger un orchestre, sauf qu'à la place d'une baguette, elle utilisait des couteaux étincelants et des cuillères. Ses mains volaient en tous sens comme des hirondelles au-dessus des casseroles et d'une lourde planche en bois. Des légumes furent coupés en julienne et des œufs battus en neige. Durant tout ce temps, elle garda l'œil sur ses sauces, qu'elle agitait, remuait et saupoudrait à l'occasion d'une pincée de sel ou d'herbes finement émincées. Au bout d'un moment, elle obtint avec ses œufs une substance mousseuse et brillante qu'elle transféra à l'aide d'une cuillère sur des tranches de bœuf d'un rouge éclatant.

Ma maîtresse de jadis, Marie-Antoinette, employait des bataillons de chefs pâtissiers, et même une fille chargée exclusivement de regarder gonfler ses gâteaux. Sa célèbre remarque sur les pauvres qui n'avaient qu'à manger de la brioche avait été totalement sortie de son contexte. La phrase se voulait un compliment. Il n'y avait pas de pain ? Et alors ? La brioche était bien meilleure – un constat un peu ridicule au vu des circonstances, certes, mais les choses étaient différentes à l'époque.

Après avoir disposé des bougies partout dans la pièce – sur les rebords de fenêtre, sur une desserte, sur le manteau et dans l'âtre de la cheminée –, la fille les alluma une à une. Puis elle éteignit les lampes. Dehors, la nuit tombait et seule l'infime lueur orangée des réverbères pénétrait dans la pièce.

L'invité de ma maîtresse était en retard. De plus en plus en retard. Incapable de rester en place, elle repositionna les couteaux et les fourchettes sur la table, ouvrit une bouteille de vin et se servit un verre. Et encore un autre. Elle prit un livre qu'elle abandonna presque aussitôt. Je perdis le compte de toutes les fois où elle s'approcha de la fenêtre afin de scruter la rue en contrebas.

Mon maître était exactement pareil lorsqu'il attendait « sa dame ». Elle était toujours en retard, et parfois même lui faisait tout bonnement faux bond. Il s'efforçait alors de peindre, ramassait un pinceau et se postait devant son chevalet. Je le voyais tenter de se concentrer, mais il ne cessait d'aller et venir entre sa palette et les escaliers ou la fenêtre.

La fille regarda sa montre. Fit les cent pas. Décrocha son téléphone et se ravisa – encore et encore. Se servit un troisième et un quatrième verre de vin. À la lueur des bougies, je distinguais la rougeur de ses joues et l'éclat plus vif de ses yeux. Elle fourragea dans un tiroir, en sortit un paquet de cigarettes. Cela me démoralisa. Je n'aurais pas cru qu'elle était du genre à fumer. Elle alluma une cigarette et inspira profondément la fumée mais, prise d'une violente quinte de toux, elle la jeta dans l'âtre vide de la cheminée. Les bougies s'étaient consumées, une ou deux complètement. Son invité ne viendrait pas, je n'avais pas besoin de mes trois siècles d'expérience pour le deviner.

Elle se planta tout à coup au milieu de la pièce et se mit à osciller. Ses jambes s'agitèrent. Elle écarta les bras comme si elle avait voulu repousser l'air autour de son corps, et un horrible gémissement éploré s'échappa de ses lèvres, doucement au début, avant de se transformer en hurlement animal. À mesure que son cri grandissait, ses mouvements s'accéléraient, et je la vis bientôt bouger et se tordre à la manière d'un jeune arbre battu par un vent violent. J'étais hypnotisé. Son ombre dansait dans la lumière des bougies et rebondissait sur les murs. Elle se mouvait de plus en plus vite, ses cheveux volant en tous sens, et elle tournoyait tant et si bien qu'on aurait dit que sa tête allait se détacher. La lumière se reflétait sur ses bracelets et dans le blanc de ses yeux. Elle respira de plus en plus fort. Puis, aussi soudainement qu'elle avait commencé, elle s'arrêta, tomba à genoux et appuya la tête par terre. J'entendis un son étrange, irréel, semblable au vent sous une porte ou à un enfant jouant du hautbois. Je compris que c'était elle. Elle pleurait. Ce son déchirant, je l'avais déjà entendu une fois auparavant – lorsque la dame de mon maître lui avait dit qu'elle ne l'épouserait jamais.

Étendue par terre, la fille roula d'un côté et de l'autre, tantôt en agrippant ses genoux, tantôt en levant ses bras derrière sa tête. Elle sanglota ainsi jusqu'à ce que la douce lumière de l'aube apparaisse au-dessus des toits et qu'un oiseau solitaire se mette à chanter.

3

Annie se réveilla en fin d'après-midi. Elle ouvrit un œil face aux rayons du soleil couchant qui frappaient sa fenêtre et donnaient à sa courtepointe blanche une teinte rouge doré. Peut-être que si elle évitait de bouger, sa tête lui ferait moins mal. Elle passa sa langue sur son palais. Il lui parut duveteux et avait un goût métallique. Elle vérifia ensuite son téléphone. Il était déjà 16 heures, mais elle n'avait raté aucun appel, aucun mail, aucun texto. La seule bonne nouvelle était que cette journée de dimanche serait bientôt terminée. Elle se dirigea en chancelant vers la salle de bains. Son reflet dans la glace au-dessus du lavabo la nargua. Pas étonnant que Robert ne soit pas venu, pensa-t-elle en fixant ses yeux gonflés et injectés de sang, ses cheveux ternes et sa peau couverte de taches de rousseur. Pas étonnant qu'elle se fasse toujours plaquer. Qui pourrait être assez fou pour avoir envie d'elle ? Elle s'aspergea le visage d'eau froide puis, à l'aide de son coude, arracha une dernière goutte de dentifrice à son tube et se brossa vigoureusement les dents.

Elle aperçut alors dans le miroir le tableau qu'elle avait posé sur sa commode, à la fois inanimé et railleur. Où avait-elle eu la tête ? Soixante-quinze livres ? C'était de la folie. Il fallait qu'elle se ressaisisse, ou bien qu'elle se fasse interner. À la première heure le lendemain matin, elle le rapporterait à la brocante, avant de tourner la page sur Robert et d'expédier Desmond encore plus loin dans les tréfonds de sa mémoire. Tout en se brossant les dents avec encore plus d'énergie, elle se fit plusieurs promesses qui n'étaient pas nouvelles. Premièrement : rester chaste. Elle annulerait son inscription à L'Art de l'amour, retirerait ses petites annonces des colonnes Cœurs solitaires des journaux et s'accepterait comme une célibataire heureuse de l'être. Deuxièmement : arrêter de boire. Elle allait bientôt ressembler à sa mère à ce rythme-là, c'était évident. Troisièmement : ne plus manger désormais que des produits sains et éliminer la caféine et le sucre de son alimentation. Son corps et son esprit avaient besoin d'un choc salutaire. D'un nouveau départ. Elle devait s'appuyer sur ses expériences négatives afin d'induire un changement positif dans sa vie. Et quatrièmement : cesser d'être aussi critique envers elle-même.

Son corps lui réclamait des glucides pour chasser sa gueule de bois. Avisant les restes de son dîner de la veille sur la table, elle décida de remettre ses résolutions au lendemain. Ses plats seraient peut-être meilleurs froids. Elle prit une cuillerée de gratin dauphinois et un morceau de bavette. Il m'aurait quittée de toute façon s'il avait mangé ça, songea-t-elle en détachant un morceau de bœuf durci coincé entre ses dents. Elle l'avala rapidement afin de moins prêter attention à son goût.

Robert avait dû avoir des nouvelles de sa femme. À coup sûr, ils s'étaient réconciliés. Il ne souhaitait rien d'autre que vivre de nouveau avec elle et leurs enfants – il avait été très clair à ce sujet dès le début. Le mieux était encore de se réjouir pour lui et de le considérer comme une simple aventure qui l'avait aidée à se détacher de Desmond.

Elle sortit sa vieille petite cafetière et y versa du café fraîchement moulu. Desmond l'avait souvent exhortée à s'acheter une machine ou, mieux encore, à arrêter de consommer cette boisson, qu'il jugeait mauvaise pour elle. Il ne voulait pas que « son amour » joue avec sa santé. Soucieuse de désamorcer un conflit, elle avait cédé et remisé sa cafetière au fond d'un placard. C'était l'un des rares objets qu'elle avait emportés en quittant Tavistock – lui au moins n'était pas entaché par le souvenir de son ancien compagnon.

Elle avait rencontré Desmond à seize ans et était restée ensuite quatorze ans avec lui. Toute sa vie d'adulte avec une seule et même personne. Jusqu'à leur séparation douze mois plus tôt, il avait été son unique amant, son meilleur ami et son partenaire en affaires.

Mesurait-elle la chance qu'ils avaient de s'être trouvés ? lui demandait-il tous les matins. Avait-elle conscience que le commun des mortels ne faisait souvent jamais l'expérience de l'amour vrai ? Les gens allaient d'échec en échec, en accumulant les compromis et les pis-aller. Je suis l'homme le plus heureux du monde, lui répétait-il également tous les soirs.

Que faisait Desmond à cet instant précis ? Quelques mois plus tôt seulement, ils auraient lu des journaux à la table de la cuisine en écoutant Bob Dylan ou Neil Young. Elle pouvait régler sa montre rien qu'en se fiant à ses habitudes. Le dimanche, ils commençaient toujours par un footing. Ils longeaient le fleuve Tavy, passaient le pont à Grenofen et suivaient la crête de Lady's Hill. Le premier arrivé à la maison était aussi le premier sous la douche. En général, c'était Desmond qui gagnait. Annie était naturellement plus athlétique, mais il avait un avantage sur elle avec ses longues jambes. Après s'être lavés et avoir pris leur petit déjeuner, ils se couchaient et faisaient tranquillement l'amour jusqu'à l'heure du déjeuner. Pouvait-on courir en début de grossesse ? s'interrogeait-elle alors.

La cafetière émit un dernier gargouillement. Elle enroula un torchon autour de la poignée avant de verser le liquide noir et fumant dans une tasse. Tout en soufflant dessus, elle s'approcha de la fenêtre et regarda au-dehors. Un chat roux avançait avec précaution sur une corniche, apportant une touche de couleur bienvenue dans la grisaille de la ville. Les toits d'Hammersmith et leurs teintes boueuses étaient si éloignés des arbres du Dartmoor qu'elle voyait autrefois s'agiter en permanence dans le vent, avec leur palette de verts égayée par les pommes rouge et jaune, puis leurs douces nuances brunes et orangées à l'automne. En voyant le chat contourner la cheminée d'une maison, elle se rappela la chouette effraie et la boîte en bois faite main qu'elle lui avait installée sept ans plus tôt dans un arbre près de leur maison du Devon. Était-elle toujours là ? Et les poneys des landes avaient-ils de nouveau forcé la barrière et mangé leurs hortensias cet hiver ? À Hammersmith, les seuls animaux sauvages qu'il lui arrivât de croiser étaient les pigeons, un renard galeux à la queue hirsute et une ou deux souris.

Qui occupait leur ancien domicile désormais ? À l'époque, elle avait demandé à l'agent immobilier de ne pas le lui dire. Tout ce qu'elle voulait, c'était qu'il verse sur son compte la moitié du montant de la vente, déduction faite de ses honoraires. Il n'avait eu pour instructions que de faire au plus vite. De son côté, elle resterait à l'étranger jusqu'à ce que tout soit réglé.

Au loin, les premières lampes à incandescence s'allumèrent en tremblotant sur le Westway. Dans la rue en contrebas, un homme et une femme se disputaient. Une alarme de voiture résonnait quelque part avec insistance. Son café avait assez refroidi, mais il était si noir et si amer qu'elle ne put l'avaler qu'à toutes petites gorgées. Réussirait-il à chasser sa gueule de bois et à dissiper le brouillard rance laissé dans son cerveau par tout le vin qu'elle avait bu la veille ? Au moins son mal de tête atténuait-il sa douleur d'avoir été rejetée. Elle avait été stupide de croire que cela marcherait avec Robert.

Elle se tourna vers le tableau qui continuait à la narguer. L'absurdité de son comportement la fit rire. D'abord tout bas, puis plus franchement. Claquer autant d'argent pour offrir un vieux tableau crasseux à un type rencontré lors d'une soirée entre célibataires dans un musée londonien ! Jusqu'où irait-elle la prochaine fois ? Elle était folle. Folle à lier. Elle se demanda également si le cheval sur lequel voulait miser le propriétaire de la brocante avait gagné. Comment s'appelait-il déjà ? Ninny ? Ninnifer ? Un truc de ce genre.

La caféine commençait à faire effet. Elle éprouvait une nervosité qu'elle connaissait bien, une légère agitation accompagnée de martèlements sourds dans la poitrine. Et si elle allait courir pour l'évacuer ? Il n'y aurait personne dans les rues à cette heure-là. Ou peut-être valait-il mieux qu'elle appelle une amie. Qu'elle renoue avec son passé. Beaucoup de gens étaient blessés par son silence et ne comprenaient pas pourquoi elle ne répondait jamais à leurs mails. Une année entière s'était écoulée depuis que sa vie avait implosé. Pour ses proches, celle-ci paraissait plutôt glamour : après six mois en Inde, elle avait décroché un poste de chef cuisinier auprès de Carlo Spinetti, un réalisateur très respecté établi à Londres. Durant leurs rares conversations, sa meilleure amie Megan lui serinait quelle veine elle avait de ne pas être coincée dans une ville de province et de ne pas avoir à attendre à la maison que ses gamins rentrent de l'école. Elle avait brisé le cercle vicieux des lessives et des repas. Annie se surprenait à l'approuver d'une voix guillerette qui aurait pu être celle d'une étrangère. Oui, c'est génial. J'ai l'impression de profiter à fond de chaque instant.

De renaître, même. Comme si on m'avait donné une chance de me réinventer. Je suis pleinement moi.

En fait, elle aurait voulu que ses amis arrêtent cette mascarade et lui demandent ce qu'elle faisait si loin de chez elle, si loin de tout ce qui lui était familier. À une ou deux reprises, elle avait failli se confier à Megan, mais elle ne savait pas par où commencer. Il y avait tant à dire. Je vis seule en appartement dans la partie peu prisée d'Uxbridge Road. Je prends la Central Line tous les matins pour aller au travail. Je finis tard presque tous les soirs parce que rien ne m'attend à la maison, des week-ends entiers se passent sans que j'adresse la parole à quiconque, et bien que mon poste ait l'air passionnant, la réalité est tout autre. Le plus souvent, je prépare des cafés crème à la chaîne – éventuellement une assiette de pâtes ou une salade quand j'ai de la chance – et je nettoie des plans de travail. Je m'ennuie tellement que je me porte volontaire pour toutes les tâches ingrates. Je suis la bonne à tout faire. Mon salaire est dérisoire, et quand j'ai fini de payer le loyer et les charges courantes, il me reste à peine de quoi sortir une fois tous les 36 du mois – toujours seule, bien sûr. Je me suis inscrite dans quelques agences matrimoniales, mais aucune des deux ou trois rencontres que j'ai faites n'a débouché sur quoi que ce soit. Mon employeur est un réalisateur italien très talentueux, certes, seulement, depuis que je travaille pour lui, il est dans une phase qu'il qualifie « de développement » – en clair, monsieur s'accorde de longues pauses déjeuner hors du bureau et passe ses après-midi au lit avec sa dernière jeune maîtresse en date.

Si je venais à mourir dans mon studio un vendredi soir, personne ne s'apercevrait de rien jusqu'à ce que mon patron veuille qu'on lui réserve une table dans un restaurant ou qu'on aille chercher ses vêtements au pressing. Dans le Devon, quand je rentrais dans le pub de mon village, je connaissais la moitié des gens. Ici, je ne sais même pas qui sont mes voisins.

Comment puis-je dire la vérité à mes amis ?

Une autre que moi jugerait peut-être cette vie fantastique, intéressante, excitante et relativement insouciante. Le problème, c'est que je n'ai pas envie de ça. Je n'avais pas prévu de finir ainsi. Sans que je sache comment, plusieurs scénarios se sont entremêlés. Moi, Annie, je suis censée vivre près de Tavistock avec mon grand et unique amour et diriger l'entreprise que nous avons créée ensemble. Et voilà que je me retrouve éjectée de mon histoire à mi-parcours et projetée dans un quotidien qui ne me correspond pas. Je ne veux pas rester ici une seconde de plus – j'ai passé l'âge de mener ce genre d'existence. C'est bon pour quelqu'un de plus jeune et de plus courageux.

Comment expliquer à mes amis que la solitude et le désespoir m'accompagnent partout où je vais ? Mon chagrin n'est pas semblable à un nuage ou à une atmosphère : c'est une présence physique, aussi lourde et concrète qu'une grosse valise à traîner.

Voilà tout ce que j'aurais dû dire à Megan, pensa-t-elle en finissant son café. Puis elle soupira et se demanda comment occuper les heures suivantes. Le dimanche, en temps normal, elle se rendait à la laverie. Elle aimait la compagnie, le bruit et le bavardage de Magda, la gérante polonaise, qui après seulement trois années à Londres râlait comme une Anglaise pur jus.

« Ce pays est dans la merde. La livre ne vaut plus un zloti. L'éducation est toute pourrie. Y a des grèves partout. L'État sans providence, que j'appelle ça. Je vais rentrer chez moi en Pologne. Un bon pays, avec de bonnes valeurs. Comment vous voulez vos habits, repassés ou juste pliés ? »

Elle regrettait à présent d'avoir fait ses lessives le mercredi précédent.

Parfois, quand ses week-ends lui semblaient trop vides, elle prenait le bus 27 de Shepherd's Bush à Chalk Farm en traversant les grands quartiers culturels de Londres. Holland Park, le repaire des grandes fortunes. Notting Hill et ses banquiers. Bayswater la cosmopolite. Elle continuait ainsi jusqu'à Marylebone Road, via Camden. Ces trajets lui coûtaient moins cher qu'un billet de cinéma, et elle préférait en général s'inventer des histoires en regardant les gens dans la rue et les autres passagers du bus. Un jour, elle s'était offert une pédicure dans un salon de beauté de son quartier histoire de discuter avec quelqu'un. Hélas, la fille qui lui avait vernis les ongles était vietnamienne et parlait très mal anglais, et la femme assise à côté d'elle était restée au téléphone pendant toute la durée de son soin.

À quelques rues de chez elle se trouvait une allée.

Derrière une rangée de poubelles, en dehors de la zone que surveillait le gardien du parking voisin, un homme – probablement un Européen de l'Est – vivait dans une petite Ford Escort blanche. Il s'était confectionné des rideaux avec de vieux journaux et avait cassé le siège passager pour en faire un lit. Il dormait souvent enveloppé dans une couverture élimée lorsque Annie passait près de lui en se rendant à son travail. Elle évitait de se demander où il faisait sa toilette. De temps à autre, elle laissait un sandwich ou une pomme sur le capot de sa voiture, mais sans savoir si ce geste lui était inspiré par une compassion sincère ou si elle était simplement soulagée de voir quelqu'un de plus malheureux qu'elle.

Toujours dans le but d'occuper ses week-ends, elle s'était acheté un livre sur les promenades à faire dans Londres et avait sillonné la ville en explorant différents quartiers, ainsi que des petites boutiques et des pubs. Il y avait sans cesse des conférences et des concerts gratuits, ou encore des séances de cinéma à prix réduit, mais plus elle se sentait seule, plus elle devenait timorée.

Elle enfila son gros manteau, fourra ses clés dans sa poche et sortit. Dans la cage d'escalier, des enfants jouaient avec un camion et une vieille poupée Barbie. Ils la regardèrent avec indifférence. Elle songea à leur sourire, mais cela aurait exigé d'elle un trop grand effort. Dehors, il faisait un froid mordant. Elle inspira de petites bouffées d'air et se blottit dans son manteau, regrettant de ne pas avoir troqué ses ballerines contre de meilleures chaussures. Quatre jeunes, la capuche ramenée bas sur la tête, marchaient de front dans sa direction. Allaient-ils l'agresser ? Elle voulut les prévenir qu'elle n'avait rien sur elle hormis son désespoir et environ 75 pence. Mais alors qu'ils semblaient sur le point de la heurter, les garçons s'écartèrent pour libérer le passage au milieu du trottoir.

— Salut, lui lança gentiment l'un d'eux. Ça pèle, hein ?

— Oui, en effet.

Ils avaient compris que ça ne valait même pas la peine de l'agresser…

En se dirigeant vers Uxbridge Road, elle baissa les yeux sur les appartements éclairés en sous-sol et leurs habitants – les gamins assis, la tête penchée sur leurs devoirs, les mères devant leur évier, un père devant son ordinateur. Elle tenta sans succès de s'imaginer avec un mari et des enfants. Les vies de famille heureuses semblaient toujours réservées aux autres. Sur Goldhawk Road, des sacs-poubelle noirs s'entassaient en attendant d'être ramassés. Un poste de télévision abandonné gisait près d'une chaussure à talon aiguille rouge. Un Asiatique bien emmitouflé dans un manteau en peau de mouton, foulard autour du cou et chapeau sur la tête, fermait sa boutique en se débattant avec de gros cadenas et un rideau métallique. Un chien errant lui emboîta le pas jusqu'à ce qu'il repère un jeune garçon occupé à manger un friand à la viande.

Plus loin, elle vit un couple enlacé qui regardait un vieux film, étendu sur un canapé. Et dans l'immeuble mitoyen, six jeunes encore attablés riaient à un souvenir partagé ou une remarque insolite après avoir repoussé trois bouteilles vides et des assiettes sales. Comment les gens faisaient-ils pour se rassembler ainsi, pour former des groupes d'amis, pour tomber amoureux ? La solitude serait-elle à jamais son unique compagne ? Elle poursuivit son chemin et traversa le marché, vide à l'exception d'un renard qui fourrageait parmi les cageots et les restes de nourriture écrasés sous les pieds des passants. Malgré le froid, il flottait dans l'air une odeur fétide et écœurante. Elle pressa le pas vers le fleuve, en quête d'une petite brise.

Elle remarqua la lumière des gyrophares avant d'atteindre la ruelle. Dans le jour tombant, les flashs stroboscopiques bleus donnaient aux petites maisons mitoyennes blanches un aspect surnaturel, comme si elles sortaient d'un film de science-fiction. En s'approchant du camion des sapeurs-pompiers et des voitures de police, elle reconnut dans la rangée de boutiques celle où elle avait acheté son tableau. Elle parcourut encore quelques mètres avant de se rendre compte que la brocante n'était plus qu'une coquille vide et calcinée. Le feu avait pris des heures plus tôt et seules d'infimes volutes de fumée s'échappaient encore des braises autour desquelles les pompiers buvaient du thé. Où et comment allait-elle bien pouvoir retourner le tableau ? Elle n'avait plus qu'une envie : se débarrasser de ce boulet en deux dimensions dont l'achat illustrait parfaitement les décisions malavisées, obstinées et franchement autodestructrices dont elle était capable.

La zone entourant la boutique était délimitée par un ruban en plastique. Une policière montait la garde à l'entrée en surveillant quelques enfants à vélo qui discutaient de l'incendie.

— Une famille entière a dû brûler vive.

— Tu crois que la BBC en parlera ?

— Regarde plutôt sur Twitter, c'est beaucoup plus rapide.

Annie s'approcha de la policière.

— Que s'est-il passé ?

— Nous enquêtons sur les causes du sinistre.

— Le propriétaire a-t-il laissé une adresse ? Un endroit où on pourrait le joindre ? s'enquit-elle, bien déterminée à retrouver M. Bernoff et à se faire rembourser le tableau.

Sa question éveilla l'intérêt de son interlocutrice.

— Vous connaissez le défunt ?

— Le défunt ? Oh, mon Dieu, vous voulez dire qu'il est mort ?

Annie contempla les braises et frissonna.

— Vous souhaitez peut-être apporter votre témoignage ? Allez-y, dit la femme en soulevant le ruban en plastique pour lui permettre de passer.

— Je ne le connais pas, non, mais je lui ai acheté quelque chose hier. Un tableau. Je voulais le lui rapporter. J'ai changé d'avis.

Un tel rebondissement paraissait sidérant à Annie. Soixante-quinze livres. La prochaine fois, elle prendrait une allumette et brûlerait elle-même ses billets, cela lui ferait gagner du temps. Elle maudit Robert et son ex-femme – sans oublier sa propre impétuosité.

Une demi-heure plus tard, elle repartait en laissant derrière elle un inspecteur dépité par son ignorance. Les mots « incendie criminel », « homicide, »

« meurtre » et « mobile » résonnaient à ses oreilles. Elle était abasourdie par la nature a priori fortuite du crime et par le fait d'avoir manqué de peu y assister. Six heures seulement après son passage, quelqu'un était entré, avait ligoté le commerçant, aspergé la boutique d'essence et jeté au milieu un chiffon enflammé. Tout avait flambé en un rien de temps. Les vieilleries brûlaient vite, même celles d'un bric-à-brac. Il était malheureux que les commerces voisins aient fermé tôt ce jour-là. Personne n'avait entendu les cris du propriétaire ni le crépitement des flammes avant qu'il soit trop tard. Prise d'un frisson à cette évocation, Annie renonça à son idée d'une promenade revigorante le long du fleuve et s'éloigna en prenant cette fois un peu de recul sur son sort.

Son téléphone portable sonna alors. Le numéro était masqué – à coup sûr, il s'agissait d'un démarcheur. Ils en seraient quittes tous les deux pour une déception.

« Mademoiselle McDee ?

— Oui, répondit-elle avec hésitation.

— Ici le poste de police de Paddington Green. Nous avons avec nous une femme qui prétend être votre mère. Elle nous a dit beaucoup d'autres choses aussi ce soir, toutes plus incroyables les unes que les autres », lui expliqua un homme d'une voix lasse.

Annie se figea au beau milieu de la rue et leva les yeux au ciel. Sa gueule de bois, un moment dissipée par le drame de l'incendie, lui retomba violemment dessus.

« Elle a une pièce d'identité sur elle ?

— Non. Vous voulez sa description ?

— Oui », dit Annie.

Elle ne se faisait pourtant aucune illusion. Cet appel n'était que le dernier d'une très longue liste.

« Un mètre soixante-deux environ. Rousse, mince, bien habillée, jolie. Un petit oiseau tatoué sur le bras. Un gros œil au beurre noir.

— Il faut verser une caution ?

— Non. Nous aimerions beaucoup libérer sa cellule, en revanche.

— Dans quel état est-elle ?

— Elle dessoûle lentement.

— Très bien, j'arrive. »

Annie avait conscience qu'elle aurait dû laisser Evie là-bas. Lui venir en aide ne servait jamais à rien – ou alors pas longtemps.

Elle se rendit dans un café et commanda un thé et un beignet afin de prendre quelques forces en prévision des heures à venir. Elle n'avait aucun doute sur ce qui l'attendait. Sa mère passerait par des phases prévisibles de déni, de colère, de récriminations et de dépression. Et elle, Annie, devrait l'écouter, la consoler et la câliner, mais aussi la laisser s'incruster chez elle jusqu'au jour où elle disparaîtrait sans prévenir.

Tout en avalant une gorgée du breuvage brûlant, elle envisagea de ne pas y aller. Elle savait pourtant qu'elle le ferait. Evie n'avait qu'elle au monde, et réciproquement.

Elle qui ne voulait plus être seule, elle était servie.

La dernière fois qu'elle avait eu de ses nouvelles, sa mère venait de s'installer à Oswestry et suivait une formation de masseuse shiatsu. « J'ai enfin trouvé ma vocation », clamait sa carte postale. Annie ne s'en était pas réjouie. Elle avait jeté un bref coup d'œil à la photo : les moutons laineux couchés au pied d'une vallée enneigée ne lui inspiraient pas confiance. Evie se persuadait toujours qu'elle pourrait régler tous ses problèmes en déménageant. Un nouveau lieu, un nouveau départ. Entre cinq et seize ans, Annie avait fréquenté onze écoles différentes. Mais elles avaient beau sillonner l'Angleterre, le démon de la boisson finissait toujours par les rattraper.

Elle sortit du café d'un pas traînant et se dirigea à pied vers la station Shepherd's Bush. Le métro partit vers l'est en oscillant. Il passa devant un camp de gitans, une usine laitière et un centre équestre, avant de s'enfoncer sous une autoroute et de continuer ensuite entre une voie de chemin de fer et un canal. Une canette de bière vide roulait d'avant en arrière aux pieds d'Annie en produisant un chant plaintif sur le plancher métallique. Elle pressa son visage contre la vitre sale et froide. Une nuée d'oies volaient en cercle au-dessus de la rame, tandis qu'autour d'elle s'étendait un terrain vague jonché de détritus. Tout était gris dans ce paysage : le ciel, les immeubles, le tissu des sièges du métro et le béton de l'autoroute. La lumière était trop ténue. Il n'y avait aucune ombre pour la rendre intéressante, rien qui fût de nature à attirer le regard.

Elle descendit du métro à Royal Oak et s'engagea dans Harrow Road. En atteignant un grand rond-point, elle s'aperçut qu'elle n'avait aucune idée de l'endroit où se trouvait le poste de police. Quelques mètres plus loin, un homme avançait avec une poussette. Elle courut vers lui. L'air épuisé, il lui indiqua la direction du nord. Elle longea deux séries d'immeubles et traversa un carrefour très fréquenté avant d'apercevoir une église, un pur joyau georgien qui se nichait dans un petit jardin ponctué de pierres tombales et de statues. Juste derrière se dressait la façade sinistre du poste de police.

À l'intérieur, elle remplit divers formulaires, remit son permis de conduire et franchit un tourniquet donnant accès au cœur du bâtiment. Les lieux puaient le désinfectant et le vomi. Au fond, une personne martelait la porte de sa cellule tandis qu'une autre gémissait - un homme, lui sembla-t-il.

— Vous êtes ici pour Mme Eve McDee ? s'enquit un officier à la mine fatiguée.

Elle acquiesça.

— Vous avez quelques papiers à remplir.

Il lui tendit une tablette à laquelle d'autres documents étaient attachés. Les questions auxquelles elle devait répondre lui étaient familières.

Soudain, la voix de sa mère résonna quelque part derrière une porte close.

— Je descends en droite ligne du colonel Cospatrick Ninian Dunbar Drummond de Durn !

— Sacré personnage, commenta le policier.

Annie n'était pas sûre de ce qu'elle devait mettre dans la rubrique « Adresse connue ». Où Evie habitait-elle ?

— Il a remporté la bataille de l'oued Akarit, le dernier obstacle que notre armée avait à franchir pour atteindre l'extrémité sud de la plaine tunisienne. Cospatrick a conduit sa section jusqu'au sommet d'un éperon rocheux stratégique !

— L'officier de garde a dit qu'elle était trop ivre pour se rappeler son propre nom, mais ça fait des heures qu'elle nous bassine avec cette histoire.

Après un instant de réflexion, Annie inscrivit sa propre adresse.

— Elle a une mémoire extraordinaire, continua l'agent.

— Ma famille descend des comtes de Moray !

— Oh, ta gueule ! cria une voix énervée dans une autre cellule.

— Prenez garde ! Au XVIIe siècle, nous étions chargés d'éradiquer le banditisme et nous avons débarrassé la région des Borders de ses malfaiteurs, de ses voleurs et autres brigands.

— Mais foutez-lui une chaussette dans la gueule ! tonna quelqu'un d'autre.

— Tout ça est vrai ? demanda le policier à Annie.

— Non, elle est à moitié irlandaise et à moitié originaire du West Country. Elle a grandi dans le Wiltshire et ses grands-parents élevaient des cochons, répliqua-t-elle d'un ton flegmatique. Vous allez voir qu'elle va bientôt se mettre à chanter.

De fait, les premières paroles hésitantes de « Carrickfergus » retentirent des cellules jusqu'au bureau d'accueil du poste de police.

— « *I wish I had you down in Carrickfergus, only four nights in Ballygrand, I would swim over the deepest oceans, to long ago.* »

— Elle est toujours comme ça ?

— Les jours où ça va bien, oui.

Enfant, Annie ne laissait jamais personne médire de sa mère. Elle la défendait bec et ongles en espérant se convaincre elle-même – en même temps que les autres – que sa dernière cuite était un simple accident de parcours. Evie avait le plus souvent été une mère merveilleuse, drôle, anarchique et aimante. Parce qu'elle était plus jeune que les autres parents, on la prenait souvent pour une élève de terminale ou une assistante pédagogique, et Annie était fière lorsque les hommes se retournaient sur son passage et que ses copines plus âgées copiaient ses coiffures et son maquillage. En l'absence d'un père ou d'un compagnon durable, la mère et la fille formaient un duo soudé : elles dansaient ensemble au clair de lune, prenaient le bus sans destination précise, chantaient des albums entiers d'Elvis Presley, cuisinaient des gâteaux farfelus et les mangeaient au lit en regardant des classiques du cinéma. Mais très tôt, Annie avait appris à repérer les signes alarmants. Une consommation accrue de cigarettes. La musique écoutée à plein volume. Une tendance à faire les cent pas dans la maison. Une patience qui se réduisait comme peau de chagrin, jusqu'à l'instant terrible où elle volait en éclats. Annie avait le sentiment de vivre sur une ligne de faille ou près d'un volcan, et il lui était impossible de savoir quand la prochaine fissure apparaîtrait ou quand l'éruption se produirait. Dans ces moments-là, sa mère la mettait à la porte en lui disant de se débrouiller pour aller à l'école – elle n'avait qu'à suivre les enfants vêtus du même uniforme qu'elle. Les appels en provenance des hôpitaux et des postes de police n'étaient pas inhabituels. À vrai dire, ils étaient un soulagement, car cela signifiait qu'Evie était toujours vivante. Annie redoutait bien davantage que quelqu'un vienne un jour sonner à la porte. « Nous avons une mauvaise nouvelle à t'annoncer » – ces mots, elle les avait entendus un nombre incalculable de fois dans sa tête.

Elle alla s'asseoir sur l'une des chaises dures de l'accueil pour attendre Evie. Les murs étaient couverts d'affiches incitant les citoyens à surveiller eux-mêmes leur quartier et le son léger de Radio 1 s'échappait de l'un des bureaux. Peut-être que ce serait différent ce jour-là. Peut-être qu'Evie avait enfin touché le fond. Mais elle étouffa sur-le-champ cet infime espoir. Après tant d'années, oser imaginer une telle chose était tout simplement ridicule.

Evie arriva bientôt, encadrée par deux policiers.

— Oh, c'est toi, lâcha-t-elle, la mine faussement surprise.

— Bonjour, maman. Viens, on s'en va.

Evie faisait peine à voir. Son tailleur-pantalon jaune pâle était maculé de sang et de vomi et son œil gauche ressemblait à une grosse prune toute bleue.

— C'était horrible, ma chérie, dit-elle en commençant à pleurer. Je ne voulais pas, mais c'était l'anniversaire de la mort de ton père et…

Annie s'approcha d'elle et la serra dans ses bras.

— Tout va bien, maman. Ne t'inquiète pas. Rentrons à la maison te nettoyer un peu. Où est ton sac ?

— Ce connard du pub me l'a volé, cracha Evie en fusillant le sergent du regard. Et maintenant, il porte plainte contre moi. Je suis victime d'un complot.

— Le gérant a dit qu'elle avait débarqué les mains vides et qu'elle l'avait insulté lorsqu'il avait refusé de la servir. Après ça, elle a fracassé un miroir.

— Si les comtes de Moray vous entendaient ! Vous ne valez pas mieux que ces mécréants dans leurs cellules. Annie, tu te rends compte qu'ils m'ont enfermée ?

— Il est temps d'y aller, répliqua Annie en entraînant fermement sa mère vers la sortie.

Dehors, Evie scruta Edgware Road dans les deux sens.

— Où est ta voiture ?

— On va prendre le métro.

— Tu n'as pas une voiture de fonction ? Je croyais que c'était ça, l'intérêt de travailler dans le milieu du cinéma. Les avions privés et les limousines.

— À Hollywood peut-être. Allez, viens. Marcher te fera du bien.

— Mon talon est cassé. Je ne peux pas.

— Tu n'as pas le choix. J'ai juste assez d'argent pour payer deux tickets.

— Pas de voiture. Pas d'argent. Génial, marmonna Evie.

Annie regrettait déjà d'être venue la chercher. C'était toujours pareil. Des larmes de rage et de frustration lui picotèrent les yeux. Elle pressa le pas, résolue à la distancer.

— Annie ? Attends-moi.

Le bruit des pas irréguliers de sa mère s'accéléra.

— Ne me laisse pas là !

Sans répondre, Annie continua à avancer. Evie changea alors de stratégie.

— Je n'ai jamais voulu me retrouver dans cet état, pleurnicha-t-elle. J'ai à peine bu une goutte. J'ai rencontré un homme. Il m'a quittée et ça m'a rendue triste.

Annie se retourna. Plantée au milieu du trottoir, sa mère offrait l'image d'une femme plus toute jeune, émaciée et fatiguée. Son cœur se serra. Voyant Evie boiter de plus belle avec son talon cassé, elle ôta ses ballerines.

— Enfile ça, maman.

— Et toi ?

— J'ai des chaussettes épaisses.

— Tu ferais ça pour moi ? Vraiment ? dit sa mère en mettant ses chaussures. Elles sont très jolies. Je t'aime, tu sais.

— Dépêche-toi, rentrons à la maison.

Et Annie tendit la main à sa mère, qui la prit dans la sienne.

De retour à son appartement, elle fit couler un bain chaud et posa sur son lit des habits propres. Assise à la table de la cuisine, Evie contemplait la pièce autour d'elle.

— Tu attends quelqu'un ce soir ? demanda-t-elle en notant que la table avait été mise pour deux personnes.

— Hier, en fait. Mais il n'est pas venu.

Annie versa de l'eau bouillante dans deux tasses,

plongea un sachet de thé dans chacune d'elles et en tendit une à sa mère.

— Désolée pour toi, dit Evie avec compassion.

Annie haussa les épaules.

— C'est quelqu'un à qui tu tiens ?

— Non.

— Je garderai pour moi un constat évident, déclara sa mère.

— Ça vaut mieux, oui.

— Il te faut un homme digne de ce nom.

— Pas maintenant, maman.

— Si seulement tu avais été un peu plus…

— Ton bain est prêt, la coupa Annie, trop fatiguée pour se disputer avec elle.

— Enfin bon, je t'aime comme tu es, dit Evie, la mine contrite.

— L'eau va refroidir.

Annie perdait patience. Elle prit sa tasse et alla se poster près de la fenêtre.

— Tu n'aurais pas une goutte d'alcool dans tes placards, par hasard ?

— Non.

La vue de sa table mise lui pesait. Elle rangea les assiettes, ramassa les couteaux et les fourchettes et les fourra en bloc dans un pot.

— Ma chérie, tu as l'air lessivée. Tout va bien ?

— Oui. S'il te plaît, file prendre ton bain.

Annie remplit de nouveau la bouilloire et la brancha.

— Ton problème, c'est que tu veux toujours *chiku*.

— *Chiku* ?

— Une expression chinoise qui veut dire « manger amer ». Tu te pourris la vie. Un jour, tu remercieras Desmond de t'avoir quittée, de t'avoir libérée de ton quotidien morose. Tu étouffais lentement avec lui.

Annie se retourna vivement vers elle, les yeux brillants de colère. Elle avait besoin de mettre une porte entre elles, et vite.

— Sois tu prends ce bain tout de suite, soit c'est moi qui y vais.

Evie se leva avec difficulté, mais à peine eut-elle fait quelques pas qu'elle aperçut le tableau.

— Qu'est-ce que c'est ?

— À ton avis ?

— De qui est-il ? insista Evie en le soulevant, puis en s'approchant du bureau d'Annie afin de braquer la lampe d'architecte sur la toile. Où l'as-tu trouvé ?

— Dans un bric-à-brac sur Goldhawk Road.

— Il est magnifique. Il me rappelle ces jolis tableaux de la Wallace Collection. Ton père m'y emmenait, avant. Il faisait toujours bon là-bas. On s'asseyait sur les bancs de la galerie et on inventait des histoires à partir des œuvres exposées.

— La Wallace Collection ? Bizarre. C'est pour ça que je l'ai acheté.

— Il y avait un tableau que ton père aimait particulièrement. Je ne me rappelle pas le nom du peintre. Flagon, Fraggin… Non, Fragonard. C'est ça. *Les Hasards heureux de l'escarpolette*. Pile dans le style de celui-là. Une ambiance insouciante. Des musiciens et des fêtes. Ton père l'adorait. C'était étonnant, d'ailleurs. On aurait pu penser que les goûts d'un motard l'auraient porté vers quelque chose de plus terre à terre, comme *Le Cavalier riant*. Il est à la Wallace Collection, d'ailleurs.

— Le Fragonard fait aussi partie de mes préférés, dit Annie en frissonnant.

Elle savait si peu de choses sur son père et ce qu'il aimait. Il était mort lorsqu'elle avait deux ans et elle ne possédait pas la moindre photo d'eux ensemble.

Tournant légèrement la lampe, Evie scruta le tableau avec attention. La danseuse s'anima sous la lumière vive. Les teintes jaunes et dorées de sa robe semblèrent trembloter et le feuillage derrière elle se mit à chatoyer. Étendu à terre, le jeune homme la fixait, captivé et admiratif.

— On dirait qu'il prend vie ! s'exclama Annie.

Evie humecta un de ses doigts et le passa doucement sur la danseuse. Les couleurs étincelèrent de plus belle.

— À mon avis, c'est un tableau qui a de la valeur, déclara-t-elle, soudain sobre. Tu devrais l'amener à la Wallace Collection. On pourrait y aller ensemble, même.

Annie sourit. L'une des qualités les plus attachantes de sa mère était sa capacité à trouver matière à espérer dans toutes les situations. Comment sinon aurait-elle réussi à survivre si longtemps, à recoller tant de fois les morceaux de sa vie, à dénicher toujours un nouveau boulot, un nouvel endroit où s'installer, une énième aventure amoureuse dans laquelle s'embarquer ?

— Ton bain va refroidir, dit-elle en lui reprenant le tableau.

— J'ai un bon pressentiment concernant ce tableau, marmonna Evie. Et tu ne devrais jamais prendre mes pressentiments à la légère.

4

Rebecca Winkleman, épouse du réalisateur Carlo Spinetti et fille du marchand d'art Memling Winkleman, avec qui elle travaillait à la Winkleman Fine Art Ltd, avait pour habitude de dissimuler ses émotions derrière un abord froid. Seule sa famille proche savait qu'il s'agissait d'une façade : maladivement timide, Rebecca était persuadée qu'une catastrophe la guettait à chaque coin de rue. Tous les avions dans lesquels elle embarquait étaient destinés à se crasher, et tous ses contrats, voués à l'échec. Tôt ou tard, à n'en pas douter, quelqu'un dénoncerait l'usurpatrice incompétente qu'elle était en réalité.

Terrifiée à l'idée d'être jugée comme une profiteuse qui ne devait sa place qu'à un système népotique, elle trimait plus longtemps et s'accordait moins de vacances que quiconque dans l'entreprise, y compris son père. La moindre réunion la mettait dans tous ses états, et presque chaque nuit, incapable de fermer l'œil, elle ressassait de banales remarques ou des erreurs occasionnelles. Son médecin lui avait recommandé de prendre du Valium, mais elle s'y refusait de peur que cela lui engourdisse l'esprit. Un autre lui avait suggéré des séances de psychothérapie – en pure perte, tant il était pour elle inconcevable de se confier à un inconnu. Elle faisait de terribles cauchemars et hurlait si fort dans son sommeil que son mari dormait dans la pièce voisine. Une fois par semaine environ, elle se réveillait en tremblant, baignée de sueur.

D'un point de vue vestimentaire, elle s'efforçait avant tout de ne pas attirer l'attention en privilégiant des tenues classiques, bien coupées et peu échancrées : le jour, des tailleurs-pantalons bleu marine ou noirs accompagnés d'une chemise en soie blanche impeccable, et le soir, des robes de cocktail noires très simples avec des escarpins confortables. Elle avait adopté une coupe au carré sévère pour ses cheveux blonds, veillait à ce que ses ongles soient toujours courts et brillants et ne mettait pas d'autres bijoux que des clous d'oreilles en diamants et un collier de perles. Et bien qu'elle ne pût s'imaginer sortir de chez elle sans son « camouflage », ses habitudes en matière de maquillage se résumaient à une touche de correcteur de teint, un rouge à lèvres discret et un peu de mascara pour souligner ses yeux bleu clair, qu'elle tenait de son père – cachés néanmoins derrière des lunettes à épaisse monture en écaille. Si on lui avait demandé de se décrire, elle aurait répondu, après un instant d'hésitation, qu'elle était ordinaire, alors même que les autres avaient d'elle l'image d'une belle, voire d'une très belle femme.

Annie n'avait aperçu qu'une fois l'épouse de son

employeur, mais elle était au courant des ragots qui brossaient d'elle le portrait d'une femme piégée entre un mari dépensier et infidèle et un père autoritaire. Comme beaucoup de gens, elle supposait que Rebecca avait trop peur de vivre seule et sans amour pour quitter Carlo, et que lui, de son côté, redoutait tellement de devenir pauvre qu'il s'était résigné à se faire entretenir. Peu de personnes devinaient le véritable ciment du couple : les Spinetti s'aimaient, d'un amour certes inhabituel et peu conventionnel, et chacun avait réussi à s'accommoder des petites excentricités de l'autre. Rebecca adorait le goût italien de son mari pour l'hyperbole, sa spontanéité, sa sensualité et son besoin puéril d'être couvé et complimenté. Elle s'émerveillait de la manière dont ses émotions tournoyaient comme une girouette dans le vent, de sorte que la moindre de ses humeurs s'étalait aux yeux de tous. Et tant pis si ses films étaient descendus en flèche par la critique – elle trouvait de la beauté et de l'originalité dans chacune de ses prises. Pour elle, les rares occasions où il entrait dans sa chambre compensaient toujours des semaines de désir non partagé. Elle était incroyablement fière aussi de son profil aquilin, de ses cheveux bouclés, de sa bouche en cerise et de ses dents parfaites. Mais surtout, elle se montrait pragmatique et reconnaissait que sa tendance personnelle à trop travailler était aussi pénible que son activité sexuelle débordante à lui. Quant à Carlo, il aimait l'intelligence froide de sa femme, sa beauté et ses angoisses incontrôlables. Être le seul capable d'apaiser ses crises de panique et de lui rendre sa confiance en elle le faisait se sentir omnipotent et protecteur. Et s'il ne pouvait s'empêcher de tomber souvent amoureux, il ne s'autorisait des écarts de conduite que parce qu'il savait que Rebecca était attachée à leur foyer et qu'elle faisait preuve envers lui d'une dévotion et d'une fidélité sans faille. C'était ce socle solide, ajouté à un petit frisson de culpabilité, qui rendait chaque flirt agréable à ses yeux.

Lorsque le chef cuisinier des Winkleman, Monsieur George, fut victime d'une crise cardiaque, Carlo demanda à Annie de le remplacer jusqu'à ce qu'il se rétablisse. George était un chef étoilé formé à l'école du Cordon bleu, mais le travail ne serait pas compliqué, selon lui. Les collègues d'Annie la mirent toutefois en garde : Rebecca était presque aussi dure avec ses employés qu'elle l'était avec elle-même.

— Allez au moins passer un entretien, lui suggéra Carlo.

Il n'eut pas besoin d'ajouter que sa femme le faisait tourner en bourrique avec cette histoire. Ça, tout le monde au bureau le savait déjà.

La société de production de Carlo Spinetti était située dans un grand entrepôt de Bermondsey. Comme beaucoup d'immeubles de bureaux contemporains à la mode, le bâtiment avait été démantelé de façon à ne conserver qu'un aspect partiellement industriel, et seules les « entrailles » fonctionnelles, à savoir la tuyauterie, les murs de brique et la climatisation, avaient été laissés apparents. De jeunes producteurs associés et des assistants de production, tous pareillement vêtus d'un jean et d'un T-shirt, y travaillaient dans un open space au sol bétonné qui résonnait d'un brouhaha incessant, mélange de bavardages, de musique et de conversations téléphoniques.

En arrivant devant l'entrée de la Winkleman Fine Art, sur Curzon Street, Annie fut frappée par le contraste entre le cadre de travail de Carlo Spinetti et celui de sa femme. L'imposant manoir du XVIIIe siècle se dressait en retrait de la rue, dont il était séparé par des grilles. Annie gravit quatre grandes marches de pierre jusqu'à une double porte en acajou poli et mit quelques instants à trouver la discrète sonnette en cuivre. Une voix la pria alors poliment de se placer face à une caméra de sécurité située au-dessus du linteau. Elle indiqua son nom et attendit. Au bout d'un moment, la porte s'ouvrit sans bruit, et Annie fut accueillie par un portier en livrée. Deux gardes postés dans le vestibule en marbre l'examinèrent de la tête aux pieds en lui faisant clairement comprendre qu'elle ne correspondait pas au profil des visiteurs habituels. Puis le portier la conduisit dans un salon recouvert d'une épaisse moquette, dont les portes-fenêtres donnaient sur un jardin à l'italienne. Sur les murs tapissés de soie damassée étaient accrochées les plus belles œuvres d'art de la galerie. Annie avait été prévenue que ni Rebecca, ni son père Memling, le directeur de l'entreprise, ne viendraient l'accueillir en personne à la porte – cet honneur était réservé aux invités de marque.

La plupart des clients étaient reçus par l'un des huit vendeurs permanents, parmi lesquels figuraient trois anciens directeurs de musée. Les commerçants étaient renvoyés quant à eux vers l'entrée de service. Contrairement à l'atmosphère bourdonnante du studio de Carlo Spinetti, la galerie Winkleman était aussi silencieuse et sinistre qu'un mausolée. À l'évidence, rien ne devait détourner l'attention des œuvres exposées en son sein.

Dans l'éventualité où elle se verrait offrir ce remplacement temporaire et où elle l'accepterait, Annie savait déjà qu'elle devrait à l'avenir passer comme les autres employés par la petite ruelle à l'arrière de la maison. Les Winkleman possédaient les sept bâtiments entourant le manoir de Curzon Street. Quatre faisaient partie de la Winkleman Fine Art, les autres étant des résidences privées. Memling occupait la première, Rebecca et les siens, la deuxième, et la dernière servait pour les clients. Outre un court de tennis souterrain et une piscine réservés à son usage exclusif, la famille disposait aussi pour son confort de huit domestiques philippins en uniforme chargés du ménage, de deux chauffeurs, d'une masseuse à domicile, d'un promeneur de chiens à temps plein, d'un entraîneur de tennis à temps partiel et d'un coach sportif.

Une femme d'âge mûr vint chercher Annie dans le salon. Vêtue d'un élégant tailleur noir, elle avait relevé ses cheveux gris acier en un chignon strict et n'arborait aucun maquillage.

— Je suis Liora van Cuttersman, l'assistante de Mme Winkleman-Spinetti. Suivez-moi, je vous prie.

Annie lui emboîta le pas le long d'un couloir jusqu'à une petite pièce dans laquelle deux fauteuils en cuir encadraient une table basse recouverte de magazines d'art. Sur le mur d'en face se trouvait un charmant petit tableau figurant une Vierge à l'enfant. Annie posa son sac à dos et, devant l'absence de vitre protectrice et de cordon rouge, ne put résister à l'envie de regarder l'œuvre de plus près. Représentée en deux dimensions, la Vierge apparaissait triste et figée, tandis que le Christ avait plus l'air d'un vieillard ratatiné que d'un bébé.

— C'est un tableau de Duccio. Il date de la fin du XIIIe siècle, dit une voix sèche.

Annie se retourna et se retrouva face à Rebecca Winkleman-Spinetti. D'emblée, elle la trouva extraordinairement belle. Ses yeux étaient des lacs turquoise irisés mis en valeur par sa peau blanche et ses cheveux clairs. La seule autre touche de couleur sur son visage rond était le rose pâle de ses lèvres étonnamment pulpeuses.

— Joli, dit Annie, mais en pensant plus à Rebecca qu'au tableau.

— C'est l'une des plus grandes œuvres que nous ayons eu le plaisir de négocier, déclara la galeriste, avant de consulter sa montre. Venez, je n'ai que quelques minutes à vous accorder.

Annie franchit deux double portes en acajou à sa suite et déboucha dans un grand bureau dont les murs disparaissaient derrière des rangées et des rangées de livres. Dans le même temps, elle admira la silhouette élégante de Rebecca, moulée dans un tailleur en cachemire noir parfaitement coupé et dépourvu de tout faux pli. En comparaison, elle se faisait l'effet d'une clocharde avec son pantalon trop large et son duffle-coat.

— Vous m'avez apporté un CV ?

Elle lui tendit une feuille de papier au format A4. Rebecca baissa les yeux dessus, puis la retourna en s'attendant visiblement à trouver d'autres informations au dos.

— C'est succinct.

— J'ai passé quatorze ans à développer une entreprise.

— Vous avez souffert de la crise économique ?

— Non, les affaires ont toujours bien marché. C'est le partenariat avec mon associé qui n'a pas tenu, avoua Annie en rougissant et en cherchant comment échapper à toute question personnelle.

Rebecca examina la jeune femme, étonnée par son allure. Pourquoi cette fille n'essayait-elle pas de s'arranger un peu - en s'achetant une tenue décente, par exemple, ou bien en se maquillant ? Enfin, au moins son mari n'aurait pas envie de coucher avec elle. Carlo n'aimait que les filles très apprêtées.

— À part vos cours du soir dans une école professionnelle, votre seule expérience en matière de cuisine a été la gestion d'une fromagerie dans une petite ville du West Country ?

Elle s'exprimait d'une voix sèche et haut perchée, mais Annie remarqua que ses mains tremblaient légèrement et qu'un petit spasme agitait sa joue gauche. Pourquoi émanait-il de cette femme une telle nervosité ? Elle ne pouvait assurément pas en être la cause.

— Je me suis formée en grande partie toute seule, reconnut-elle. Mais nous avions aussi un café à côté de la fromagerie et je préparais des plats tous les jours. Des salades, des sandwiches, des gâteaux…

— Notre entreprise se doit d'être associée à ce qui se fait de mieux dans chaque domaine.

— Tout était fait maison et réalisé avec des produits frais. Nous étions très bien notés sur TripAdvisor, insista Annie, sur la défensive.

Devait-elle dire aussi que certains clients traversaient régulièrement le Devon pour venir manger ses tartes et ses cheesecakes, et qu'une queue se formait systématiquement une demi-heure avant l'ouverture le vendredi, jour où elle faisait du pain ?

Rebecca haussa les épaules et reporta son attention sur le CV.

— La cuisine est votre seul passe-temps ?

— Je dirais une obsession plus qu'un passe-temps.

— Vous n'avez pas d'autres centres d'intérêt ?

— Et vous ? la questionna Annie – non par insolence, mais parce que cela l'intriguait réellement.

L'ombre d'un sourire flotta sur les lèvres de Rebecca.

— Non, dit-elle avec hésitation. Je suppose que ma vie tout entière tourne autour de l'art.

— Nous ne sommes peut-être pas si différentes que ça, alors.

Rebecca contempla la jeune femme, sa tignasse

auburn, son duffle-coat et ses Doc Martens éraflées. Elle doutait d'avoir le moindre point commun avec elle.

— Mon mari ne tarit pas d'éloges sur vos talents. Que faites-vous pour lui ?

— Honnêtement, pas grand-chose. J'aime travailler dur et cuisiner, mais comme M. Spinetti ne réalise aucun film pour le moment, il n'y a presque rien à faire. Je prépare beaucoup de cafés, et à l'occasion une assiette de pâtes.

Rebecca regarda de nouveau sa montre – un client potentiel devait bientôt arriver. L'idée de Carlo était ridicule. Elle trouverait un chef cuisinier via une agence d'intérim.

— Je ne vois pas comment nous pourrions prendre le risque de vous embaucher, déclara-t-elle. Rien dans votre CV ne suggère la moindre compétence.

Annie accusa le coup.

— J'ai commis une erreur en mêlant ma vie amoureuse et ma vie professionnelle. Cela m'a laissée dans une situation assez difficile.

Rebecca l'observa d'un air pensif. Quelque chose dans le sort de cette fille lui inspirait de la compassion. N'importe qui aurait pu faire cette erreur, et beaucoup la faisaient, du reste. Elle-même avait conscience d'être trop liée à sa famille. À supposer qu'un jour elle se brouille avec ses proches, vers qui se tournerait-elle ?

Un téléphone sonna sur son bureau. Elle décrocha vivement et, d'un ton suave et policé, posa plusieurs questions à son interlocutrice.

« Madame Ankelehoff... Suzanne... Comment se passe votre séjour aux Bahamas ? Et le petit Tommy... Le Duccio a été réservé par un autre client... Bien sûr, vous êtes l'une des plus importantes collectionneuses avec lesquelles nous travaillons... La réserve est de dix-huit... Laissez-moi en toucher un mot à mon père... Et saluez bien Richard de ma part. »

Elle raccrocha et reprit aussitôt le combiné pour appeler son assistante.

« Liora, j'ai besoin de parler à mon père. »

Annie ramassa son sac à dos et se dirigea vers la porte.

— Ne vous inquiétez pas, je retrouverai mon chemin toute seule.

— Attendez ! Je vais tenter ma chance avec vous – ne me demandez pas pourquoi, dit Rebecca avec un petit rire, déroutée par cette décision impulsive qui ne lui ressemblait pas. Je compte sur vous. Liora vous montrera la cuisine. Nous dînons à 19 heures. Étudiez soigneusement les menus.

Annie resta muette de surprise.

— Le salaire net est de 450 livres par semaine. Six jours sur sept si nécessaire. Des horaires irréguliers dans le meilleur des cas. Pouvez-vous commencer maintenant ?

Annie acquiesça. Le salaire proposé était le double de celui qu'elle touchait, et cela suffisait à étouffer ses appréhensions.

L'entretien avait duré moins de quatre minutes.

Son nouveau royaume était une longue pièce étroite qui jouxtait une « salle de réception ». Dans les placards, elle trouva tous les ustensiles possibles et imaginables, la plupart encore dans leur emballage. Elle pensa à son bien le plus précieux, un ensemble de couteaux japonais. Les cinq sets que contenait la cuisine des Winkleman étaient d'une qualité qu'elle n'aurait jamais les moyens de s'offrir.

Après avoir signé un accord de confidentialité et enregistré son empreinte rétinienne dans le système de sécurité commandant l'accès à la maison, elle se vit remettre une liste de menus. À son grand désarroi, elle constata qu'ils ne variaient jamais. Les déjeuners et les dîners se composaient tous de poisson et de légumes bouillis ou cuits à la vapeur. Les seules fines herbes tolérées étaient l'aneth et le persil – l'ail, la coriandre et le piment étant rigoureusement proscrits. Quant au sel et au poivre, elle ne pouvait en faire qu'un usage parcimonieux. Elle devait réaliser ses omelettes sans le jaune des œufs, terminer chaque repas par une compote de pommes et n'utiliser que des ingrédients bio, si possible produits localement. Pour Annie, préparer cette nourriture blanche et insipide s'apparentait à une forme de torture. L'intérêt des aliments résidait à ses yeux autant dans leur couleur, leur odeur et leur présentation que dans leur saveur. Manger était une expérience sensuelle qui débutait avec le regard et l'odorat, et qui explosait ensuite dans l'imagination. Mâcher et goûter en constituaient l'apogée.

Les soirs où Memling et Rebecca dînaient chacun

chez eux, elle avait pour consigne de confier leur repas aux domestiques philippins, qui les déposeraient ensuite dans un passe-plat chauffé. Elle était tenue de n'adresser la parole à Memling Winckleman en aucune circonstance, de détourner la tête si elle le croisait dans le couloir et de ne parler à Rebecca que lorsque celle-ci s'adressait à elle. Les plats les plus intéressants dont elle aurait la responsabilité étaient en fait ceux destinés au husky de Memling, Tiziano, qui avait droit pour sa part à du lapin, du bœuf ou du poulet frais mélangé à des œufs crus et des légumes verts finement émincés.

Dès le troisième jour, Annie rédigea sa lettre de démission. Tant pis si elle devait en pâtir financièrement. Elle se moquait bien que le poisson soit d'une qualité incomparable, servi sur de la porcelaine de Sèvres et accompagné des meilleurs vins français : son rêve était de cuisiner, pas de passer sa vie penchée sur un cuit-vapeur. Une partie du plaisir qu'elle prenait à préparer de délicieux repas venait de l'expression qui se lisait sur le visage des gens, mais là, son travail se résumait à enfourner des plats dans une armoire chauffante. À coup sûr, la crise cardiaque de son prédécesseur était liée à cette monotonie. Le mercredi soir, convoquée par Rebecca, elle fourra sa lettre de démission dans la poche de son tablier blanc amidonné, mais avant qu'elle ait pu la remettre à son employeuse, celle-ci lui demanda de préparer un dîner pour vingt personnes la semaine suivante en l'honneur d'une importante cliente américaine, Melanie Appledore. Le but de la soirée était de présenter à la collectionneuse une étude récemment découverte de *Judith décapitant Holopherne*, célèbre toile du Caravage exposée au palais Barberini, à Rome. Annie serait autorisée à s'écarter du régime de poisson habituel des Winkleman du moment qu'elle évitait l'ail et les piments. Le dîner, composé de trois plats, devrait être servi à 20 heures précises, et l'assistante de Rebecca lui transmettrait une liste des préférences et des allergies propres à chaque invité. En repartant, Annie s'aperçut que cet entretien n'avait une fois encore pas excédé quatre minutes.

Faute d'avoir accès aux archives de Monsieur George, elle ignorait ce que ses employeurs attendaient de cette soirée caravagesque. Le majordome en chef des Winkleman, Jesu, et sa femme, Primrose, lui expliquèrent que de tels dîners comportaient invariablement une soupe en entrée et du poisson en plat principal. Le dernier grand repas dont Annie avait eu la charge était une fête d'anniversaire-surprise organisée pour Desmond et cinquante de leurs amis dans le Devon. Il voulait des mojitos, des hamburgers et des marshmallows grillés – « pas cette merde prout-prout que tu fais toujours » –, mais elle avait espéré que son banquet le ferait changer d'avis. Parce que c'était la fin de l'été, elle avait mêlé le thème de la fête des moissons et les quarante ans de Desmond en accrochant des épis de maïs, des dahlias et des chrysanthèmes au plafond de la grange d'un ami afin de créer un jardin suspendu inversé. Les tables, montées sur tréteaux, ployaient sous le poids des citrouilles, des pommes et des figurines réalisées avec des épis de blé, tandis que les invités, à qui elle avait demandé de porter du rouge ou du jaune, avaient pris place sur des bottes de paille. Elle avait cuisiné des marmites entières de soupe épicée à la citrouille, passé toute la journée à faire rôtir un cochon sous un pommier et, en guise de dessert, choisi un crumble aux mûres et aux pommes servi avec une crème épaisse. Elle avait même confectionné une couronne d'orge pour Desmond, mais il l'avait jetée dans le barbecue et manqué de gâcher toute la soirée en boudant.

N'ayant pas les moyens de faire des cadeaux à ses amis ou à leurs enfants, Annie leur proposait toujours de cuisiner à la place. Certains plaisantaient en prétendant qu'ils avaient agrandi leur famille ou qu'ils s'étaient mariés rien que pour le plaisir de savourer ses plats. Ses fêtes étaient en effet légendaires et s'accompagnaient aussi bien de montagnes de gelée aux couleurs vives que de gâteaux en forme de chien ou de mouton grandeur nature. Pour l'un de ses proches, un professeur d'anthropologie qui avait séjourné six mois dans un village reculé du Cambodge, elle avait recréé un festin tribal. Pour une amie, Pernilla, née dans une petite ville au nord de Stockholm, elle avait préparé un dîner suédois traditionnel composé d'une soupe à base de sang d'oie, de magret de canard séché et d'un gâteau aux fruits rouges. Alors même qu'il n'en était pas resté une miette à la fin, Desmond avait déclaré qu'il n'avait jamais rien mangé de plus répugnant et de plus immonde. Pas la peine de se demander pourquoi Pernilla avait fui son pays natal, selon lui.

Annie alla voir le tableau du Caravage, qui avait

déjà été accroché dans l'entrée principale de la galerie. L'image était peu appétissante : un homme à la gorge tranchée se vidait de son sang sur un linge blanc, et l'on sentait que la vie quittait son corps à chacun de ses battements de cœur. L'auteur du crime était une belle femme brune qui toisait le spectateur d'un air triomphant, une lame ensanglantée à la main, sous le regard d'une vieillarde rabougrie. Tout en jouant avec sa lettre de démission, Annie décida qu'elle n'avait pas grand-chose à perdre. Elle allait concocter un festin inoubliable pour Rebecca Winkleman. Quitte à être renvoyée, autant que ce soit pour un acte dont elle serait fière.

En effectuant des recherches sur Internet durant ses pauses déjeuner, elle apprit que, entre sa naissance en 1571 et sa mort précoce en 1610, le Caravage avait été presque aussi célèbre pour ses méfaits que pour ses tableaux, et que sa technique était aussi vive et spontanée que son tempérament. On savait notamment qu'il avait tué un homme lors d'une rixe. Pas étonnant que le sang qui jaillissait du cou d'Holopherne soit si bien rendu, pensa Annie. Incapable de contrôler ses désirs et son caractère, le peintre avait passé une bonne partie de sa vie à fuir les autorités. Il avait été damné en raison du « caractère vulgaire, sacrilège, impie et dégoûtant » de ses œuvres, mais son talent et son « âme noire » attisaient la convoitise des collectionneurs. Restait à savoir comment introduire tout ça dans son menu... Le Caravage avait vécu après la Renaissance entre Rome, Naples, Malte et la Sicile, soit quatre régions caractérisées par des cuisines très différentes, et les mets dont il se nourrissait – du pain, du vin, des morceaux de cochon et du fromage qu'il faisait passer avec de la piquette locale – conviendraient difficilement aux invités de Rebecca. Elle s'intéressa alors aux banquets organisés par les cardinaux, les papes et les nobles qui soutenaient le peintre, et découvrit que le sucre, ingrédient nouveau à l'époque, était un signe de grande richesse abondamment utilisé à des fins décoratives et symboliques. C'est ainsi que, lors d'une réception donnée par don Ercole, le fils du duc de Ferrare, en l'honneur de plusieurs membres de la noblesse, une statue en sucre avait été commandée et érigée au centre de la table. Colorée et dorée, elle représentait Hercule et un lion grandeur nature encadrés par des petites figurines de la déesse Vénus et de Cupidon. Certains dîners comptaient jusqu'à dix plats, dont des pièces montées et des tourtes farcies d'oiseaux vivants, des poulets rôtis, puis dorés, et des cygnes et des faisans qu'on avait de nouveau parés de leur plumage après les avoir fait cuire. Les convives se lavaient les mains dans des aiguières individuelles remplies d'eau parfumée à la fleur d'oranger, et un intermède musical ponctuait chaque plat.

Perdue dans ses recherches et incapable d'affronter sa mère, Annie se résigna à dormir pour la troisième nuit d'affilée sur un lit de camp mis à sa disposition dans son bureau.

Le lendemain matin, Evie se présenta à l'entrée de la Winkleman Fine Art. Elle parvint à franchir la porte principale, mais les officiers de sécurité rechignèrent à laisser cette femme débraillée pénétrer plus avant dans la galerie. Au beau milieu d'une réunion du personnel, Annie fut appelée à la réception.

— Il y a un problème ? demanda-t-elle.

Dans le même temps, elle lorgna la caméra de surveillance, espérant qu'aucun de ses collègues n'avait remarqué l'œil au beurre noir d'Evie, dont la couleur pourpre avait laissé place à un dégradé de jaune teinté d'orange.

— Où étais-tu passée ? dit sa mère d'un ton acerbe.

— Je travaillais, répliqua Annie en la prenant par le bras pour l'entraîner fermement vers la sortie.

— Il n'y a rien dans ton frigo et tu n'as même pas la télé.

Evie hésita un instant, l'air aussi vulnérable qu'une enfant, avant de poursuivre :

— Je suis venue t'inviter à déjeuner.

— J'ai trop de boulot. Je ne peux vraiment pas.

— On est le 22 janvier. C'est mon anniversaire, lui rappela-t-elle d'une toute petite voix. Tu l'as oublié.

— Oh, c'est vrai, reconnut Annie d'aussi bonne grâce que possible.

— J'ai envie d'aller à la Wallace Collection.

Après s'être assurée que personne ne l'épiait, Evie ouvrit un grand sac en plastique dans lequel elle avait fourré le tableau.

— Va m'attendre à l'angle de la ruelle à l'arrière

du bâtiment, lui ordonna Annie. Il faut que je récupère mon manteau et mon sac à main.

Quelques minutes plus tard, elle la rejoignit dehors.

— Si on allait plutôt à la National Gallery ? suggéra-t-elle – essentiellement parce qu'elle n'avait aucune envie de retourner sur les lieux de la fameuse soirée pour célibataires où elle avait rencontré Robert.

— Non. C'est mon anniversaire et je veux aller à la Wallace Collection.

Le musée était à une demi-heure de marche de la galerie des Winkleman. Peut-être pourrait-elle y emmener sa mère, lui payer un sandwich et être de retour à son poste en moins d'une heure. Par chance, Rebecca et son père étaient à Paris et ne devaient pas rentrer avant le dîner.

— Tu portes ma plus belle robe, remarqua-t-elle soudain.

— Il n'y en avait pas de plus présentable dans ton armoire – et encore, elle vient de chez Zara. C'est d'un commun…

— Peut-être, mais c'est ma seule tenue habillée, alors j'apprécierais que tu ne l'empruntes pas.

Mais son reproche resta sans effet.

— Tu aurais dû mettre un foulard. Il fait froid.

— Je ne suis plus une enfant, répliqua Annie en avançant d'un bon pas le long de la rue pavée.

Et je n'ai jamais été autorisée à l'être, se retint-elle ajouter.

— Pourquoi n'y a-t-il pas de radio ou de chaîne

hi-fi chez toi ? enchaîna sa mère. Tu écoutais de la musique en permanence avant.

Le fait est qu'elle avait tout simplement arrêté. Elle trouvait plus facile de vivre sans devoir écouter des airs qui avaient tendance à réveiller à l'improviste certaines émotions enfouies en elle.

— Je n'ai pas eu l'occasion d'en acheter une, mentit-elle.

— Mais ce n'est pas normal de vivre sans musique !

Quittant Curzon Street, elles prirent une rue transversale et passèrent par un petit jardin à l'arrière d'une église de Mount Street. Le long d'un mur à l'abri du vent, des camélias rouges et blancs commençaient tout juste à éclore, et les bourgeons accrochés aux fragiles branches vertes oscillaient dans la brise. À la vue de ces fleurs aux couleurs éclatantes, Annie prit conscience que son cher Dartmoor devait être encore nu, pelé et détrempé. À cette époque de l'année, elle adorait arpenter son paysage lunaire, le buste incliné face aux rafales de vent qui remontaient les vallées depuis les Cornouailles. La plupart des habitants de la région évitaient la lande en hiver. Des brouillards épais s'y abattaient parfois sans prévenir, et chaque année, des promeneurs se perdaient. Certains mouraient, même, comme ce cavalier égaré une nuit entière dans un froid glacial et contraint de tuer et d'éventrer son cheval pour s'abriter à l'intérieur de ses entrailles chaudes et sanglantes. Deux jours plus tard, il avait été retrouvé mort de froid entre les flancs de l'animal.

— Tu n'as pas écouté un seul mot de ce que je t'ai raconté, n'est-ce pas ? protesta Evie en la tirant par la manche.

— Désolée, j'étais perdue dans mes pensées.

— Je t'ai dit que Stanley et moi, on s'était séparés ?

— Qui est Stanley ?

— Je le croyais différent des autres.

— Comme toujours.

Elles traversèrent Oxford Street et empruntèrent quelques petites allées pour éviter la foule des Londoniens qui faisaient les boutiques pendant leur pause déjeuner. Evie avait raison : Annie regrettait de ne pas avoir mis d'écharpe.

— Qu'est-ce que tu fabriques en ce moment ? la questionna sa mère d'un ton faussement enjoué.

— Je vis dans un monde de débauche et de banquets juste après la Renaissance.

— Je comprends que Shepherd's Bush ait du mal à soutenir la comparaison…

— Rebecca a invité des clients à dîner pour leur présenter un tableau. J'ai très envie de lui préparer un repas à thème, seulement je sais que ce n'est pas ce qu'elle a en tête.

— Tu es capable de rendre n'importe quel aliment délicieux. Tu as un vrai talent.

— Mais contrairement à son précédent chef cuisinier, je n'ai suivi aucune formation et je manque de pratique, objecta Annie en glissant son bras sous celui de sa mère.

Evie s'arrêta net au milieu de la rue.

— Chiche.

Annie éclata de rire. C'était un de leurs jeux favoris autrefois. T'es pas chiche de finir ton dîner. T'es pas chiche de t'habiller. T'es pas chiche de m'aimer.

— Si les choses tournent mal, je perdrai mon boulot.

— Tu crois qu'un homme à qui on offrirait une chance de percer s'inquiéterait pour ça ?

— La question n'est pas là.

— Si, Annie. Tu dois prendre le risque.

— Tu crois que je ne suis pas tentée de le faire ? Mais si je me retrouve au chômage, qui te sortira de prison la prochaine fois ? Et où iras-tu ?

Evie baissa les yeux.

— Est-ce que tu évites de rentrer chez toi parce que je suis là ?

— En partie.

— J'aimerais rester quelques jours de plus, le temps de régler mes problèmes, la supplia sa mère en essuyant une larme. C'est trop demander ?

C'était beaucoup trop, oui, et la perspective de passer ne serait-ce qu'une nuit de plus sous le même toit qu'elle désespérait Annie.

— Maman, c'est juste que…

— J'ai peur, je me sens seule et je n'ai plus que toi au monde ! la coupa Evie en éclatant en sanglots.

Ça y est, c'était reparti pour un tour. Elle allait encore avoir droit à une séance interminable d'autoflagellation égocentrique. Elle aurait dû lâcher le bras de sa mère et la planter là, elle en avait bien conscience. Au lieu de quoi elle lui prit la main et l'entraîna sans un mot vers Manchester Square et la Wallace Collection.

— D'accord, tu peux rester quelques jours.

Le visage d'Evie s'illumina.

— Ton père et moi venions souvent ici, tu sais.

— Tu me l'as déjà dit.

— J'étais heureuse à l'époque.

— Ça aussi, tu me l'as déjà dit.

Annie gravit le grand escalier en regrettant que le musée n'impose pas le silence à ses visiteurs.

— Attends-moi ! Je ne suis plus aussi jeune qu'avant ! s'exclama sa mère, essoufflée.

Sans l'écouter, elle traversa une série de salles. Les tableaux se succédaient indistinctement sous ses yeux tandis qu'elle réfléchissait à de possibles recettes. Les convives de Rebecca apprécieraient-ils une gelée d'hypocras à base de vin, de cannelle, de noix de muscade et de gingembre ? Ce mets avait été signalé pour la première fois dans les années 1530, soit quarante ans avant la naissance du Caravage, mais il serait parfaitement assorti au sang qui jaillissait du cou d'Holopherne. Et elle mourait d'envie aussi de tester l'une des deux cent cinquante recettes rassemblées dans un traité de 1465, *Du plaisir honorable et de la santé*, qui avait la réputation de préfigurer la cuisine moderne italienne. Son auteur, Bartolomeo Sacchi, dit Platine, y avait laissé des instructions pleines d'humour, comme faire cuire un plat « le temps de réciter deux Notre-Père », ou faire mijoter du saindoux et de gros morceaux de viande dans un « délicat » bouillon.

— Je sais quand tu as la tête à tes fourneaux, dit

Evie. Tu as toujours ce drôle de regard perdu dans le vide. Viens voir ce tableau, là-bas. Lui aussi faisait partie des préférés de ton père.

Arrachée à ses rêveries, Annie s'approcha du portrait d'un homme à la moustache recourbée et au sourire hautain. Quelques instants plus tard, l'œuvre lui fut masquée par un groupe de touristes japonais vêtus d'élégants imperméables – tout le contraire de leur guide, dont le costume informe en velours bordeaux et aux coudières taillées dans un tissu différent semblait avoir été confectionné pour quelqu'un de plus grand, son père peut-être, ou acheté dans une boutique caritative. L'homme portait aussi une horrible cravate tricotée totalement décentrée, cadeau probable d'une tante restée vieille fille, et pour couronner le tout, ses cheveux bruns en bataille étaient un peu trop longs.

— Vous avez devant vous *Le Cavalier riant*, de Frans Hals, expliquait-il.

Il utilisait des phrases courtes qu'il accompagnait de nombreuses gesticulations du bras, et son enthousiasme était si sincère qu'Annie et sa mère cessèrent de se quereller afin de l'écouter.

— Comme vous pouvez le constater, le cavalier ne rit pas, ne sourit pas non plus, et ce n'est certainement pas un cavalier. Ce titre a été donné au tableau au XIXe siècle, soit plus de deux cents ans après qu'il a été peint en 1624. Selon toute vraisemblance, c'était un cadeau de fiançailles destiné à une jeune dame.

— De fiançailles ? répéta une Japonaise du groupe.

— Une promesse d'engagement, si vous voulez.

— D'engagement ?

Elle ne comprenait toujours pas. En cherchant à définir ce mot, le guide croisa le regard d'Annie. Sans réfléchir, elle lui montra son annulaire dépourvu d'alliance pour lui suggérer une explication.

Merci, articula-t-il en silence.

— Une promesse de mariage. Cet homme a envoyé son portrait à une charmante jeune dame, l'idée étant que si elle aimait ce qu'elle voyait, elle accepterait de l'épouser.

Le message passa cette fois, et la Japonaise hocha la tête.

Jesse se retourna vers la jeune femme aux cheveux auburn. Il lui semblait qu'elle avait les yeux verts, ou peut-être bleus. Ils accrochaient la lumière, en tout cas, et pétillaient d'humour et de compassion. Il remarqua également les taches de rousseur sur ses pommettes et se demanda négligemment si elle en avait d'autres sur la poitrine. Puis il tenta de deviner son âge. À en juger par les fines pattes-d'oie autour de ses yeux, elle devait avoir dans les trente ans. Son visage était légèrement trop allongé et sa bouche un tantinet trop large pour qu'on puisse la qualifier de beauté classique, mais il y avait en elle quelque chose d'éthéré et d'irréel, comme si, au lieu d'être ancrée dans ce monde, elle flottait au-dessus des contingences du quotidien. Ses vêtements excentriques – un pantalon à rayures et une tunique blanche – trahissaient un emploi de chef cuisinier, ou tout simplement le goût du déguisement, tandis que ses chaussures aux bouts éraflés et son sac à main à la poignée rafistolée avec de la ficelle orange suggéraient qu'elle était soit mal payée, soit très économe. Elle croisa soudain son regard et le soutint une seconde de trop, avant de détourner la tête en rougissant.

Jesse en fut déçu. De toute évidence, il ne l'intéressait pas.

— Cette jolie veste est brodée de motifs, des signes cachés qui à l'époque symbolisaient les tourments et les plaisirs de l'amour, reprit-il en s'adressant à son groupe. Parmi eux figurent des flèches, une corne d'abondance enflammée, des nœuds d'amour, etc.

Annie fit mine d'étudier une autre œuvre, mais elle ne put s'empêcher de continuer à l'écouter.

— Une corne d'abondance ? demanda un des Japonais.

— L'abondance veut dire qu'il y a beaucoup de choses. *Le Cavalier riant* comporte de nombreux symboles et éléments à analyser, ce qui a fait de lui l'un des tableaux les plus célèbres et les plus immédiatement identifiables de l'art occidental. Un peu comme une *Joconde* au masculin.

Mais son public paraissait toujours perplexe.

— Une Joconde ? dit une dame.

Le guide se frappa le front.

— Je suis désolé. Quel idiot je fais. Vous n'êtes probablement pas allés à Paris. *La Joconde* est un tableau de Léonard de Vinci exposé au Louvre.

Dans le même temps, il adressa un sourire vaguement désespéré à Annie. Elle le lui rendit, séduite par quelque chose en lui qu'elle n'aurait su définir. Était-ce ses yeux bleus ? son large visage aux pommettes hautes ? ses cheveux bruns épais et indisciplinés ? sa chemise au col élimé et aux manchettes maintenues par des trombones ? Gênée cependant d'être scrutée par un inconnu, elle reporta son attention ailleurs. Où était sa mère quand elle avait besoin d'une source de distraction ?

Elle n'eut pas à la chercher bien loin. Evie avait sorti son tableau de son sac en plastique afin de le comparer à ceux du musée. Un gardien l'observa avec méfiance se frayer un chemin entre les touristes japonais et passer sous le nez du guide pour positionner la toile à côté du *Cavalier riant*. Mais elle paraissait déplacée à cet endroit, et ses personnages étaient trop fantaisistes et peints avec trop de légèreté par rapport au sujet si réaliste de Frans Hals. Annie vit le guide examiner tour à tour Evie et le tableau. S'il sembla d'abord n'accorder aucun intérêt à ce dernier, il se ravisa ensuite et y jeta un coup d'œil plus attentif. Il s'apprêtait à dire quelque chose lorsque Evie se dirigea vers le portrait d'une femme vêtue d'une grande robe ornée de volants, sous l'ourlet de laquelle pointait une fine chaussure en soie.

Annie alla rejoindre sa mère. La plaque sous le tableau indiquait *Madame de Pompadour*, par Boucher. Les deux œuvres présentaient assurément des similarités dans la manière dont la peinture avait été appliquée en touches légères, ainsi que dans le feuillage et la composition. Chacune figurait un personnage qui posait au premier plan dans un décor élyséen dominé par une statue, mais l'utilisation de la peinture, aérienne et vive dans un cas, plus terne et théâtrale dans l'autre, persuadèrent Annie qu'ils n'étaient pas du même maître.

Elles avancèrent encore en plaçant leur tableau à côté d'une suite sans fin de bergères à moitié nues, d'angelots insolents et de voyeurs lascifs. Pour Annie, ces femmes n'étaient pas seulement dépouillées de leurs vêtements, mais aussi de leur dignité, tant elles étaient représentées dans des postures suppliantes, mièvres et aguicheuses. Les couleurs employées lui évoquaient le fourrage des chocolats bon marché : des bleus et des jaunes pâles pour le ciel, des roses pour la chair – autant dire une overdose de pastels. Elle s'arrêta ensuite avec sa mère devant *Les Plaisirs du bal*, de Jean-Baptiste Pater.

— Je suis sûre que c'est le tableau dont Carlo s'est inspiré pour les décors du *Roi-Soleil*.

— Y a-t-il quoi que ce soit d'original dans les films ? soupira Evie, qui, comme beaucoup, voyait dans le cinéma un art très mineur.

— Les mauvais artistes copient les œuvres d'autrui. Les bons artistes les volent.

— Qui a dit ça ?

Annie haussa les épaules.

— Le travail d'un réalisateur est multiforme, mais il n'aboutit à rien sans un bon arrière-plan. Il n'y a pas de différence entre préparer une toile quand on est peintre ou apprendre la grammaire quand on est écrivain. Dans les deux cas, on crée une ambiance, un monde dans lequel le spectateur peut entrer.

— Et ce tableau est un pastiche ?

— Pater s'est très certainement formé en reproduisant des œuvres réalisées avant lui, et son propre maître a dû en faire autant. Nous sommes tous des copieurs, dit Annie en repensant au livre de recettes de Platine.

De l'autre côté de la salle, le guide parlait à son groupe de touristes d'un autre artiste, Antoine Watteau.

— Voici le peintre à l'origine du genre pictural dit des « *fêtes galantes** », qui montre d'élégants personnages évoluant au milieu de jardins dans des tenues contemporaines, théâtrales ou historiques, l'entendit-elle expliquer. On connaît mieux ce mouvement aujourd'hui sous le nom de rococo.

Evie traversa soudain la salle au pas de charge et déboula au milieu des Japonais en brandissant le tableau d'Annie.

— Viens voir, ma chérie ! Viens voir ! cria-t-elle.

Mortifiée par son comportement, Annie s'éloigna discrètement dans l'espoir que le guide ne les associerait pas.

— Annie ! Annie ! Viens voir la tête de cet homme. On dirait celui de ton tableau !

Et Evie se pencha par-dessus le cordon rouge pour approcher la toile de sa fille de celle de Watteau.

Un gardien bondit aussitôt de sa chaise et se précipita vers elle. Annie pria en silence pour que sa mère se calme et poursuive sa visite.

— Vous ne trouvez pas qu'ils se ressemblent beaucoup ? demanda Evie au guide.

Celui-ci examina attentivement les deux œuvres.

— Si, admit-il. Mais Watteau était un artiste très copié – à juste titre, ajouta-t-il avec tact.

— Vous autres, universitaires, vous n'avez vraiment rien dans le ventre, lui assena grossièrement Evie, avant de s'adresser au groupe de touristes. Et vous, qu'en pensez-vous ? Allez, servez-vous de vos yeux, pas de vos théories, comme cet imbécile.

Le gardien intervint :

— Madame, veuillez reculer, s'il vous plaît. Sinon je devrai vous prier de partir.

— Vous voyez clair, non ? répliqua Evie en lui montrant son tableau. Vous ne remarquez rien ?

— Je suis ici pour protéger les œuvres d'art.

Sans tenir compte de sa mise en garde, Evie enjamba le cordon rouge.

— Ils ont tous les deux le même air triste. Et on retrouve la même statue à l'arrière-plan...

Son commentaire fut noyé par le bruit d'une alarme et celui de pas précipités. Quelques instants plus tard, des gardes la saisirent fermement par les bras et l'éloignèrent de force.

— Comment osez-vous me traiter ainsi ! glapit-elle. Je ne faisais rien de mal. Je suis une amoureuse des arts – contrairement à vous, espèces de barbares. Laissez-moi tranquille ou j'en référerai à mon député !

Mais elle fut expulsée de la salle devant tous les Japonais, qui discutaient entre eux avec animation. Annie surprit le regard du guide posé sur elle, l'air de dire « je suis désolé ». Elle grimaça et quitta la galerie avec ce qui lui restait de dignité.

Devant le musée, Evie tentait de dissuader des gens d'entrer.

— N'y allez pas, clamait-elle, le tableau fourré sous son bras. C'est un repaire de sauvages. Si vous avez le malheur d'admirer les œuvres, vous serez fichus dehors !

— Tu as bu ? demanda Annie en la rattrapant. Estime-toi heureuse qu'ils n'aient pas porté plainte contre toi.

— Qui sont-ils pour prétendre que tout ce qui n'est pas accroché à leurs murs n'est que de la daube ? protesta Evie, qui saisit le tableau à bout de bras et s'adressa brusquement à lui. Je crois en toi, moi !

Annie sentit son courage l'abandonner. Sa mère affichait un comportement qu'elle ne connaissait que trop bien. Elle avait dû prendre un verre juste avant de venir la chercher. La marche et l'air frais avaient accéléré la diffusion de l'alcool dans son organisme, jusqu'à ce qu'elle disjoncte près du *Cavalier riant*. Bientôt, son euphorie allait s'estomper. Elle se mettrait à pleurer, trouverait le moyen de boire encore, redeviendrait joyeuse, puis triste, puis de nouveau joyeuse, et ainsi de suite.

Parce qu'elle n'aspirait plus désormais qu'à regagner le calme relatif de la cuisine des Winkleman, Annie commença à s'éloigner. Sa mère n'aurait qu'à se débrouiller pour regagner son appartement.

— Excusez-moi ! l'interpella une voix d'homme.

Elle pressa le pas. Le musée n'avait tout de même

pas besoin de recueillir sa déposition sur les agissements d'une pauvre folle esseulée ? N'arriverait-elle pas à partir sans se couvrir encore plus de honte ?

— Mademoiselle ! S'il vous plaît, attendez !

C'était le guide. L'ayant rejointe, il se mit à marcher à côté d'elle.

— Je suis désolé pour ce qui s'est passé au musée.

Annie ne répondit pas. Ses joues la brûlaient.

— Je vous ai acheté une carte postale qui montre un tableau tout à fait dans le style du vôtre, continua-t-il. Ce n'est qu'un dessin, mais je pense que vous verrez ce qui les rapproche.

Annie s'arrêta et prit la carte sans oser le regarder.

— La dame de tout à l'heure avait raison sur un point. Les deux œuvres se ressemblent. Les silhouettes sont similaires, tout comme le décor. Je vous dis ça au cas où vous souhaiteriez faire des recherches.

— Cela ne m'intéresse pas du tout, l'interrompit-elle. Ce tableau n'a fait que me porter la poisse jusqu'ici.

— Si jamais vous changez d'avis…

Mais elle le planta là et partit sans se retourner.

5

Barthomley Chesterfield Fitzroy St George aimait le reflet que lui renvoyait son miroir en pied. À soixante-neuf ans, il devait sa peau toujours bien tendue à la chirurgie et son corps souple à des séances quotidiennes de gymnastique suédoise complétées par un rail de coke avant chaque repas. Le bleu de ses yeux était devenu quelque peu vitreux, mais sa dentition parfaite était digne d'un acteur hollywoodien, ses cheveux épais et foisonnants lui appartenaient presque tous et chaque partie de son corps était bichonnée par un bataillon de manucures, d'esthéticiennes et de masseuses. En somme, même s'il ne pouvait plus vraiment passer pour un gracile jeune homme, Barty, comme on le surnommait, se plaisait à répéter qu'il tenait encore « diablement bien la route ».

— Ce cher homme a fait du bon travail, vous ne trouvez pas ? dit-il en admirant la peau nouvellement tirée de ses joues.

Lady Emeline Smythe, sa conseillère en relations publiques de vingt-deux ans, se hâta de l'approuver.

— Vous avez l'air en pleine forme !

Barty sourit gracieusement. Il ne pouvait qu'en convenir.

— Le signe d'une opération réussie, ce n'est pas lorsqu'on vous dit que vous faites jeune. C'est lorsqu'on vous félicite d'avoir bonne mine. Et j'ai été diablement raisonnable. Ça m'a coûté moins cher qu'une nouvelle voiture ou un week-end au Cap. Peut-être que je me ferai lifter le front l'été prochain. Le Botox fige trop les traits.

— Maman vous envie, lui fit remarquer Emeline. Papa dit qu'elle doit choisir entre un nouveau visage ou un nouveau cheval.

Le père de la jeune femme possédait pourtant cinq mille hectares de terres fertiles dans le Lincolnshire.

— Ne peut-il pas vendre quelques champs et lui offrir les deux ? s'étonna Barty, pour qui les priorités de l'aristocratie demeuraient décidément incompréhensibles.

— Papa dit que toutes ces terres sont en fiducie au profit de mon frère, expliqua tristement Emeline. Il dit que j'ai intérêt à vite me marier tant que je suis encore belle, sinon je resterai vieille fille.

Barty partageait ce point de vue. Em était charmante avec ses lèvres pleines, son teint de pêche, son petit nez retroussé et ses cheveux blonds qui tombaient en cascade sur ses épaules, mais ce genre de beauté ne durait jamais plus que le temps de la prime jeunesse.

— Votre tante Joanna se laisse aller, déclara-t-il. Je l'ai vue l'autre soir au Devonshires'. Quand elle s'est assise, ses fesses se sont étalées sur le canapé comme un brie bien fait.

— Pauvre tante Jo. Elle ne s'est jamais remise de la mort de Topper.

— Je croyais que son mari s'appelait Charles.

— En effet. Topper était son pékinois.

Leur conversation fut interrompue par Frances, la secrétaire privée de Barty, qui arriva à cet instant avec un stylo et quelques cartons d'invitation. Aussi large et robuste qu'un poney des Highlands, Frances s'habillait comme l'intendante générale d'une prestigieuse école privée. Rien ne lui échappait malgré son strabisme, et tout le monde, y compris Barty, avait un peu peur d'elle.

— Vous avez reçu quatre invitations pour le week-end du 7 juin. Une de la princesse d'Alwabbi, une du duc et de la duchesse de Midlothian, une d'Elliot Slicer et une autre des Brommage.

— Tout cela m'a l'air barbant, répliqua Barty en s'asseyant sur un canapé rose pâle. Qui parmi eux possède le plus beau jardin ? J'ai désespérément besoin de voir quelques touches de couleur. Cet hiver est si épouvantable que même les hellébores sont en retard.

Debout près de lui, le dominant de toute sa hauteur, Frances agitait les invitations.

— J'aime tant les roses en juin… Quel est votre avis, Em ? s'enquit-il en se tournant vers la jeune femme, qu'il employait en partie parce que son père était le plus beau marquis d'Angleterre, mais aussi parce qu'elle était censée bien connaître la haute société.

— Il n'y a probablement pas beaucoup de roses en Arabie et au Texas au mois de juin, et les Brommage sont sur leur bateau. Je vous suggère donc les Midlothian. Papa dit qu'ils ont une très belle propriété.

— Vous n'y pensez pas, ma chère ! Leur château est dans le nord de l'Écosse, et tout là-bas fleurit au moins un mois plus tard qu'ici. Vos parents ne vous ont donc rien appris ?

— Désolée, s'excusa Emeline, mortifiée. Je déteste l'Écosse. J'évite au maximum de m'y rendre.

— Comme tout le monde, ma chère. Comme tout le monde.

Frances pinça les lèvres.

— Vous feriez mieux d'accepter l'invitation des Alwabbi. Avec tous leurs gisements de gaz, ils n'arrêtent pas de s'enrichir, et nous, nous avons une entreprise à faire tourner.

— N'employez pas le mot « entreprise », ma chère. C'est d'un vulgaire...

— Est-il vulgaire aussi d'avoir de quoi manger et un toit au-dessus de la tête ? rétorqua Frances de son ton le plus sec.

— D'accord, d'accord, céda humblement Barty. Je ferai tout ce que vous voudrez.

— Dans ce cas, je vais répondre à leurs Altesses royales de votre part.

Sur ce, Frances sourit froidement et quitta la pièce.

Le principal péché mignon de Barty (même s'il prétendait s'y investir par vocation) était une petite demeure à Regent's Park. Construite pour la maîtresse d'un duc à la fin du XVIIIe siècle, la Maison blanche était un parfait palais néoclassique miniature dessiné par l'architecte James Stuart, dit l'Athénien, et érigé dans une clairière au milieu du parc. Lorsque les descendants du duc de Plantagenêt avaient voulu vendre leur héritage à des promoteurs immobiliers, Barty s'était lancé dans une bataille féroce pour la sauver, jusqu'à ce qu'il persuade le juge de le laisser en faire l'acquisition dans le but de la restaurer et d'ouvrir ses salles de réception au public quatre-vingt-dix jours par an. La Maison blanche était un gouffre financier – quand ce n'était pas le toit qu'il fallait réparer, c'était la tuyauterie, la chaudière, les fenêtres, les gouttières ou l'électricité –, mais Barty lui vouait une passion effrénée et y consacrait l'intégralité de ses importants revenus.

Un bruissement tonitruant de matières plastiques annonça l'arrivée de son valet, Bennie. Barty se glissait dans la peau d'un personnage différent à chaque grande soirée mondaine. Plus il avait l'air excentrique, plus il avait de chances d'être « paparazzé ». La presse, affirmait-il, était bonne pour les affaires. Mais surtout, elle était bonne pour son moral. Il adorait se voir dans les journaux. Même la pire des photos, même le plus vachard des entrefilets l'emplissait de joie. Il gardait de gros albums remplis de ces coupures de presse, et, par les longues et noires soirées d'hiver, il s'occupait agréablement en revoyant ses accoutrements et les fêtes des années passées.

Tous les lundis matin, Bennie et lui discutaient de ses engagements à venir et des tenues inappropriées qu'il pourrait porter. Barthomley voulait que chaque détail soit parfaitement pensé. « Loué soit eBay », disait-il souvent. Ce jour-là, histoire de fêter l'anniversaire du premier grand tube d'Elvis, ils avaient opté pour un look de Teddy Boy[1], et Bennie avait couru les boutiques de vêtements rétro afin de lui trouver un costume des années 1950.

— Qu'en pensez-vous ? demanda le valet en lui montrant une veste marron et une perruque noire ridicule aux cheveux coiffés en banane.

— J'adore ! J'adore ! J'adore ! Ce revers rose est tout simplement divin ! s'exclama Barty en battant des mains.

Il enfila la veste et se regarda de trois quarts dans son miroir en se tournant dans un sens et dans l'autre.

— Je suis Elvis, dit-il sans aucune ironie apparente. Mes chéris, j'ai peur que cela soit trop convaincant. Que se passera-t-il si personne ne me reconnaît ?

— Croyez-vous que le public présent à la première du *Chevalier à la rose* s'imaginera que le King en personne a décidé de se réincarner à l'Opéra royal ? le raisonna Bennie.

Barty s'inquiétait toutefois à l'idée que cette perruque noire gominée ne mette pas en valeur son teint pâle.

— Suis-je beau là-dedans ? insista-t-il.

1. Le mot renvoie aux bandes d'adolescents rebelles des années 1950 dont le style vestimentaire s'inspirait de celui de l'époque d'Édouard VII.

— Je ne me refuserais pas à vous ! répondit Bennie en éclatant de rire.

— Attention, je pourrais vous prendre au mot.

Mais tous deux savaient qu'il n'en ferait jamais rien. Aux yeux de Barty, le sexe était une affaire diablement vulgaire qu'il était préférable de laisser aux jeunes.

Depuis cinquante ans qu'il vivait sous le feu des projecteurs en se faisant photographier avec toutes les célébrités de passage à Londres, Barthomley n'avait jamais été reconnu ni contacté par quiconque dans sa ville natale de Keddlesmere. Né Reg Dunn le 14 mars 1945, il était parti de chez lui le 14 mars 1960 et n'était jamais revenu. À quinze ans, il savait déjà qu'il n'y avait aucun avenir pour les « tarlouzes » à Keddlesmere. Il s'était donc dépouillé de son ancienne identité comme d'une mue indésirable et s'en était forgé une nouvelle en associant les noms des villages qu'il avait traversés en se rendant à Londres en stop. Reg Dunn était mort, vive Barthomley Chesterfield Fitzroy St George.

Durant sa première nuit dans la capitale, il avait été dragué par un ministre conservateur dans la station de métro de Piccadilly Circus. Celui-ci l'avait recommandé à ses collègues, si bien que, après avoir fait ses classes au Parlement, le jeune Barty avait obtenu ses entrées dans les demeures nobles du pays. « J'ai tout appris auprès des grands de ce monde, racontait-il. J'étais à genoux, et eux debout. » En moins de cinq ans, il était passé du statut de jeune prostitué à celui de témoin lors des mariages. Son ascension ne tenait pas seulement au fait qu'il avait atteint l'âge adulte à une époque où les frontières entre les classes sociales se brouillaient et où il était chic d'avoir des amis issus de différents milieux. Elle s'expliquait beaucoup plus simplement : Barty rendait la vie plus gaie. Que vous soyez coincé dans une partie de chasse sur une lande écossaise, dans un train royal au Rajasthan ou chez une duchesse douairière qui vous avait convié à prendre le thé, sa seule compagnie rendait les choses beaucoup plus drôles. Son insatiable appétit de vivre, sa capacité à voir le ridicule en chacun (en particulier chez lui) et son goût sincère pour les autres le rendaient immanquablement attachant. Barthomley Chesterfield Fitzroy St George était bientôt devenu « ce cher Barty ». Les événements mondains avaient commencé à s'organiser en fonction de ses disponibilités. Son accent s'était adouci. En l'espace d'une décennie, il s'était si bien intégré à la haute société que la plupart des gens le supposaient issu d'une famille titrée.

Mais, contrairement à ses nouvelles fréquentations, Barty n'avait pas de fonds fiduciaire, de tante célibataire bienveillante ni d'éducation sur lesquels s'appuyer, et courir les fêtes dans toute l'Angleterre et jouer les boute-en-train jusque dans le moindre comté l'épuisait. Il cherchait une certaine indépendance, un pied-à-terre où s'échapper, ainsi qu'un bas de laine en prévision de sa retraite. Une solution s'était présentée à lui en 1979. Suite à la chute du shah d'Iran, Londres regorgeait de riches Iraniens en exil qui avaient de l'argent à ne plus savoir qu'en faire, mais aucune idée de la manière dont le dépenser. Pour Barty, cela avait été le début d'une carrière florissante. Moyennant finance, il s'était chargé de leur dénicher des appartements, des décorateurs, des assistants et des tailleurs, de leur indiquer quels bars et quels clubs fréquenter, de leur expliquer toutes les subtilités du mode de vie britannique. Il avait aussi aidé ses protégés à organiser des fêtes véritablement inouïes. Et très vite, il avait découvert que plus il pratiquait des tarifs élevés, plus ses clients étaient contents. Leur confiance augmentait à proportion de ses tarifs.

Barty n'avait jamais jugé utile d'avoir des cartes de visite ou de donner un intitulé à son travail. Tout se faisait par le bouche-à-oreille, et les grandes fortunes ne manquaient jamais de venir le trouver. « Pensez à moi comme à un mélange de Svengali et d'Henry Higgins avec une pointe de Cedric Montdore », telle était la description qu'il aimait faire de lui, même si peu de gens comprenaient les références.

— J'ai envie d'écouter « Hound Dog », lança-t-il à Emeline en enfilant ses chaussures à semelles de crêpe. J'ai besoin de me mettre dans l'ambiance. Vite, vite, Em ! Allez sur Spotify.

Emeline s'empressa d'obéir. Quelques secondes plus tard, la voix d'Elvis résonnait dans la pièce. Barty prit la main de la jeune femme et se lança avec elle dans un rock endiablé. Pendant qu'ils dansaient ainsi, diverses assistantes entrèrent avec des requêtes à lui soumettre.

Milly, l'une de sept filles qui l'aidaient à gérer ses clients, l'informa d'un souci avec l'un d'entre eux.

— Barty, Mitch veut changer de tailleur et faire appel désormais à Huntsman. Quelqu'un lui a dit que c'était le plus ancien de la ville.

— Savile Row[1] est tellement ringard. Si Mitch a envie de ressembler à un chow-chow, c'est son choix.

— Un chow-chow ? C'est un plat chinois ?

— Non, un chien. On ne vous apprend donc rien à St Mary's Ascot[2] ?

Amelia, qui s'occupait des clients sud-américains, arriva ensuite.

— Le cousin de Carlos Braganza a été arrêté à Northolt pour avoir transporté de la cocaïne dans son avion privé. Il demande si vous pouvez l'aider.

— Contactez ce charmant monsieur du ministère des Affaires étrangères que j'ai rencontré à Highgrove.

Diandra, en charge des Russes, succéda à Amelia. Elle était dans tous ses états.

— Dmitri Voldakov veut savoir si vous pouvez lui trouver un chalet à Gstaad susceptible d'héberger trente personnes.

— Dites-lui que oui, bien sûr, même si je dois le construire à mains nues.

Puis vint le tour de Dambesi.

— Pilar a renvoyé son décorateur. Pouvez-vous lui en recommander un autre ?

---

1. Rue de Londres réputée pour les tailleurs qui s'y sont installés.

2. École privée réputée réservée aux filles.

— C'est le troisième en un mois ! Je vais devoir réfléchir à la question. Dites-lui que je la rappellerai plus tard. Est-ce que l'une d'entre vous a vu M. Box Power au Mojos hier soir ? Mon Dieu, qu'est-ce qu'il est sexy !

— Je croyais que vous étiez chez les Swindon.

— C'était barbant, alors je me suis éclipsé. Cette perruque ne vous paraît pas trop grande ?

— Non, elle est parfaite.

— Mince, mon eye-liner est en train de couler...

Quelque peu essoufflé, Barty se rassit sur son canapé rose.

Frances réapparut à cet instant et baissa le volume de la musique.

— Que va s'imaginer le Russe ? Vous ne croyez pas que vous devriez opter pour une tenue plus discrète avant de rencontrer votre nouveau client ?

— Quel Russe ?

— Vladimir Antipovsky. Vous avez rendez-vous avec lui d'ici vingt-cinq minutes dans sa nouvelle maison de Berkeley Square.

— J'avais complètement oublié. Mais j'ai envie d'aller à l'ouverture de Chez Tim avant ma soirée à l'opéra.

Frances lut les notes qui figuraient sur son calepin.

— « Vlad Antipovsky, quarante et un ans, originaire de Smlinsk, une petite ville à la lisière de la Sibérie. Il contrôle 43 pour cent de la production mondiale d'étain. Une fortune grandissante estimée à l'heure actuelle à huit milliards de dollars. Pas de femme ni de personnes à charge connues. Aucun centre d'intérêt avoué. Il fait partie des expulsés sans préavis du régime. »

Barty se tourna vers elle, les yeux brillants d'excitation.

— Comme il doit se sentir mal ! Sans femme, ni enfant, en plus. J'adore les toiles vierges. Pensez à son potentiel. À la manière dont on pourrait le transformer. Ce doit être ce que Michel-Ange a éprouvé devant son bloc de marbre de Carrare. Là où tout le monde ne voyait qu'un gros caillou, il a vu David. Rappelez-moi sa fortune ?

— Huit milliards.

— De livres sterling ou de dollars ? demanda Emeline.

— Ma chère, vous êtes parfois d'un vulgaire, la sermonna Barty.

Lorsqu'ils entraient à son service, ses employés supposaient que son amour pour les nouveaux riches était motivé par la perspective d'une commission. En quoi ils se trompaient. Barty adorait son travail. Chaque fois qu'il sauvait un client de l'anonymat social et de l'ignorance culturelle, il revivait la manière dont il s'était échappé de Kiddlesmere. Ce frisson n'était pas quantifiable financièrement. Tout ce qui lui importait, c'était de gagner assez d'argent pour entretenir sa Maison blanche. Il disait souvent que sa carte de visite, s'il en avait eu une, aurait porté la mention « alchimiste ». « Je prends l'argent et l'ignorance, et je les transmue en paradis terrestre. »

Bennie tenta de procéder à un dernier ajustement

de sa perruque, mais Barty se dirigeait déjà vers la porte.

— Emmenez-moi chez mon Russe. Vite, vite ! Du nerf ! Il n'y a pas un instant à perdre.

Seul dans la demeure de dix-sept chambres qu'il venait d'acquérir à Berkeley Square, Vlad Antipovsky était plongé dans un abîme de désespoir. Cela faisait très exactement cinquante-quatre jours que huit hommes en costume noir avaient débarqué dans son bureau de Moscou avec un aller simple à destination de Londres. Il avait eu trente minutes pour ramasser toutes ses affaires, faute de quoi il aurait risqué de perdre ses propriétés, ses entreprises et sa liberté. Un étage de l'hôtel Connaught était loué en son nom jusqu'à ce qu'il retrouve une maison et des bureaux. À condition qu'il accepte de rendre un service de temps à autre à une personne anonyme, qu'il se tienne à carreau et qu'il évite de s'impliquer dans toute activité politique, il serait autorisé à garder 65 pour cent de sa fortune et pourrait vivre sans crainte d'être assassiné ou envoyé derrière les barreaux. S'il était sage, il pourrait même aller skier à Courchevel, profiter du soleil à Saint-Barthélemy en hiver et passer le mois d'août au cap d'Antibes.

Vlad n'avait douté ni de leur autorité ni de leurs intentions. Ce n'était pas nécessaire. Pas plus tard que la veille, la chaîne de télévision nationale avait exhibé Anatoli Aknatova, un ancien oligarque, menotté et amaigri confiné dans une minuscule cage en métal pour la cinquième année consécutive. Et les exemples ne manquaient pas d'hommes devenus trop riches ou coupables d'avoir exprimé une opinion hostile au régime. La plupart n'étaient pas publiquement emprisonnés. Ils disparaissaient, voilà tout. Un accident d'avion ou une crise cardiaque rappelaient à tous qui détenait les clés du pouvoir, et avec quelle vitesse et quelle efficacité celui-ci pouvait être exercé.

Vlad s'était rendu aussitôt à l'aéroport. Il n'avait pas de famille à emmener, pas de véritables amis à qui faire ses adieux, mais son cœur et son âme étaient profondément russes. Sans son cher pays natal, ses vastes paysages, sa pauvreté et sa grandeur, la vie pour lui perdait tout son sens. Il avait déjà visité Londres, et la petitesse de cette ville le déprimait. Quant aux Européennes, elles étaient dépravées et aussi courtes sur pattes que les chevaux employés dans les mines.

En arrivant à l'hôtel Connaught à la fin du mois d'août, il avait trouvé une enveloppe contenant ses stock options et les détails relatifs à son nouveau compte bancaire. À sa grande surprise, on l'autorisait à effectuer des retraits à condition de les notifier par avance et d'obtenir l'accord d'un cosignataire anonyme. Ces fonds pouvaient cependant lui être retirés à tout instant, et il devait pour en disposer rester hors de Russie et faire croître le chiffre d'affaires de son entreprise de 6 pour cent par an. Son nouveau coactionnaire (anonyme) avait quant à lui le droit de vendre le capital sans aucun avertissement. Vlad savait très bien qui était ce personnage. Il n'existait pas de plus haute autorité dans le pays.

Les vingt premiers jours, il avait à peine quitté

sa suite et s'était contenté de faire les cent pas en réfléchissant aux solutions qui se présentaient à lui – lesquelles s'avéraient extrêmement limitées. Le mieux était encore d'attendre en Angleterre un changement de régime. Il brûlait en silence d'aider à fomenter un coup d'État – il devait y avoir assez d'exilés russes pour former une alliance redoutable –, mais il n'osait pas exprimer ce rêve à voix haute, même en privé, et il soupçonnait les autres d'avoir aussi peur que lui.

Il avait tenté d'atténuer sa solitude en buvant, en commandant des filles, des voitures et du champagne via le service de chambre. Au bout d'une semaine, il avait signé le bail d'un nouvel immeuble de bureaux et acheté une maison sur Berkeley Square. Deux semaines de plus s'étaient écoulées. Il avait couché avec plus de filles depuis son arrivée en Angleterre que durant toute sa vie et il possédait désormais dix-sept voitures et employait quatre secrétaires, un majordome, deux valets, un chauffeur, trois gardes du corps et onze Philippins. Pourtant, malgré toute cette activité, Vlad s'ennuyait à mourir. Voilà pourquoi, lorsque deux de ses amis, Natalia et Stanislav – les seules Moscovites de sa connaissance heureux à Londres –, lui avaient suggéré de rencontrer Barty St George, il s'était empressé d'accepter, sans même savoir à quoi ou à qui s'attendre.

En voyant débarquer dans sa maison vide ce Teddy Boy sur le retour, il crut à une plaisanterie.

— Personne ne m'avait dit que vous étiez si beau ! Et quelle carrure, mon Dieu, quelle carrure !

s'exclama Barty en se précipitant vers lui, les bras tendus. Mon cher, vous êtes à croquer ! Et comme vous êtes musclé ! Et grand, avec ça ! Vous mesurez, quoi… deux mètres pieds nus ? estima-t-il en tournant autour de Vlad et en émettant des petits bruits de bouche approbateurs. Savez-vous que lorsque je suis entré pour la première fois dans cette maison, en 1964, elle était occupée par le comte Honey ? Je pourrais vous raconter quelques anecdotes sur cette soirée, mais vous êtes bien trop hétérosexuel pour les apprécier. Bunny Honey, comme nous l'appelions, a dépensé toute sa fortune en sept ans – et je dois avouer que je l'ai un peu aidé. Ah, les fêtes qu'on a organisées ensemble… On s'amusait tant.

Vlad cherchait comment riposter à la blague de Natalia et Stanislav. Peut-être leur ferait-il livrer des singes dans leur maison de campagne.

— Si on s'asseyait ? suggéra Barty, avant de balayer du regard la pièce vide. Je vois que vous n'avez aucun meuble. Nous pouvons régler ça. Ah, et pas de rideaux non plus… Vous dormez ici ?

— Connaught, répondit Vlad, qui n'aspirait déjà plus qu'à se réfugier dans le relatif anonymat de sa suite.

— Le Connaught ? Quelle horreur. Comment faites-vous pour supporter cet endroit ? Mais peu importe, faisons le tour du propriétaire.

Et Barty fonça de pièce en pièce afin d'évaluer l'état de la demeure et jauger son potentiel. Impressionné, Vlad le regarda griffonner des notes dans un petit calepin en cuir.

— Vous vous demandez pourquoi je suis ici et

en quoi je peux bien vous être utile, dit soudain Barty en le dévisageant d'un air bienveillant, comme aurait pu le faire un vieil oncle.

Il sentait que, malgré sa grande taille et sa force, malgré tous ses millions placés dans une banque locale, l'homme qui se tenait devant lui était seul et effrayé. Ce n'était pas le premier exilé russe à qui il venait en aide.

— S'il vous plaît, parler lentement, articula Vlad. Anglais pas bon.

Lui, de son côté, devait reconnaître à cet étrange personnage une attitude compatissante. Barty lui évoquait ces médecins dans les mines qui, à force de traiter des blessures causées par des catastrophes naturelles, se montraient plus diplomates et humains envers leurs patients.

— Vous savez, mon grand, à quoi ça sert d'avoir de l'argent si vous ne vous amusez pas ou si vous n'en faites rien ? Quand on le gère bien, il peut vous permettre de mener la belle vie *et* vous rapporter encore plus d'argent ! déclara Barty en battant une nouvelle fois des mains. Voici comment je vois les choses. Deux options se présentent à vous. Vous pouvez croupir jusqu'à la fin de vos jours dans cet horrible hôtel, fréquenter le Sketch et d'autres night-clubs du même genre, passer du temps avec des petites effrontées dans des jacuzzis, prendre des vacances à Courchevel et à Saint-Barthélemy, vous offrir un plus gros avion, et peut-être un bateau ou deux. Votre fortune vous achètera partout un siège à la meilleure table, avec à l'occasion la présence d'un parent éloigné de la famille royale. Ou alors vous pouvez suivre mes conseils, et bientôt, ce seront des présidents, des Premiers ministres, et pourquoi pas un roi ou une reine qui demanderont à s'asseoir près de vous.

— Un roi ? Une reine ?

Barty vit que ce grand malabar russe ne possédait pas ses références et n'était pas impressionné comme il l'aurait dû. Peut-être était-il tombé sur quelqu'un qu'il ne pourrait pas transformer. Peut-être que cet homme ne passerait jamais de l'état de chrysalide à celui de papillon. Il en conçut un profond sentiment d'ennui et se demanda s'il n'en avait pas tout simplement assez. Il avait presque soixante-dix ans. Était-il temps pour lui de prendre sa retraite ? Ne ferait-il pas mieux de lever le pied, de cultiver des roses ou d'attendre le retour du printemps sur la Côte d'Azur avec un jeune garçon ? L'idée était séduisante, mais moins que le défi qui l'attendait.

— Connaissez-vous mes charmants clients Karbaritch et Vassonlitchvili ?

Vlad dressa l'oreille. Bien sûr qu'il les connaissait. L'exploitant minier ukrainien et le propriétaire de fonderies géorgien étaient des légendes dans le Caucase. Après avoir fait fortune dans le charbon et l'acier, ils avaient eux aussi été chassés de leur pays, mais s'étaient réinventés en s'imposant comme des acteurs majeurs sur les marchés boursiers du monde entier. Karbaritch était si riche à présent qu'il avait pu s'offrir une société de production cinématographique et une maison de disques – le genre d'investissement sans avenir que faisaient les fils à papa. Mais, plus important, tous deux avaient l'air heureux.

Barty sentit qu'il avait tapé dans le mille. Le Russe le comprenait enfin.

— Tout ça, c'est grâce à moi, lui murmura-t-il d'un ton complice. Ils étaient pitoyables et inconnus à leur descente d'avion. C'est moi qui ai fait d'eux ce qu'ils sont aujourd'hui.

— Comment vous faire eux ? demanda Vlad, sceptique.

— Mon cher, je leur ai appris à vivre. Karbaritch - le vilain petit Karbar, comme je l'appelle - est arrivé à Londres avec une femme mal fagotée et vingt milliards en poche. Aujourd'hui, une aile de la Tate Gallery porte son nom et il figure au premier rang des invités au forum de Davos. Quant à sa femme, nous l'avons fait arranger par le meilleur chirurgien d'Hollywood et mise au régime Dukan, puis nous lui avons offert une nouvelle dentition et de nouveaux bijoux. Résultat, elle déjeune maintenant avec Dasha Zhukova[1].

— Et Vassonlitchvili ?

— Il y a dix ans, il n'avait jamais vu d'autres chevaux que les poneys de ses mines. L'année dernière, c'est un de ses étalons qui a remporté le King George VI Chase, et il y a fort à parier qu'il gagnera aussi la Breeders' Cup l'année prochaine. Je me suis laissé dire que Sa Majesté l'invitera à se joindre à elle dans la tribune royale à Ascot. Pas mal pour un gangster doublé d'un assassin.

Vlad jeta aussitôt un coup d'œil derrière lui.

1. Galeriste et philanthrope russe, femme du milliardaire Roman Abramovitch.

Vassonlitchvili était connu pour avoir la gâchette facile, en particulier avec ses détracteurs.

— Mais Rome ne s'est pas faite en un jour, précisa Barty. Il m'a fallu un an ou deux.

Vlad contempla la ville derrière la fenêtre. Il tombait une fine pluie et il ne voyait que du gris partout où il posait les yeux. Un ciel gris, des toits gris, des pigeons gris qui s'abritaient sous des tuyaux gris. Il aurait tant aimé retrouver le paysage spectaculaire de Sibérie, avec son immense horizon vide et ses vents assourdissants. Comment pourrait-il jamais se sentir chez lui et se construire un avenir dans un lieu si étriqué ?

— Vous ai-je troublé ? demanda Barty avec inquiétude.

Le grand Russe lui paraissait soudain triste et vulnérable, comme ratatiné à l'intérieur de son gros blouson de cuir.

— Non. Moi réfléchir.

— Vous pensez à votre maison ?

— Oui, reconnut Vlad, surpris.

— Je n'ai jamais rencontré un seul immigré russe qui ne fût pas hanté par le souvenir de son pays. Il m'arrivait de serrer dans mes bras un Rudolf Noureïev qui pleurait sa chère Russie même au sommet de sa gloire.

Vlad observa ce petit imitateur excentrique d'Elvis. Bien qu'habillé comme un bouffon, il était loin d'être stupide.

Barty perçut un changement d'atmosphère.

— Cette maison est très bien, mais ce n'est pas vraiment ça qu'il vous faut. Berkeley Square appartient au passé. Votre place est à Chester Square. Si Dieu avait existé, il aurait triplé la longueur de cette rue. Dommage qu'elle soit si petite.

— La rue de Natalia s'appeler comment ?

— Kensington Park Gardens. Elle vit dans l'une de ces belles demeures qui bordent Holland Park. Aditi Singh y organise une fête jeudi. Nous irons ensemble.

— Aditi ?

— Singh. Un industriel qui possède la moitié de l'Inde. C'est lui qui a financé le Garden Bridge au-dessus de la Tamise. Le Singh Bridge, ainsi qu'on le surnomme, compte maintenant parmi les plus grandes attractions touristiques d'Europe. Il a très bien joué sur ce coup-là. Nous devrions penser à quelque chose de similaire pour vous. Imaginez une tour Vlad Antipovsky gravée à jamais dans le paysage de Londres.

— Et les hobbys ?

— Vous avez le choix entre les chevaux, les voitures et l'art. Les Arabes adorent les premiers car, vous le savez sans doute, tous les chevaux de course descendent de quelques étalons arabes. Les cheikhs privilégient donc leurs racines. Mais miser sur les chevaux est risqué. Même avec le meilleur élevage, le meilleur entraîneur et le meilleur jockey, vous n'avez aucune garantie de réussite. Ces foutus canassons ont leur caractère. Le sol doit être pile comme il faut. Parfois, aussi, ils prennent froid ou se cassent une patte. Et puis, de vous à moi, la vie sociale qui en découle est un peu limitée. Vous récoltez à l'occasion des hourras sympathiques et vous entrevoyez la reine, mais franchement, vous ne faites rien d'autre que vous geler des matinées entières, vêtu de tweed, des bottes en caoutchouc aux pieds. C'est beaucoup d'attente pour peu d'action.

Vlad n'avait jamais raffolé des chevaux. Les mines d'étain grouillaient de ces animaux à l'air mélancolique qui n'avaient que la peau sur les os et qui regardaient le monde avec des yeux humides de tristesse.

— Les voitures ?

Il aimait le bruit des voitures, et ça, c'était un passe-temps viril et excitant qui ne nécessitait aucun investissement intellectuel. N'importe qui était capable de parler d'un joint de culasse ou d'un carburateur.

— Il faudrait cibler la Formule 1, bien sûr, répondit Barty. Et vous devrez investir dans une équipe. McLaren, Fiat - vous voyez, quoi. Mais si vous trouvez déjà que le monde des courses hippiques est assommant, mon Dieu... Silverstone ressemble à Epsom, mais en beaucoup plus bruyant. Un cauchemar absolu, de mon point de vue. Non, il faut miser sur l'art. C'est l'art qu'il vous faut !

Le moral de Vlad dégringola. L'art lui était totalement étranger. À vrai dire, il n'avait vu sa première œuvre originale qu'à l'âge de dix-huit ans, lorsqu'il s'était rendu à Moscou. Il faisait moins 24 ce jour-là. Pour échapper au froid, il s'était aventuré dans un musée municipal gratuit, mais l'endroit lui avait paru à peine plus chaud que les rues au-dehors.

— Je connaître pas art.

— Personne n'y connaît rien ! La plupart des gens font semblant et vous sortent tout un bla-bla prétentieux sur les écoles ceci, les mouvements cela, et que sais-je encore, mais pour être honnête, tout ça n'est que du pipeau.

— Dupipot ?

— Des bobards. Des boniments. Des balivernes.

Vlad n'avait jamais entendu parler de ces artistes. Ne pouvait-il pas s'en tenir à quelque chose qu'il maîtrisait, comme les Rolls, les Lamborghini ou les Bentley ? Quel mal y avait-il à choisir un loisir plus terre à terre ?

Mais Barty s'était mis à danser dans la pièce.

— Tous ces murs ! Tous ces jolis murs complètement nus ! Je vois ici de jeunes artistes britanniques, là quelques grands impressionnistes abstraits...

Vlad examina lui aussi les murs, mais ne vit que des briques et du mortier, qui tous lui appartenaient et incarnaient la réalisation de son plus grand rêve. Les cloisons de l'immeuble où il avait grandi étaient faites de plâtre et de contreplaqué. Ces structures fragiles de six mètres sur six empêchaient les familles de se voir, mais certainement pas de s'entendre, et chaque souffle, chaque reniflement, chaque dispute, chaque éclat de rire, chaque mouvement d'humeur, bon ou mauvais, se réverbérait dans tous les appartements. Il n'avait jamais pu s'habituer au manque d'intimité du deux-pièces de ses parents, qui résonnait sans cesse du bruit insupportable et imprévisible des autres – que ce soit les querelles des Yalta, les jurons de Léonard quand il se cognait ou la musique des jumeaux Smelty.

— Bien, qu'allons-nous accrocher ici ? Je pencherais pour de l'art contemporain, moi.

— Non, répondit Vlad fermement.

— Non ? Quelques artistes récemment décédés, alors ?

— Non.

— Un peu moins récemment décédés ?

— De l'art ancien. Romantique.

— Oh, non, mon cher. Vous n'achetez pas tant une œuvre qu'un état d'esprit. J'essaie de vous construire une vie. L'art moderne, c'est le plaisir, la lumière et la couleur. Les martinis, les sushis, Azzedine et Louboutin. L'art ancien va de pair avec le vin tiède et le fromage, les chevilles épaisses et les chaussures plates.

Vlad n'avait toujours pas la moindre idée de ce que voulait dire cet Elvis d'occasion mais il hocha la tête, histoire de l'apaiser.

— On va tellement bien s'amuser, tous les deux, s'extasia Barty en prenant l'énorme main du Russe dans ses petits doigts joliment manucurés. Je viendrai vous chercher demain à 18 heures.

Puis il fit demi-tour et sortit. Il allait rater le premier acte du *Chevalier à la rose*. Lady Montague serait diablement contrariée – il devrait penser à lui envoyer un gros bouquet de roses blanches dès le lendemain –, mais il s'en moquait : ce Russe allait devenir l'une de ses plus grandes réussites.

6

Laissez-moi deviner vos pensées. La fille trouve le tableau. Le tableau se révèle d'une valeur inestimable. La fille rencontre (enfin) un garçon qui a un cœur. Elle vend le tableau, empoche des millions, épouse le garçon et vit heureuse avec lui en ayant beaucoup d'enfants.

Vous m'emmerdez. Oui, vous avez bien entendu, vous m'emmerdez, comme disait la boîte à gâteaux de chez Bernoff (elle était décorée avec *Les Parapluies* de Renoir, ce qui explique bien des choses).

La vie n'est pas si simple.

Tout d'abord, suis-je un chef-d'œuvre ? Prenez-vous tout ce que je dis pour argent comptant ? Et comment définir un tableau de maître ? Au bout du compte, ce n'est qu'une toile appréciée par un grand nombre de gens. Si personne ne peut me voir, comment parvenir à un consensus ?

Peut-être que je ne suis qu'une vieille imitation. Peut-être que je vous fais marcher, comme disait le tire-botte (dont c'était la seule blague).

L'important n'est pas que je sois ou non ce que je prétends être. C'est que vous teniez à me posséder.

Vous n'en avez pas forcément conscience, mais une fois que je vous aurai raconté mon histoire, une fois que vous comprendrez, vous voudrez tous me garder rien que pour vous.

Mon avenir dépend de la valeur que m'attribuent les gens et de la protection qu'ils jugent nécessaire de m'accorder. L'art ne survit qu'en faisant vibrer le cœur d'une personne, qu'il rassure et réconforte. Un grand tableau distille de l'émotion et tend une main empathique par-delà le temps et les circonstances. Pas étonnant que des mortels aillent jusqu'à se battre pour s'emparer de moi.

À l'heure actuelle, je vaux moins de 100 livres. Jamais je ne suis descendu aussi bas. Et mes admirateurs sont au nombre de deux – dont une vieille ivrogne qui a barbouillé mon feuillage de beurre et de graisses animales.

Cela n'a pourtant pas empêché le jeune guide de m'accorder un deuxième coup d'œil, et peut-être que si Annie ne lui avait pas fait tourner la tête, il m'aurait étudié avec encore plus d'attention.

Je ne souscris pas à cette union. Regardez-moi ce costume tout fripé. Il a été acheté d'occasion, à mon avis. Ce guide n'a pas un rond, et moi, j'ai besoin de prospérité. Ma meilleure chance de voir éclore un autre siècle est d'appartenir à quelqu'un de riche et d'être revendu le moins possible. Plus belle sera ma demeure, plus longue sera mon espérance de vie. Nous ne saurions donc encourager le velours râpé. *Non**.

Revenons-en au jour de la visite au musée. Quelle

ignominie d'être fourré dans un sac avec trois sandwiches. Dieu merci, ils avaient été faits avec du vieil edam, et non du cheddar ou du stilton coulant et nauséabond. Mais c'était une honte, vraiment. Imaginez ce que j'ai pu ressentir quand on m'a sorti de là devant toutes mes vieilles connaissances – dont des tableaux de moindre valeur de Pater et de Lancret, qui ne faisaient que copier mon maître.

Des murmures et un cri d'horreur collectif ont résonné à mes oreilles quand j'ai été extrait sans façon du sac : si cela pouvait m'arriver à moi, alors aucun d'eux n'était à l'abri d'un tel sort.

J'avais côtoyé certains de ces tableaux dans une vie antérieure, notamment cette série de Canaletto achetée par le premier marquis d'Hertford. Canaletto – ce n'est un secret pour personne – a peint Venise à une fréquence alarmante. C'était un artiste frustré par son propre succès : ses représentations de la cité des Doges étaient si prisées que le pauvre vieux Giovanni n'a jamais rien pu vendre d'autre. Je me demande comment il a supporté l'ennui de peindre sans cesse les mêmes vieux canaux puants.

Mais je m'égare – c'est une mauvaise habitude due à l'âge et à la solitude, et qui me valait d'ailleurs d'être surnommé le Pontifiant par la cafetière de chez Bernoff. Je vous encourage cependant à poursuivre votre lecture si vous ne voulez pas que certains éléments essentiels de cette intrigue vous échappent. Qui sait, peut-être même que vous apprendrez quelque chose au passage.

Revenons-en à la Wallace Collection. La plupart des œuvres d'art et des meubles de cette vénérable institution ont été acquis dans le but de démontrer la richesse et le goût raffiné de ses propriétaires. Les premiers Hertford ne connaissaient rien à l'art. Ce n'était pas nécessaire puisqu'ils avaient des femmes et des conseillers qui leur disaient quoi acheter et quand. Derrière chaque grand collectionneur se cache une armée de négociants, de consultants et de critiques. Mais cela n'a pas atténué mon humiliation lorsque j'ai été tiré de mon sac en plastique tel un *lapin de son chapeau**, puis malmené par une roulure éméchée, puis remisé dans mon sac après avoir failli être confisqué par des gardes, puis traîné de nouveau dans le froid. À l'extérieur, la mère s'est disputée sans raison avec sa fille et a fini par partir comme une furie. Elle n'avait pas besoin d'un prétexte : chez elle, l'envie de boire l'emporte toujours sur le reste. Annie l'a prévenue qu'elle ne viendrait pas la sortir de sa cellule, cette fois, mais nous savons tous que ce sont des paroles en l'air. Son besoin de la protéger et de veiller sur elle est aussi fort que celui d'Evie de s'autodétruire.

Evie m'a ensuite emmené faire le tour de plusieurs bars, et il s'en est fallu de peu qu'elle ne m'oublie à deux reprises. Bien des heures plus tard, nous sommes rentrés « à la maison » et j'ai été balancé dans un coin. Jamais je n'aurais cru dire ça un jour, mais j'avais presque la nostalgie de chez Bernoff.

À son retour, Annie a découvert Evie dans les vapes. Elle m'a extirpé avec précaution de mon sac en plastique et a doucement essuyé le beurre sur mon feuillage en me contemplant. J'ignore si elle pensait à *moi** ou à un amour perdu.

Au bout d'un long moment, elle a fourragé dans ses affaires et en a sorti la carte postale que lui avait offerte le guide de la Wallace Collection. Elle représentait une esquisse plus qu'un tableau, mais même s'il ne s'agissait pas d'une étude préalable à ma réalisation, la scène représentée me ressemblait par son feuillage délicat, les tenues et les coiffures des personnages ainsi que son ambiance générale.

Mon maître dessinait constamment, rien que pour le plaisir. Dans ce domaine, aucun des grands noms de la peinture ne lui arrive à la cheville. Demandez à Rubens ou à Raphaël qui est le plus talentueux et le plus original des dessinateurs. Allez-y, et interrogez aussi Rembrandt ou Titien pendant que vous y êtes. Ils vous répondront Antoine. Je dirais même qu'il n'a jamais eu d'égal en ce qui concerne le piquant de son coup de crayon. Il témoignait d'une liberté et d'une délicatesse sans pareilles dans le tracé. Quelques touches de *sanguine**, de pierre noire et de craie blanche, en général sur du papier gris, lui suffisaient pour capturer l'élégance d'un profil, faire rougir des joues et briller des yeux. Une autre de ses techniques consistait à appliquer un rehaut blanc le long d'un trait noir afin de créer de charmantes auras. Il aimait aussi particulièrement représenter ses personnages de dos de façon à saisir les *coiffures** de l'époque. Et comme il n'avait pas les moyens de payer des modèles, il fallait qu'il les prenne sur le vif et à leur insu, dans des salons ou dans des parcs.

Les esquisses de ses paysages, qu'il réalisait à la *sanguine**, témoignent d'un soin minutieux dans le rendu du feuillage et de l'écorce des arbres. Son trait était aussi délicat que la caresse d'un pétale, et c'est avec un art presque impressionniste qu'il restituait les brins d'herbe d'une rive fleurie. Sur ces dessins extraordinaires, il déposait ensuite quelques infimes touches de peinture qui donnaient l'impression que des pigments de couleur avaient été soufflés dessus. Il utilisait des tons dorés et miel, et chaque coup de pinceau s'accordait avec l'humeur du moment – celle de *l'heure exquise**. La lumière du soleil à son zénith illuminait ses paysages, au milieu desquels ses sujets se dressaient, tels des phares vestimentaires. Les dames secouaient des rayons étincelants sur leurs jupes en soie tandis que les manches fendues des cavaliers évoquaient des lanternes. Il se dégageait de cette beauté une sorte de *désinvolture**. Mon maître était le peintre poète des rêveries idéales, et son œuvre aussi douce et libre qu'une brise venue du ciel.

J'aime à penser qu'Annie a entendu ou deviné tout cela et que le génie de mon maître a éclaté à travers le vernis et la crasse qui me recouvrent. Pendant dix minutes au moins, ses yeux n'ont cessé d'aller et venir entre la carte postale et moi, se posant tour à tour sur les personnages, les arbres et la fontaine.

Puis elle a retourné la carte et découvert le numéro de téléphone griffonné au dos, accompagné de ce simple prénom, Jesse. Elle a souri. J'en ai été tout ému – elle est vraiment très jolie. Mais elle ne l'appellera jamais, bien sûr. Cela ne se fait pas.

7

Dans sa tête – et à en croire la recette, certes rédigée quatre siècles plus tôt –, Annie se représentait très bien l'aspect et le goût de son dessert, une délicate préparation à base de pistaches et de poires flottant sur une crème anglaise parfumée à la grenade et au géranium. Mais bien qu'elle eût suivi les instructions au grain de sucre près, le flan refusait de prendre. Il était 3 heures du matin, et dans moins de dix-sept heures, les premiers invités s'assiéraient à la table des Winkleman. Des larmes tombèrent dans sa jatte – elle voulait tant réussir cette recette...

Depuis près d'une semaine déjà, la peur et l'excitation l'empêchaient de dormir plus de quelques heures par nuit. Ce dîner était pour elle l'occasion idéale de créer un festin mémorable tout en testant sa théorie secrète, selon laquelle le goût et les arômes avaient le pouvoir de transporter les gens dans un autre espace-temps que le leur. Le parfum infiniment subtil d'une herbe tout juste coupée, des aiguilles de pin, d'un soufflé au fromage, de l'églantier ou d'une pluie sur les feuilles d'automne lui évoquait ainsi des images d'étés passés. Cette grande soirée, avait-elle décidé, devrait faire voyager les invités de Rebecca dans un monde que le Caravage lui-même aurait reconnu. Elle voulait qu'ils laissent le XXIe siècle derrière eux, ne serait-ce que quelques heures, et qu'ils sentent leur âme et leur être s'immerger dans la fin du XVIe siècle.

Debout dans sa cuisine, au milieu d'un piètre assortiment de bols en faïence et de casseroles, elle se sentit gagnée par le désespoir. Peut-être devrait-elle dire à Rebecca de se débrouiller pour engager un chef cuisinier expérimenté – après tout, cela ne devait pas manquer à Londres. Mais elle ne tarda pas à se ressaisir. Il n'était pas question qu'elle baisse les bras comme ça.

Elle contempla sa kitchenette, où s'entassaient des livres empruntés à la bibliothèque et des sorties papier de recettes datant de l'époque du Caravage. Elle avait déjà choisi son entrée et son plat principal : des petites cailles désossées, pochées dans du vin et servies avec des gnocchis nappés d'une sauce à la ricotta et au cresson, puis un rôti de veau accompagné de petits oignons, de betteraves et de raisins. Il fallait après ça un dessert léger et fruité, qui fasse l'effet d'un trou normand, mais peut-être qu'elle se compliquait trop la tâche. Elle passa en revue ses recettes romaines, siciliennes et napolitaines, envisagea tour à tour des tartelettes à la pâte d'amandes, des pâtisseries aux pruneaux et aux cerises aigres, une salade de fleurs et du pain perdu – avant de toutes les rejeter. Ce fut dans un vieux livre abîmé qu'elle dénicha la solution parfaite : de fines tranches de coing et de poire pochées dans du miel et de l'eau de rose. Au moins ces fruits ne seraient-ils pas trop durs à trouver, et elle pourrait y ajouter des grains de grenade rubis et de toutes petites feuilles vertes de géranium parfumées en guise de décoration. Adjugé, décida-t-elle. Et, sans plus tarder, elle prit son ordinateur et envoya le menu final par mail aux calligraphes chargés de créer les cartons qui figureraient près de l'assiette de chaque invité.

Septimus Ward-Thomas avait un problème a priori insoluble. Son institution, la National Gallery, se voyait contrainte d'accepter une nouvelle baisse significative de ses subventions et, dans le même temps, d'enrichir encore plus ses programmes et d'étendre ses heures d'ouverture, alors même que son personnel était déjà sous-payé et surchargé de travail.

— Ce pays fait face à une crise économique sans précédent et nous devons mettre en balance les fonds d'aide alimentaire et le budget des musées, déclara Curtis Wheeler, un conseiller spécial du ministre de la Culture. Le ministre comprend votre situation, mais à moins de lui présenter un dossier consistant et convaincant lors de l'examen des dépenses qui aura lieu la semaine prochaine, eh bien…

— Eh bien… ? répéta faiblement Ward-Thomas.

— Vous êtes aussi en concurrence avec la santé et l'éducation.

— Les subventions accordées aux arts ne représentent qu'une infime proportion des dépenses globales.

— C'est une question de perception.

— Notre fréquentation n'a jamais été aussi élevée ! protesta Ward-Thomas.

— Mais vous n'arrivez pas à toucher les segments minoritaires de la population.

— Sept millions de personnes, c'est tout de même un gros pourcentage.

— Mais que recouvre-t-il ? Ne compte-t-il pas trop de diplômés, d'étrangers et de vieux schnocks ?

Wheeler, supposa le directeur, devait avoir autour de vingt-huit ans. Il incarnait à la perfection cette catégorie de jeunes conseillers politiques ambitieux passés tout droit de l'université au Parlement, c'est-à-dire d'une cour d'école à une cour de députés, sans avoir jamais fait l'expérience du monde réel.

— Le problème, dit-il tristement, est de savoir comment justifier quelque chose qui par nature n'est pas quantifiable. Il n'y a pas d'appareil pour mesurer l'effet transformateur de la beauté sur les gens, l'importance de la contemplation, ou même le bonheur que l'on éprouve en venant ici.

Tout en parlant, il surprit son reflet dans le miroir derrière le conseiller. Il avait l'air épuisé – et il l'était. Fêté comme l'une des plus jeunes stars de sa génération lorsqu'il avait pris la direction de la National Gallery quinze ans plus tôt, Ward-Thomas semblait à présent plus proche de soixante-quinze que de cinquante-cinq ans. Sa démarche autrefois leste était devenue lourde et le manque de sommeil faisait qu'il avait les yeux en permanence injectés de sang. À ses débuts en tant que conservateur, il avait été une véritable idole avec sa tignasse blonde épaisse, sa mine faussement perplexe et son éternel foulard rouge qui lui donnait un côté canaille. À présent, le foulard avait disparu, tout comme la plupart de ses cheveux, et seuls quelques bas-bleus prenaient encore la peine de flirter avec lui.

— Non, le problème, c'est que vous exposez des vieilleries, dit Wheeler en passant les doigts dans ses cheveux à la coupe ultra-tendance.

— Des vieilleries ? s'étrangla Ward-Thomas.

Comment pouvait-on qualifier des beaux tableaux de vieilleries ? Leur ancienneté ne justifiait-elle pas au contraire qu'on les vénère, et leur survie ne prouvait-elle pas que leur force et leur signification étaient trop importantes pour disparaître ?

— Je trouve plutôt réconfortant de voir que les thèmes de la souffrance et de la joie traversent les siècles.

— Le passé est ringard, déclara fermement Wheeler.

— Ringard ?

Ward-Thomas peinait à refouler des larmes de frustration. Wheeler se méprit sur la cause de son émotion et posa une main rassurante sur son bras.

— Vous devez être impatient de diriger la Tate Modern. Là-bas, ils exposent des artistes vivants qui peuvent expliquer ce qu'ils font et pourquoi.

Ward-Thomas fixa la main blanche appuyée sur son bras, puis redressa la tête.

— Nous devons tuer l'art moderne, dit-il d'une voix basse et grave.

— Pardon ?

— Je cite une phrase de Picasso. Il voulait dire qu'à partir du moment où une chose existe, elle cesse d'être véritablement moderne.

— J'ai étudié Picasso à l'école, l'informa Wheeler en riant nerveusement.

— Si seulement on vivait encore au XVIIIe siècle. La plupart de nos tableaux paraîtraient on ne peut plus actuels. Après tout, l'âge est affaire de perception.

— Le truc aussi, c'est qu'on peut compter sur les artistes de la Tate pour mal se comporter, attirer l'attention des médias et faire parler d'eux.

— Je peux vous assurer que personne ne se comportait plus mal que le Caravage. Il ne se contentait pas de se soûler, lui. C'était aussi un assassin.

— Il a vécu à quel moment, celui-là ? demanda Wheeler, soudain intéressé.

— Entre 1571 et 1610 environ.

— Les tabloïds ne le montreront donc jamais en train de saccager un night-club, hein ?

— Je vous assure que les grands maîtres aussi font parler d'eux, insista Ward-Thomas.

— Je n'entends rien dire à leur sujet, moi.

— Les personnes qui s'y intéressent ne font pas forcément partie de votre entourage.

— Ce sont des faiseurs d'opinion, je suppose ? le railla le conseiller.

Ward-Thomas se tourna vers la fenêtre, derrière laquelle Nelson surveillait Londres du haut de sa colonne de Trafalgar Square. Le bruit des artistes de rue et des touristes étouffait presque celui de la circulation, et il reconnut une chanson populaire entonnée par un chanteur équipé d'un amplificateur déréglé.

Il aurait voulu décrire au conseiller cette dame qui, depuis soixante ans, venait à la National Gallery admirer un tableau de Canaletto simplement parce qu'il lui rappelait son amant, mort durant la Seconde Guerre mondiale. Ou encore le regard empli d'admiration des enfants lorsqu'ils découvraient *Whistlejacket,* le tableau grandeur nature d'un cheval réalisé par Stubbs. Wheeler finirait par admettre que certains visiteurs venaient dans l'unique but de trouver un endroit tranquille et propice à la contemplation, loin de l'ennui et du stress de leur vie quotidienne, et que d'autres puisaient dans ces tableaux une raison d'espérer car ils y voyaient la preuve que les questionnements existentiels étaient sans fin et universels.

Muni d'un carnet rouge et d'un stylo, le conseiller semblait dans l'expectative.

— Quand j'étais jeune et que j'ai démarré dans ce milieu, aimer et connaître l'art était suffisant, dit Ward-Thomas, mélancolique.

— Vous pouvez toujours l'aimer et le connaître. Mais si vous voulez être financé par le gouvernement, il faudra répondre à des critères supplémentaires. Le ministre vous soutient. Tout ce qu'il lui faut, c'est quelque chose de substantiel à présenter, quelque chose qui fasse tilt chez son collègue des Finances.

Ward-Thomas repensa à une précédente réunion du personnel et à Ayesha Sen, l'une de ses jeunes collègues qui proposait toujours des solutions « in » pour promouvoir l'art.

— Nous avons un programme intéressant destiné aux mères célibataires, dit-il, un peu honteux d'avoir tenté à maintes reprises de s'y opposer. Nous les faisons venir ici et nous leur montrons des tableaux de la Vierge à l'enfant. Ça les aide à se sentir moins stigmatisées.

— Et comment réagissent-elles ?

— Très bien, du moment qu'on leur offre du thé et des biscuits à la fin.

— Je le mettrai dans votre dossier, dit Wheeler en prenant quelques notes.

— Il y a aussi le club des jeunes délinquants. On les fait venir de Feltham et on leur montre quelques-unes de nos œuvres les plus dures – des tableaux du Caravage ou de Rubens. Eux aussi, ça les aide à se sentir moins stigmatisés.

Ward-Thomas ne précisa pas qu'il s'agissait là encore d'une idée de Sen.

— Excellent ! s'emballa Wheeler.

Enfin des arguments intéressants. Il allait pouvoir les servir à son ministre, lequel aurait été bien incapable de décrire les mérites de l'art ou des musées étant donné qu'il considérait ces derniers comme des endroits tout juste bons à vous protéger de la pluie – de gros abribus, en somme.

— Je sais ! s'écria-t-il soudain. Pourquoi ne pas faire installer le Wi-Fi gratuit ? Tous les étudiants de Londres afflueront ici et vous battrez des records de fréquentation.

Ward-Thomas imagina les salles de son beau

musée grouillant d'étudiants mâcheurs de chewing-gum qui liraient leurs mails et discuteraient avec leurs amis via Skype. Cette simple idée le démoralisa.

— Nous ouvrons tard le vendredi soir afin de favoriser les rencontres entre célibataires, s'entendit-il répondre – là encore sans ajouter qu'il s'était violemment opposé à cette dernière initiative de Sen.

— Des soirées rencontres ! J'adore, déclara Wheeler en le notant également. Peut-être que le ministre viendra. Vous avez sûrement lu dans le *Daily Mail* qu'il est de nouveau célibataire.

— Je ne lis pas le *Mail*.

Pour la première fois depuis le début de cette conversation, Wheeler parut franchement intrigué.

— Vous êtes sérieux ? Mais c'est le plaisir coupable de tout le monde !

— Le mien, c'est la crème renversée.

Curtis Wheeler reboucha son stylo et le rangea dans sa poche.

— OK, je ferais mieux d'aller rédiger mon rapport. Qui sait, on se verra peut-être à l'une de vos soirées ?

Ward-Thomas se força à sourire au moment de serrer la main du jeune homme, mais une fois Wheeler parti, il s'affaissa lourdement dans son fauteuil et se prit la tête entre les mains. Devenir le directeur de l'une des plus belles collections de tableaux de grands maîtres au monde avait marqué l'accomplissement de son rêve ultime. Le hic, c'était qu'il n'avait pas anticipé tous les à-côtés inattendus et indésirables de ce poste prestigieux. Il regarda sa montre et constata qu'il était déjà midi. Dans moins d'une heure, il devait faire visiter le musée à un groupe de collectionneurs américains, avant d'assister à une réunion avec son comité financier, puis à une autre avec les cadres du personnel. Et plus tard ce soir-là, il était convié à un dîner organisé par deux des plus importants marchands d'art de la place londonienne, Rebecca et Memling Winkleman, en l'honneur de la collectionneuse américaine Melanie Appledore.

Il s'abandonnait à un profond sentiment d'ennui lorsqu'on frappa à sa porte.

— Entrez.

— Vous avez une minute ? demanda Ayesha Sen, toute dégoulinante d'ambition. J'aimerais vous soumettre une idée…

— Ayesha, la coupa-t-il, j'ai un conseil pour vous. Soyez très, très prudente dans le choix de vos ambitions. Croyez-moi, vous ne savez pas à quoi vous vous exposez, sinon.

À moins d'un kilomètre de là, dans Houghton Street, une réunion de crise avait lieu dans la salle du conseil de Monachorum, où le comte Beachendon essayait de justifier devant le comité de direction les pertes importantes récemment subies par la maison de vente aux enchères. Dans cette pièce au parquet en acajou, au plafond ornementé soutenu par de solides colonnes doriques cannelées et aux murs de marbre, le moindre murmure résonnait – et le moindre éclat de voix claquait comme un coup de feu. Ce matin-là, la cacophonie furieuse des discussions vrillait les tempes du comte. Il sortit un mouchoir immaculé de sa poche de poitrine et essuya son front dégarni et luisant de sueur en essayant de lisser le peu de cheveux qui lui restaient. Puis, conscient que son teint rosé avait tendance à virer au rouge vif sous le coup de l'embarras ou de l'effort, il baissa les yeux sur la surface parfaitement polie de la table en acajou. Son visage était déjà cramoisi.

— Pourquoi avez-vous garanti de tels prix ? demanda Abel Mount, le président du comité, en secouant la tête avec incrédulité.

Ancien directeur général de la Bourse de Londres, Mount avait un goût prononcé pour le porto, ainsi qu'un nez semblable à un morceau de stilton qu'il avait la manie de frotter lorsqu'il était contrarié.

— Toutes les maisons de vente aux enchères de Londres, Paris et New York étaient sur les rangs, se défendit Beachendon en s'agitant sur sa chaise. À l'exception des Lloyd Webber, Harry Danes possédait la plus belle collection privée de préraphaélites.

— Et qu'est devenu votre deuxième meilleur enchérisseur ? Lors d'une vente importante, on s'arrange toujours pour trouver un acquéreur chargé de garantir un prix donné à chaque œuvre. Ce n'est un secret pour personne.

— Les Qataris m'ont laissé tomber à la dernière minute, répondit le comte, qui sentit un petit filet de transpiration couler le long de sa nuque.

— Et malgré ça, vous avez continué à promettre aux vendeurs une somme supérieure de 10 pour cent à la valeur estimée maximale des tableaux ! s'insurgea Mount en triturant sans ménagement son appendice nasal.

— La semaine précédente, un Burne-Jones avait atteint le double.

— James, je ne vais pas vous apprendre votre métier, intervint Rachel Westcott-Smith en se penchant en avant.

Les douze membres du comité savaient pourtant que c'était précisément ce qu'elle comptait faire. À la tête d'un fonds spéculatif américain qui pesait 17 milliards de dollars, Westcott-Smith avait récemment acheté 10 pour cent de Monachorum.

— Mais vous connaissez les règles : on ne prend jamais de risque inconsidéré. Votre pari était complètement fou.

Le filet de transpiration s'était transformé en un petit ruisseau, et Beachendon craignit qu'il n'ait transpercé sa chemise jusqu'à sa veste.

— Il est très difficile de mettre la main sur des collections aussi prestigieuses sans offrir certaines garanties aux vendeurs, dit-il. Denham avait proposé aux héritiers de Danes 8 pour cent de plus que la valeur estimée de leur collection.

— L'ont-ils vraiment fait ou était-ce du bluff ? rétorqua Rachel.

Beachendon dut reconnaître qu'il n'avait pas vérifié l'information.

— Le problème, James, c'est qu'après avoir été la maison de vente aux enchères la plus ancienne et la plus rentable de Londres, au top de la profession, nous ne sommes plus aujourd'hui qu'une institution vieille de cent cinquante ans au bord de la faillite. Nous avons évalué des milliers de successions et organisé un nombre comparable de ventes, mais vos erreurs de jugement catastrophiques font que nous nous retrouvons maintenant avec 300 millions de livres de dettes.

— Et ce n'est pas tout, renchérit Abel Mount. Il y a aussi les trois procès qui nous pendent au nez pour attributions abusives.

— En fait, il y en a quatre, le corrigea Roger Linterman, l'avocat de la maison. L'*Homme près d'une écluse avec un cheval*, prétendument de Constable, les vases d'Howard Porphyry, le très litigieux Pieter de Hooch et le disciple de Titien.

— Pourriez-vous s'il vous plaît nous détailler ces cas, James ? demanda Rachel d'un ton froidement poli.

Beachendon ne savait pas qui il détestait le plus : Rachel Westcott-Smith, avec son jet privé G5 qui devait ronronner en l'attendant à l'aéroport de Northolt, Abel Mount, qui n'était devenu membre du comité que grâce à son appui, ou Roger Linterman, qui cherchait à tout prix à obtenir une promotion. Pour ne rien arranger, les concurrents de Monachorum avaient relevé leur niveau de jeu. Au cours des mois précédents, Bratby & Sons, jadis petite maison de vente aux enchères poussiéreuse et sans avenir, avait été rachetée par des Russes qui lui avaient fait subir un sérieux lifting, tandis que leur principale rivale, Conrad and Flight, avait remplacé son directeur de longue date par l'ex-vice-président d'une entreprise technologique, un amateur de guitare qui avait triplé leurs bénéfices en un an en les faisant entrer de force dans l'ère du numérique.

Beachendon savait que ses jours à son poste étaient comptés. Tout ce qu'il voulait, c'était tenir assez longtemps pour permettre à ses deux plus jeunes filles de sortir diplômées de St Mary Ascot.

— Tous ces cas sont regrettables, dit-il en déployant ses manières les plus policées dans l'espoir de calmer le jeu.

— Vous appelez un faux Constable un cas regrettable ? dit Rachel.

Il baissa les yeux.

— Le tableau se trouvait dans le château de Tamoka depuis au moins trois cents ans et les ancêtres des propriétaires avaient possédé trois Constable autrefois.

— Mais il est de notoriété publique qu'ils avaient fait réaliser des copies au moment de vendre les vrais tableaux dans les années 1860 afin de combler les vides laissés sur les murs, dit Rachel. Roger, combien nous réclame-t-on en dédommagement ?

— Le montant de la vente, soit 30 millions de livres, plus les taxes, les commissions, et 20 millions supplémentaires au titre du préjudice personnel et de l'humiliation subis. Nous sommes également sous le coup d'une plainte pour incompétence.

— Comment ça ? intervint Herman van Pampe.

— En clair, on nous accuse de ne pas être aptes à vendre des œuvres d'art.

— Génial, soupira Rachel.

— Venons-en aux vases d'Howard Porphyry, dit Abel Mount.

— C'est une histoire très fâcheuse, admit Beachendon. Nous pensions avoir entre les mains tous les documents établissant la liste des propriétaires successifs et exclusifs de ces vases, mais il s'est avéré qu'ils appartenaient au cousin du vendeur. Une fois la vente terminée, ce cousin, qui vivait en Tasmanie, a brusquement refait surface et a exigé de récupérer ses biens.

— Où sont-ils à présent ? s'enquit Herman.

— Nous l'ignorons. L'argent a été versé sur notre compte bancaire, et l'acheteur a emporté les vases chez lui, on ne sait où.

— Si vous avez l'argent, vous avez forcément une adresse. Le gars ne s'est pas pointé comme une fleur avec une valise remplie de billets. Combien a-t-il déboursé ? Quatre millions de livres, c'est ça ?

Florian Grey, celui qui venait de s'exprimer, faisait partie du comité depuis dix ans. C'était la première fois qu'il prenait la parole.

— La somme a été transférée directement depuis une banque des îles Caïmans. Ce n'est pas inhabituel.

— On serait donc confrontés à une tentative de blanchiment d'argent ? s'inquiéta Rachel.

— Il semblerait, oui.

— La police épluche toutes nos transactions de ces cinq dernières années pour vérifier que nous ne sommes pas impliqués dans d'autres opérations illégales de ce type, annonça Linderman.

— Passons au Pieter de Hooch, le coupa Beachendon. Cette erreur-là était pour ainsi dire inévitable.

— Ne pas repérer un faux, c'est pour vous inévitable ? s'insurgea Rachel.

— Le tout-puissant van Meegeren a encore frappé. Nous ne sommes pas les premiers, et nous ne seront pas les derniers à être floués par le plus grand faussaire au monde.

— À vous entendre, on croirait que les sommes perdues sont insignifiantes.

— Sept millions, ce n'est pas rien, bien sûr, dit-il en sentant le rouge de ses joues se diffuser jusqu'à ses tempes. Mais au moins les tableaux de van Meegeren ont-ils une certaine valeur. Nous pourrons en tirer quelques centaines de milliers de livres.

— Vraiment ? s'étonna Herman.

— Les œuvres d'un grand faussaire sont aujourd'hui très estimées. J'ai des clients qui les accrochent avec des plaques mentionnant « Untel par Untel, copie de Meter van Meegeren ».

— Ce serait intéressant, dit Rachel, si on parlait d'une petite perte, mais dans le cas présent, il nous en coûte 7 millions et un sérieux camouflet.

— Hélas oui, reconnut le comte, persuadé cette fois que la transpiration avait bel et bien traversé sa veste.

— Pouvez-vous nous laisser quelques instants, James ? demanda le président du comité.

— Oui, bien sûr.

Beachendon était abattu. À coup sûr, il allait être renvoyé. Il pensa à sa femme, souffrante depuis longtemps, à son fils et à ses six charmantes filles

– se plairaient-elles à la Pimlico Academy ? Ils devraient renoncer à leur maison de vacances aussi, et peut-être vendraient-ils leur demeure de Balham au profit d'une autre à Lewisham. Puis il se rappela le dîner des Winkleman ce soir-là. Avec un peu de chance, le marchand d'art aurait assez envie de compter un authentique comte anglais parmi ses employés pour lui proposer du travail.

Assis sur son grand lit à côté de son amie l'historienne d'art Delores Ryan, Barty s'amusait comme souvent à échanger des ragots avec elle en se gorgeant de plats chinois et de séries télévisées. Tous deux s'étaient appliqué un masque facial – rose pour lui, et couleur porridge pour elle.

Contrairement aux salles d'apparat du rez-de-chaussée de la Maison blanche, l'appartement privé de Barty, aménagé dans les anciennes chambres de bonne, se caractérisait par un décor dépouillé. Les murs et le plafond étaient blanc cassé et les rideaux en cachemire, blanc crème, tout comme la luxueuse moquette en laine. Peu casanier, Barty n'était presque jamais chez lui. Il préférait vivre chez les autres. Et puis, devoir choisir un style de décoration ou s'attacher à un objet particulier relevait de l'anathème aux yeux d'un alchimiste idéaliste tel que lui.

— Je parie qu'il va lui rouler une pelle, dit Delores en pointant sa baguette vers la télévision.

— Ne soyez pas si vulgaire, ma chère.

— Vous avez des nouvelles de Sacha ? enchaîna-t-elle, faisant référence à une amie commune.

— Elle n'a fait qu'épouser un homme riche. Maintenant, elle risque fort de se noyer dans un océan de vanité.

— Elle doit bien s'amuser.

— Mon Dieu, non ! Elle a versé dans la philanthropie et subventionne apparemment à elle seule tous les musées et tous les centres de soins palliatifs du pays.

— John a écrit un nouveau livre sur l'histoire du goût.

— Ça me déprime. Il va nous apprendre tout ce qu'il y a savoir sur le sujet, et bien plus encore.

— Dans sa critique, Trichcombe Abufel l'a méchamment qualifié de « fardeau pour les étagères de la London Library ».

— M. Abufel, votre ennemi juré ? Qu'est-ce qu'il devient ? Il est toujours considéré comme un paria dans le monde des arts ?

— Il continue à comploter contre Memling Winkleman, mais il ne réussira jamais à provoquer sa chute – la famille n'a rien à craindre de lui. Parlez-moi plutôt de votre Russe. Il est vraiment riche ?

— À un point sidérant. Dites-moi, on n'avait pas commandé des crêpes au canard laqué ?

— Elles sont sous votre cuisse gauche. Combien de milliards ?

— Huit, à ce qu'il paraît.

— Gaz ou pétrole ?

— De l'étain, je crois.

— Séduisant ?

— Il faudrait que j'arrive à le débarrasser de son blouson de cuir.

— Encore un qui imite le propriétaire du club de Chelsea. Et il s'intéresse à quoi, celui-là ?

— Il ne le sait pas encore. C'est mon boulot de lui trouver une marotte. Je pense à l'art contemporain américain, au Cap-Ferrat, à une course de chevaux ou deux et à un énorme yacht.

— J'ai désespérément besoin de nouveaux clients. S'il vous plaît, très cher. S'il vous plaît. Les seuls marchands d'art qui se font de l'argent aujourd'hui sont les Winkleman, et c'est parce qu'ils touchent à tout.

— Les Winkleman par-ci, les Winkleman par-là… Les gens n'ont plus que ce nom à la bouche. Il n'y a tout de même pas qu'eux en ville ?

— Certains parviennent plus ou moins à marcher sur leurs plates-bandes, mais ils finissent toujours par dénicher une toile d'une qualité bien supérieure à celles de leurs concurrents. Dieu seul sait comment ils font.

— Ils ne vous rémunèrent pas ?

— Ils me paient une misère, comme tout le monde dans ce milieu.

— Vous conviendrez quand même que l'art français du XVIIIe siècle est tout sauf sexy, et qu'il y a trop peu d'œuvres en circulation. J'ai besoin que mon Russe dépense beaucoup, beaucoup, beaucoup d'argent. Pas qu'il attende l'apparition miraculeuse d'un Boucher rare sur le marché.

— Mais j'ai un loyer à payer, moi.

— Vous imaginez un Russe de deux mètres et de cent kilos se passionner pour le rococo ? Pour ces feuillages délicats, ces scènes galantes et ces angelots grassouillets ? J'ai déjà bien assez de mal à le tenir éloigné des voitures.

— Vous êtes vraiment dur.

— Il va me réclamer des filles sexy, des fêtes enfumées et de la cocaïne, pas des cours magistraux et des dîners assommants.

— Je lui jetterai quand même un coup d'œil, déclara Delores en mordant dans un rouleau de printemps à la manière d'une jeune coquette.

Barry contempla sa tendre et ronde amie de cinquante-neuf ans.

— Dans votre intérêt, je me dois d'être cruel : vous n'êtes pas du tout son type.

— Aïe, gémit-elle.

— C'est un choix, ma chère. Les choux à la crème ou les hommes. À vous de voir.

— Je préférerais le fourrer dans ma bouche que…

Delores s'interrompit brusquement et poussa un cri d'horreur.

— Il est 20 heures ! Je suis en retard pour le dîner des Winkleman !

— Mais vous venez de manger de quoi nourrir une armée !

— C'était mon apéritif. Maintenant, je meurs de faim, dit-elle en descendant du lit et en époussetant des restes de dim sum et de canard sur sa robe. De toute façon, les repas servis chez eux sont infâmes. On a toujours droit à du poisson bouilli, des pommes de terre bouillies et des légumes tellement cuits qu'on dirait de la purée. Pas étonnant que Rebecca soit si maigre.

— Votre masque, lui rappela Barty - bien qu'il eût été tenté de ne rien lui dire. Je n'arrive pas à croire que vous m'abandonnez ainsi.

— Une bonne nuit vous fera du bien.

— Mes démons vont revenir me hanter, protesta-t-il, paniqué à l'idée de rester seul.

Sans l'écouter, elle acheva d'essuyer son masque avec une serviette humide.

— De quoi ai-je l'air ?

— D'un blanc-manger.

— Moi aussi, je vous adore !

Et Delores sortit de la pièce en roulant des hanches, avant de se précipiter dans la rue pour héler un taxi.

Carlo Spinetti termina sa gymnastique du soir. Son rituel ne variait jamais : après une demi-heure de pompes et de salutations au soleil, il se douchait en se frictionnant énergiquement avec du gros sel de mer et terminait par un jet d'eau glacial. Il avait cinquante-quatre ans, et sa séduction s'était accrue avec le temps, sa peau ridée et plissée par le soleil ayant adouci ses pommettes et son nez aquilin. « Noble » : tel était le mot employé la veille par la jeune Chiara. Durant le tournage du *Roi-Soleil,* Carlo s'était gardé de poser un seul doigt sur son actrice principale, mais une fois le film en boîte, il s'était empressé de l'attirer dans son lit.

Au moment de se déshabiller, il l'avait regardée avec attention, craignant que son corps qui commençait à ressembler à une toile mal tendue sur un cadre ne la dégoûte. Les jeunes ne soupçonnaient pas la manière dont la chair se détachait des os, ni celle dont les muscles se dissociaient des tendons avec l'âge, et il espérait qu'elle n'avait pas feint l'extase dans l'espoir de décrocher un rôle dans son prochain film.

Il vaporisa un léger nuage d'essence de citron vert dans la salle de bains et le traversa rapidement. Un soupçon de parfum suffisait. Il passa ensuite dans la chambre adjacente, à l'épaisse moquette couleur mûre, si douce sous ses pieds, aux murs noirs laqués couverts de miroirs, aux rideaux de velours pourpre et aux sièges tapissés de peau de loup. Ce décor était complété par des poignées de porte en forme de tête de lion – copiées sur celles d'un palais italien –, des stores sur lesquels étaient reproduites des images en noir et blanc de ses films et un grand lit de style Empire dont les pieds figuraient d'énormes pattes de tigre dorées.

Cette pièce était un cadeau de Rebecca. Il aurait quant à lui préféré des draps de lin blanc et des murs assortis, mais il laissait les questions de décoration à sa femme et à son beau-père. Carlo savait que Memling ne parlait de lui que comme du « mari de Rebecca », mais il s'y était résigné – tout comme il s'était résigné à ce que sa fille Grace suive les pas de sa mère. Pour l'heure, elle étudiait l'histoire de l'art à Cambridge, mais d'ici trois ans, son nom figurerait à l'entrée de la galerie de Curzon Street.

Son regard se posa sur un portrait d'elle réalisé

par David Hockney et accroché au-dessus de son lit – encore un cadeau de Rebecca destiné à lui rappeler ce que devaient être ses priorités dans la vie. Bien évidemment, il aurait préféré le voir exposé dans un endroit plus neutre, mais il n'avait pas son mot à dire sur le choix des œuvres qui ornaient les murs de sa chambre et sur le temps qu'elles y passaient. Il avait juste appris à ne pas s'y attacher car elles ne restaient jamais bien longtemps. De même, il avait l'obligation d'assister aux dîners intimes que Rebecca et son père organisaient deux fois par mois en l'honneur de clients potentiels – du moins lorsqu'il fallait équilibrer le nombre des invités. Son rôle était alors de se montrer charmant et de réciter à l'occasion quelques compliments soigneusement préparés sur une œuvre donnée.

Comme toutes les personnes qui gravitaient dans l'orbite des Winkleman, il était payé par la famille en échange de menus services. Memling se servait de ses tournages pour transporter illégalement des tableaux dans toute l'Europe. Ces derniers étaient glissés parmi les accessoires de décor, puis chargés dans des camions qui traversaient la Manche et effectuaient ensuite de multiples détours avant d'atteindre leur destination. Quand, par exemple, les Winkleman avaient besoin d'expédier des tableaux en France, en Allemagne et en Italie, Carlo demandait à un chauffeur de camion en route vers la Hongrie d'effectuer trois arrêts en chemin. Dans le cas très improbable où il serait arrêté, le malheureux employé se contenterait d'expliquer qu'il obéissait aux ordres. Carlo retrouvait le convoi à chaque point de livraison où, sous le prétexte officiel de contrôler l'état des accessoires, il remplaçait un tableau spécifique par une copie. L'original était ensuite remis à son nouveau propriétaire. Tout le monde était content. Il obtenait d'importants subsides pour ses films, les Winkleman concluaient une vente et l'acheteur recevait sa commande sans sacrifier à d'interminables démarches administratives liées aux licences d'exportation ou aux taxes sur les ventes.

Carlo songeait parfois à se lancer en indépendant, mais il savait qu'il n'avait guère de chances d'obtenir d'autres financements que celui de sa belle-famille. Tant pis si le vieux me déteste, se disait-il. C'est moi qui contrôle la prochaine génération. En attendant, il devait participer au dîner prévu ce soir-là – cela faisait partie du contrat tacite conclu avec Rebecca. Il décida d'appeler Chiara pour la faire patienter.

En entendant son mari parler au téléphone dans la pièce d'à côté, Rebecca supposa qu'il donnait rendez-vous à l'une de ses maîtresses. Il lui arrivait d'offrir un généreux présent à tel ou tel rédacteur en chef afin de faire taire les rumeurs et de protéger ainsi sa fille, mais dans le cas présent, la disparition d'un Watteau rendait la dernière infidélité de son mari quelque peu secondaire. Pour des raisons que son père refusait de lui dévoiler, cette toile perdue menaçait de faire s'écrouler tout leur empire.

Elle étudia de nouveau les photos granuleuses prises à partir des bandes des caméras de surveillance. On y voyait la fille ranger le tableau dans le panier de son vélo et remonter Goldhawk Road. Les contacts de Rebecca au poste de police avaient très aimablement retracé son itinéraire jusqu'à Melina Grove. Parce qu'elle ne réapparaissait pas sur les images filmées par la caméra suivante, située sur Batson Street, ils en avaient déduit qu'elle vivait ou travaillait sur Greenside ou Goodwin Road. C'était malheureusement le cas de huit cents autres personnes, et à part ses cheveux bouclés fourrés sous un bonnet de laine et ses grosses Doc Martens, l'inconnue ne présentait aucun signe distinctif. Rebecca avait pourtant l'impression de l'avoir déjà vue. Une partie de sa formation d'expert en art avait consisté à mémoriser les visages de tous les tableaux sur lesquels elle avait un jour posé les yeux. Dès qu'elle avait eu neuf ans, son père l'avait emmenée à la National Gallery tous les samedis et dimanches matin avec son frère. Ensemble, ils avaient examiné des centaines et des centaines de toiles, et semaine après semaine, Memling avait mitraillé ses enfants de questions sur la composition, l'iconographie et les pigments de telle ou telle œuvre d'art. À quinze ans, Rebecca était déjà capable d'identifier correctement d'infimes détails : quelle fleur se trouvait aux pieds de *La Vierge aux rochers*, de Léonard de Vinci, ou dans quel tableau du Canaletto figurait une toute petite blanchisseuse. Marty n'avait jamais pu égaler l'érudition et la mémoire de sa sœur, mais les deux enfants savaient que cela n'avait pas d'importance. En tant que fils et héritier, ce serait lui qui reprendrait l'entreprise familiale.

Une fois de plus, Rebecca se pencha sur les photos et les examina dans l'espoir que la fille avait acheté le tableau sans réfléchir et que celui-ci était désormais innocemment accroché au mur d'un quelconque appartement de banlieue où sa vraie valeur resterait insoupçonnée. Mais elle n'était pas femme à laisser quoi que ce soit au hasard, et plutôt que de prendre le moindre risque, elle déployait tous ses efforts et tous les moyens à sa disposition pour retrouver cette fille.

En entendant Carlo raccrocher et entrer dans sa chambre, elle se hâta de fourrer les photos dans son attaché-case, mais sentit brusquement ses yeux s'emplir de larmes.

— Chérie, que se passe-t-il ?

— Rien.

Elle s'écarta vivement de lui et essuya ses joues.

— C'est ton père ? Il va mal ? demanda-t-il en essayant de ne pas avoir l'air trop excité par cette perspective.

— Non, juste un petit problème professionnel.

Mais Carlo lisait en elle de la peur plus que du souci, et son inquiétude était sincère.

— Que puis-je faire ?

— Tiens, répondit-elle en se repoudrant le visage. Lis ces notes sur nos invités.

Carlo soupira. Le but de la soirée était de persuader Melanie Appledore de débourser un million de livres pour une esquisse à l'huile du Caravage préfigurant *Judith décapitant Holopherne*. Il doutait que cette toile plaise à la grande dame quasi octogénaire de Park Avenue, plus adepte des arts décoratifs français. Particulièrement sanglant, même pour un Caravage, le tableau montrait Judith juste après qu'elle avait plongé son poignard pour la troisième fois dans le cou du général assyrien.

— Mme Appledore sait-elle que le modèle ayant servi à peindre Judith était probablement la courtisane romaine Fillide Melandroni ?

— Cette information ne lui est pas utile. J'espère que tu tiendras ta langue.

— Tu crois que dîner en présence d'une image aussi perturbante créera vraiment une atmosphère favorable à la conclusion de cette vente ? Qu'allons-nous servir ? Du bœuf cru assorti aux couleurs du tableau ?

— Garde tes blagues pour ta pute.

Carlo leva les yeux, étonné. Rebecca ne lui parlait jamais ainsi. Que s'était-il passé ? Il prit note mentalement de lui faire livrer des fleurs le lendemain matin.

Dans la cuisine, trois étages plus bas, Annie supervisait les derniers préparatifs du repas. En s'inspirant d'une nature morte, elle aussi signée du Caravage, elle avait transformé la salle à manger des Winkleman avec l'aide de plusieurs décorateurs employés par Carlo. Les murs étaient à présent d'un rouge rubis, d'épaisses guirlandes de roses, d'œillets et de coquelicots décoraient la nappe blanche damassée et les buffets croulaient sous les figues, les prunes, les pêches et les pommes, sans compter divers légumes, parmi lesquels des choux, des courges et même de l'ail. Les invités boiraient de l'eau dans des gobelets dorés et mangeraient dans des assiettes en porcelaine tendre sur lesquelles reposaient de grandes serviettes en lin épais pliées en forme de galions espagnols.

Pendant que Jesu mesurait la distance entre les verres et les assiettes avec une petite règle et que sa femme étalait des paillettes au pinceau sur les fleurs pour les faire étinceler, Annie parsema les fruits de petits points de colle imitant des gouttes d'eau – avec l'espoir que personne ne serait tenté d'en manger. Lorsqu'elle entra dans la pièce, Rebecca fut stupéfaite.

— Ce n'est pas ainsi que nous faisons les choses, ici.

— Je voulais mettre le tableau en valeur, répondit posément Annie, déçue toutefois que son employeuse ne soit pas satisfaite.

— Vous prenez de très gros risques.

Ça, elle le savait très bien.

À l'étage, Carlo finissait de boutonner sa chemise lorsque son majordome apparut.

— Les invités arrivent, monsieur. Madame vous demande.

— Qui est là ? demanda Carlo avec lassitude pendant que Jesu lui attachait ses boutons de manchette.

— Une très vieille dame et un de ses amis.

Jesu parut ensuite hésiter.

— Quoi ? Qu'y a-t-il ?

— M. Memling et Mme Rebecca se sont isolés

dans une pièce à part et ne veulent pas être dérangés.

Ce comportement inhabituel avait-il un rapport avec les larmes de Rebecca ? Songeur, Carlo descendit rejoindre leur invitée d'honneur, Mme Appledore, dans le petit salon gris. En se penchant pour lui faire un baisemain, il s'étonna presque que cette vieille femme ait la force de lever un bras si lourdement chargé de bijoux. Les diamants de ses bagues et de ses bracelets devaient bien valoir plusieurs millions.

— Quel plaisir de vous revoir, dit-il.

— Bonsoir, Carlo.

Elle n'en était pas à son premier lifting, nota-t-il aussi à la vue de sa peau aussi fine que du parchemin et aussi lisse que celle d'un enfant.

— Qu'est-ce qui vous amène à Londres ?

— Le shopping. Je viens en juillet d'habitude, mais la programmation du Met est si ennuyeuse cette année.

— Ils ne devaient pas présenter la *Tosca* ? intervint Rebecca, dont l'entrée dans la pièce interrompit leur conversation. Avec Renée dans le rôle principal, je crois.

— N'est-ce pas qu'elle est adorable ? roucoula Mme Appledore. Mais vous n'êtes pas au courant ? Elle est tombée malade.

— Cela a mis à mal nos projets, déclara un petit homme très bien mis en s'avançant main tendue vers Carlo. William Carstairs, troisième du nom. Merci de nous avoir invités.

William Carstairs, directeur du musée de

Mme Appledore, faisait également office pour elle de compagnon, de compteur de calories et de porteur de sac à main.

— Carlo, où en êtes-vous de vos projets ? lança Mme Appledore. Avez-vous sorti un nouveau film ?

— *Le Roi-Soleil,* avec Chiara Costanzia.

Ce titre n'évoquait visiblement rien à la collectionneuse.

— Willy, veille à ce qu'on l'ait dans l'avion à notre retour.

Deux autres invités arrivèrent à ce moment-là. Rebecca fit les présentations.

— Septimus Ward-Thomas, directeur de la National Gallery. Vous avez certainement déjà rencontré Melanie Appledore ?

— C'est toujours un plaisir, dit Ward-Thomas.

— Melanie, je suis sûre que vous connaissez Delores Ryan, qui vient de publier son dernier livre : *Watteau et les femmes, ou l'Importance du modèle dans l'œuvre de l'artiste.*

— En effet, je l'ai acheté hier et je suis impatiente de le lire.

— Est-il vrai que vous avez un Boucher dans votre jet privé ? demanda Delores à Mme Appledore.

Septimus Ward-Thomas toussota en essayant de masquer sa violente réprobation. Il détestait l'idée qu'un tableau délicat soit soumis à des décollages et des atterrissages.

— Oui, mais des petites écailles de peinture se sont détachées de la robe de Mme de Pompadour un jour que nous traversions une zone de turbulences, avoua la collectionneuse. J'ai donc accroché quelques dessins de Lancret à la place.

— Cela vaut mieux, commenta faiblement Ward-Thomas.

Le silence retomba un bref instant lorsque Memling Winkleman entra dans la pièce, flanqué comme toujours de son gros husky blanc, Tiziano. L'homme mesurait plus d'un mètre quatre-vingts, mais il se tenait si droit que beaucoup le supposaient plus grand encore. Son énorme tête, son nez en bec d'aigle et ses épais cheveux argentés ajoutaient à ce physique peu commun, tout comme ses traits que l'on pouvait toujours qualifier de burinés malgré sa peau légèrement distendue et ridée. Surnommé « le Kapo » par ses employés, il s'exprimait très peu. Quand il le faisait, du reste, c'était en général dans le seul but de donner des ordres en anglais, en français, en russe ou en allemand – des langues qu'il maîtrisait couramment. Il ne prenait jamais la peine de dire bonjour et au revoir, et n'hésitait pas à couper court sans façon à des réunions ou des conversations téléphoniques.

Memling Winkleman était arrivé en Angleterre à l'âge de vingt-quatre ans. Dépourvu de formation, il avait d'abord entrepris de décrocher un diplôme de mathématiques – mention très bien –, avant d'enchaîner deux ans plus tard avec un autre de chimie à Cambridge, puis une thèse en histoire de l'art, le tout en créant son entreprise. À quatre-vingt-onze ans, il avait l'air plus en forme que la plupart des hommes de vingt ans ses cadets. Il jouait régulièrement au tennis sur le court intérieur aménagé sous sa maison, promenait son chien presque tous les jours, buvait un ou deux verres de vin rouge le soir et ne mangeait que des produits bio. Comme sa fille – et comme son chien aussi –, il avait des yeux d'un bleu très pâle. Les gens qui cherchaient à le décrire le qualifiaient souvent de « patricien » et disaient de lui qu'il avait plus l'air d'un empereur que du petit-fils d'un rabbin de Francfort. La plupart supposaient également que sa retenue glaciale et son incapacité à s'autoriser la moindre émotion s'expliquaient par les deux années qu'il avait passées à Auschwitz, où toute sa famille avait péri.

Rebecca n'avait jamais rencontré personne qui n'eût pas peur de cet être exigeant et autoritaire, et cela valait aussi pour elle. Memling détestait perdre son temps avec des imbéciles et prenait plaisir à humilier ceux qui se montraient trop insouciants ou complaisants. Il réservait son charme à ses riches clients. Avec eux, même s'il n'allait jamais jusqu'à la familiarité, il devenait presque espiègle. Mais cette aménité factice ne durait pas une seconde de plus que nécessaire. Il n'avait jamais maîtrisé l'art d'échanger des banalités et refusait d'utiliser un téléphone portable, de lire des mails ou de regarder la télévision. À toutes ces inventions modernes, il préférait son petit carnet de cuir, dans lequel il prenait sans cesse une foule de notes.

— Bonsoir, Memling, dit Mme Appledore. Vous êtes toujours aussi bel homme !

— Vous êtes vous-même très élégante, comme d'habitude.

— Vous continuez à jouer au tennis ? Vos bras doivent être si… si virils.

— Je vous défie de disputer une partie amicale avec moi.

— J'ai malheureusement peur de ne plus être capable de faire un service.

Le comte Beachendon et sa femme Samantha arrivèrent quelques instants plus tard, suivis par l'ancienne star du rock Johnny Duffy, dit « Johnny les Babines », qui avait été invité pour équilibrer cette soirée et lui donner un peu moins l'air d'une grande offensive marchande. Johnny « les Babines » avait autrefois étudié aux Beaux-Arts et collectionnait les tableaux anglais. Désormais sur le déclin, ses apparitions publiques se bornaient à l'inauguration de terrains de golf ou de centres commerciaux. Il était venu avec sa femme Karen, une ancienne championne olympique d'équitation vêtue d'une robe dos nu en lamé or.

Lorsque Rebecca entraîna ses invités vers la salle à manger, des cris d'exclamation retentirent à la vue de sa nouvelle décoration post-Renaissance. Le tableau du Caravage avait été accroché directement en face de la place réservée à Mme Appledore.

— L'étude de *Judith décapitant Holopherne* ! s'exclama Septimus Ward-Thomas en joignant les mains. Cela fait des années que je rêve de la voir. Je craignais qu'elle n'ait été détruite.

Mme Appledore ne paraissait pas aussi emballée.

— Je trouve ça un peu sanguinaire, quand même…

— Mais c'est un sang magnifique, du sang à cent pour cent ! dit Carlo, à court d'inspiration.

Si seulement je pouvais avoir le même pour mes tournages.

Rebecca le fusilla du regard. Elle avait été consternée par la transformation de son impeccable salle à manger toute blanche en une petite salle de banquet, si parfaitement agencée fût-elle. Son père la fixa d'un air perplexe en entrant, mais elle se contenta de hausser les épaules.

— Le grand art ne fuit jamais les sujets difficiles, déclara Ward-Thomas avec tact. Pensez au Christ sur la croix ou à la décapitation de saint Jean-Baptiste.

Mme Appledore hocha poliment la tête. Comme toutes les autres personnes présentes, elle savait que cette soirée n'avait pour objectif que de la pousser à acheter ce tableau, mais à son âge, toutes les marques d'attention étaient appréciables, et elle décida de jouer le jeu.

Cinq minutes exactement après que le premier invité se fut assis, Annie fit servir les cailles avec les gnocchis disposés comme des œufs dans leur nid de purée de pommes de terre, ainsi que des feuilles de laitue et des fines herbes réunies de façon à leur donner l'aspect de touffes de gazon. Des cris de ravissement lui parvinrent par la porte ouverte. Dans presque tous les domaines, Annie devait lutter contre son anxiété naturelle, mais sitôt qu'elle se trouvait dans une cuisine, elle se sentait calme, détachée du réel et capable de travailler lentement et méthodiquement, un œil sur l'horloge, l'autre sur ses casseroles.

Elle continua à préparer son repas en tendant

l'oreille aux bribes de conversation qui flottaient jusqu'à elle depuis la salle à manger.

— Vous savez combien Gerry a payé son Richter ? lança quelqu'un.

— Vingt-cinq millions, plus les taxes et les commissions.

— Faut-il payer un droit d'entrée pour figurer au conseil d'administration du Met, de nos jours ?

— Stanton Holsters a offert 50 millions de dollars et a quand même été refusé.

— Manet ou Monet ?

— Les deux sont corrects.

— Vous avez vu l'exposition Vélasquez ?

— À quoi bon ? Tous les tableaux appartenaient à des musées. Il n'y avait rien à acheter.

— Felicia a un nouveau yacht.

— Le meilleur conseil qu'on m'ait jamais donné, c'est qu'à partir du moment où quelque chose flotte, baise ou vole, il vaut mieux le louer.

Tout le monde éclata de rire.

— Quelqu'un veut encore un peu de vin ?

— Vous savez que les Fairley ont refait la déco de leur appartement pour y accueillir de nouvelles œuvres de Koons ?

— Et c'est comment ?

— Vide. Ils attendent que l'artiste se mette à l'ouvrage.

— Devinez combien Norton demande pour le David ?

— Mon psy dit que je souffre d'une forme aiguë de PPS : la Peur de Paraître Stupide.

À sa grande surprise, Carlo aimait bien Mme Appledore. Beaucoup supposaient à tort que son statut de doyenne de la haute société new-yorkaise reposait uniquement sur sa fortune. En quoi ils passaient à côté de l'essentiel : Mme Appledore avait du style, cette qualité insaisissable, indéfinissable, impossible à enseigner, à transmettre ou à monnayer, dont la plupart des gens ne peuvent que rêver. Afin de fêter l'ouverture d'une nouvelle aile de son musée, elle avait fait décorer des hors-bords de plumes dorées et blanches de façon que ses invités puissent remonter le fleuve depuis Manhattan sur des cygnes géants. Et lorsqu'une hôtesse engagée pour l'occasion était tombée gravement malade au point de devoir rester clouée au lit, elle avait envoyé l'Orchestre philharmonique de New York jouer sous ses fenêtres. Dépensière ? Oui. Égoïste ? Non. Sa générosité était légendaire. Alors qu'elle séjournait chez le duc du Denbighshire, elle avait offert à sa Grâce un dessin de Goya représentant son ancêtre, le premier duc du nom. Et lorsque sa vieille amie, la maharani de Batsakpur avait perdu un œil dans un accident de cheval, elle lui avait fait livrer sept bandeaux décorés de fabuleuses pierres précieuses et de perles fines – un pour chaque jour de la semaine.

Bien qu'Horace et elle n'aient jamais manqué d'argent, c'était sa compréhension du pouvoir de la culture qui avait propulsé le couple dans les plus hautes sphères de la société. Elle subventionnait des opéras, des théâtres, des salles de concerts et des musées. Grâce à sa perspicacité et à son savoir, elle avait créé la plus importante collection – hors de France – de tableaux du XVIIIe siècle et d'objets représentatifs des arts décoratifs français. Et alors que la plupart des collectionneurs ne ciblaient que le « hit-parade » de leur domaine, elle avait bien approfondi le sien. En plus de divers chefs-d'œuvre, elle avait aussi acheté des dessins, des gravures, des livres, des commodes, des bureaux, des chandeliers, des candélabres et même des lambris.

Entièrement autodidacte, elle en savait plus long que la plupart des directeurs de musée et des historiens d'art. Elle avait lu des tonnes de monographies et visité nombre d'églises et de musées inconnus, d'Odessa à Monmouth. Usant de son statut de grande dame de la haute société, elle avait fait de l'art un sujet à la mode, sérieux et pertinent. C'était elle qui avait persuadé ses amis de la Maison-Blanche de consentir de généreuses réductions d'impôts pour encourager les donations. Et, soucieuse de se poser en exemple, elle avait offert au cours de sa vie pour plus de 500 millions de dollars d'œuvres d'art et de biens mobiliers à son cher musée. Sa générosité était telle que des conservateurs se plaignaient fréquemment de ne pas la compter au nombre de leurs bienfaiteurs.

Elle était également une brillante imitatrice et une commère de première catégorie sans toutefois, ainsi que Carlo le découvrit pendant l'entrée, verser dans la méchanceté ou la condescendance. Ce fut une révélation pour lui de découvrir qu'il pouvait prendre autant de plaisir à discuter avec une personne quatre fois plus âgée que sa dernière maîtresse en date.

En cuisine, Annie mettait la dernière main à son plat principal en intercalant aux fines lamelles de veau des petits oignons blancs, verts et rouges, des raisins pelés et des mini-betteraves. Elle prit ensuite quelques photos du plat avec son téléphone portable, certaine qu'il lui reviendrait vide un quart d'heure plus tard. À ses yeux, la cuisine se rapprochait plus d'un spectacle que des beaux-arts : son pouvoir résidait dans sa nature éphémère et son immédiateté.

Lorsque Jesu apporta le plat fumant dans la salle à manger, les convives applaudirent spontanément.

— C'est presque trop beau pour qu'on le mange, dit Melanie en prenant un raisin et un tout petit morceau de viande.

Delores, elle, remplit son assiette de veau et de légumes.

— Bien trop beau, approuva-t-elle.

— Carlo, qui est le cuisinier ? s'enquit Mme Appledore.

— Une fille que j'ai trouvée et que j'ai prêtée à ma femme.

— Il me faut absolument ses coordonnées !

Tout en veillant à rester hors de vue, Annie se pencha vers le passe-plat afin de scruter la mine des invités au moment où ils goûtaient avec hésitation leurs premières bouchées. Les conversations s'interrompirent tandis que les saveurs explosaient contre les palais. Septimus Ward-Thomas posa ses couverts et leva les yeux vers le tableau.

— Je suis victime d'un assaut sensoriel, dit-il sans s'adresser à personne en particulier. Il ne manque plus que du Beethoven pour m'achever sur-le-champ.

Devant cette marque inhabituelle de satisfaction, Annie eut envie de se jeter à son cou. Au lieu de quoi elle reporta son attention sur les tranches de coing et de poire qu'elle entreprit de pocher en espérant que ces fruits contrebalanceraient la richesse de son entrée et de son plat principal.

Rappelé à l'ordre par un regard sévère de son beau-père, Carlo délaissa à contrecœur Mme Appledore et se tourna vers Delores Ryan.

— Ce plat est absolument divin, déclara-t-elle en fourrant deux morceaux entiers de viande dans sa bouche.

— Quoi de neuf de votre côté ? Vous avez écrit des livres récemment ? s'enquit-il avec une feinte politesse.

— Vous n'avez pas écouté ? Je viens d'en sortir un sur les femmes de Watteau. Vous me promettez de venir à ma petite soirée ? dit-elle en pressant fermement sa jambe contre la sienne.

Sa cuisse était si imposante qu'il eut l'impression d'être embouti par une voiture. Il reprit sa conversation avec Mme Appledore.

— Je viens juste de terminer *Le Roi-Soleil* et je nourris de grands espoirs pour ce film.

— Comme c'est amusant, ironisa Delores d'un ton qui suintait l'ennui, vous n'en avez pas aussi réalisé un qui s'appelait *La Reine Soleil* ? Ce n'est pas un peu répétitif ?

— Ça vous arrive de vous demander pourquoi les peintres représentent encore et toujours les mêmes scènes ? répliqua-t-il avec humeur.

— La peinture, c'est différent.

— Vous et votre snobisme ! Ces deux disciplines cherchent autant l'une que l'autre à capturer la lumière et la beauté.

— Un réalisateur est tributaire d'une équipe, d'une caméra et de tout un tas d'accessoires, alors qu'un peintre a seulement besoin de ses yeux, d'un pinceau et quelques couleurs.

— Des conneries, tout ça ! s'emporta-t-il. Prenez votre cher Watteau : il ne sort presque jamais de ses clairières arborées totalement artificielles. Avec lui, on a toujours droit aux mêmes vieux fêtards assommants – il n'y a que leur tenue qui change. Je ne supporte pas ce qu'il fait.

— Chéri, tu veux bien être gentil et monter voir si j'ai laissé mon sac à main à l'étage ? l'interrompit fermement Rebecca.

Carlo se leva et quitta la pièce en se jurant de ne plus jamais assister à un autre de ces dîners. Heureusement, il était 21 h 40 et il pourrait bientôt s'éclipser pour rejoindre Chiara dans son lit…

— Il paraît que les Evans vont vendre leur patrimoine, déclara Johnny « les Babines ». Ils ont perdu une fortune en Espagne avec la chute de l'euro. Ça veut dire que leurs Picasso de la période bleue seront bientôt sur le marché.

— Je suis fatiguée de la période bleue, soupira sa femme. Si on s'offrait plutôt une toile de la rose ?

À l'autre bout de la table, Ward-Thomas discutait avec Rebecca.

— L'autre jour, j'ai fait visiter le musée à un Ukrainien qui n'arrêtait pas de me proposer d'acheter nos tableaux. « C'est un musée national, lui ai-je expliqué. Ils ne m'appartiennent pas à moi, mais au peuple de Grande-Bretagne, et ils ne sont assurément pas à vendre. » Résultat : il a doublé son offre. Ces types s'imaginent vraiment que tout s'achète.

— Je croyais pourtant que c'était le cas, dit Carlo en revenant.

— Chéri, tu veux bien changer de place avec Septimus ? l'interrompit Rebecca. Il a très envie de parler à Delores d'un exemple très rare d'authentification d'une œuvre.

Comme un enfant réprimandé, Carlo obtempéra et s'assit à côté de sa femme.

Il était déjà 22 heures. Annie n'avait pas vu passer l'heure et demie qui venait de s'écouler. Le bruit émanant de la salle à manger s'était amplifié à mesure que les bouteilles de vin étaient débouchées. Par la porte ouverte, elle remarqua que la peau d'un blanc d'albâtre de Rebecca avait pris un éclat rosé.

Elle acheva la décoration de son pudding, qui lui parut magnifique avec ses morceaux de coing et de poire parsemés de grains de grenade d'un rouge aussi profond que des petits rubis.

Lorsque Jesu et sa femme apportèrent le plateau, les invités protestèrent qu'ils ne pouvaient plus rien avaler. Une demi-heure plus tard, cependant, tous les plats et les assiettes furent renvoyés en cuisine sans qu'il restât une miette du dessert.

Delores demanda à être resservie, ce qui lui valut des huées. Mme Appledore insista ensuite pour que le chef vienne recevoir des félicitations, et Carlo se leva d'un bond à l'arrivée d'Annie, qu'il applaudit bruyamment.

En observant les convives autour de la table, Annie eut son premier aperçu de Memling Winkleman. Il y avait quelque chose d'hypnotique et de perturbant dans ses yeux bleu clair au regard intense, et elle se fit la réflexion qu'elle aurait tout intérêt à l'éviter à l'avenir.

Les invités quittaient la salle à manger lorsqu'elle surprit cette dernière déclaration de Mme Appledore à son hôte :

— Peut-être vais-je devoir acheter ce tableau sanguinaire rien que pour me rappeler ce merveilleux dîner !

8

Le dernier invité était parti à minuit, mais il était plus d'une heure du matin lorsque Annie sortit par la porte de service et remonta la ruelle derrière Curzon Street. L'air nocturne était clair et froid. Trop excitée pour avoir envie de dormir, elle décida de marcher un peu avant de prendre un bus de nuit. La soirée avait été un énorme succès. Delores Ryan et Mme Appledore avaient toutes deux demandé ses coordonnées et le comte Beachendon avait promis de la recommander au comité de direction de Monachorum. Même Rebecca, pourtant du genre silencieux et peu démonstratif, s'était fendue d'un merci sec, mais sincère.

Annie longea Piccadilly et tourna à gauche dans Old Bond Street en regardant négligemment les vitrines des galeries d'art. Quelques semaines plus tôt, elle serait passée devant sans y prêter attention, mais ce soir-là elle scruta chacune d'elles avec un intérêt inédit. À la vue d'un tableau intitulé *L'Adoration du veau d'or*, de Ludovico Carrachi, elle tenta de se rappeler l'histoire attachée à cet animal. Dieu l'avait-il offert aux hommes comme un don alimentaire ou incarnait-il l'idolâtrie ? Moïse avait l'air bien désespéré, en tout cas, avec les tables de la Loi brisées en mille morceaux à ses pieds et ses disciples tremblants en arrière-plan. Elle se demanda si son incapacité à décoder le tableau était grave ou s'il était acceptable d'aimer simplement une œuvre sans vraiment saisir son sens caché. Dans la galerie suivante, elle découvrit une installation comprenant quatre grands matelas suspendus à un plafond autour d'une bouilloire brisée, d'un godemiché et d'une brosse à cheveux, le tout intitulé *Maman ne m'avait jamais dit qu'il y aurait des jours comme ça*. L'œuvre dérouta Annie. Décidément, l'art était un langage particulier qu'elle n'avait pas très envie d'apprendre. Les quelques propos qu'elle avait saisis au cours du repas sur les magouilles, les dépenses exorbitantes, les codes et les mœurs des super-riches n'avaient fait que renforcer son amour de la cuisine. Avec seulement un peu d'argent et d'humbles ingrédients, elle pouvait faire vivre aux autres une expérience extraordinaire qui ne nécessitait aucun savoir préalable, aucune perspicacité ni aucun investissement. Manger était une activité fondamentale, sensuelle et collective pour laquelle il suffisait d'avoir des papilles et l'esprit ouvert.

— Z'auriez pas une 'tite pièce, ma belle ?

La voix désincarnée émanait d'un porche. Annie sursauta lorsqu'une main, puis un visage émergèrent d'un carton. Elle n'avait rien vu dans l'obscurité.

— Juste deux ou trois livres, quoi.

Elle fouilla ses poches et le fond de son sac.

— Je suis vraiment désolée, je n'ai que ma carte de transport et un rouge à lèvres.

— Les deux ne me serviront pas à grand-chose.

— Bonne soirée quand même, dit-elle en se promettant de revenir une autre fois avec un peu de monnaie.

Plus loin, elle remarqua une deuxième silhouette roulée en boule sur un pas de porte. Celle-là n'était pas protégée par un carton, mais entourée de sacs en plastique remplis d'affaires. Elle distingua la forme d'une bouilloire, une brosse et une tasse. Un gros renard à la longue queue broussailleuse remontait la rue en trottinant, tête baissée, l'allure décidée. Il passa près d'elle sans lui prêter attention et disparut au bas d'un escalier qui menait à l'entrée de service d'un grand hôtel.

Alors qu'elle s'engageait dans une petite rue débouchant sur Berkeley Square, un groupe de personnes sortit d'un night-club juste devant elle - deux jeunes femmes très court vêtues, trois hommes en costume-cravate et un quatrième affublé d'une improbable tenue punk.

— Dépêche-toi, Barty, on se gèle ! cria l'une des filles pendant que sa copine agitait les bras pour arrêter un taxi.

Deux des hommes mirent leurs mains en coupe autour d'une allumette pendant que le troisième, très éméché, se débattait avec son briquet.

— On ne peut pas fumer dans les taxis, Roddy ! glapit Mlle Robe-Rose.

Annie tentait de se frayer un chemin au milieu d'eux lorsque le rocker punk la heurta.

— Je suis diablement désolé, dit-il d'une voix que l'alcool et l'âge rendaient légèrement geignarde. Ça va ?

— Oui, merci.

— Barty ! lança Mlle Petite-Robe-Dorée en s'approchant d'un pas vacillant. Arrête de draguer des inconnues.

Et elle éloigna le punk après avoir décoché un sourire faux à Annie.

Dans Mount Street, celle-ci regarda la rangée de taxis garés devant l'hôtel Connaught. Si seulement elle avait eu assez d'argent pour en prendre un jusque chez elle avec une bande de joyeux amis. Deux jeunes gens passèrent près d'elle en courant et jetèrent un pétard qui siffla et éclata au-dessus des toits. Le portier de l'hôtel les invectiva – mais sans grande conviction.

Trente mètres au-dessus du trottoir, dans la suite royale du Connaught, ce même pétard fit sursauter Vlad. Depuis qu'il avait été chassé de Russie, chaque détonation, chaque claquement lui faisait peur. Il se rassura en se disant qu'il avait payé son dû. C'était sûrement quelqu'un d'autre qui en bavait ce soir-là.

Posant les yeux sur le lit, il vit trois corps, tous nus, tous féminins, tous blonds, tous jeunes, et tous inconnus de lui. Le concierge avait effectué les présentations en lui promettant que ces demoiselles arrivaient d'une « maison » respectable où il n'y avait jamais d'embrouilles. On pouvait aussi en faire venir d'Oxbridge[1], s'il voulait. Vlad n'était pas sûr de ce que cela signifiait, mais il avait répondu non. Il voulait juste des filles « jeunes, minces, blondes et propres ».

Après quelques heures sportives, ses compagnes d'un soir s'étaient assoupies. Vlad, habitué à dormir seul, était d'abord resté éveillé, l'esprit agité, trop fatigué pour bouger, mais trop déstabilisé pour fermer l'œil. L'une des filles ronflait comme un sonneur et il ne comprenait pas comment un être si gracile et si joli pouvait faire un tel boucan – ni comment ses copines réussissaient à dormir. Le sexe avec elles avait été agréable – non, mieux que ça même : elles avaient su exactement quoi faire et avaient rempli leur mission avec grâce et un enthousiasme apparent. Contrairement à la plupart des prostituées auxquelles il avait déjà fait appel, leurs orgasmes et leurs gémissements de plaisir avaient paru sincères. Mais malgré leur présence, il se sentait vide et seul. Peut-être en ferait-il venir encore plus la prochaine fois, même s'il savait que la solitude n'était pas une question de nombre. Ou peut-être avait-il besoin d'une petite amie, de quelqu'un avec qui nouer une relation. Cette idée le désespéra encore plus – qui pourrait comprendre d'où il venait et ce qu'était sa vie ? Le prix à payer pour sa liberté physique était un exil émotionnel.

Il avait cru autrefois que l'argent lui apporterait

1. Oxbridge : contraction d'Oxford et de Cambridge. Le mot renvoie aux universités de ces deux villes.

plus qu'une simple protection physique. À l'époque, il le considérait à la fois comme un aplanisseur de difficultés et un bouclier, un tremplin et une garantie d'atterrissage en douceur. Il se revoyait rêver de son confort futur, étendu dans son lit gigogne à Smlinsk. Même dans ses rêves les plus fous, il n'avait jamais imaginé devenir aussi riche. L'ironie du sort était qu'il ne savait pas à présent comment dépenser ses milliards, et encore moins comment devenir heureux. Il avait beau s'offrir des voitures, des filles, des bateaux, des avions, des vacances, des costumes et des chevaux, il restait incapable de se défaire d'un sentiment de malaise et d'insatisfaction. Sa fortune lui faisait l'effet d'une grande montagne au sommet de laquelle il aurait été juché tout seul, et ses angoisses ordinaires d'autrefois, comme la faim et le froid, avaient été remplacées par une terreur plus abstraite – celle d'être incapable d'aimer et indigne de l'être.

Ses années à Smlinsk ne lui avaient laissé aucun regret, mais il ne pouvait s'empêcher de repenser avec nostalgie à cette époque empreinte d'une simplicité réconfortante : jour après jour, il se levait, allait travailler et, fatigué, rentrait chez lui se coucher. Il se laissait porter par ce rythme infiniment monotone qui était le lot commun de tous ces gens affamés, piégés, qui rêvaient de s'en aller, de connaître un avenir différent. Et presque tous ne gagnaient ni ne gagneraient jamais que de quoi s'acheter une bouteille de vodka le samedi pour oublier cette routine le temps d'une soirée.

Vlad sentit que l'une des filles se réveillait. Elle

ouvrit un de ses grands yeux bleus et lui sourit gentiment, se demandant sans doute si elle allait devoir encore coucher avec lui.

— Je vais juste me rafraîchir, dit-elle.

Elle se leva avec souplesse et se dirigea vers la salle de bains. Vlad éprouva une nouvelle pointe de désir en la regardant. Qu'importe si tout ceci relevait d'une transaction mercenaire dénuée d'amour et de tendresse. Qu'importe si c'était ainsi qu'elle pourrait s'acheter la vie dont elle rêvait. Qu'importe si elle simulait le plaisir et qu'il lui en donnait peu. Tout dans la vie ne se résumait-il pas à une forme ou une autre de transaction ? Il chassa son sentiment de vulnérabilité. Les relations humaines reposaient invariablement sur un contrat quelconque, une sorte d'échange. L'amour n'était qu'une marchandise indexée, aussi fluctuante et négociable que n'importe quelle denrée sur le marché.

La fille le rejoignit peu après.

— Tu veux t'amuser ?

— Non, parler.

— Ça, j'adore, dit-elle en se glissant sous les draps à côté de lui. De quoi veux-tu discuter ?

— Comment toi t'appeler ?

— Trish.

— Moi, Vlad.

— Ravie de te rencontrer, Vlad. Nous n'avons pas vraiment eu l'occasion de nous présenter tout à l'heure.

— Toi te sentir seule parfois ?

— Moi ? Pas vraiment. Je vis avec ma mère et

mes deux sœurs, un corgi, un braque de Weimar et un caniche, alors je n'ai jamais vraiment l'occasion de me sentir seule.

— Où ?

— À Epping. D'où viens-tu, toi ?

— Smlinsk. Sibérie.

— Ça sonne froid, comme nom, dit-elle avec un frisson exagéré en se blottissant contre lui. Parle-moi de ta ville natale.

— Petite ville, grosse mine. Mine presque vide aujourd'hui. Plus travail.

— Ça ressemble à Epping, on dirait. Le supermarché a fermé la semaine dernière. Tu as une petite amie là-bas ?

— Non. Personne, mentit-il.

Il n'avait jamais eu qu'une petite amie, Svetlana. Elle devait avoir près de trente ans à présent.

— Si, il y a quelqu'un, hein ? Je suis voyante, je devine ce que pensent les gens. Allez, raconte.

— Toi... quel âge ?

— Vingt-deux ans. Presque. Ma mère s'est mariée à dix-neuf ans. Qu'est-ce que tu faisais, toi, à mon âge ?

Il hésita à lui confier qu'à vingt-deux ans, il avait déjà passé sept ans au fond d'une mine et commis son premier meurtre.

— Toi capable tuer ?

Trish médita la question un instant.

— Je tuerais pour un imper Burberry ou un sac à main Mulberry en crocodile rose.

Vlad repensa à sa décision, prise en un éclair, de tuer son frère en le poussant dans le puits de la mine. Leonard avait décroché le meilleur job en premier, avant de lui voler Svetlana au cours de la même semaine. Pendant trois ans, Vlad l'avait regardé rapporter un meilleur salaire que lui à la maison et se vanter de sa position supérieure et de sa jolie copine. Il revoyait parfois dans un flashback l'expression étonnée et horrifiée de Leonard lorsqu'il était tombé en arrière et qu'il avait soudain compris ce qui l'attendait. Tout comme il entendait encore le bruit sourd de son corps heurtant les parois du puits et le choc final, dix-huit mètres plus bas. Il n'avait jamais regretté son geste. Son frère le méritait.

— J'adorerais aussi avoir une paire de Kurt Geiger, continua Trish, mais pas au point de commettre un meurtre. Tu ne m'écoutes même pas, ajouta-t-elle en le poussant doucement. Tu serais prêt à tuer pour quoi, toi ?

— Moi prêt à tuer pour chose importante.

— Tu le ferais vraiment ? demanda-t-elle nerveusement.

Vlad ne répondit pas. Après avoir éliminé Leonard et constaté qu'un tel geste était si facile et si utile, il avait recommencé, mais en confiant peu à peu à d'autres les basses besognes à mesure qu'il s'enrichissait – ce qui lui avait permis de réduire les risques de se faire prendre.

Il embrassa du regard sa suite et ses fauteuils beiges étiolés et impersonnels. Barty, cet étrange personnage, ne lui avait-il pas promis une vie pleine de couleurs, de centres d'intérêt et de plaisirs ? Il décida soudain de le garder à son service. Qu'avait-il à perdre, à part un peu d'argent ?

— Tu es un tendre, en fait, dit Trish en faisant courir ses doigts sur son torse et son ventre. Attends, je sais ce qui te rendra heureux.

Et elle se mit à genoux pour lui titiller les tétons du bout de la langue.

À trois kilomètres de là, Annie longeait Hyde Park. Des petits crocus et des perce-neige pointaient dans les herbes autour des arbres, baignés par la lueur des réverbères. Dans le Devon, il lui aurait fallu patienter encore quelques semaines avant de voir la moindre fleur. Londres était toujours en avance dans tous les domaines.

À Marble Arch, elle prit un bus de nuit. Par chance, elle n'y trouva pas de fêtards surexcités, rien que des voyageurs fatigués, tous plongés dans leurs pensées. Depuis l'impériale, elle baissa les yeux sur l'obscurité vide du parc et compta indolemment les réverbères qui défilaient au bord de la route en se demandant si elle se ferait toujours l'effet d'une étrangère à Londres – comme partout ailleurs, du reste. Peut-être devrait-elle rentrer dans le Devon. Après tout, c'était là-bas qu'elle se sentait chez elle. Personne ne l'avait forcée à s'exiler. Mais elle savait aussi qu'elle ne supporterait pas de revoir Desmond. Suite à leur rupture, elle avait pris un billet d'avion pour l'Inde, certaine que lui-même n'irait jamais si loin. Ce pays était de son point de vue celui de toutes les maladies, et il préférait s'en tenir à la Toscane ou à la péninsule écossaise du Kintyre. Elle avait un jour admiré ses convictions, son refus de se laisser séduire par de nouvelles idées ou des terres lointaines, mais en arpentant les ruelles sinueuses de New Delhi, elle avait compris que sa vision du monde était limitée par la peur. Il ne supportait pas de quitter ce qui lui était familier. En Europe, il gardait quelques repères linguistiques et culturels. Ailleurs, il était perdu. Et elle voyait bien désormais que cela expliquait aussi son besoin d'une vie ordonnée et routinière.

Elle se rappela en comparaison ce matin où elle était restée allongée dans sa petite chambre blanche d'une maison d'hôtes de New Delhi. Il était plus de 9 heures, et au lieu de se lever, prendre son petit déjeuner, lire les gros titres de la presse, aller courir, puis allumer l'ordinateur afin d'entamer sa journée de travail comme elle l'aurait fait en temps normal, elle s'était autorisé avec délice un moment de paresse, laissant les bruits de la ville se déverser sur elle. Des garçons bavardaient en jouant au cricket dans la rue. Un vendeur de thé interpellait les passants. D'étranges chants d'oiseaux s'élevaient par-dessus les klaxons des voitures et les sonnettes des vélos. Un balai allait et venait en rythme devant sa chambre. L'esprit vide, curieusement apaisée, elle n'avait pas bougé. Cet abandon lui avait paru presque répréhensible, mais elle avait soudain pris conscience qu'il existait peut-être d'autres façons de vivre que celle qu'elle avait toujours connue.

Durant quatre mois, elle avait sillonné l'Inde en

choisissant ses destinations, ses visites, ses repas et ses hébergements au gré de ses envies. Ce mouvement permanent l'aidait à apprivoiser sa douleur et à tempérer ses émotions. À cet égard, ses longs trajets en bus ou en train s'étaient révélés particulièrement soporifiques et reposants. Le ronronnement du moteur, le paysage qui défilait derrière les vitres, les conversations surprises çà et là, l'animation qui l'entouraient favorisaient en elle une sorte de méditation. Des pensées autrefois douloureuses la traversaient sans plus l'obnubiler. Plus tard, des gens lui avaient demandé ce qu'elle avait vu et où elle était allée, mais les détails demeuraient flous dans sa tête. Certes, elle se rappelait bien le Taj Mahal, Fatehpur Sikri, les temples de Hampi, le Gange à Varanasi, le Fort-Rouge de Delhi, le bord de mer à Mahabalipuram, mais elle était incapable de les décrire avec assurance. Pour elle, ce séjour en Inde avait davantage été une échappée mentale, un voyage hors d'elle-même, que l'exploration d'une autre culture.

Tandis que le bus poursuivait sa route vers Holland Park en lui dévoilant derrière les fenêtres allumées des immeubles un couple qui lisait au lit, un homme qui se changeait, et plus loin encore une jeune fille au téléphone, Annie revit aussi le moment où elle avait appris la nouvelle. Elle venait de s'inscrire à une randonnée dans l'État d'Assam lorsqu'elle avait consulté sa messagerie dans un cybercafé. Un premier mail lui annonçait que la maison qu'elle partageait avec Desmond était vendue. Conformément à ses instructions, l'agence avait accepté la première offre digne de ce nom. Ce n'était peut-être pas la meilleure possible, mais elle restait correcte. La moitié de la somme avait été virée sur son compte en banque et son contact ne demandait pas mieux que de lui trouver un nouveau logement. D'ailleurs, il avait une « exquise » maisonnette à lui proposer dans le village voisin d'Aston St Peters, ou un trois-pièces dans une banlieue tout à fait « charmante » de Bristol. Elle avait cliqué sur leur fiche détaillée, mais n'avait réussi à se projeter dans aucun des deux. Le problème était qu'elle n'arrivait à se projeter nulle part, hormis dans son cottage rose avec Desmond.

Elle avait balayé le café du regard. Ce n'était guère qu'une arrière-salle équipée de deux ordinateurs obsolètes. À côté d'elle, une jeune fille qui prenait sans doute une année sabbatique avant d'entamer ses études parlait à son père via Skype et essayait de le persuader de la renflouer encore un peu. Aux murs, des petites annonces proposaient des excursions jusqu'à un fleuve ou un monastère voisins. Elle s'était demandé combien de temps durerait sa nouvelle réserve de fonds et si elle n'avait pas intérêt à chercher du travail en Inde. Un tel projet n'était pourtant pas réaliste, elle le savait. Elle ne pouvait pas laisser indéfiniment sa vie en suspens.

Un nouveau message était alors apparu, envoyé par Desmond. Elle avait retenu son souffle et s'était accordé quelques instants pour imaginer ce qu'il avait à lui dire. Qu'il avait commis une terrible erreur, qu'elle lui manquait, qu'il l'aimait et qu'il voulait qu'elle rentre ? Que Liz avait été renversée par un bus et qu'il avait désespérément besoin d'elle ? Qu'il regrettait son comportement ?

Salut, Annie,

J'espère que tu es satisfaite de la vente de la maison. J'ai une merveilleuse nouvelle à t'apprendre. Il y a une semaine, je suis devenu papa d'un petit garçon, Magnus Rory Andrew. Il pèse 4,5 kg et a beaucoup de cheveux blonds semblables aux miens. Le bébé et la mère se portent à merveille. Cela a été un choc au début, mais je l'ai surmonté et je suis très fier. J'espère que tu arriveras à te réjouir pour moi.

Desmond

Se réjouir pour lui ? Assaillie par un torrent de larmes, elle avait émergé du café dans l'air humide des montagnes et commencé à longer la petite rue principale du village, bordée de magasins de souvenirs et de pensions. Elle avait continué à marcher ainsi jusque dans la forêt. Plus tôt dans la journée, elle avait admiré la beauté romantique des énormes rhododendrons chargés de fleurs rouges, des magnolias et des daphnés poussant le long des sentiers. À présent, le vent bruissait dans les feuilles et les branches, produisant un son inquiétant, et les oiseaux de nuit et les grenouilles faisaient entendre un chant criard, presque moqueur. Réjouis-toi pour moi.

Persuadée d'être seule, elle était tombée à genoux en pleurant. Réjouis-toi pour moi. Desmond la connaissait-il seulement ? L'avait-il jamais comprise ? Quel genre de personne était-il ? Peut-être leur vie commune n'avait-elle été qu'une farce. Peut-être avaient-ils vécu dans des univers parallèles totalement distincts, sans qu'aucun des deux n'ait conscience des rêves et des peurs de l'autre. Une conversation particulière lui était revenue en mémoire. Elle lui avait expliqué qu'elle voulait des enfants, ses enfants à lui, et il avait répondu que ce serait pour sa part un motif de rupture. Il refusait de donner la vie dans ce monde pourri. Il la quitterait plutôt que de s'y résoudre. Anéantie, Annie s'était réfugiée chez son amie Megan. Une vie sans enfants ? Était-ce vraiment possible ? Était-il en droit d'exiger d'elle un tel sacrifice ? Megan estimait que non et lui avait conseillé de partir et de vite se remettre en couple. Annie avait presque trente ans. Le temps n'attendait pas les femmes. À plusieurs reprises au cours de l'année suivante, elle avait envisagé de quitter Desmond. Elle était même allée jusqu'à faire ses valises et à lui écrire un mot pour expliquer son geste. Mais l'amour l'avait toujours retenue. Elle avait fait taire son horloge biologique en se jetant à corps perdu dans le travail, l'exercice physique et tout ce qu'elle trouvait d'autre et s'était répété que Desmond était son ami, son partenaire en affaires, son passé et son avenir.

Pendant qu'elle revivait ces instants assise sur le sol de la forêt, le soleil avait disparu derrière une montagne et la nuit était brusquement tombée. Dans l'obscurité environnante, elle s'était rendu compte qu'elle était perdue. Les arbres se ressemblaient tous et même si elle ne devait pas être à plus de vingt minutes de marche du village, elle hésitait entre rester où elle était et essayer de retrouver son chemin. On l'avait mise en garde contre la chute des températures pendant la nuit et la présence de tigres et d'autres animaux sauvages.

Des brindilles avaient craqué derrière elle. Un félin ? Un serpent ? En se retournant, elle avait découvert une vieille femme toute ratatinée vêtue d'une longue tunique et munie d'un bâton de marche et d'une lampe torche. Son visage était aussi ridé qu'une noix, mais ses yeux brillaient comme des pièces de cuivre tout juste frappées. Elle s'était avancée vers elle et, devant ses joues striées de larmes, elle avait levé deux doigts qu'elle avait doucement appuyés au coin de ses yeux. Cette petite marque de compassion offerte par-delà les cultures, les religions et l'âge avait profondément ému Annie. À ce moment-là, elle avait été saisie d'une profonde certitude : elle voulait vivre et prendre un nouveau départ. La vieille dame lui avait tendu la main, et toutes deux étaient rentrées au village.

Le lendemain, Annie avait acheté son billet de retour pour l'Angleterre. Il était temps qu'elle renoue le fil de sa vie. Elle avait une destination et un début de projet. Mais surtout, elle avait de l'espoir. Durant ses seize heures de trajet en bus jusqu'à Delhi, elle avait réfléchi à l'endroit où elle s'installerait et à ce qu'elle y ferait. Plus jeune, elle avait rêvé de posséder un endroit à elle, que personne ne pourrait lui prendre. Son ambition était alors d'emménager à Londres, où, s'imaginait-elle, elle ne manquerait pas de se créer un réseau d'amis et d'enchaîner les soirées festives. Elle avait remboursé l'emprunt de sa maison dans le Devon et, même si elle n'avait pas un apport suffisant pour acheter ne serait-ce qu'un placard à balais dans la capitale, au moins l'argent qui lui restait lui laisserait-il un peu de répit, et aussi de quoi payer une caution et repartir de zéro. À Delhi, elle s'était inscrite en ligne auprès de onze agences proposant toutes sortes d'emplois dans la restauration, puis elle avait épluché les annonces classées du Net. Avant même de prendre l'avion, elle avait décroché un poste de cuisinière auprès de Carlo Spinetti. Le salaire était dérisoire, mais c'était un début.

Le bus passa devant les grandes demeures silencieuses aux abords de Holland Park, puis parvint à Shepherd's Bush. Il y avait peu de voitures dans le quartier, et les lugubres réverbères orange jetaient une lumière faiblarde sur le trottoir. Un jeune homme poussa son genou entre les jambes d'une fille, qui les lui enroula autour de la taille tout en s'accrochant à son cou. Il traversa la route en la portant ainsi, les yeux rivés sur son sourire. Une voiture pila juste devant eux. Le conducteur les klaxonna avec fureur, mais la fille se contenta de faire le V de la victoire.

Annie descendit du bus à l'angle de sa rue et marcha jusqu'à son immeuble. En entrant dans son appartement, elle découvrit Evie endormie sur le canapé, une bouteille de vin vide à ses pieds et la protégea d'une couverture. Le lendemain était un vendredi, et ce week-end vide se profilait comme un nuage noir à l'horizon. Pire, elle devrait s'occuper de sa mère.

Elle se tournait vers l'horloge murale de la cuisine lorsqu'elle aperçut la carte postale de la Wallace Collection appuyée contre une coupe de fruits. Au-dessus du numéro de téléphone griffonné par Jesse, Evie avait écrit ces quelques mots en grosses lettres rouges : « T'es pas chiche de l'appeler. »

9

Assise sur la promenade bétonnée qui longe la Tamise, les jambes ballant dans le vide, Annie contemplait l'eau brunâtre et sale qui lapait les rives boueuses du fleuve. La marée descendante avait laissé des débris dans son sillage : une vieille basket, une poêle sans manche et des cailloux entourés d'algues vertes. Un poisson mort passa devant elle, tout gonflé et dépouillé de sa queue. En quelques secondes, une mouette s'avança en sautillant sur la berge et l'attrapa dans son bec jaune, ses petits yeux ronds guettant à droite et à gauche la présence d'autres prédateurs. Les pensées d'Annie la ramenèrent vers le Devon, sa nature chantante et le murmure d'une rivière aux eaux transparentes au fond de son jardin. Les martins-pêcheurs nichaient-ils encore sur la rive ? Les loutres avaient-elles eu une nouvelle portée ? Elle se rappela aussi les poneys sauvages qui traversaient le petit cours d'eau, ainsi qu'un héron, tueur gris et fantomatique, qui attendait toujours patiemment d'embrocher un saumon.

Evie et elle s'étaient de nouveau disputées ce matin-là : il avait suffi qu'elles fassent le lit ensemble pour que la situation dégénère et donne lieu à une pluie de reproches, dont certains avaient rouvert de vieilles blessures. Annie se demanda si sa mère tiendrait sa promesse de partir avant la fin de la journée. Puis elle rit d'elle-même. Combien de fois avait-elle entendu ça au fil des ans ? Trop pour les compter. Les menaces de suicide, les serments brisés et les mensonges étaient comme autant de cicatrices dans leur relation. Si seulement elle avait eu le courage de changer sa serrure et son numéro de portable, puis de bannir sa mère de sa vie.

Elle avait appelé Jesse sur un coup de tête. Elle n'avait rien à faire de son samedi, lui non plus apparemment, et il s'était dit ravi d'avoir de ses nouvelles. Le tableau se trouvait à côté d'elle dans un sac en plastique – elle l'avait emporté en guise d'alibi, afin d'avoir un sujet de conversation.

Alors qu'un pâle soleil hivernal apparaissait soudain entre les nuages en faisant briller les rives boueuses du fleuve, un homme s'approcha d'elle. La petite trentaine, les yeux bleus et le visage un peu allongé, il affichait un grand sourire contagieux. Annie mit un moment à le reconnaître dans son costume en lin froissé, ses baskets et son T-shirt rouge délavé affichant « Van Morrison ».

— Bonjour !

Il voulut lui serrer la main, mais, voyant que la sienne était maculée de peinture, il se ravisa et l'essuya sur son pantalon, qu'il barbouilla de jaune et de vert.

— Votre costume, lui fit-elle remarquer nerveusement.

Jesse baissa les yeux et sourit.

— Mince ! Tant pis, un peu d'essence de térébenthine en viendra à bout. Je suis content que vous ayez pris le tableau, en tout cas. Ça vous dit d'aller boire un verre dans le quartier ?

Annie commença à descendre de son parapet. Lorsque Jesse voulut l'aider, elle hésita, puis s'appuya sur son bras.

— Merci. Vous êtes peintre ?

— Peintre la nuit, guide le jour. J'ai une exposition prévue l'année prochaine et on m'a demandé quatorze toiles. Il m'en manque encore dix. Pour des raisons que personne ne saisit vraiment, y compris moi, je n'arrive à peindre que des versions différentes d'un même champ dans le Shropshire.

— Un champ ?

— Je suppose que j'essaie de recréer mon enfance sur la toile. Le champ est une sorte de métaphore visuelle de la mémoire. Ce n'est pas si inhabituel : Delacroix était obsédé par un paysage particulier, tout comme Constable, Bonnard et Cézanne. Non que je veuille me comparer à eux, bien sûr.

Annie avait entendu parler de Constable et Cézanne, mais pas des deux autres.

— L'un de mes frères a vu mon champ – j'ai six frères, au fait, et c'est moi le plus jeune. Il trouve que ça ne ressemble pas à l'endroit où on a grandi. On n'en a pas du tout la même vision. La mémoire est vraiment bizarre, hein ? Bon, mais je parle trop. On est presque arrivés.

Annie sourit, séduite par sa voix douce et mélodieuse.

— J'ai travaillé là comme saisonnier, un jour, reprit-il en montrant un grand immeuble près du Tower Bridge. J'étais concierge au Butler's Wharf[1]. Il était vide à l'époque. Les dockers l'avaient quitté depuis longtemps et il n'y avait plus de livraisons de céréales, de farine, d'or, d'épices, de laine et de bois venus des quatre coins du monde. Plus de péniches, non plus. Au XIXe siècle, les bateaux étaient si nombreux ici qu'on pouvait traverser le fleuve sans se mouiller les pieds. Et regardez-le maintenant : on dirait une bretelle d'accès autoroutière pour bateaux de plaisance.

Tout en parlant, Jesse balançait d'avant en arrière le sac en plastique contenant le tableau et coulait de temps à autre un regard vers Annie. Elle avait l'air différente aujourd'hui avec ses cheveux détachés dans lesquels le soleil accrochait parfois des reflets roux et dorés. Elle portait un T-shirt rentré dans un pantalon treillis en soie, une paire de bottes de cow-boy usées, mais cirées, et une couverture colorée autour de ses épaules en lieu et place d'un manteau. À la vue du collier de perles à son cou, il se demanda si elle l'avait acheté lors d'aventures exotiques, et avec qui.

Une vieille Citroën passa près d'eux en pétaradant.

---

1. Butler's Wharf : grand bâtiment au bord de la Tamise qui servait d'entrepôt à la fin du XIXe siècle aux denrées importées du monde entier. Il a été transformé depuis en un luxueux complexe immobilier et commercial.

L'espace d'un instant, Annie crut que c'était la DS de Desmond, une voiture qu'il appelait Monty et qui datait d'avant leur relation. Ce souvenir en entraîna un autre, et elle se remémora soudain son vingt et unième anniversaire. Desmond avait emprunté l'appartement d'un ami à Rome, un grand deux-pièces dans un vieux palais dominant la Piazza di Spagna. Le mobilier s'y résumait à un lit et un grand piano, mais les murs et les plafonds étaient recouverts de fresques : des jeunes filles portant des cruches d'eau, des hommes jouant de la lyre, des faunes sautillants. Ils avaient loué un scooter et longé la Via Appia jusqu'à un restaurant éclairé par des néons où, comme l'avait déclaré Desmond devant leurs assiettes de spaghettis fumantes, les pâtes étaient divines. C'était son souvenir le plus romantique. S'il vous plaît, pria-t-elle en silence, faites qu'il emmène Liz n'importe où sauf à Rome.

— Tous les quais étaient nommés en fonction des denrées qui y étaient déchargées, expliqua Jesse. Saviez-vous que Tamise signifie « le fleuve noir » ? Ça vient d'un mot préceltique, *tamasa*. Et l'homme qui a construit la plupart de ces bâtiments a également dessiné les plans de la prison de Dartmoor.

Il pérorait, il en avait bien conscience, mais c'était plus fort que lui, et il espérait qu'à force de lancer des sujets de conversation, Annie finirait par s'arracher à sa rêverie pour rebondir sur l'un d'entre eux.

— Quand je travaillais ici, j'étais obsédé par Turner. Il a passé sa jeunesse à dessiner des bateaux et des péniches, et il est mort à Cheyne Walk en contemplant le fleuve. Ah, si je pouvais peindre aussi bien que lui…

Feignant de tenir un pinceau dans sa main gauche, il fit de grands gestes en l'air comme s'il avait eu une toile géante devant lui.

Mais Annie l'écoutait à peine. Des images s'imposaient à elle, semblables à des instantanés cauchemardesques tirés d'un film en noir et blanc : Desmond qui embrassait Liz, qui effleurait le creux de son coude de ses lèvres douces et pleines, qui explorait ses seins du bout de sa langue… Elle tenta de chasser ces visions, mais son cerveau ne lui obéissait plus. Se remettrait-elle un jour de l'avoir tant aimé ?

Ils s'arrêtèrent au milieu du pont. Sur le fleuve, un petit remorqueur avançait lentement et résolument à contre-courant en direction de Westminster. Une grosse péniche rouillée arrivait en sens inverse, couverte d'un amas de bicyclettes tordues et de caddies, le tout surmonté d'une moto d'un rouge splendide. Debout sous un petit taud en plastique, le capitaine se donnait des tapes sur le torse pour se réchauffer.

— Mon boulot au Butler's Wharf était on ne peut plus ennuyeux. J'étais assis dans un grand bureau blanc avec des fenêtres sur trois côtés, et je n'avais rien d'autre à faire que regarder la marée monter et descendre, monter et descendre. Un mouvement incessant et magistral. Le clou du spectacle survenait à marée basse, quand je découvrais ce que le fleuve avait déposé sur ses berges en se retirant : une roue de secours, une vieille bouteille. Vous savez que les taux de suicide les plus bas sont observés parmi les populations qui vivent près de l'eau ? Alors que les taux les plus élevés affectent les gens qui vivent près des voies de chemin de fer.

Oh, boucle-la, se dit-il. Il n'en revenait pas de lui sortir de telles inepties – tout comme il n'en revenait pas de voir l'effet que cette fille produisait sur lui et, par ailleurs, le peu d'effet qu'il avait sur elle. Était-ce de l'amour ? Cela faisait un quart d'heure qu'elle n'avait pas décroché un mot, et plus son silence se prolongeait, plus il se sentait ridicule. Il lui jeta un coup d'œil et remarqua qu'elle avait la tête ailleurs. Le mélange de désintérêt et de tristesse palpable qui émanait d'elle lui fit l'effet d'un coup de poing, et il eut brusquement envie de la serrer contre lui pour la réconforter.

Mai il se contenta de lui saisir le bras et de traverser la chaussée avec elle.

— Ça va ? s'inquiéta-t-il. Vous êtes toute pâle. Si on allait manger quelque chose ? Tenez, mettez mon écharpe.

Il la lui enroula doucement autour du cou et, sans réfléchir, souleva ses cheveux et les fit retomber par-dessus en effleurant sa nuque au passage. Elle frissonna légèrement – de plaisir, espéra-t-il.

Au bout de la rue se trouvait un petit snack-bar, le Clemmy's, à la devanture peinte en vert et rouge. Les vitres étaient enfumées, et lorsqu'il poussa la porte, une odeur de bacon et de friture les assaillit. Des groupes d'hommes prenaient leur petit déjeuner et lisaient des tabloïds autour de tables en formica recouvertes de nappes en plastique. Annie se demanda ce qu'ils faisaient là un samedi matin, loin de leur famille.

— Vous avez déjeuné ? l'interrogea Jesse.

Il lui recula une chaise et alla chercher des tasses et deux assiettes mal nettoyées au comptoir. Elle en profita pour examiner les lieux. Elle se sentait déroutée, comme à mille lieues de chez elle. Les hommes la fixaient avec un intérêt flagrant, elle, la seule femme parmi eux, mais elle soutint leur regard jusqu'à ce qu'ils baissent le nez sur leurs journaux. Jesse commanda pendant ce temps leur petit déjeuner - non sans peine, semblait-il. En reculant afin de consulter de nouveau la carte des plats sur un tableau, il heurta un grand gaillard à la mine peu avenante. L'homme roula des épaules d'un air énervé. Problèmes à l'horizon, pensa Annie. Mais Jesse se tapota la tête du plat de la main et leva les yeux au ciel, si bien que l'autre ne put s'empêcher de sourire.

Il revint avec deux tasses de thé.

— La dame va nous apporter le reste. Elle ne me croit pas capable de m'en sortir avec les assiettes.

Quelques instants plus tard, la serveuse apparut avec deux petits déjeuners complets.

— N'hésitez pas si vous voulez que je vous resserve des frites, dit-elle avec un clin d'œil à l'intention de Jesse.

— Je serais en droit de me vexer de la voir flirter comme ça avec vous, commenta Annie en ouvrant une petite plaquette de beurre. Après tout, on pourrait très bien être en couple, vous et moi.

J'en ai très envie, songea Jesse. Pas vous ? Ai-je

une chance ? Pourquoi paraissez-vous si triste ? Que s'est-il passé ? Il la regarda attaquer son plat, le dos voûté, la mine concentrée. Tenant bien droit ses couverts, elle prit des œufs avec un bout de saucisse, sauça le jus dans son assiette avec ses frites et alterna le rouge, le jaune et le beige sur sa fourchette en piquant des morceaux de tomate, d'œuf et de champignon qu'elle enfourna adroitement dans sa bouche. Elle eut fini bien avant lui.

— Je mourais de faim, avoua-t-elle en rougissant. Je n'ai pas dîné hier soir, et ça ne me ressemble pas du tout. J'adore manger.

Puis elle s'adossa à sa chaise et décocha à Jesse son premier sourire de la journée.

— La même chose ? plaisanta-t-il.

— Vous ne mangez pas vos frites ?

Il fit signe que non, et elle se pencha pour lui en prendre quatre d'un coup.

— J'ai habité à Oxford quelques années, dit-elle. J'avais à peu près dix ans. Ma mère avait un petit ami qui s'appelait Peter et qui était professeur d'université.

Rapprochant d'elle l'assiette de Jesse, elle continua à picorer ses frites.

— Parce qu'il était marié, on privilégiait ce genre de petits cafés dans les quartiers de la ville où sa femme ne risquait pas d'aller. Son truc à elle, c'était plutôt les restaurants très chics. Des plats comme celui-là me font toujours penser à Peter. La nourriture a cet effet-là, au moins autant que les parfums, vous ne trouvez pas ?

Jesse acquiesça. Dieu merci, elle parlait enfin – il

commençait à craindre que l'ennui ne l'ait rendue muette. Une petite goutte de jaune d'œuf s'était logée à la commissure de ses lèvres, et il dut se retenir de l'ôter avec son doigt.

— On avait un rituel : tous les dimanches matin, on prenait un petit déjeuner complet ensemble et on allait voir un film, enchaîna-t-elle en s'essuyant la bouche du revers de la main. Il y avait un cinéma d'art et d'essai dans Walton Street.

— Que faisait sa femme ce jour-là ?

— Il ne le précisait pas. L'une des règles à respecter quand vous couchez avec un homme marié, c'est de ne pas poser de telles questions.

— Pourquoi votre mère vous emmenait-elle ?

— Je détestais rester seule et on déménageait si souvent que je ne me suis jamais fait d'amis.

— Et au ciné, vous vous installiez tous les trois ensemble, aussi ?

— Non. Quand les lumières s'éteignaient, maman se glissait sur le siège vide à côté de lui, dans la rangée derrière la mienne. C'est drôle. Aujourd'hui, quand je revois ces films, tous ces Fellini et ces Bergman, je regrette leurs petits cris, leurs rires étouffés et leurs baisers essoufflés.

À ces mots, Jesse fut pris d'une envie de protéger la petite fille qu'elle avait été.

— Était-ce vraiment votre place ?

— J'ai vu quelques très bons films.

— Qu'est devenu Peter ?

À vrai dire, il s'en moquait, mais il voulait continuer à la faire parler. Il adorait sa voix grave et légèrement rauque.

— Il est parti, répondit-elle d'un ton neutre. Comme tous les autres.

Était-ce de l'amertume ou de la résignation qu'il percevait en elle ? Ce qui était sûr, c'est qu'elle ne s'apitoyait absolument pas sur son sort.

— Je l'aimais bien, lui, continua-t-elle. Il était intelligent et drôle.

— Vous êtes mariée ?

— Non, dit-elle, surprise par son culot. Et vous ?

— Qui pourrait bien vouloir m'épouser ? Je n'ai pas d'argent, et encore moins de perspectives d'avenir, avoua-t-il, avant de se lever en ramassant le sac en plastique. Venez, on va aller prendre un autre café ailleurs.

— Ce snack ne vous convient pas ?

— Je vous expliquerai quand on sera sur place.

Il lui tendit la main, mais elle la refusa cette fois.

Ils sortirent et parcoururent quelques centaines de mètres en silence, jusqu'à ce que Jesse bifurque dans une petite rue et s'arrête devant un restaurant dont le nom, Le Breakfast, s'affichait en lettres roses clignotantes sur une devanture argentée. À l'intérieur, des néons accrochés au plafond métallique éclairaient des tables et un sol en formica d'une blancheur immaculée. L'endroit, qui empestait la vieille viande desséchée, était le plus glauque dans lequel Annie eût jamais mis les pieds. Ce rendez-vous était une erreur, conclut-elle, dépitée, en se glissant dans une alcôve en plastique rouge.

— On n'est pas là pour l'ambiance, dit Jesse

comme s'il avait lu dans ses pensées. Le meilleur endroit où examiner un tableau sale est un siège près d'un hublot dans un avion. En haute altitude, les rayons du soleil sont si puissants qu'ils traversent la crasse accumulée au fil du temps. À Londres, et par un samedi tout gris, cet endroit en vaut bien un autre.

Il plongea la main dans sa poche et en extirpa une petite lampe.

— Voici l'outil secret des guides. Son intensité lumineuse excède les cinq millions de candelas. Puis-je voir le tableau ?

Annie le sortit de son sac et le posa avec précaution sur la table au moment où la serveuse s'approchait d'eux. Ils passèrent leur commande, puis Jesse se pencha sur la toile, balayant sa surface avec le rayon lumineux.

— Oui, oui, murmura-t-il.

Il tapota le siège à côté de lui.

— Venez voir. Il faut vous représenter cette peinture sans son vernis jaunâtre. La lampe est très utile pour ça. Regardez.

Sous le rai de lumière, les couleurs se mirent à chatoyer et les personnages parurent s'animer. En les étudiant de plus près, Annie détecta une sorte de tension entre l'homme et la femme, et elle sentit soudain le désir de l'un et le mépris de l'autre.

— C'est une ombre dans ce coin ou une silhouette ? demanda-t-elle en distinguant une forme blanche sous une couche épaisse de vernis.

Jesse haussa les épaules.

Elle eut soudain envie d'en savoir plus sur son

tableau. Qui était ce couple ? Que faisait-il là ? Qu'y avait-il entre eux ? Si elle pouvait démontrer qu'il ne s'agissait pas simplement d'une mauvaise copie, mais d'une œuvre réalisée avec soin et précision, elle aurait la preuve de la sûreté de son jugement. D'une certaine façon, authentifier ce tableau reviendrait à authentifier sa valeur à elle, en tant que personne.

— Il se pourrait que vous ayez mis la main sur un trésor, dit Jesse, les yeux brillants. Regardez la manière dont l'artiste a étalé sa peinture pour donner l'impression qu'une lumière subtile s'en dégage. Et celle dont il a réussi à créer le visage de ce personnage avec seulement cinq touches de couleur, tout en nous faisant parfaitement comprendre ce qu'il éprouve. Nous pouvons nous projeter à sa place. Nous pouvons presque partager son désir et son désespoir.

— Pourquoi supposer que le peintre était un homme ?

— Historiquement, ils l'étaient presque tous. Les femmes n'avaient pas accès à de telles carrières. Une ou deux ont réussi à percer, par exemple Artemisia Gentileschi, au XVIIe siècle, ou encore Rosalba Carriera, au XVIIIe, mais ce sont des exceptions.

— Et maintenant, que fait-on ? Ne peut-on pas simplement chercher dans les livres ?

Annie elle-même perçut l'excitation dans sa voix. Il fallait qu'elle se calme. Ce genre de chose n'arrivait pas à des filles comme elle.

— Il nous faut d'abord deviner qui est l'artiste et quand il a réalisé cette toile.

— Pour ça, je ne vous serai d'aucune aide. Je ne connais rien à l'art.

— Vous avez pourtant acheté ce tableau.

— Il était destiné à quelqu'un d'autre.

Jesse lui jeta un regard perçant, mais garda le silence. Qui était cette personne dont il sentait la présence écrasante entre eux ?

— Attribuer une œuvre d'art suppose de mener une véritable enquête. Parfois, on est face à une évidence et l'identité de l'artiste ne fait aucun doute. Mais le plus souvent, l'authentification nécessite un travail de fourmi. Il convient en premier lieu de dater l'œuvre plus ou moins précisément.

— Comment ?

— Les vêtements, les coiffures et les pigments sont très révélateurs, répondit Jesse en laissant quelques pièces de monnaie sur la table. On y va ? Ces néons me piquent les yeux.

— C'est un supplice pour tous les sens, reconnut Annie.

Ils s'engagèrent dans Tooley Street en prenant la direction de la station de métro la plus proche.

— Mon atelier est juste au bout de la rue, dit Jesse.

Annie le fixa d'un air dubitatif.

— Quoi, j'ai l'air d'un assassin ?

Il l'entraîna dans une allée qui longeait une voie de chemin de fer. Un train passa avec fracas sur d'anciennes arches converties en ateliers et en garages. Tout en avançant, Jesse salua les mécaniciens comme s'il s'agissait de vieux amis. Puis, au bout de la ruelle, il s'arrêta près d'une vieille double porte fermée par un cadenas géant. Un arbre croulant sous des fleurs carmin poussait à côté.

— Il est magnifique, s'extasia Annie.

— Il paraît qu'il vient du Japon. Allez comprendre comment il a atterri dans une rue du sud de Londres...

— Vous connaissez le nom de cet arbre ?

— Il se trouve que oui. C'est un *Prunus mume* « Beni-chidori », ce qui peut se traduire par « le vol des grues rouges ». C'est agréable de rencontrer quelqu'un qui aime aussi la nature.

— Elle me manque tant ici. À Londres, je n'arrive jamais à distinguer le moment où une saison se termine et où la suivante commence. Là où j'habitais avant, j'étais capable de vous dire quel jour on était rien qu'en regardant les fleurs ou les feuilles. À cette période de l'année, je guettais les primevères et les aconits.

— Ensuite les narcisses sauvages, les géraniums, les digitales, les orchidées...

— Et les jacinthes, dirent-ils en même temps, ce qui les fit rire.

C'était la première fois que Jesse voyait Annie s'esclaffer, et il adora la manière dont le bout de sa langue pointait entre ses dents blanches, ainsi que les petites pattes-d'oie qui se creusaient autour de ses yeux. Il sortit une grosse clef de sa poche, ouvrit le cadenas, puis une autre porte intérieure donnant sur une grande pièce parquetée aux murs recouverts de toiles et au sol parsemé çà et là de piles de livres. Dans un coin éloigné se trouvait un lit défait et un peu plus loin, une kitchenette rudimentaire.

— Ce n'est pas très bien rangé, s'excusa Jesse en essayant de cacher quelques assiettes sales et divers détritus.

Pendant qu'Annie s'asseyait sur un canapé Chesterfield usé d'où s'échappaient en divers endroits des touffes bouclées de crin de cheval, il se hâta d'aller chercher une lampe, deux loupes, un flacon en verre et un peu de coton. Il porta le tout avec précaution vers une grande table montée sur des tréteaux au centre de son atelier, avant de coucher doucement le tableau à plat sur un torchon devant lui.

— Vous avez une pièce de monnaie ? demanda-t-il.

Annie lui en tendit une. Tout doucement, il s'attaqua aux petits clous qui maintenaient la toile sur son cadre.

— Il faut faire très attention avec ces choses-là. Parfois, la toile reste accrochée au bois. À la Wallace Collection, ils ont réussi à abîmer un Lancret comme ça.

Il souleva lentement le cadre. Le tableau parut soudain vulnérable et bien plus petit, au point qu'Annie fut prise pour lui d'un élan de tendresse.

— Regardez, dit Jesse en le retournant. Il y a deux bordures, en fait. Le tableau original a été posé sur une toile neuve. On appelle ça le rentoilage.

— Qu'est-ce que ça signifie ?

— Au fil des ans, la toile d'origine se détériore et se détend. La solution consiste soit à peler littéralement toute la couche picturale et à la transférer sur une nouvelle toile, soit à recoller toute la toile sur une doublure. De nombreuses œuvres ont été abîmées par cette technique, mais il n'y a pas beaucoup d'alternatives : les tissus se dégradent au bout de cent ans, voire plus tôt si le peintre a été négligent dans ses préparatifs.

Annie passa un doigt sur le bord du tableau.

— Il y a trois stries, nota-t-elle. Il aurait donc été rentoilé deux fois ?

Jesse prit sa petite lampe torche et la braqua sur l'endroit qu'elle lui montrait.

— Vous avez raison. Cela voudrait dire qu'il a quelques centaines d'années.

Annie siffla avec admiration.

— Je crois que je ferais mieux de ne plus le fourrer n'importe comment dans mon sac à dos.

Jessa s'intéressa ensuite au dos de la peinture.

— Vous voyez ce cachet ? Les propriétaires laissent souvent une marque indélébile plus visible que la signature de l'artiste. L'instinct de possession. Il y a des œuvres à la National Gallery et à la Wallace qui portent le blason du duc de Milan et de Charles Ier.

— Une façon de dire : « J'étais là » ?

Jesse opina et alla remplir un bol d'eau chaude qu'il rapporta prudemment vers la table. Il mouilla ensuite une petite éponge qu'il passa sur le tableau.

— C'est vraiment une bonne idée ? s'inquiéta Annie.

— Ça permet souvent d'ôter la première couche

de crasse, les traces de fumée ou de saleté déposées au quotidien. Comme quand on se lave les mains.

L'éponge jaune prit bientôt une teinte marron.

— Ça baigne dans l'huile, plaisanta-t-elle.

— On découvre parfois des personnages et des arbres entiers par ce biais, mais le tableau est si sale qu'on ne voit pas vraiment de différence. Je vais devoir employer la manière forte.

Il déboucha son flacon en verre, qui laissa échapper une odeur à la fois douce et âcre de white spirit.

— Vous avez déjà fait ça ?

— Sur mes propres toiles, oui. Je m'en sers pour effacer la peinture à l'huile.

— L'effacer ? Arrêtez tout de suite ! Vous risquez de faire un trou.

— Dans ce cas, vous n'avez plus qu'à rapporter le tableau chez vous, le poser sur le manteau de votre cheminée et l'admirer tel quel.

Annie crut d'abord à un sarcasme, avant de se rendre compte qu'il la regardait avec une infinie gentillesse.

— Je me sens curieusement le devoir de le protéger, avoua-t-elle. C'est ridicule. Ce n'est que de la toile, de l'huile et du bois.

— Les belles œuvres d'art nous touchent toujours, c'est leur raison d'être, répondit-il en souriant. Résumons : vous avez un tableau qui mesure environ quarante-cinq centimètres sur soixante. La composition est charmante - une clairière dans un parc, une danseuse, un homme à ses pieds. Au-dessus d'eux, des arbres, que le soleil éclaire depuis le coin supérieur gauche, mais la toile est si sale qu'on a du mal à distinguer le visage des personnages et la trace du pinceau. Comment, dans ces conditions, identifier le peintre, ou même son époque ?

— On sait déjà qu'il a vécu il y a quelques centaines d'années.

— Mais ce serait sympa d'avoir une estimation plus précise, non ? Le style paraît très français, en tout cas. Vous l'avez constaté vous-même au musée en le comparant à d'autres œuvres.

— Qu'est-ce que cela prouve ?

— Tous les artistes ont une patte unique qui les distingue. Un cheval peint par Rembrandt, par exemple, n'a rien à voir avec un autre peint par Van Dyck. Les arbres de votre tableau et la composition d'ensemble évoquent beaucoup le style dit des *fêtes galantes**. Le problème est malheureusement que tous les grands maîtres sont copiés, alors comment distinguer un faux d'un original ?

Annie n'en avait pas la moindre idée.

— Je me suis récemment plongé dans un livre de l'historienne Delores Ryan, *Watteau et les Femmes*, poursuivit Jesse.

— Quelle coïncidence ! J'ai cuisiné pour elle hier soir.

— Ce n'est pas le genre de personnage qu'on oublie facilement, même si elle, de son côté, ne se souviendra jamais d'un simple guide comme moi. Sa méthode consiste à identifier les modèles des peintres, parce qu'ils reviennent souvent d'un tableau à l'autre. Son école d'attribution repose donc sur une sorte de jeu d'associations.

— Un jeu qui tient du commérage haut de gamme, non ?

— Beaucoup de gens ont fait carrière en fouillant dans la vie privée des artistes. Et puisque les modèles de ces derniers ne variaient guère, Delores a écrit des livres et organisé des expositions autour d'eux. Elle a constitué une énorme base de données sur le sujet. Montrez-lui un portrait de groupe signé David et elle vous dira le nom de toutes les personnes qui y figurent. Elle est capable de faire des recoupements entre des œuvres et des peintres, de découvrir qui couchait avec qui et qui était payé combien. Je vous l'ai dit, c'est un travail de détective.

— Et si le couple de mon tableau ne correspond à aucun des modèles figurant dans sa base de données ?

— Elle déclarera que cette toile n'a aucune valeur.

— C'est un peu court, tout de même.

— Elle n'est pas la seule à fonctionner ainsi. Un Rembrandt n'est un Rembrandt qu'avec l'approbation d'Ernst van de Wetering et de son équipe de recherche. Idem avec John Richardson, le vieil ami et biographe de Picasso, qui savait repérer un faux au premier coup d'œil.

— Y a-t-il d'autres spécialistes du XVIIIe siècle à part elle ?

— Il y a aussi Trichcombe Abufel. Son travail à lui s'appuie sur des connaissances très précises et sur la provenance des œuvres. Il scrute leur surface méticuleusement et essaie de retrouver tous les endroits où elles ont pu être exposées, en y mettant autant de soin qu'un médecin légiste.

— Génial. Appelons-le.

— C'est pour ainsi dire un ermite. Il est très compliqué de le rencontrer.

— Comment l'identité d'un tableau peut-elle être décidée simplement par deux personnes ?

— Le marché de l'art brasse beaucoup d'argent, mais au bout du compte, l'authenticité des œuvres est subjective et le seul moyen de l'établir, c'est de rassembler des preuves indirectes. Plus une toile est ancienne, plus il est difficile de l'identifier. La plupart du temps, on ne peut qu'émettre des conjectures, et celles de Delores et d'Abufel sont considérées comme les plus fiables en ce qui concerne le XVIIIe siècle français.

Intriguée par ce guide-peintre, Annie posa un regard plus attentif sur son atelier. Des monographies, des correspondances et des biographies d'artistes s'entassaient partout. Il y avait aussi des dessins et quelques reproductions accrochés à un mur, ainsi qu'un chevalet avec une peinture quasiment monochrome représentant une clairière délimitée d'un côté par des arbres et de l'autre par une rivière. Bien qu'inachevé, le tableau lui plut par sa majesté et son audace. Sur un autre mur, la photo d'un homme et d'une femme qui riaient sur une plage en se tenant par le bras éveilla sa curiosité – ses parents, supposa-t-elle. Elle ne vit rien en revanche qui aurait pu trahir l'existence d'une petite amie. Contrairement à son propre appartement, très spartiate et à peine meublé, cet espace, qui couvrait à peu près la même superficie, semblait vraiment habité. Cela ne tenait pas seulement aux affaires, au travail ou aux photos de son occupant, mais plutôt à l'atmosphère qui y régnait.

Elle se leva et alla voir de plus près la couche épaisse de peinture incrustée sur une palette près du chevalet.

— La science a forcément fait assez de progrès pour apporter son éclairage, non ? Ne peut-on pas analyser les pigments, ou même prélever des échantillons d'ADN ?

Jesse lui montra la photo en noir et blanc du couple sur une plage.

— C'est marrant que vous fassiez cette remarque. Mon père travaillait sur un projet scientifique de ce type quand il est mort. Il pensait avoir mis au point une technique permettant d'identifier chaque peinture à peu près de la même manière qu'on identifie un criminel à partir de ses empreintes digitales.

— Que s'est-il passé ?

— Il a appelé ma mère un jour pour lui dire qu'il avait enfin réussi et qu'il rentrait à la maison. Mais il n'est jamais arrivé. Il a été retrouvé mort le lendemain matin sous le pont de Battersea. Le plus bizarre, c'est que son portefeuille, ses clés et son argent étaient toujours dans son attaché-case, mais que son ordinateur et ses carnets de notes avaient disparu.

— Était-ce un accident ?

— La police a conclu à un suicide et a classé l'affaire. Sauf que mon père ne se serait jamais suicidé. Il adorait la vie. Il adorait ma mère, sa famille, son travail. Mon hypothèse, même si je n'ai jamais pu la démontrer, est qu'il existe des personnes dans le milieu de l'art que sa découverte terrifiait. Il y a bien plus d'argent à se faire en vendant des faux qu'en prouvant l'authenticité d'une œuvre.

Annie détecta un léger tremblement dans la voix de Jesse. Ce dernier s'écarta d'elle pour prendre une bouteille d'essence de térébenthine.

— Cela remonte à quand ? demanda-t-elle.

— Il y a quinze ans environ. Après ça, on a déménagé dans le Shropshire.

— Peut-être qu'en peignant toujours le même champ, vous essayez de maintenir vivant le souvenir de votre père.

— Vous êtes la première à me le dire en face.

— Excusez-moi. C'était présomptueux de ma part.

— Perspicace, plutôt. J'aurais aimé que quelqu'un poursuive ses recherches, mais il ne les a jamais expliquées à qui que ce soit. Il avait juste une assistante, Agatha, qui comprenait un peu ce qu'il faisait et qui essaie à l'heure actuelle de reprendre ses travaux.

— Vous la voyez souvent ?

— Non. Je devrais, pourtant, reconnut-il. Vous êtes prête à découvrir ce qu'il y a là-dessous ?

Annie le fixa avec appréhension.

— Cela vaut la peine d'essayer, dit-il gentiment. Approchez-vous.

Il versa un peu de liquide sur une boule de coton, et Annie retint son souffle lorsqu'il commença à frotter la partie gauche du tableau. Durant un bref instant, juste avant qu'elle ne s'évapore, l'essence de térébenthine dégagea une petite zone brillante et ils découvrirent sous les couches de vernis bruni une palette de verts émeraude, de jaunes et de verts citron délicats. Les coups de pinceau semblaient danser sur la toile. La robe de la danseuse flottait dans une brise printanière et, sous l'éclat du satin, sa poitrine ronde donnait l'impression de se soulever. Jesse et Annie échangèrent un coup d'œil ravi.

— Essayez avec son visage, murmura-t-elle.

Il passa doucement le coton sur les cheveux de la femme. Impatients de voir le résultat, ils se penchèrent plus près. Là encore, comme par magie, le vrai tableau se dévoila et le personnage leur apparut à travers la crasse qui le recouvrait. Jesse prit un crayon et commença à le reproduire sur une petite feuille de papier.

— Regardez, dit-il avec un enthousiasme grandissant. Son visage se compose de quatre coups de pinceau : trois petites touches roses, et une touche jaune pâle. Et pourtant cela suffit à se faire une idée de son caractère. Elle est fougueuse et intransigeante. On le devine à la courbe de ses lèvres, à sa manière franche et directe de nous fixer.

— Qui est-ce, à votre avis ?

Jesse haussa les épaules.

— Et maintenant, on s'occupe de lui ? proposa Annie en montrant l'homme étendu dans l'herbe, dont les traits étaient partiellement masqués par un chapeau.

Jesse procéda comme pour la danseuse, réalisant là encore une esquisse.

— Vous n'avez rien de plus fort ?

— Vous êtes une drôle de fille, dit-il en éclatant de rire. Prudente et impulsive à la fois. Il y a dix minutes, la simple vue d'une éponge vous faisait frémir.

Annie ignora sa remarque.

— Qu'y a-t-il dans vos autres flacons ?

— De l'acétone. C'est normalement l'étape suivante.

— Du dissolvant ?

— Oui. Le problème est qu'on risque d'enlever plus que de la crasse, surtout si notre peintre a mélangé sa peinture avec du vernis pour créer un effet brillant - certains artistes étaient vraiment négligents. Watteau, par exemple, ne prenait jamais la peine de préparer ses toiles ou de nettoyer ses brosses, raison pour laquelle on trouve chez lui plein de saletés et de moucherons. Turner, lui, avait la réputation de diluer sa peinture avec de la bière.

— On devrait quand même essayer.

— C'est votre tableau, dit-il nerveusement. Passez-moi le flacon bleu.

Il vida l'eau de son bol et la remplaça par quelques gouttes d'acétone et de white spirit, avant d'enrouler du coton autour d'un bâtonnet de manucure qu'il trempa dans le mélange. Il hésita ensuite, se raidit, puis se décida à frotter doucement la toile. Rien ne se produisit. Il ajouta une autre goutte d'acétone dans le bol – là encore, sans résultat. La sueur coulait sur son front. Il versa encore un peu de dissolvant et se leva pour aller actionner quelques interrupteurs. Une lumière crue inonda la pièce.

— Il ne faut pas se presser avec ces choses-là, dit-il en s'essuyant les mains sur son costume.

Dans le tiroir d'un grand bureau, il trouva une loupe qu'il fixa sur sa tête. Sa main trembla légèrement lorsqu'il remit une goutte d'acétone dans le bol, puis il s'arrêta.

— C'est trop risqué, déclara-t-il. Je ne veux pas faire de bêtise. Si vous voulez, on le montrera à l'amie de mon père, Agatha. Elle travaille à la National Gallery et elle saura quoi faire.

— D'accord. Merci de m'avoir aidée.

— Est-ce que ça vous… est-ce que ça te dirait d'aller déjeuner quelque part ?

— Un jour, oui, ce serait sympa, répondit Annie, sans vouloir s'engager.

Elle aurait préféré qu'il ne pose pas la question. La simple perspective de s'embarquer dans un nouveau casse-tête amoureux lui donnait la nausée, et elle eut soudain envie de fuir cet homme si serviable.

— J'espère que tu m'appelleras, alors.

Elle se contenta de sourire. Il n'était pas du tout son genre, et il ne servait à rien de prétendre le contraire.

10

— Delores Ryan a cherché à te joindre, dit Marsha, la réceptionniste, en voyant arriver Annie. Voilà son numéro.

— Elle ne voulait pas plutôt parler à Rebecca ?

— Non, c'était au sujet d'un dîner.

Quelques jours plus tard, alors que Rebecca et son père étaient à l'étranger, Annie se retrouva à 11 heures du matin devant chez Delores Ryan à Stockwell. Vu de l'extérieur, l'immeuble des années 1950 situé en retrait d'une grande artère ne payait pas de mine, comme tant d'autres dans ce quartier de Londres. Les parties communes étaient délabrées, et elle dut se frayer un chemin entre des jouets abandonnés et un vélo qui avait perdu ses roues. Elle vérifia de nouveau l'adresse et sonna avec hésitation. Sur un coup de tête, elle avait emporté son tableau.

À sa grande surprise, une domestique strictement vêtue de noir à l'exception de son tablier blanc à volants lui ouvrit et la fit entrer dans l'appartement. Là, Annie découvrit un tout autre monde, aux murs tendus de tissu damassé et ornés de gravures et de dessins. Les escarpins de l'employée de maison claquaient sur le parquet, tandis que ses baskets à elle couinaient bruyamment. Au bout d'un étroit couloir, deux double portes s'ouvraient sur une grande pièce basse de plafond dont les lourds rideaux de brocart avaient été tirés. Seul un petit halo de lumière provenant d'une lampe sur une table basse éclairait la moquette à imprimé léopard.

— Madame Delores prend son brunch, l'informa la domestique avec un fort accent typique du sud de Londres. Elle sera bientôt là.

— Merci.

Voyant qu'elle lui tendait la main, Annie s'avança pour la lui serrer.

— Votre manteau.

— Je vais le garder, merci, dit-elle, à la fois mortifiée et soulagée que la pénombre ambiante masque le rouge de ses joues.

Quand l'employée fut partie, elle sortit le tableau de son sac à dos et le posa sur une chaise en tapisserie.

— Il doit bien y avoir une autre lampe ici, murmura-t-elle. Je ne te vois pas bien.

Elle examina la pièce. Tout y était petit et délicat : les sièges aux fins dossiers et aux pieds finement façonnés, les tables basses sur lesquelles des boîtes miniatures côtoyaient des piles de livres. Ayant repéré plusieurs abat-jours à franges, Annie passa ses doigts autour des ampoules et le long des pieds en quête d'un interrupteur. Ses cheveux accrochèrent alors une fougère. Effrayée, elle recula vivement et renversa par terre un carlin en porcelaine gros comme le poing. Elle retient son souffle. Ne te casse pas, s'il te plaît, pria-t-elle en le regardant rouler sur la moquette et s'arrêter sous une harpe dorée. Elle s'approcha nerveusement de celle-ci. Ouf, aucune éraflure en vue. Mieux valait tout de même qu'elle évite de bouger. Elle remit la statuette à sa place et patienta un moment sur une chaise, mais ne tarda pas à se relever pour prendre un livre sur une pile – l'un des nombreux écrits par Delores Ryan.

Elle parcourut l'argumentaire de la jaquette : « Watteau : peintre français (10 octobre 1684 – 18 juillet 1721) dont la brève carrière a suscité un regain d'intérêt pour la couleur et le mouvement. Il a donné un nouveau souffle au style baroque déclinant de son époque, qui prit ensuite le nom de rococo. » Parmi les autres ouvrages de Delores figuraient également *Watteau et la cour de Louis XIV*, *Watteau et la musique* et le plus récent, *Watteau et les femmes, ou l'Importance du modèle dans l'œuvre de l'artiste*.

Annie feuilleta ce dernier. La démarche de Delores, ainsi que Jesse le lui avait expliqué, consistait à associer les esquisses et les dessins des personnes figurant dans chaque tableau et à montrer comment le peintre avait sans cesse retravaillé les mêmes sujets. En soi, cela n'intéressait pas particulièrement Annie – elle trouvait normal qu'un artiste s'attache à un motif donné –, mais elle était fascinée par les dessins préparatoires et l'évolution de leur composition à mesure que Watteau expérimentait différentes façons de représenter les silhouettes, les mains, les regards et les vêtements, jusqu'à ce qu'il parvînt à l'effet recherché. Parfois, un doigt déplacé de deux centimètres vers la gauche ou la droite ou un autre ajustement infime faisait toute la différence et donnait toute sa perfection et sa force à un tableau.

En tournant les pages, Annie vit que la même femme revenait sans cesse dans l'œuvre du peintre. L'avant-propos du livre lui en apprit un peu plus : « Durant sa courte vie, Antoine Watteau puisa peu de réconfort dans l'amour. Maladif, solitaire et misanthrope, il semble ne s'être jamais marié et n'avoir pas eu d'autre passion que le dessin et la peinture. Pourtant, dans cette nouvelle et audacieuse étude, Delores Ryan, spécialiste mondialement connue de l'artiste, démontre que Watteau s'attacha profondément à plusieurs femmes et identifie le grand amour de sa vie comme étant Charlotte Desmares – également appelée Colette, son nom de scène. » La suite expliquait que la carrière de cette célèbre actrice avait démarré en 1690, alors qu'elle avait huit ans. « Beauté célèbre, elle devint la maîtresse du duc d'Orléans, neveu du roi Louis XIV et futur régent de France, et s'imposa grâce à cette liaison parmi les femmes les plus influentes de la cour. Elle était toutefois bien plus qu'un joli minois. Collectionneuse avisée, elle a laissé à sa mort trente-sept grandes œuvres d'art signées de maîtres italiens, français et hollandais. »

Annie tourna les pages du livre en comparant les dessins reproduits à l'intérieur avec la femme de son tableau. Il y avait des similitudes, mais rien de flagrant. Elle se concentra ensuite sur les différentes parties de son corps. L'une des esquisses dans l'ouvrage de Delores montrait deux mains en appui sur des genoux. Bien qu'Annie eût du mal à distinguer celles de sa danseuse du fait de la couche épaisse de vernis, il lui sembla cette fois pouvoir faire un rapprochement avec la manière dont le modèle pressait son pouce contre son index, ainsi qu'avec ses longs doigts fins et ses ongles parfaitement dessinés.

Puis elle perçut une agitation derrière la porte. Elle referma le livre en prenant soudain conscience que cela faisait une heure qu'elle patientait là. Quelques instants plus tard, deux carlins grassouillets entrèrent dans la pièce en aboyant après elle, avant de s'asseoir de chaque côté d'un joli fauteuil rembourré. Delores apparut à leur suite en soufflant presque aussi fort qu'eux, et avec quelques taches d'œuf et de tomate sur les diverses ruches de son col blanc. Elle avait un grand double menton qui allait d'une oreille à l'autre, mais cet écrin grassouillet n'occultait ni ses jolis traits, ni ses yeux d'un bleu de porcelaine, ni ses lèvres sensuelles.

— Dites-moi…, commença Delores en se débarrassant de ses petites mules en soie rose bordées d'un liseré doré. Comment c'est de travailler avec Memling et Rebecca ?

Elle avait une voix cristalline, délicate et mélodieuse, totalement inattendue au vu de sa corpulence.

— J'ai signé une clause de confidentialité.

— Quel dommage. Cela fait vingt ans que je dîne chez eux et votre repas était le premier digne de ce nom qu'ils aient jamais servi. Vous vous en êtes très bien tirée.

Annie rougit.

— Avez-vous déjà entendu parler des *fêtes galantes** ? enchaîna Delores avec un sourire condescendant.

— Pas vraiment, non.

— En résumé, c'était le passe-temps des riches oisifs à la cour de Louis XIV et Louis XV. Cela ferait un thème amusant et approprié pour un dîner entre gens du monde des arts, vous ne trouvez pas ?

Ne sachant pas si elle devait acquiescer ou s'insurger, Annie se contenta de fixer l'un des carlins.

— Cette soirée sur le thème du Caravage était si plaisante. Comment envisageriez-vous la mienne ?

Elle prit le temps de la réflexion et repensa à son tableau. Bientôt, ses yeux se mirent à briller d'excitation devant les possibilités que lui offrirait une telle soirée, les recherches qu'elle aurait à mener et les plats qu'elle pourrait tester.

— Je verrais bien un décor représentant une belle clairière au milieu des bois, avec une statue et des charmilles de roses et de fleurs printanières. L'esprit de ce dîner devrait être charmeur, coquet, léger et raffiné…

— Vous êtes engagée !

— J'en serais ravie, seulement je n'ai pas le temps de me consacrer comme il faut à un tel travail.

— On ne vous accorde donc pas de vacances ? J'organise ce dîner pour fêter mon soixantième anniversaire et je veux que cette soirée soit inoubliable. Mes amis sont tous tellement blasés.

Annie tenta de contenir son enthousiasme, mais ne put s'empêcher de lui faire une suggestion.

— Ce serait bien d'imposer aux invités un code vestimentaire qui s'inspirerait par exemple de l'un des tableaux de la Wallace Collection - je ne me rappelle pas tous les noms.

— Vous semblez savoir beaucoup de choses, dites-moi.

— Je feuilletais votre livre lorsque vous êtes arrivée.

— Combien cela coûtera-t-il ?

— Très cher, j'en ai peur.

— Je vous accorde 5 000 livres de budget.

— Cinq mille livres ! s'exclama Annie.

— Ce n'est pas assez ?

Annie secoua la tête, incrédule. C'était plus d'argent qu'elle n'en avait jamais vu. Là encore, Delores se méprit sur sa réaction.

— Très bien, disons 6 000 livres. Vos gages personnels, le salaire des autres employés et les ingrédients devront être déduits de cette somme, mais je réglerai à part l'addition pour la location de la salle, la décoration, le vin et le matériel de cuisine.

— Combien de personnes ?

— Cinquante. Vous en êtes capable ?

Annie acquiesça. C'était de la folie. Bien sûr que non, elle n'en était pas capable. La réussite de son dîner chez les Winkleman avait été un pur coup de chance.

Puis elle se rendit compte que l'on n'entendait plus un bruit dans la pièce hormis la respiration lourde et haletante des carlins. Elle leva les yeux. Delores la dévisageait d'un air pensif.

— Quel âge avez-vous ?

— Trente et un ans.

— Pas de mari ni d'enfants. Vous avez trop tardé, vous aussi. Nous n'avons l'une et l'autre pas d'autre choix que d'épouser notre carrière. Après tout, le travail est la seule chose sur laquelle on puisse compter, n'est-ce pas ? Mais pour en revenir à mon repas, j'ai fixé la date au 1er avril. Ne vous avisez pas de me faire une mauvaise farce ce jour-là.

Delores fixa ensuite la porte semblant s'attendre qu'Annie disparaisse comme par enchantement.

Celle-ci hésita.

— C'est-à-dire que... je vous avais apporté un tableau... Cela vous ennuierait d'y jeter un coup d'œil ? Je l'ai acheté chez un brocanteur.

— Savez-vous combien de gens achètent des croûtes dans ces officines en pensant avoir découvert des chefs-d'œuvre ?

— Non.

— Si j'en prenais seulement quelques-uns au sérieux, je n'aurais plus le temps d'écrire mes livres. C'est vraiment épuisant d'être une experte mondiale. Enfin bon, montrez-moi ça, dit Delores avec dédain.

Annie lui tendit le tableau.

— Voulez-vous que j'allume une lampe ?

— Ce n'est pas nécessaire.

L'historienne sortit une petite torche de sa poche et la braqua sur la toile. La lumière vive se refléta sur son visage en lui donnant un aspect macabre. Elle cracha sur la peinture, en frotta la surface avec sa salive mousseuse en marmonnant quelques mots inaudibles, puis s'extirpa de son fauteuil afin de s'approcher de la fenêtre.

— Tirez les rideaux.

Annie obtempéra. Delores cracha de nouveau sur le tableau et, cette fois, frotta un peu plus fort avant de se retourner vers elle.

— C'est une copie du XIXe dans le style de Watteau. Elles étaient produites en masse à l'ère victorienne. La plupart des gens n'avaient pas les moyens d'acheter des originaux - pas plus qu'aujourd'hui, d'ailleurs.

— Comment pouvez-vous l'affirmer aussi rapidement ? s'étonna Annie tandis que Delores retraversait la pièce pour s'affaisser sur son fauteuil.

— C'est ma vie. C'est mon travail. Jour après jour.

— Mais vous ne lui avez accordé que quelques secondes.

— Cela me suffit. « L'érudition se compose en majeure partie d'expériences accumulées sur lesquelles votre esprit s'appuie inconsciemment », a dit un jour le grand Bernard Berenson. Je le sens dans mes tripes, conclut Delores en lui rendant le tableau.

Annie eut du mal à masquer sa déception. Même s'il était ridicule de s'imaginer avoir déniché une œuvre de valeur dans un bric-à-brac, elle avait nourri le faible espoir de tirer tout de même quelque chose de positif de sa relation avec Robert.

— Ne faites pas cette tête ! Si vous voulez, je vous le rachète 20 livres.

— Il m'a coûté plus que ça.

— Ma foi, vous avez jeté votre argent par les fenêtres. Si on pouvait dénicher des tableaux de maîtres chez les brocanteurs, nous serions milliardaires.

Annie hocha tristement la tête. Delores avait raison.

— Vous êtes une bonne cuisinière et un lamentable juge en matière d'art. Moi, un cas désespéré aux fourneaux et une brillante spécialiste. Et c'est très bien ainsi. Souriez maintenant, et laissez-moi. C'est l'heure de ma sieste. N'oubliez pas de m'envoyer vos propositions de menus d'ici quinze jours.

Annie rangea le tableau dans son sac, longea de nouveau le couloir et quitta l'appartement. Une fois dans la rue, elle s'enfuit en courant.

Moins de trois kilomètres plus loin, à la Tate Modern, Vlad visitait seul une rétrospective de Damien Hirst qui, nota-t-il, avait seulement quelques années de plus que lui. Une semaine plus tôt, il n'avait jamais entendu parler de la Tate ni de Hirst, mais Barty avait sollicité plusieurs experts afin qu'ils l'instruisent, dont le marchand d'art Ruggiero De Falacci, son rendez-vous du jour, qui avait la réputation d'afficher régulièrement des résultats cinq fois supérieurs à ceux de ses confrères. Cette année-là, alors que l'indice des prix avait baissé de 3,28 pour cent pour la première fois depuis la dernière chute de 1990, les clients de Ruggiero avaient vu leur cote augmenter de 16 pour cent.

Arrivé tôt, Vlad était entré dans la première salle consacrée aux œuvres que l'artiste avait réalisées alors qu'il était âgé d'une vingtaine d'années. Parmi elles figuraient des casseroles aux teintes vives, un sèche-cheveux renversé dont l'air chaud faisait joyeusement léviter une balle de ping-pong et un tableau mêlant des pois colorés. À cet âge-là, lui-même travaillait dans une mine de charbon à trente mètres sous terre tout en planifiant son premier meurtre. Il se demanda comment il aurait traduit cette expérience d'un point de vue artistique. Les œuvres naïves et colorées de Hirst l'incitaient à penser que celui-ci avait mené une vie relativement protégée.

Les salles suivantes renfermaient des poissons, un requin et un veau plongés dans de grands aquariums remplis de formol. Il frissonna en essayant d'imaginer à quoi aurait ressemblé son frère ainsi mis en saumure. Voir un homme mort à la place de ces poissons, voilà qui serait vraiment choquant. En parcourant l'exposition, Vlad comprit que l'artiste reprenait les mêmes idées sous différentes formes : la vie, la mort et les pois colorés revenaient en permanence dans ses œuvres. Il s'efforça d'être ému ou intéressé, d'éprouver et de comprendre ce que Hirst voulait dire. En pure perte. Devant les autres visiteurs qui fixaient avec le plus grand sérieux la gueule d'un requin ou le cul d'une vache, il se sentait désarçonné et légèrement humilié : pourquoi ces objets lui faisaient-ils si peu d'effet ? N'aurait-il pas dû être transformé et transcendé à leur vue ? Il rejeta la faute sur la médiocrité de l'éducation reçue à Smlinsk et sur la vodka passée dans le lait de sa mère.

Il décida tout de même de faire un effort supplémentaire et contempla lui aussi le requin en face en le conjurant de le transporter quelque part, hors des grandes salles vides de ce musée – sans toutefois savoir quelle était la destination la plus souhaitable. S'il vous plaît, monsieur Hirst, pria-t-il en fermant les yeux, emmenez-moi loin de ce groupe de badauds solennels, loin de Londres, de ma solitude, de mes problèmes avec le Bureau de contrôle central. Dites-moi que vous me comprenez. Il s'imagina dans la peau d'un tout petit poisson fonçant tout droit vers la gueule grande ouverte du requin et implora Hirst et cet étrange squale d'engloutir ses difficultés et ses dilemmes. Mais rien ne se produisit, et lorsqu'il rouvrit les yeux, il était toujours planté devant l'animal léthargique au milieu de ce temple de l'illusion.

Il continua à parcourir l'exposition en songeant que, comme tant d'autres artistes, Hirst n'avait qu'une seule corde à son arc. Des taches de couleur, des mouches, des objets et des animaux morts. Seule différait la présentation. Mais bon, reconnut-il, la plupart des gens ne faisaient jamais rien de nouveau de toute leur vie et se contentaient de suivre stupidement l'exemple de la génération précédente en reproduisant sans cesse les mêmes schémas et les mêmes erreurs. Son père et son grand-père avaient été mineurs, et leurs ancêtres s'étaient tués à la tâche sous le système féodal puis communiste. Une seule petite idée avait distingué Vlad : son départ de Smlinsk. Et, comme Hirst, il n'avait fait ensuite que la répéter. Tous ses actes, que ce soit la signature d'un contrat d'affaires ou un meurtre, avaient visé à mettre encore plus de distance entre sa ville natale et lui.

Quelques mois plus tôt, il n'aurait jamais perdu plusieurs heures dans un musée. Les loisirs étaient alors pour lui un rêve inaccessible. Tout ça avait changé depuis qu'il disposait de grandes plages de temps libre. Voilà pourquoi l'art était un luxe inestimable. Il envoyait un message qui disait : « Je peux me décharger de toutes mes corvées sur les autres et paresser des heures devant un bout de toile couvert de taches si j'en ai envie. Je suis amateur d'art. J'ai beaucoup de temps. Rien ne m'empêche de traînasser devant des requins en saumure. »

Il poussa des portes en plastique et se retrouva dans une pièce surchauffée où des papillons vivants festoyaient avant de mourir. Il contempla le cercle sans fin de la vie et la manière dont, une fois morts, les cadavres brisés étaient collés sur de grandes toiles accrochées aux murs. Il songea de nouveau à son frère. Au lieu de papillons, il vit soudain des centaines de minuscules Leonard. La panique monta en lui. Il ôta son blouson de cuir et se força à respirer lentement. Ce n'était que des papillons, pas son frère, se répéta-t-il en quittant la touffeur de cette morgue pour se réfugier dans une autre salle, plus fraîche celle-là.

Il longea des armoires remplies d'instruments médicaux et chirurgicaux, puis entra dans une pièce abritant un énorme soleil noir composé de cadavres de mouches. Il fallait décidément beaucoup de merde et de morts pour faire un monde... À cet instant, il comprit Hirst : cet homme était un brillant humoriste qui tournait en dérision la vie, le milieu de l'art et tous ceux qui le prenaient au sérieux. Il courut presque vers la salle suivante, où il éclata de rire à la vue de toutes les œuvres incrustées de diamants et décorées à la feuille d'or. Le message était limpide : on pouvait bien mettre dans une vitrine n'importe quel truc tout pourri et lui ajouter des joyaux et des métaux précieux, ça n'en restait pas moins un truc tout pourri. De même, il avait beau se croire échappé de Smlinsk, porter des vêtements très chics et vivre dans une maison extravagante de plusieurs millions de livres, il n'était au bout du compte qu'une grosse merde pleine aux as. Il était toujours le même Vlad.

Plongé dans ses réflexions, il ne s'aperçut pas que Ruggiero De Falacci le suivait depuis un moment. L'homme s'avança vers lui lorsqu'il s'arrêta devant une vitrine remplie de mégots.

— Vous êtes manifestement un homme de goût aux capacités intellectuelles exceptionnelles, soufflat-il d'un ton approbateur et mielleux.

— Quoi ?

— J'ai remarqué la manière dont vous observiez ces œuvres. À l'évidence, vous avez compris ce que voulait dire l'artiste.

— Je comprendre, oui.

— Ruggiero De Falacci, pour vous servir. Barty m'a beaucoup parlé de vous.

— Ça être cher ? s'enquit Vlad en montrant la salle.

— Excessivement cher, ronronna Ruggiero.

— Vous acheter ça pour moi, ordonna-t-il en montrant un amas de mouches mortes. Plus diamants. Plus or.

— Ce sont des œuvres uniques. M. Hirst ne les vend pas.

— Vous demander son prix à lui.

— Je ferai de mon mieux. Peut-être que Damien acceptera pour cette fois, répondit Ruggiero en tentant de réprimer un sourire – Barty était un vieux renard qui ne volait vraiment pas ses importantes commissions.

Vlad quitta le musée et se glissa sur le siège arrière de sa nouvelle Maybach bleu pâle. Lorsque la voiture passa devant Lambeth Palace et tourna sur le pont qui faisait face au Parlement, il dut reconnaître que même si Londres ne valait pas Moscou, la ville était franchement très belle. Mais ces pensées plaisantes s'envolèrent lorsque la circulation ralentit jusqu'à ce que les véhicules n'avancent plus qu'au pas. L'argent permettait peut-être de s'offrir une belle voiture et un chauffeur, mais il ne dégageait pas les routes. À Moscou, toutes les personnalités, grandes et moins grandes, disposaient d'une escorte policière chargée de leur ouvrir la voie. Londres était si arriérée en comparaison.

Une demi-heure plus tard, ils n'avaient toujours pas dépassé Pall Mall.

— Il y a une manifestation, monsieur, expliqua le chauffeur. Sans doute contre Israël.

— Nous être en retard, répliqua Vlad en tapotant sa Rolex avec impatience.

— Je fais ce que je peux, monsieur.

Vlad regarda par la vitre les jeunes en colère qui brandissaient des pancartes. « À bas les colonies », « C'est notre patrie, pas votre Terre promise ». Où était sa propre patrie désormais ? Était-elle ici, en Angleterre ? À Smlinsk ? Quelque part entre les deux ? Retournerait-il en Russie un jour ? Au fond de lui, il sentait qu'il ne le pourrait jamais. Après tout ce qu'il avait déjà vu et accompli, il ne saurait plus comment parler aux gens avec qui il avait grandi – sans pour autant avoir appris à le faire avec les autres.

Au cours des quelques semaines précédentes, Barty s'était immiscé dans tous les aspects de sa vie. Il lui avait trouvé un groupe d'amis très classe, une plus grande maison et un meilleur tailleur. Il lui faisait suivre des cours intensifs d'anglais et lui organisait des sorties centrées sur son « développement personnel ». Le personnage était ridicule et excentrique, mais aussi amusant, irrévérencieux et incroyablement utile. La veille, ils s'étaient rendus à un cocktail à Downing Street où, grâce à un don à leur parti politique, Vlad avait rencontré le Premier ministre et le chancelier de l'Échiquier. Ils étaient ensuite allés voir le premier acte de *Tosca* à l'opéra et, sans attendre la fin, avaient enchaîné avec la soirée de lancement du nouveau shampooing de Paris Hilton, un dîner chez M. Power Dub et une virée en boîte de nuit – d'abord au Box, puis chez Loulou. Vlad avait eu l'impression d'être monté sur un manège qui ne s'arrêtait jamais et qui lui donnait de plus en plus le tournis.

Une demi-heure plus tard, il était au Ziani, un restaurant de Brook Street où il avait rejoint un autre émigré, Dmitri Voldakov. Bien qu'il eût seulement un an de plus que lui, Dmitri était devenu son mentor depuis son arrivée à Londres, et Vlad éprouvait un énorme soulagement à pouvoir discuter avec quelqu'un dans sa langue maternelle. Comme lui, Dmitri avait été convoqué un jour au Bureau de contrôle central, où on lui avait laissé le choix entre la prison et l'aéroport. Il avait choisi Londres parce qu'il aimait le football et que le pays offrait le système fiscal le plus avantageux.

Un serveur s'approcha de leur table et secoua la serviette de Vlad à la manière d'un matador agitant sa muleta devant un taureau.

— Nous prendrons les œufs brouillés aux truffes en entrée et les pâtes au homard en plat principal, avec un château-latour 1960, commanda Dmitri.

Puis, repassant au russe, il conseilla à Vlad d'ôter les batteries de ses téléphones.

— Ces trucs-là servent de micros aux autorités.

Il insista également pour couvrir leurs verres avec des serviettes. Grâce aux nouvelles technologies, des lasers envoyés depuis l'espace pouvaient suivre n'importe quelle conversation via des matériaux convexes.

Après avoir bu un peu de vin en débattant des

derniers matchs de Chelsea, Vlad se hasarda à lui demander conseil.

— J'ai un problème.

— Pas de souci, je peux te recommander un bon médecin.

— Non, un problème d'argent.

— Impossible ! s'écria Dmitri, qui savait que la production de ses mines d'étain se chiffrait chaque mois en millions de dollars.

Vlad regarda autour de lui afin de s'assurer que personne ne les écoutait.

— Je ne sais pas comment effectuer les paiements hebdomadaires.

— Ah, ça !

Comme lui, Dmitri reversait au moins 30 pour cent de ses revenus en échange de sa sécurité. La semaine précédente, un de leurs compatriotes qui avait tardé à régler son dû avait été retrouvé face contre terre sur les docks de St Katharine.

Mais depuis les attentats du 11 septembre et les mesures antiterroristes qui en avaient découlé, il était de plus en plus difficile de virer d'importantes sommes d'argent depuis la Grande-Bretagne, et les transferts directs vers la Russie attiraient beaucoup trop l'attention.

— Alterne entre les actions, les œuvres d'art et les bijoux, et fais-les livrer à la planque.

Vlad allait lui demander plus de détails lorsqu'une femme à la beauté stupéfiante se dirigea vers leur table d'un pas léger. Un silence admiratif se fit dans tout le restaurant. À côté des Européens présents dans la salle, elle avait l'air d'un pur-sang lâché au milieu de poneys des Shetland.

— Liudmila, dit Dmitri en se levant pour déposer un baiser sur sa joue. Je te présente Vlad. Il est nouveau ici.

Incapable de dire un mot, Vlad éprouva une pointe de déception en voyant un énorme diamant à l'annulaire de la jeune femme.

— C'est ma fiancée, précisa Dmitri d'un ton ferme.

Liudmila sourit doucement.

— À la prochaine !

En partant rejoindre la table de ses amis, cependant, elle laissa tomber son mouchoir. Vlad fit semblant de vouloir relacer sa chaussure et ramassa discrètement le carré de tissu parfumé avant de le glisser dans sa poche.

— C'était ma conseillère artistique, expliqua Dmitri.

— Une conseillère artistique ?

Trouverait-il lui aussi sa Liudmila en achetant des œuvres d'art ?

— Je l'ai rencontrée grâce à Barty. Il disait que j'avais besoin d'un passe-temps et d'une conseillère. J'étais un peu sceptique, jusqu'à ce que je la voie. Ce mec est un putain de génie. Mais elle aussi, cela dit. Elle m'a fait acheter un Andy Warhol pour 25 millions de dollars le mois dernier, et on m'en a offert 50 millions ce matin. Je ferai un dépôt à la planque la semaine prochaine. Le cours de l'or est trop instable et les lingots pèsent assez lourd.

— Moi aussi, je compte investir dans l'art, l'informa Vlad.

À ces mots, Dmitri lui saisit le poignet et le pressa fort – assez pour le convaincre que son conseil suivant n'aurait rien d'amical.

— Mon vieux, ne perds pas de vue que j'ai le monopole en ce qui concerne Damien Hirst, Andy Warhol et les Picasso de la dernière période. J'ai quarante-quatre tableaux en stock qui attendent d'être livrés au Grand Chef. Tu peux prendre le reste.

Vlad s'agita avec embarras sur sa chaise en songeant à une certaine œuvre composée de mouches mortes qu'il jugeait être une parfaite métaphore du régime russe. Le Grand Chef pourrait difficilement se plaindre. Après tout, c'était de l'art. Quant à Dmitri, il n'en saurait jamais rien.

Aucun des deux hommes ne s'aperçut que la jolie femme assise à la table voisine avait une caméra cachée dans sa boucle d'oreille. Quelques jours plus tard, Dmitri reçut un colis avec à l'intérieur des images montrant Vlad en train de ramasser le mouchoir de Liudmila, ainsi qu'une copie d'un bon de commande pour une nouvelle œuvre signée d'un certain artiste. Il y vit une déclaration de guerre, mais n'eut aucun doute sur l'identité du futur vainqueur.

11

Hello.

Je suis toujours là.

N'oublions pas que c'est moi le héros de cette histoire.

Un héros bien plus intéressant que la nourriture

Et bien plus durable que l'amour.

Je suis toujours là.

Moi.

12

Jesse longea la Tamise depuis son studio jusqu'à l'appartement de son amie Larissa, à Battersea. C'était une soirée fraîche – le mercure oscillait à peine au-dessus de zéro –, et les réverbères jetaient sur l'eau des ombres ondoyantes. En temps normal, il adorait cette promenade, mais il n'avait presque plus goût à rien depuis qu'il avait rencontré Annie. Au lieu de rentrer chez lui en courant après son travail, il avait pris l'habitude d'aller au pub ou au cinéma en début de soirée. Mais il lui était difficile de se concentrer, et ses pensées le ramenaient presque toujours à la jeune femme, à l'endroit où elle se trouvait, à ce qu'elle pouvait bien faire. Son absence étouffait tout.

Avant qu'il croise sa route, son approche des relations amoureuses s'était caractérisée par une certaine passivité. Il laissait les femmes le draguer, et cela lui avait valu une série de petites amies charmantes, quoique dominatrices, qui pour des raisons qu'il n'était jamais vraiment parvenu à démêler avaient vu en lui un compagnon convenable. Tôt ou tard, pourtant, la frustration les avait toutes gagnées devant son ambivalence et son incapacité à s'engager.

« Sur quelle planète tu vis en ce moment ? lui avait lancé Larissa Newcombe deux jours plus tôt dans la salle du personnel de la Wallace Collection. Y a-t-il encore un cerveau dans ce corps ?

— Hein ? Pardon ? »

Elle avait éclaté de rire.

« Tu vois ? Tu as la tête ailleurs. »

Pour l'heure, elle tapota son canapé, et Jesse se laissa lourdement tomber à côté d'elle. Il aimait bien Larissa. Toujours enveloppée d'étoffes soyeuses et colorées, avec des plumes dans les cheveux et de gros bijoux qui tintaient à ses poignets et à son cou, elle naviguait dans le monde des arts comme un bateau toutes voiles dehors, suivie par une armada d'admirateurs qui lisaient ses nombreux articles et ouvrages, s'inscrivaient à ses conférences et suivaient ses cours. Sa spécialité – la représentation de la musique et des instruments dans les œuvres du XVIIe et du XVIIIe siècle – restait peu répandue, mais son enthousiasme était sans limite et contagieux.

— On dirait que quelqu'un a marché sur ta mandoline, dit-elle. Que s'est-il passé ?

— Rien. C'est bien ça le problème.

— Une femme ! s'écria-t-elle, enchantée.

Elle venait juste de rendre un article assez long sur l'utilisation des tambours dans les tableaux maniéristes et ne demandait pas mieux que de se changer les idées.

— N'omets aucun détail.

— Tu vas être déçue, soupira Jesse.

Il lui raconta tout, absolument tout - chaque rencontre, chaque texto, chaque café, chaque regard éloquent.

— Elle est entrée dans la salle du Frans Hals, j'ai levé les yeux, j'ai vu son visage et c'en a été fini de moi. Je ne savais plus où j'étais ni qui j'étais, comme si elle et moi avions été seuls dans une pièce vide et silencieuse. J'avais l'impression d'être Alice lorsqu'elle trébuche dans le trou du Lièvre de mars, sauf que moi, je n'en finis pas de tomber et j'attends toujours de ressortir de l'autre côté.

À son grand soulagement, Larissa ne se moqua pas de lui. Elle devinait au léger tremblement de sa voix et à ses cernes qu'il était ensorcelé par cette femme - ensorcelé, mais aussi complètement perdu.

— Combien de textos lui as-tu envoyés aujourd'hui ?

— Quatre.

— Et hier ?

— Cinq.

— Quand t'a-t-elle répondu pour la dernière fois ?

— Il y a deux jours. Elle m'a dit qu'elle irait au British Museum, comme je le lui avais suggéré.

— Au British Museum ?

— Elle a trouvé un tableau chez un brocanteur. J'ai proposé de l'aider à découvrir qui l'avait peint.

— Tu te sers d'un tableau comme appât afin de la revoir ? Ingénieux, ça.

— C'est un joli tableau, se défendit-il.

— Je me suis abaissée à des stratagèmes bien

pires que celui-là au nom de l'amour. Cette toile va devoir jouer les Cupidon, si je comprends bien.

Elle insista pour qu'ils réfléchissent ensemble à la situation devant un dîner accompagné d'une bonne bouteille de vin. Cela faisait des années qu'ils étaient amis, mais c'était la première fois que Jesse venait chez elle, et il avait apporté pour l'occasion un bouquet de petits narcisses jaune pâle délicieusement odorants qu'elle disposa sur la table dans une cruche.

Il regarda autour de lui. La petite pièce était remplie d'une collection d'instruments de musique, méli-mélo de tambours, de flûtes et de lyres aux formes étranges. Tout en commençant à préparer le repas, Larissa lui expliqua qu'un luth italien produisait un son très différent de celui d'un luth hollandais, raison pour laquelle les meilleurs violons du monde venaient d'un seul et même village, Crémone. L'espace d'un instant, Jesse oublia Annie en écoutant son amie lui expliquer comment, à force de passer minutieusement en revue des inventaires, des journaux intimes et des comptes rendus d'époque, elle parvenait à relier certains instruments à certains types de musique.

Dans le même temps, elle jeta des ingrédients dans un plat de la même façon qu'elle s'habillait, en mélangeant allègrement les couleurs et les textures.

— Annie est cuisinière, dit-il. Tu devrais la rencontrer.

— J'aimerais beaucoup. Elle doit être assez extraordinaire pour produire un tel effet sur toi.

Depuis quatre ans qu'on se connaît, je ne t'ai jamais vu aussi estomaqué.

— Aussi K-O, oui.

— L'un des bons côtés de l'amour, c'est qu'il ouvre l'esprit et rend vulnérable. Voilà comment on atterrit dans des lieux inattendus.

Jesse éclata de rire.

— Comme ici, tu veux dire ?

Plus tard, assise près de son petit chauffage d'appoint, Larissa l'encouragea à adopter une approche plus légère, mais plus tactique. Cette histoire de tableau lui offrait un faire-valoir idéal et d'innombrables possibilités de rendez-vous romantiques. Il devait convaincre Annie qu'en s'alliant pour découvrir l'identité de l'artiste, ils pourraient atteindre le même but et déjouer tous les pronostics. Cette énigme les mènerait à différents endroits, ferait appel à des compétences variées. Leurs efforts pour découvrir l'identité de l'artiste leur feraient vivre une série d'expériences communes. Or l'amour se nourrit de liens et d'événements partagés. Que le tableau fût un chef-d'œuvre ou une reproduction bon marché importait peu. Ce qui comptait, c'était qu'il devienne la clé de l'entreprise de séduction de Jesse. Même si un expert lui déniait toute valeur au premier coup d'œil, il y aurait toujours une autre personne dont ils pourraient solliciter l'avis, une autre voie à explorer. Voilà ce qu'il y avait de beau avec l'art : sa valeur était totalement subjective.

Il était presque minuit lorsque Jesse repartit, et bien que la température fût tombée en dessous de zéro, il se sentait réchauffé par l'espoir et un bon dîner. Il tenait à la main un morceau de papier sur lequel Larissa et lui avaient couché par écrit leur stratégie pour lui permettre de revoir Annie – c'est-à-dire toutes les démarches nécessaires à l'authentification de son tableau. Les pubs s'étaient vidés de leurs derniers clients et les restaurants avaient fermé, les trottoirs étaient donc déserts à l'exception d'une ou deux personnes sorties promener leur chien. Il se demanda si Agatha serait très surprise d'avoir de ses nouvelles après toutes ces années et si elle accepterait de les recevoir, Annie et lui. Jusqu'à présent, il avait soigneusement évité tout ce qui lui rappelait son père, y compris la National Gallery, même si certaines des œuvres exposées là-bas lui manquaient autant que des vieux amis. Deux des mondes qui composaient sa vie s'apprêtaient à se rencontrer.

Si Jesse avait levé les yeux à cet instant et scruté la banquette arrière d'une grosse Mercedes noire qui roulait à vive allure le long d'Embankment, il aurait vu Rebecca Winkleman rentrer chez elle au terme d'un gala de bienfaisance organisé dans l'ancienne centrale électrique de Battersea. Sponsorisé par le Crédit russe, l'événement visait à soutenir la lutte contre le cancer du sein. Au cours du dîner, servi dans la cour principale, les convives avaient assisté à des cascades d'acrobates suspendus à des cordes en soie et eu droit à des feux d'artifice d'intérieur. Pour Rebecca, cependant, cela n'avait été qu'une perte de temps.

— Je me suis fait autant d'argent avec l'art qu'avec mes obligations, lui avait expliqué son voisin de table, un directeur de fonds d'investissement, sans jamais penser à lui demander ce qu'elle faisait dans la vie, ni si elle s'y connaissait en la matière.

Assis en face d'eux, Saul Franklin, un galeriste dont le directeur s'avérait être l'un des clients, avait tenté de l'éclairer.

— Freddie, vous avez sûrement entendu parler de Rebecca Winkleman, de la Winkleman Fine Art. C'est une spécialiste de renommée mondiale des grands maîtres de la peinture.

M. Fonds-d'investissement l'avait ignoré.

— Combien vaut mon Richter à l'heure actuelle, Saul ?

— Vingt-deux millions, Freddie.

— Vous entendez ça, ma petite dame ? C'est ce que j'appelle un retour sur investissement. Rappelez-moi combien je l'ai payé, Saul ?

— Huit millions, avait répondu le galeriste avec lassitude.

— Et mon Warhol ?

— Vous l'avez payé 11 millions et il en vaut aujourd'hui 18.

— Vous pouvez me trouver d'autres trucs de lui ?

— Je vous ai proposé une sérigraphie de photos sur un accident de voiture la semaine dernière.

— Ça risquerait de perturber les enfants. Vous n'auriez pas plutôt un de ses portraits de Mao ?

L'autre voisin de table de Rebecca, un certain lord Clifton, était un membre de l'aristocratie britannique doté d'un titre de noblesse, d'une fortune déclinante et d'un sens démesuré de son importance.

— Cet homme est du genre à acheter ses propres meubles, avait-il ironisé en montrant Freddie Webb.

Dans l'espoir qu'il veuille se défaire du dernier bon tableau de sa famille, un Goya, Rebecca s'était efforcée d'engager la conversation avec lui, mais ses connaissances sur l'élevage des bovins de race Hereford étaient aussi limitées que celle du lord sur de Hooch ou Canaletto.

La soirée avait traîné en longueur. Le dîner n'avait été servi qu'à 22 heures, et plusieurs discours interminables s'étaient ensuite succédé, dont un du maître de cérémonie qui avait loué la générosité du Crédit russe ainsi que de divers bienfaiteurs, parmi lesquels Freddie Webb. Durant tout ce temps, Rebecca n'avait pratiquement pensé qu'au tableau disparu de son père. Memling lui avait interdit de faire appel à leur réseau d'espions et d'informateurs. Les recherches devaient absolument rester secrètes. Le milieu de l'art est si petit, disait-il, que tôt ou tard le coupable refera surface. Rebecca avait en mémoire sa voix tremblante et son refus de lui expliquer vraiment les raisons pour lesquelles il tenait tant à retrouver cette toile. Tout juste lui avait-il bien fait comprendre qu'en cas d'échec, ils risquaient de devoir dire adieu à leur profession.

Il était minuit lorsqu'elle avait réussi à s'échapper. Elle n'avait pas bu ni mangé beaucoup, et bien qu'il fût tard, elle pouvait encore travailler quelques heures. Tandis que sa voiture traversait Londres, elle tenta d'imaginer ce que lui cachait son père. Peut-être avait-il été lié dans sa jeunesse à un réseau de trafiquants, comme celui qui avait acheté une Vierge à l'enfant de Duccio di Buoninsegna pour quelques milliers de livres et l'avait revendue 140 000 livres à la National Gallery. Ou peut-être son tableau était-il l'œuvre d'un faussaire qui menaçait de l'humilier et de le discréditer. Elle médita ces hypothèses les unes après les autres avant de les rejeter. Rien de tout cela ne faisait sens.

Alors que sa voiture s'arrêtait devant l'entrée de son bureau, elle vit une silhouette s'éclipser par la porte de service, ôter la chaîne de sécurité d'un vélo et enfoncer sur sa tête un bonnet de laine.

— Qui est-ce ? demanda-t-elle à son chauffeur.

— On dirait Annie, votre chef cuisinier, madame, répondit Ellis. Elle finit souvent tard.

En la regardant disparaître à travers ses vitres teintées, Rebecca eut la certitude d'avoir en face d'elle la personne filmée par les caméras de surveillance, celle-là même qui avait acheté le tableau. Elle frissonna. Ce ne pouvait pas être une coïncidence. Pas étonnant que son père eût peur – seul un esprit particulièrement astucieux et déterminé pouvait réussir à infiltrer leur entreprise.

Ellis ouvrit la portière et lui tendit la main.

— Vous ne vous sentez pas bien, madame ? Vous êtes toute pâle.

Rebecca accepta son aide. Elle avait les jambes en coton et le cœur battant. Cette fille avait travaillé pour son mari et pour elle-même. Elle était allée jusqu'à espionner un dîner privé. Quel genre de micros ou de caméras avait-elle cachés chez eux ? Qu'avait-elle déjà découvert ?

— Madame ? Vous voulez que j'aille vous chercher quelque chose ?

— Non, merci. Tout va bien, dit Rebecca en essayant de garder son calme.

Elle s'avança vivement vers la maison, tapa le code et, après avoir refermé la porte derrière elle, s'appuya contre le mur. Ses prochaines décisions auraient une importance capitale. Devait-elle rassembler les affaires d'Annie ou appeler la police ? Non, songea-t-elle après réflexion. Il valait toujours mieux garder ses ennemis près de soi. Mais, par précaution, elle alla vérifier que le revolver qu'elle gardait dans un tiroir secret de son bureau était bien chargé.

13

Vous imaginez mon horreur devant ce dernier rebondissement : le jeune homme connaissait une restauratrice. Ce simple mot suffit à faire pâlir ma peinture. Songez aux atrocités commises au nom de la restauration – il n'est pas nécessaire d'aller bien loin pour ça : un certain Vélasquez à Londres ou un Léonard à Paris en sont la preuve. Je suis si fragile que des pans entiers de ma surface pourraient se désintégrer si je venais à tomber entre de mauvaises mains. Bien que ma patine soit recouverte d'une couche de suie, de noir de fumée, d'effluents humains et de vernis, l'idée qu'une restauratrice ait carte blanche pour vider sur moi ses flacons de solvants nocifs m'emplit d'une terreur sans nom. Bien sûr, j'ai envie de redevenir comme neuf, mais j'ai peur de tomber littéralement en miettes en cours de route.

Ma conception a été à la fois précipitée et grandiose : mon maître tenait désespérément à traduire le premier émoi amoureux, le frisson qu'il ressentit. Je fus peint à toute vitesse avec des brosses sales et un mélange d'huiles, d'onguents, d'alcool et même de peintures murales. Si vous regardez bien mon ciel, vous verrez un moucheron incrusté dans le coin supérieur gauche. Il tournoyait autour de nous en cet après-midi de l'année 1703, et il eut (selon moi) l'heur d'être immortalisé, embaumé dans mon albumine et mes empâtements. Mon maître créa ce feuillage vif et frémissant en mélangeant une rasade de vin, du bouillon de poulet et de la peinture à l'huile. Parfois il se servait de ses doigts, parfois aussi d'une brosse, d'un couteau ou même de sa manche, tant il était pressé de restituer son désir sur la toile.

Mais je m'égare. Revenons-en à cet après-midi à la National Gallery. Nous fûmes accueillis par une femme à l'une des entrées latérales du musée. Rachitique, raide et grisonnante, le nez chaussé de lunettes à monture épaisse, elle portait une tenue quelconque et démodée, dénuée de tout éclat, de toute imagination. Je me pris à espérer qu'elle travaillait avec le même effacement. Tant de restaurateurs sont des *artistes manqués** qui se croient capables d'améliorer l'œuvre des autres. Cette femme - elle s'appelle Agatha - salua Jesse comme un ami perdu de vue depuis longtemps en le serrant fort contre sa maigre poitrine. Il se laissa faire par politesse, mais ma maîtresse détourna le regard, visiblement un peu gênée.

— Tu ressembles de plus en plus à ton père, déclara Agatha en essuyant une larme, avant de s'adresser à Annie. David et moi avons travaillé ensemble durant près de vingt ans, vous savez.

Que répondre à une telle remarque ? Comme c'est sympathique ? Comme c'est intéressant ? Ma maîtresse sourit nerveusement.

— Venez, enchaîna Agatha. Je vais vous préparer un thé. On pourra discuter et vous me montrerez votre surprise.

Annie fixa la porte qui s'était refermée derrière nous avec l'air d'avoir soudain envie de s'enfuir.

Je fus soulagé de ne pas devoir traverser les grandes salles du musée sous l'œil goguenard de mes vieux amis, et, loin des zones accessibles au public, je découvris un vrai labyrinthe. Agatha nous entraîna au pas de course le long de couloirs tortueux jusqu'à un énorme ascenseur qui s'éleva en grognant, puis nous la suivîmes jusqu'en haut d'un escalier étroit. Brusquement, nous nous retrouvâmes sous les toits, dans une vaste pièce orientée au nord et baignée de lumière naturelle, avec vue sur Trafalgar Square. Des bocaux en verre remplis de différents pigments occupaient des étagères courant le long d'un mur tandis que sur une grande table, des brosses se tenaient au garde-à-vous dans des pots métalliques. Le sol peint en noir était quant à lui recouvert de chevalets, de palettes et de couleurs, de lampes, d'appareils photo et de tout un tas d'accessoires. Je suppose que nous étions dans une sorte d'atelier. Voyez-vous, mon maître n'avait pas de lieu de travail attitré ni d'assistant chargé de ranger ses peintures ou ses pinceaux. En fait, il ne restait jamais longtemps au même endroit. Son esprit agité le poussait toujours à aller de l'avant et la plupart de ses toiles quittaient son atelier peu de temps après avoir été achevées.

Il bénéficiait du soutien de trois protecteurs : M. Julienne, qui fit graver son œuvre ; son principal collectionneur, Pierre Crozat, un homme immensément riche, et son biographe, le comte de Caylus. Tous trois lui fournirent un logement en échange de ses dessins. Ce vieux cochon de Caylus (un voyageur riche et chevronné qui eut la témérité et le mauvais goût de lui consacrer une biographie malveillante) aimait les femmes représentées dans des poses coquines, aussi engageait-il beaucoup de modèles en demandant à mon maître de les peindre. Mais Antoine n'avait de libertin que l'âme. Il était même si timide que le simple fait de commander un verre de vin lui donnait des palpitations.

Homme à la fois blessant et nerveux – ce qui ne le rendait pas très attachant, il faut bien l'avouer –, il n'avait reçu aucune éducation formelle, mais cela ne l'avait pas empêché de devenir un intellectuel merveilleusement lettré et réfléchi. En dehors du dessin et de la peinture, il se passionnait pour la lecture et la musique. La seule chose qui lui répugnât profondément, en fait, était sa propre personne. Ceux qui s'imaginent qu'un minimum de succès aurait apaisé son sens critique et regonflé son estime de soi font erreur. Cela ne contribuait qu'à l'écœurer et à le dégoûter encore plus de lui-même. Nuit après nuit, il sanglotait devant des tableaux de Rubens et de Titien, se lamentant de son inaptitude et de ses tentatives maladroites pour se mesurer à ses héros.

Un degré de fureur à peine moins élevé accueillait le malheureux qui le dérangeait dans son travail. Je me souviens du jour où un miniaturiste qui lui avait acheté une petite huile passa à son atelier pour lui demander de remédier à quelque imperfection mineure dans un nuage. Mon maître les regarda tour à tour, lui et le tableau, et sollicita des explications.

— Où au juste voyez-vous une imperfection ?

Le miniaturiste lui montra le coin supérieur gauche. Aussitôt, mon maître s'empara d'un produit nettoyant et effaça toute la toile à l'exception du nuage offensant.

— Peut-être que cela vous conviendra mieux à présent, dit-il en jetant dehors l'offenseur et ce qui restait de son œuvre.

Où en étais-je ? Je m'égare encore, mais vous le feriez aussi si vous aviez trois cents ans.

Agatha, la restauratrice, discutait avec Jesse de son père décédé, dont elle disait qu'il lui manquait tant. Officiellement, ils avaient été de simples collègues, mais n'importe quel freluquet aurait compris qu'elle l'avait aimé. L'histoire en revanche ne dit pas si ses sentiments étaient partagés. Jesse et elle nous assommèrent de souvenirs sans fin, tous aussi fascinants qu'une éponge mouillée par une froide journée d'hiver. Annie renonça à paraître intéressée et déambula dans la pièce en examinant les autres tableaux. Enfin, ils s'approchèrent de moi.

Agatha braqua sur ma surface une lumière vive,

avant de fixer sur sa tête de drôles de lunettes grossissantes. Puis elle prit un morceau de coton et me frotta doucement (oui, doucement, je lui reconnais cette qualité).

— Où l'avez-vous déniché ? demanda-t-elle à Annie.

— Chez un brocanteur.

— Le pauvre trésor…

La restauratrice me retourna.

Ce n'était pas la première fois qu'un être humain concentrait son attention sur mon côté pile. Comme il a été expliqué précédemment, on peut trouver là toutes sortes d'indices, notamment l'âge de la toile, le cachet des propriétaires, des indications inscrites par des marchands d'art, et ainsi de suite.

— Il a été rentoilé trois ou quatre fois…

— Quelqu'un estimait donc que sa valeur le justifiait ? s'enquit Jesse.

— Sa valeur monétaire ou sentimentale, répondit Agatha en scrutant de plus près l'angle supérieur droit du tableau.

Elle prit une lampe encore plus forte que la précédente et en passa le faisceau sur le feuillage.

— Le raffinement de ces feuilles m'intrigue beaucoup, tout comme cette bande de soie sur la robe de la danseuse.

Elle changea de lunettes grossissantes et se concentra sur un ensemble de buissons.

— Sauf erreur de ma part, cette tache blanche dans le coin est un personnage.

— Je pensais à un nuage, moi, dit Annie en se penchant.

— Non, c'est un homme entièrement vêtu de blanc. À mon avis, il pourrait bien s'agir de Pierrot.

— Pierrot ?

— Un personnage devenu célèbre à la fin du XVIe siècle grâce à la *commedia dell'arte* italienne. Pierrot était représenté tantôt comme un clown sage, tantôt comme un bouffon, mais c'était toujours lui l'innocent de la pièce.

— Pourquoi introduire un clown dans une scène amoureuse ? s'étonna Annie.

— Pierrot était également le rival malchanceux d'Arlequin, qui lui disputait l'amour de Colombine.

— Vous voulez dire qu'au lieu de traiter de l'amour par une belle journée d'été, ce tableau exprimerait tout le contraire ? Il nous le montrerait sous le jour cruel qu'on lui connaît souvent ?

— Ou simplement son caractère improbable, murmura Jesse en regardant Annie d'un air rêveur.

— Le premier Pierrot – le plus célèbre aussi – a été peint par Antoine Watteau vers 1718, expliqua Agatha. Il est aujourd'hui exposé au Louvre. C'est un personnage si pathétique, si triste et mélancolique que la plupart des gens le trouvent plus touchant que ridicule.

— J'apprécie encore plus ce tableau maintenant que je perçois son côté sombre…

— Toutes les bonnes œuvres d'art sont complexes et émouvantes, dit Jesse. C'est là que réside leur force. Elles énoncent quelque chose que les mots ne peuvent traduire.

— J'ai l'impression d'entendre parler ton père, remarqua Agatha en s'efforçant de contenir ses larmes.

Jesse la serra maladroitement contre lui avant de réorienter la conversation sur moi.

— Pourquoi tant d'artistes ont-ils peint ce personnage ?

— Pierrot s'est imposé comme un symbole universel. De Cocteau à Picasso, en passant par Hockney…

— Juan Gris…

— Sickert…

— Matisse…

— Modigliani…

— Ou encore Chagall, conclut Jesse en riant. Sans parler de Paul Klee.

— C'est vrai. J'adore son *Jeune Pierrot.*

— En quoi cela nous aide-t-il ? les coupa Annie, qui se sentait un peu perdue, et aussi vaguement agacée par cet échange.

— À l'époque de votre tableau, il n'y avait qu'une vingtaine d'artistes qui peignaient Pierrot. Watteau était probablement le premier et le meilleur d'entre eux, suivi de ses disciples, Lancret et Pater.

— On pourrait aller à Paris admirer sa célèbre version, proposa Jesse à Annie. Elle est au Louvre.

— Peut-être, répondit-elle sans grand enthousiasme.

Mais elle n'avait pas besoin d'aller en France pour

ça. Le premier tableau à représenter Pierrot, c'était moi.

La restauratrice me souleva et se dirigea vers une porte en faisant signe à Annie et à Jesse de la suivre. La pièce adjacente était petite, aveugle et entièrement peinte en noir. Lorsque Agatha eut refermé la porte derrière elle, nous nous retrouvâmes piégés tous ensemble dans cette espèce de placard à balais qui empestait le renfermé.

— J'espère qu'aucun de vous n'est claustrophobe ?

— Pas encore, dit Annie, un peu nerveuse.

Agatha prit une grosse lampe noire.

— Annie, vous voulez bien tenir le tableau un peu en hauteur, s'il vous plaît ? Et toi, Jesse, tu peux éteindre ?

La pièce plongea dans le noir. Que mijotait cette femme ? Elle actionna un interrupteur, et l'appareil qu'elle tenait dans ses mains projeta une vive lumière violette.

— Cette lampe à ultraviolets va nous aider à voir à travers les couches de peinture, expliqua-t-elle. Plus important encore, elle va nous dévoiler les différentes campagnes de restauration.

— Les quoi ?

Je sentais qu'Annie n'était pas à l'aise dans ce cagibi – ce que je pouvais comprendre.

— C'est ainsi que l'on désigne les moments où un tableau a été restauré ou altéré. Cette lumière est proche de la lumière visible, mais sa longueur d'onde est plus courte, ce qui permet de discerner des variations dans la surface et la texture de la peinture. Vous voyez ces petites taches fluorescentes autour du visage de la danseuse, et là aussi, au fond de la scène ?

— C'est curieux, pourquoi n'y en a-t-il que sur elle et pas sur l'homme ?

Ils ignoraient encore que mon maître avait lui-même remplacé les traits de son aimée par ceux d'une autre. C'était sa façon de surmonter sa douleur d'avoir été rejeté. Il ne supportait pas d'être séparé d'elle, et il ne supportait pas non plus de l'avoir sous les yeux. Comme une épine enfoncée dans sa psyché, le souvenir qu'il avait de cette femme ne s'effaça jamais, mais au moins parvint-il à le cacher – qui plus est sous le visage d'une prostituée. Jamais il ne fut si près de rire de la situation.

— Il y a plus curieux encore : ce repeint se distingue à peine. Il a dû être effectué peu de temps après la version originale. Je vous dis ça parce qu'on connaît des cas où des visages ont été modifiés afin que les tableaux soient plus vendeurs. Duveen, le célèbre marchand d'art, s'efforçait de plaire à Hollywood en demandant aux restaurateurs qui travaillaient pour lui de faire ressembler les portraits féminins de Hoppner à Joan Crawford et les portraits masculins de Romney à Douglas Fairbanks.

Elle passa à l'angle supérieur gauche.

— Le repeint ici apparaît plus clairement. Quelqu'un a retouché cette partie, et sans y aller de main morte. Vous voyez comme la couche de peinture est épaisse ? Elle détonne avec la qualité du reste du tableau. Cette œuvre est absolument fascinante.

Je ne pouvais que lui donner raison.

— Jesse, rallume la lumière, s'il te plaît, dit Agatha en nous invitant à regagner l'atelier.

— Alors, qu'en pensez-vous ? l'interrogea Annie.

— Le gros problème, ce sont les repeints et l'ancienneté du vernis. Il est très risqué de les enlever, parce qu'il arrive dans ces cas-là qu'on détache un peu de la peinture qui se trouve en dessous. Cela dit, ajouta la restauratrice avec douceur, vous avez déniché un objet fort intéressant. J'ignore encore de quoi il s'agit, mais je peux vous assurer que ce tableau est ancien et que sous toutes ces couches de crasse et de vernis, il y a quelque chose de très, très beau. M'autorisez-vous à le garder quelque temps ? Je pourrais m'attaquer à lui pendant mes soirées.

J'en frémis d'horreur. « S'attaquer à moi » ? Qu'entendait-elle par là ? Ma maîtresse ne pouvait pas m'abandonner au milieu de tous ces flacons remplis d'acétone et de je ne sais quels autres produits chimiques !

— Qu'allez-vous faire ?

— J'aimerais pratiquer un test sur un petit morceau de la toile, sans doute le coin supérieur gauche. J'ôterai la crasse et la poussière – lentement et avec précaution, bien sûr – afin de voir ce qu'il y a en dessous.

— Je n'ai pas les moyens de vous payer.

— Je refuserais de toute façon. Ce tableau a fait

réapparaître Jesse dans ma vie, et je vous en suis très reconnaissante.

Cela faillit m'émouvoir, mais j'etais surtout terrifié. Au moindre faux pas, c'était la fin.

Je tentai de me calmer – les vibrations sont nocives pour ma toile. Au moins serais-je conservé dans un musée. Peut-être même aurais-je de vrais compagnons avec qui discuter. J'avais remarqué à l'autre bout de la pièce un grand Véronèse tout décollé qui avait l'air franchement abattu, si vous voulez mon avis, ainsi qu'un Grossart assez exquis sur un chevalet. Mais surtout, surtout, il me semblait bien avoir aperçu un Giorgione sur une table. Mon maître adorait Giorgione. Il le vénérait, même.

— Il va presque me manquer, dit Annie.

— Le temps passera trop vite pour ça. Il nous faut conjuguer nos efforts. J'ai besoin de savoir qui a peint ce tableau et quand. Plus j'aurai d'informations sur l'artiste, plus je pourrai travailler avec précision. En fonction des siècles et des pays, on a affaire à différents types de peinture et de matériaux. Connaître ces éléments m'aiderait donc énormément.

— Delores Ryan pense qu'il s'agit d'une copie bon marché.

— Tu ne me l'avais pas dit ! s'écria Jesse, surpris.

— J'ai oublié.

— Les experts se trompent parfois, déclara Agatha, et c'est tellement drôle de leur donner tort. Jesse vous fera une esquisse du tableau. À vue de nez, je pense qu'il date approximativement de deux cent cinquante à trois cents ans. Vous l'avez déjà emporté à la Wallace Collection et vous avez noté des similarités avec les œuvres de ce musée, ce qui laisse supposer que le peintre est français ou flamand.

La restauratrice poursuivit sa réflexion à voix haute en marchant autour de la table qui trônait au centre de la pièce.

— Il pourrait s'agir d'une copie très bien réalisée, mais je n'ai encore jamais vu de faussaire se donner la peine de rentoiler plusieurs fois une œuvre ou de la recouvrir si parfaitement de couches de suie et de noir de fumée.

— On ira ensemble au British Museum, décida Jesse.

— Pourquoi ? demanda Annie.

— Tu peux y aller seule, bien sûr, se reprit-il en rougissant.

— Non, ce n'est pas ça. Tu avais déjà évoqué ce musée. Pourquoi celui-là plutôt qu'un autre ?

— Il détient une collection presque sans pareille de dessins et de gravures remontant jusqu'au début de la Renaissance, expliqua Agatha. Il faut commencer avec un *catalogue raisonné**, c'est-à-dire un document qui recense toutes les œuvres d'un artiste reproduites de son temps sous forme de gravures.

Annie se laissa tomber lourdement sur une chaise.

— J'ai l'impression qu'on va devoir chercher un miracle dans une meule de foin.

— Rien ne nous oblige à continuer, lui rappela gentiment Agatha en lui montrant son atelier. J'ai largement de quoi m'occuper de mon côté. C'est votre choix, votre tableau.

Elle sortit une feuille de papier d'un tiroir et commença à griffonner quelques noms.

— Commencez par Watteau, Lancret, Pater, Boucher et Fragonard. Si vous n'obtenez aucun résultat, je réfléchirai à d'autres hypothèses.

Je devinais à quoi pensait Annie. Elle était accablée à l'idée d'entamer une quête utopique dans un monde impénétrable aux pratiques mystérieuses et à la terminologie prétentieuse. Dans le même temps, cependant, sa curiosité était piquée. Elle voulait découvrir comment tout cela marchait. Mais plus que tout, elle voulait que je sois un « bon » tableau. Sans que je comprenne bien comment, ma valeur et son estime de soi étaient devenues indissociables. S'il s'avérait qu'elle avait acheté un chef-d'œuvre, elle s'affirmerait comme une personne dotée d'un goût et d'un jugement sûrs.

Malgré moi, j'avais envie que cette Agatha se mette au travail. Je voulais retrouver ma place au panthéon de la peinture à côté de mes amis, être accroché sur un mur tendu de damas, être le sujet de conversations chuchotées d'un ton révérencieux, être aimé, admiré et étudié pour ce que je suis vraiment. Et je voulais aussi que ma gloire rejaillisse sur Annie et qu'elle soit heureuse. Il est curieux qu'il m'ait fallu attendre plus de trois cents ans pour m'attacher vraiment à l'un de mes propriétaires. À croire que l'âge m'a rendu gâteux.

Je la regardai nous scruter à tour de rôle, Jesse,

Agatha et moi. Un silence suivit, bref mais intense, avant qu'un grand sourire éclaire son visage.

— Pourquoi pas ? Bon sang, oui, pourquoi pas ?

Il faut bien l'avouer, j'en fus fort aise.

14

Pour la troisième fois en une semaine, Rebecca renonça à déjeuner et pria Annie de quitter sa cuisine jusqu'à nouvel ordre, en lui précisant toutefois qu'elle devait garder son téléphone allumé et rester à moins d'une heure de la Winkleman Fine Art. Personne ne comprenait pourquoi, mais elle se montrait de plus en plus suspicieuse et méfiante vis-à-vis de ses employés depuis un moment. Des caméras de surveillance supplémentaires avaient été installées dans les bureaux, l'accès à la base de données de la galerie avait été restreint et des agents de sécurité montaient désormais la garde dans les couloirs et près des chambres fortes. Chaque jour, Rebecca était la première à arriver et la dernière à partir. Toutes ses réunions habituelles avaient été annulées et sa porte affichait en permanence un panneau « Ne pas déranger ». Par compassion, Annie alla la voir et proposa de lui apporter une tasse de thé.

— Si vous avez le temps de préparer du thé, c'est que vous ne faites pas votre travail correctement, répliqua Rebecca.

Annie n'imagina pas un seul instant qu'elle – et a fortiori son tableau – pouvait être à l'origine de toutes ces mesures. Après tout, elle n'était qu'un chef intérimaire, une femme sans importance.

En marchant d'un bon pas, elle parvint en dix minutes à la London Library. La galerie Winkleman possédait une carte de membre dont bénéficiaient ses employés, ce qui pour elle constituait l'avantage en nature le plus intéressant de son nouveau poste. Sur place, elle monta l'escalier principal, franchit une porte, gravit un nouvel escalier et, pour finir, s'avança le long d'une grande rangée de livres jusqu'à la section étiquetée Divers/Cuisine. C'était la quatrième fois qu'elle venait en dix jours.

Lorsqu'elle avait commencé ses recherches en prévision du dîner de Delores, elle s'était principalement concentrée sur les menus et la manière de préparer les plats, mais la nourriture n'était qu'un aspect du repas parmi d'autres. La vie à la cour du roi de France était régie par le protocole, les intrigues, des règles écrites et non écrites, et un grand banquet y était un champ de bataille comme un autre, avec ses stratégies mortelles, ses champs de mines et ses chausse-trapes. Des carrières se faisaient et se défaisaient devant un simple plat. Plus elle en apprenait, plus elle souhaitait conserver de détails – pas tous, bien sûr, ce serait impossible, mais elle mourait d'envie de recréer l'ambiance qui régnait durant les dîners du roi, de générer le sentiment que devaient avoir les convives de vivre des moments uniques.

Du temps de Louis XIV, plus de deux mille

personnes s'affairaient dans les cuisines du château. Delores, elle, n'en aurait qu'une, et non qualifiée par-dessus le marché. Les banquets royaux enchaînaient plusieurs services qui comprenaient chacun entre deux et huit plats : les hors-d'œuvre, les soupes, les plats principaux, les desserts et les fruits. Combien devrait-elle en préparer ? Arriverait-elle à reproduire cette atmosphère opulente et grandiose ? Un beau service en porcelaine utilisé tous les jours à Versailles valait souvent aussi cher qu'une maison à Mayfair. Annie savait qu'elle ne pouvait pas se contenter de servir des plats similaires. Il lui fallait impérativement reproduire la pompe et la cérémonie de ces dîners, qui généraient par ailleurs une grande tension nerveuse chez les courtisans. Ils étaient parfois cinq cents à y être conviés, et la place qui leur était attribuée reflétait celle qu'ils occupaient parmi les favoris du roi. Un siège en bout de table, et c'était l'humiliation publique – les personnes assises au-delà de la salière ne présentaient aucun intérêt. Comment organiser une soirée qui soit plus qu'un ingénieux pastiche ? se demandait Annie en avançant dans les rayons de la bibliothèque.

Des règles immuables s'appliquaient aux repas du Roi-Soleil, chacune contribuant à montrer à tous son pouvoir et sa richesse. Dans un autre ouvrage, elle découvrit que le souverain prenait place au milieu d'une grande table rectangulaire. Quelques invités, et même de simples sujets, se rassemblaient dans les coins de la pièce, d'où ils regardaient le dîner sans forcément pouvoir manger quoi que ce soit. Quelques-uns se voyaient parfois invités à rejoindre la table du roi, mais sur les petits côtés, là où ils ne risquaient pas de lui boucher la vue ou de gêner les serviteurs. Annie sourit. Delores apprécierait sûrement cette mise en scène du pouvoir.

Au bout du compte, le vrai danger de ces repas ne résidait pas tant dans la possibilité de commettre un impair que dans la quantité de nourriture servie. La belle-sœur de Louis XIV, la princesse Palatine, écrivait ainsi que le roi était capable de manger « quatre assiettes de soupe, un faisan entier, une perdrix, une assiette pleine de salade, du mouton coupé dans son jus avec de l'ail, deux bons morceaux de jambon, des pâtisseries, des fruits, des confitures et des œufs durs ». Les ingrédients provenaient des quatre coins du royaume : les huîtres de Saint-Malo et de Cancale, les homards de Normandie, les légumes des jardins royaux de Versailles, les truffes d'Italie et le gibier des collines et des forêts de toute la France. Il était assez étonnant dans ces conditions que Louis XIV ait vécu jusqu'à l'âge de soixante-dix-sept ans.

Annie commença à s'inquiéter du prix de son repas. Au départ, le budget de 6 000 livres alloué par Delores lui avait paru excessivement généreux, mais c'était avant qu'elle découvre que les plats servis au Roi-Soleil comprenaient du foie gras, du saumon sauvage, des huîtres, des salades rehaussées de feuilles d'or, des langoustines fraîches, des soupes de châtaignes parsemées d'éclats de truffe ou encore de la bisque de fruits de mer. Ce n'était plus du luxe, mais un véritable investissement financier. Sans compter qu'elle devrait aussi acheter les ingrédients pour s'entraîner. Elle songea un instant à piocher dans les 6 000 livres qui lui restaient de la vente de sa maison dans le Devon, puis se ravisa. Elle répugnait à entamer ce qu'elle considérait comme son fonds d'urgence.

Deux heures s'étaient écoulées, et toujours pas de nouvelles de Rebecca, ni d'instructions concernant le dîner. Aucune importance – il y avait de quoi faire à manger dans le frigo, et à condition que les Winkleman n'attendent pas d'invités, elle n'aurait besoin que d'une heure pour pocher le poisson et faire cuire les légumes à la vapeur. Prise d'une envie de se dégourdir les jambes, elle quitta la bibliothèque et se mit à marcher au hasard dans le quartier. Un vent cinglant la cueillit à l'angle de la rue, et elle tira son bonnet sur ses oreilles en frissonnant. Une fille qui faisait son jogging passa près d'elle, un lecteur MP3 dans une main et une bouteille d'eau dans l'autre. Elle fut suivie par une femme entre deux âges et son enfant, tous deux juchés sur une trottinette – même si la mère soufflait fort et semblait gênée par sa jupe droite. Peu après, il se mit à pleuvoir, de petites gouttes pour commencer, puis, sans prévenir, une bonne averse. Les passants coururent se mettre à l'abri sous les porches en secouant les pans de leur manteau et en essuyant leur visage humide. Malgré ce soudain revirement de la météo, la plupart avaient l'air joyeux. Un jeune homme chassa une goutte de pluie tombée sur sa cigarette. Deux dames, visiblement des provinciales, sortirent des fichus en plastique de leurs sacs à main en cuir noir et aux poignées dorées. Des écolières qui se servaient de leurs manuels comme parapluie se précipitèrent en riant vers un arrêt de bus. La scène était ancrée dans le XXIe siècle, mais les pensées d'Annie étaient encore tout entières tournées vers la cour de Louis XIV et les préparatifs de son dîner. Elle marcha vivement en réfléchissant à son menu et à la manière dont elle dresserait la table. Une oie serait-elle un piètre produit de remplacement pour une recette qui exigeait six cygnes blancs ? Et jusqu'à quelle hauteur pourrait-elle élever une pyramide de profiteroles ?

Un cycliste roulant vers elle à vive allure au bord du trottoir la rappela brutalement à la réalité. Elle s'écarta d'un bond et trébucha. À cet instant, un éclat argenté par terre attira son attention. C'était une drachme grecque, sûrement une pièce de collection à présent. Cela ne lui porterait-il pas bonheur ? Quelque peu réconfortée, elle la glissa dans sa poche et continua à avancer sous la pluie en reprenant le fil de ses pensées.

Le repas de Delores était prévu pour le 1er avril, soit dans moins de six semaines. Quels seraient les produits de saison à ce moment-là ? Elle maudit son ignorance, son absence de formation professionnelle. Devrait-elle servir des fruits et légumes importés de pays lointains ? Mais à l'époque de Louis XIV, l'absence de moyens de réfrigération et les moyens de transport limités rendaient la chose impossible. Si elle voulait préparer un repas authentique, elle devrait même laisser la viande se gâter légèrement, quitte à atténuer son goût avec du poivre, de la muscade et diverses autres épices.

La pluie cessa aussi brusquement qu'elle avait commencé, laissant les rues aussi noires et brillantes que du cuir verni. Les gens émergèrent des porches et des abribus en levant les yeux vers le ciel avec appréhension. Annie s'était aventurée dans une partie de la ville qu'elle ne connaissait pas. Soudain affamée et frigorifiée, elle fouilla dans sa poche et en sortit trois pièces d'une livre. Qu'allait-elle bien pouvoir s'acheter ? Et combien de temps un patron de bar l'autoriserait-il à rester devant une tasse de café ? Son reflet dans la devanture d'une boutique lui fit prendre conscience de ses cheveux mouillés et plaqués sur son visage, de son teint pâle et de ses yeux cernés. Des images cuisantes de sa rencontre de la veille lui revinrent en mémoire. Elle s'était juré de ne plus jamais participer à aucune soirée pour célibataires, mais sa mère était toujours chez elle et elle avait éprouvé le besoin de sortir. Elle avait rencontré cet homme devant *Les Ambassadeurs* d'Holbein, à la National Gallery. Tous deux essayaient de trouver le crâne caché dans la partie inférieure du tableau, et ils s'étaient cogné la tête en se penchant. Il avait cru qu'ils avaient le même âge, vingt-cinq ans – une erreur dont Annie lui avait été secrètement et pathétiquement reconnaissante.

Il était allemand, plus ou moins séduisant, plus ou moins amusant, avec un sens de l'humour un peu lourd. Elle avait accepté de le raccompagner chez lui en se disant qu'elle ne ferait que prendre un verre. La vérité, c'était qu'elle se sentait désespérément seule. Elle avait espéré que faire l'amour lui permettrait d'exorciser ses souvenirs, même si elle savait qu'un corps étranger et une relation sans lendemain n'offriraient guère qu'un réconfort éphémère. En le quittant, à 6 heures ce matin-là, elle s'était rendue directement à la galerie des Winkleman. Déjà au travail, Rebecca l'avait examinée de la tête aux pieds en la croisant dans le couloir. Elle sait, avait pensé Annie, écarlate, avant de foncer vers les toilettes.

À force de déambuler, elle arriva dans Coptic Street. Ce nom lui remit en mémoire l'un des amants de sa mère, un spécialiste des églises coptes éthiopiennes qui avait juré de les emmener à Lalibela voir les édifices religieux taillés dans la roche – la première d'une longue série de promesses non tenues. Elle avança jusqu'à un petit café dont la devanture enfumée et vaguement décorée de quelques guirlandes et d'un cœur en papier lui rappela que c'était la Saint-Valentin. Elle scruta l'intérieur. L'endroit était bondé. Elle décida de passer son chemin et tourna à l'angle de la rue. Une imposante façade se dressa alors devant elle au milieu d'une cour ceinte de grilles. Plus de vingt ans s'étaient écoulés depuis sa dernière visite en tant qu'écolière, mais elle reconnut d'emblée le portique du British Museum.

Lorsque Agatha et Jesse lui avaient suggéré de se pencher sur la collection de dessins du musée, elle n'en avait pas vu l'intérêt. Comment trouver quelque chose lorsqu'on n'avait pas la moindre idée de ce que l'on cherchait ? Trois semaines plus tôt, elle aurait sauté sur la première distraction qui se présentait à elle, mais Rebecca et Carlo lui prenaient à présent tout son temps – sans parler de sa mère et du dîner de Delores. Même sa peine avait été remisée dans un petit coin de son esprit. Elle n'avait tout simplement pas le loisir de faire le tour des musées et de se lancer dans des recherches insensées. Puis elle regarda sa montre. 14 h 15 un jeudi après-midi. De longues heures vides s'étiraient devant elle.

Elle monta les grandes marches de pierre, tra versa le hall d'entrée gris et déboucha sur une énorme cour intérieure. La petite fille qu'elle avait été n'aurait pas reconnu les lieux. Le centre de la cour était à présent occupé par un bâtiment circulaire en pierre de couleur miel entouré par un double escalier en colimaçon. Des dalles de marbre blanc recouvraient le sol, tandis que le dôme du plafond déployait des milliers de panneaux de verre opaque évoquant l'œil d'une mouche géante. Elle prit une soupe et un petit pain à la cafétéria puis, une fois réchauffée, monta les escaliers menant au Département des antiquités égyptiennes et passa devant une série de momies étendues dans des sarcophages ouverts. Plus loin, le nez collé aux vitrines, des écoliers découvraient des Assyriens, des Phéniciens et des Étrusques qui avaient vécu deux ou trois mille ans plus tôt. Combien de générations cela représentait-il ? Combien d'arrière-arrière-grands-pères ? Curieusement, Annie se sentit réconfortée par son insignifiance à l'échelle de l'histoire humaine.

Peu après, elle tomba en arrêt devant un petit flacon à anse de couleur jade d'une infinie délicatesse et au verre aussi translucide qu'une aile de libellule. L'étiquette indiquait qu'il datait de 3 200 av. J.-C. Elle en fut stupéfaite. Comment avait-il traversé les siècles ? Avait-il été protégé par des collectionneurs ? Était-ce le simple fruit du hasard ? Elle acheva sa lecture de la légende : « Cette pièce extraordinaire a été découverte dans un sarcophage en Mésopotamie, où elle reposait depuis cinq mille ans. » Vous parlez d'une vie. Tant d'années sans rien faire et sans jamais rien voir que l'intérieur d'une boîte. Les coups d'un soir, les réalisateurs lunatiques, les mères ivres, les cœurs brisés, les erreurs désastreuses et les petits triomphes – il fallait imaginer tout cela remplacé par une succession interminable de secondes, d'heures, de décennies, de millénaires. Et dire que, en comparaison, sa rupture avec Desmond remontait à un peu plus d'un an seulement... Pour la première fois, Annie s'aperçut que ce n'était plus une torture de penser à lui. Le poids qui lui comprimait en permanence le cœur s'était allégé. Peut-être devait-elle considérer comme une bénédiction d'avoir vu son ancienne vie voler en éclats. Au moins pouvait-elle faire ce qu'elle voulait à présent. Cette nouvelle phase solitaire (et temporaire, espérait-elle) était une sorte de deuxième acte, un mouvement différent, si malheureux et douloureux soit-il. Peut-être même qu'elle arriverait à se sortir de ce bourbier et que tout se terminerait en apothéose. En contemplant le petit flacon de verre, elle entrevit soudain une lueur d'espoir inexplicable.

Elle continua à traverser d'immenses salles jusqu'à une aile située à l'est du musée, où un petit panneau annonçait l'entrée du Département des dessins et gravures. Elle montra son permis de conduire à un jeune homme posté près d'un tourniquet et s'avança dans une pièce au plafond voûté. Une grande fenêtre laissait entrer la lumière à une extrémité, mais tous les autres murs disparaissaient derrière des bibliothèques vitrées en acajou qui s'élevaient sur deux étages et dont le niveau supérieur était accessible par une galerie. Des tables de travail se succédaient d'un bout à l'autre de la salle, à l'exception d'un petit espace central où étaient exposées quelques pièces tirées de la collection du musée. Annie admira un dessin de Picasso montrant un satyre priapique et une ravissante jeune femme. S'il s'était agi d'une photo, elle ne doutait pas qu'elle aurait été censurée. Parmi les œuvres présentées là, sa préférée était un Jim Dine représentant une simple natte qui pendait dans le dos d'une petite fille – une image à la fois littérale et évocatrice qui lui rappela sa terreur à chaque rentrée scolaire. À côté de qui serait-elle assise en classe ? Son professeur l'aimerait-il bien ? Les autres remarqueraient-ils les semelles trouées de ses chaussures ?

« Commencez par les œuvres d'Antoine Watteau », avait suggéré Agatha. Annie éprouva une pointe de culpabilité en songeant que Jesse aurait aimé être là avec elle, mais elle gardait en mémoire l'adage d'Evie : « Ce n'est pas parce que quelqu'un t'aime que tu es obligée de l'aimer en retour. » Elle en vint du reste à se demander si le monde entier n'était pas pris dans un tourbillon d'amour non partagé...

Dans un coin de la salle se trouvaient d'énormes catalogues reliés en cuir. Elle chercha la lettre W et compta vingt entrées au nom de Watteau, toutes réparties entre les œuvres gravées et les dessins originaux. Elle remplit un formulaire qu'elle tendit à la bibliothécaire.

— Installez-vous, nous allons vous apporter ça, dit la jeune femme.

Annie se dirigea vers le fond de la salle, où deux hommes examinaient des dessins sortis d'une boîte étiquetée « Hogarth ». Elle jeta un coup d'œil par-dessus leur épaule en s'asseyant à côté d'eux. Les images avaient beau avoir plusieurs centaines d'années, elles révélaient d'emblée de quoi chaque modèle avait eu l'air, Hogarth ayant réussi à exprimer l'essence de leur caractère avec seulement quelques coups de crayon et un peu de couleur étalée au doigt. Il y avait là un petit homme suffisant au torse bombé, aux jambes arquées et à l'air hautain. Une femme en tenue de domestique dont le regard en coin pétillait de détermination. Deux garçons penchés sur un oiseau à l'aile cassée, qui n'avaient manifestement pas l'intention de le soigner ni d'abréger ses souffrances. Longtemps, Annie avait cru que les tableaux visaient à reproduire fidèlement un sujet donné et que seuls les connaisseurs pouvaient saisir leur sens caché et leur symbolique mystérieuse, mais Jesse l'avait aidée à comprendre qu'une réaction émotionnelle instinctive était tout aussi importante.

En attendant qu'on lui apporte ce qu'elle avait demandé, elle tenta d'imaginer la vie des lecteurs présents dans la salle. Qui était la jolie jeune femme occupée à examiner le portrait d'un homme à la loupe ? Et cette vieille fille à la mise sévère qui prenait des notes, entourée de dessins pornographiques de Picasso ? Et de quoi pouvaient bien parler cette écolière et son père qui échangeaient des propos pressants à voix basse ? Était-ce vraiment du paysage pastoral étalé devant eux ? Annie appréciait en tout cas l'ambiance studieuse et contemplative qui régnait dans cette salle.

Au bout d'un quart d'heure, la bibliothécaire lui apporta une boîte qu'Annie ouvrit avec précaution après avoir enfilé une paire de gants blancs. Elle avait peine à croire qu'on l'autorisait à manipuler des documents vieux de trois cents ans. Et tout ça sans que quelqu'un reste auprès d'elle. Sans qu'ils soient protégés. Sans qu'elle soit filmée par des caméras de surveillance. Le premier dessin avait été réalisé à la craie blanche, à la sanguine et à la pierre noire, comme ceux qu'elle avait vus dans l'ouvrage de Delores. Elle sortit de son sac à main les esquisses réalisées par Jesse à partir de son tableau et les posa sur la table en cherchant une éventuelle ressemblance entre ce dernier et un dessin intitulé *Les Agréments de l'été*, qui figurait une fille sur une balançoire. À son œil non exercé, tous les personnages de Watteau paraissaient identiques et artificiels : les traits étaient tous réguliers et joliment proportionnés, les poitrines généreuses et les chevilles délicates.

Suivant une suggestion de Jesse, elle s'efforça de se mettre dans la peau d'une inspectrice en quête d'indices sur une scène de crime. Peut-être n'était-ce pas le visage que l'on reconnaissait en premier chez les gens. Elle pensa à Jesse et essaya de le visualiser, mais si elle parvenait à se représenter des parties de lui, elle échoua à reconstituer mentalement un portrait d'ensemble. Elle recommença : de beaux cheveux bruns, des yeux bleus comme le ciel en été et bordés de cils noirs. Un mètre quatre-vingts environ. Quelques taches de rousseur sur les joues. De longues mains fines. Un visage étroit aux pommettes hautes. Seulement, les attributs physiques ne rendaient pas compte de ce qui faisait l'essence d'une personne. Elle se projeta en arrière dans le café où ils avaient discuté et tenta de se rappeler ses petites manies, la façon qu'il avait de repousser vivement sa frange, d'appuyer son menton sur ses mains jointes ou de parler d'une voix douce et grave. Rien n'y faisait. Au fond, c'était de ses yeux qu'elle se souvenait le mieux : toujours en mouvement, toujours en train de la sonder et de la scruter. Peut-être que la clé permettant de détecter les vraies œuvres d'art se trouvait là : il ne fallait pas chercher à les saisir tout entières, mais s'efforcer de détecter en elles l'aura, le tempérament de l'artiste.

Le regard insistant d'un inconnu l'arracha à sa rêverie. Un homme l'observait attentivement à quelques tables de là. Assez âgé, il portait une cravate à pois et une redingote en velours, comme les dandys d'autrefois, et ses cheveux gris terne encadraient un visage taillé en pointe qui n'était pas sans évoquer une enclume. Une montre de gousset sans clapet accrochée à une chaîne magnifique complétait sa tenue. Annie le toisa avec toute l'hostilité dont elle était capable, mais il continua à la fixer durement de ses yeux bleus tout en esquissant un petit sourire. Elle l'ignora et reporta son attention sur ses recherches.

La bibliothécaire revint déposer sur sa table une seconde boîte en cuir vert estampé et doré. Le premier dessin contenu à l'intérieur, nettement différent des précédents, exprimait toute l'individualité de son sujet – une femme au regard direct et à l'expression à la fois distante et amusée. En dessous figurait cette inscription : « *Charlotte, la plus belle des fleurs ne dure qu'un matin**. » Tout en s'interrogeant sur l'histoire cachée derrière cette phrase, Annie rapprocha le croquis de Jesse et fit apparaître sur son téléphone la photo qu'elle avait prise de son tableau. Ce n'était pas du tout la même personne. Dommage, cette Charlotte lui plaisait. Était-ce le fameux grand amour de Watteau dont parlait Delores dans son livre ? Les autres femmes de ses dessins ne lui avaient pas fait une aussi forte impression, en tout cas.

L'image suivante, une tête d'homme, s'avéra être un autoportrait du peintre. Elle examina ses traits nets, son visage allongé, ses yeux aux paupières lourdes, sa bouche pleine et ses longs cheveux bouclés. Un pinceau dans une main et un morceau de parchemin dans l'autre, il posait, assez richement vêtu avec son manteau bordé de fourrure et son gilet aux boutons de nacre. Sa mine exprimait en revanche une mélancolie et une déception profondes, comme si le monde n'avait cessé de lui jouer de mauvais tours, et elle l'imagina sans peine s'atteler chaque jour à son travail en poussant des petits grognements et des soupirs involontaires.

La boîte contenait d'autres portraits de l'artiste représenté sous différents angles. Était-il narcissique ou trop pauvre pour engager un modèle ? Ses personnages féminins lui semblèrent également assez ternes, comme s'il ne leur avait pas porté un véritable intérêt – du moins jusqu'à ce qu'elle tombât sur un nouveau dessin de la belle Charlotte qui exprimait une fois de plus toute l'énergie et tout l'enthousiasme de l'artiste. Qu'était-il arrivé à cette mystérieuse inconnue ? Le peintre et elle étaient-ils amants ? Elle aurait presque juré que Watteau n'était épris d'aucune des autres femmes qu'elle avait vues jusqu'alors.

L'employée de la bibliothèque lui apporta encore un énorme ouvrage – le volume II du *Catalogue raisonné** des œuvres de Watteau, soit des pages et des pages d'estampes réalisées à partir de ses tableaux originaux. En le feuilletant, elle découvrit une foule d'autres scènes bucoliques et excessivement précieuses où l'amour courtois le disputait aux artifices. Elle avait de plus en plus de mal à ne pas juger cet artiste. Comment pouvait-on se laisser séduire par ces mondanités sans fin, ces femmes trop apprêtées auxquelles une succession de musiciens donnaient la sérénade ? Cela lui rappelait la fête organisée à l'occasion de la première du film de Carlo. Elle y avait croisé des invités trop gâtés courant après des invitées trop dévêtues, ainsi que des gens qui surjouaient désespérément la bonhomie à grand renfort de tapes dans le dos tout en complotant en secret, et sans distinction, contre leurs amis et leurs ennemis. Certains étaient là pour l'amour du cinéma, mais la majorité ne cherchaient qu'à gratter ce qu'ils pouvaient. Watteau avait-il justement voulu dénoncer ces rapports affectés et artificiels ? Les courtisans des grands réalisateurs et ceux des grands rois ne devaient guère être différents : tous multipliaient les courbettes devant les potentats de ce monde dans l'espoir de s'attirer leurs faveurs. Pour ce qu'elle en savait, Watteau avait peut-être tenté d'insuffler de l'ironie et du pathos dans les scènes qu'il représentait. Elle se demanda s'il était né riche ou pauvre, s'il avait été libertin par nature, et si, lors de ces fêtes galantes, il s'était senti aussi déstabilisé qu'elle quand elle avait surpris quelques-uns des propos échangés durant le dîner caravagesque des Winkleman.

Elle tourna la page et découvrit une gravure réalisée d'après un tableau intitulé *Le Pèlerinage à l'île de Cythère*, où l'on voyait des couples embarquant sur un bateau. D'un genre bucolique, la scène montrait des angelots grassouillets qui cabriolaient dans un ciel d'été, l'air a priori tout joyeux, mais en l'étudiant de plus près, Annie sentit poindre des problèmes à l'horizon : les couples ne regardaient pas dans la même direction, il y avait un arbre mort au premier plan et des nuages noirs s'amoncelaient au loin au-dessus de sommets enneigés.

Tout à ses pensées, elle ne vit pas l'homme à la tête d'enclume se lever de sa chaise et venir s'asseoir à côté d'elle.

— Excusez-moi, mais nous ne sommes pas très nombreux à apprécier Watteau, dit-il d'une voix mielleuse en lorgnant le dessin de Jesse. Qu'avez-vous là ? Vous permettez ?

Sans attendre sa réponse, il saisit la feuille et la dévora des yeux.

— C'est vous qui avez fait ça ?

— Un de mes amis a reproduit un tableau pour moi.

— Où est ce tableau ? demanda-t-il avec une pointe d'excitation dans la voix.

— Pourquoi voulez-vous le savoir ?

— J'adore l'œuvre de Watteau.

— Comment savez-vous qu'il est de lui ?

Il ignora sa question et s'empara de son téléphone afin d'examiner la photo qui s'affichait à l'écran. Annie le lui reprit fermement.

— Cela fait longtemps que je cherche cette toile, déclara Tête d'enclume en la dévisageant d'un air pensif. Où l'avez-vous trouvée ?

— Chez un brocanteur.

Ce type était franchement très présomptueux et plus qu'inquiétant. Elle récupéra le dessin de Jesse et le plia en deux.

— Pourquoi avez-vous pensé qu'il s'agissait d'un Watteau ? l'interrogea-t-il.

— Je n'ai rien pensé et je ne pense rien. Un ami

m'a suggéré que c'était possible et… je me suis dit que j'allais mener ma petite enquête.

Elle pouvait difficilement avouer à cet inconnu qu'elle se sentait seule et qu'elle préférait éviter sa mère.

En la voyant refermer le catalogue et ranger ses affaires dans son sac à dos, Tête d'enclume se racla la gorge.

— Avant de partir, jetez un œil à ceci…

Il alla chercher sur sa table le grand livre dans lequel il était plongé avant de l'aborder. Il tourna plusieurs pages avec le plus grand soin et attira son attention sur une estampe avec un petit moulinet du poignet.

— *Voilà**. Ceci est le premier volume du *Recueil Julienne**, publié par un ami de l'artiste qui faisait parfois office pour lui de marchand d'art. Comme vous pouvez le constater, il y a une ressemblance très nette entre votre dessin et cette estampe.

Annie examina celle-ci. Malgré le noir et blanc, la ressemblance était effectivement frappante. L'étrange nuage blanc sur la gauche était bien, comme Agatha l'avait soupçonné, un clown à la mine abattue qui semblait avoir été chassé d'une jolie clairière par le pied délicat de la danseuse. Derrière elle se trouvaient une fontaine de style classique et une nymphe rieuse juchée au-dessus d'une colonne.

— Ce n'est pas le même tableau. Les deux femmes n'ont pas le même visage.

— Il y a une raison à ça.

— Laquelle ?

— Apportez-moi cette toile et je vous raconterai une histoire très intéressante.

Annie contempla de nouveau l'estampe et lut le titre en dessous.

« *L'Improbabilité de l'amour*, fidèlement gravé par Benoît Audran le Jeune en 1731 », lui traduisit Tête d'enclume.

« Il y a trois cents tableaux attribués à Watteau dans le catalogue de Julienne », commenta-t-il, mais cent seulement ont survécu ou sont connus de nous aujourd'hui. J'en ai déjà retrouvé dix, et mettre la main sur celui-là me rendrait très heureux – comme beaucoup de gens, du reste.

— N'est-ce pas le métier de Delores Ryan ?

— Mlle Ryan n'est capable de flairer que ce qui est recouvert de chocolat, répliqua Tête d'enclume – ce qui fit sourire Annie. Bien, quand allez-vous me montrer cette toile ?

Elle eut soudain envie de fuir cette pièce étouffante et cet étrange personnage au menton pointu. Elle voulait redevenir Annie McDee, une simple inconnue que personne ne remarquait jamais lorsqu'elle se promenait dans les rues de Londres. Elle se leva et enfila son manteau.

— Il faut que j'y aille, je suis pressée.

— Je m'appelle Trichcombe Abufel. Vous avez bien plus besoin de moi que je n'ai besoin de vous, ma chère.

Son nom disait quelque chose à Annie, mais elle était incapable de le resituer.

— Vous avez entendu parler de moi, nota-t-il d'un air songeur, avant de lui emboîter le pas lorsqu'elle se dirigea vers la sortie. Écoutez-moi, mademoiselle...

Plusieurs lecteurs dressèrent la tête, contrariés par le bruit.

— Votre tableau n'est probablement rien de plus qu'une copie bon marché, mais il y a tout de même une petite chance pour que ce ne soit pas le cas.

Annie quitta la salle de lecture et s'engagea dans le couloir, agacée de constater qu'Abufel la suivait toujours.

— Il n'y a qu'un spécialiste au monde dont l'opinion vaut quelque chose, et c'est moi. Je vous conseille de vous arrêter et de m'écouter.

Il était un peu essoufflé, mais elle continua à avancer. Elle en avait assez qu'on lui dise ce qu'elle devait faire.

— Vous n'avez visiblement aucune idée de ce que vous détenez, aussi vais-je vous donner un indice ou deux. Quand vous aurez compris, je pense que vous ne demanderez pas mieux que de me contacter pour que je vous aide à résoudre cette énigme.

Annie fit volte-face. Elle aurait voulu crier et injurier cet homme, mais il avait éveillé sa curiosité. Abufel affichait un sourire triomphant qui dévoilait ses dents jaunissantes et ses gencives grisâtres.

— Le premier indice est le roi Louis XV, le deuxième, la Grande Catherine et le troisième, la reine Victoria. Voyez si vous pouvez faire le lien entre eux.

Il se fendit d'une petite courbette avant de conclure :

— Trichcombe Abufel, expert en art, 11D Lansdowne Crescent, W11. Je suis impatient de vous revoir dans des circonstances moins précipitées.

Et, souriant toujours, il repartit vers la salle de lecture.

— Vous pouvez toujours courir, marmonna Annie en s'éloignant au pas de charge.

Le lourd manteau de la solitude retomba sur ses épaules dès sa sortie du musée. Son téléphone indiquait 16 heures. Chassée de chez elle et de son bureau, elle se sentait inutile et perdue.

Elle décida alors de cuisiner un bon repas à sa mère. Elle ne l'avait pas fait depuis plusieurs semaines et sa mauvaise conscience lui soufflait qu'elle pouvait tout de même bien lui consacrer quelques heures de temps en temps.

— Ce serait mieux avec un bon bordeaux, dit Evie en avalant un petit morceau de canard.

— Mais tu trouves ça comment ? demanda Annie, qui s'affairait nerveusement devant sa cuisinière.

C'était le neuvième plat qu'elle préparait en prévision de son dîner et, jusque-là, aucun n'avait été une franche réussite.

— Délicieux, répondit sa mère en avalant une deuxième bouchée. Qui aurait cru que les oranges et le chocolat se mariaient bien avec le canard ? Au premier abord, ça paraît assez dégoûtant, mais c'est très bon, en fait.

— Meilleur que le bœuf aux anguilles ?

— Tout est meilleur que le bœuf aux anguilles.

— Tu vois ce que je veux dire…

— Il y a beaucoup de sucre dans ton menu.

— C'était un signe de grande richesse.

— Ou peut-être que cela masquait le goût de la pourriture. Je suppose qu'il n'y avait pas de frigos à Versailles.

Annie s'assit à côté d'elle.

— Pourquoi tu ne manges pas ? s'inquiéta Evie.

— Cela fait deux heures que je teste toutes mes préparations. À ce stade, je ne les savoure plus.

— Tu dépéris.

— Ne te jette pas sur le canard, il y a encore deux plats après.

— Je ne peux pas avoir un peu de cognac ? Juste pour faire passer tout ce gras.

— Maman, ne m'oblige pas à jouer les gendarmes.

— Rien qu'une goutte, gémit Evie.

— Quand t'es-tu jamais contentée d'une goutte ?

— Tu ne peux pas m'ôter la boisson. Il ne me resterait plus rien. Plus rien du tout.

— Que t'apporte l'alcool au juste ? De l'amitié ? Du réconfort ? Un moyen de subsistance ? riposta Annie en commençant à préparer son plat suivant, une soupe de châtaignes.

Le jour J, elle prévoyait de la parsemer d'éclats de truffe, mais en attendant, quelques brins de persil suffiraient. Une partie des plats qu'elle cuisinerait étaient trop coûteux pour qu'elle s'entraîne à les faire chez elle.

— Je ne trouve pas que tu sois si heureuse que ça, déclara posément Evie. Je t'entends pleurer la nuit jusqu'à ce que tu t'endormes. Je te vois regarder ta mine défaite et désespérée dans le miroir. Je suis témoin de cette vie sobre prétendument merveilleuse que tu mènes et elle ne me semble pas du tout enviable.

Annie garda le silence quelques instants sans cesser de remuer sa soupe.

— Tu as raison, dit-elle enfin. Je ne suis pas heureuse et je ne l'ai pas été depuis longtemps. Presque tous les jours, je dois me forcer à mettre un pied devant l'autre, à m'extirper de mon lit pour aller prendre ma douche. Mon travail ne correspond pas à ce que j'espérais. Cet appartement n'est pas le genre d'endroit où j'aurais voulu vivre. Mes amis sont à des centaines de kilomètres d'ici, et même si je les voyais ce soir, je ne suis pas sûre qu'on aurait encore quelque chose à se dire. Mais au moins, toutes les décisions que je prends sont les miennes, même les plus mauvaises, les plus farfelues ou les plus ridicules. Ce n'est pas l'alcool qui me les dicte.

N'obtenant pas de réponse, elle se tourna de nouveau vers sa casserole et ajouta un peu de crème dans ses châtaignes.

— Tu ne m'as jamais raconté ce qui s'était passé avec ce gentil guide, dit Evie.

— Il ne s'est rien passé.

— Il ne t'a pas rappelée ?

— Non.

Annie posa la soupe devant sa mère et attendit patiemment son verdict. Evie en prit une petite cuillerée avec hésitation, puis une autre, puis encore une autre.

— C'est délicieux, ma chérie. Je n'ai jamais rien

goûté d'aussi parfumé, d'aussi inattendu, d'aussi délicat.

— Tu es sérieuse ?

— Oh que oui ! Tu as un vrai talent, Annie. Tu es un chef merveilleusement doué.

Annie fit le tour de la petite table et embrassa sa mère sur la joue. Profitant de cette trêve fragile, elles s'installèrent l'une à côté de l'autre pour manger.

— Parle-moi de ton tableau, enchaîna Evie. Qu'as-tu découvert ?

Annie aurait aimé lui expliquer tout ce qu'elle avait appris à son sujet, mais quelque chose la retint et elle se contenta de lui resservir une louche de soupe dans son bol ébréché. Elle savait que sa mère monterait aussitôt en épingle l'optimisme prudent d'Agatha, et elle ne l'imaginait que trop bien débouler à la National Gallery en exigeant toutes sortes d'attestations officielles dans l'espoir de lui venir en aide.

— Je n'ai pas eu le temps de m'en occuper. Je suis trop prise par mon travail.

— Je te dis qu'il a de la valeur, moi. Je le sens.

Brusquement, Evie se leva et courut à la fenêtre.

— Viens voir ! s'écria-t-elle.

Annie suivit son regard et découvrit une pleine lune si énorme et si blanche qu'on aurait cru un dessin d'enfant accroché au-dessus de Londres.

— Tu te souviens ? murmura Evie, les yeux brillants.

— Et comment !

Annie se mit à rire au souvenir de tous les soirs de pleine lune où sa mère et elle s'étaient déshabillées et avaient dansé au son d'Elvis dans la cour de leurs diverses maisons de location.

— Si seulement on avait un jardin…

— Mais on en a un ! Et un gigantesque, en plus, répliqua Evie, qui ouvrit aussitôt la fenêtre et entreprit d'en enjamber le rebord.

— Tu es folle ? On est au cinquième étage. Tu vas te tuer !

— On court un risque bien plus grand en restant ici : celui d'oublier de vivre.

Annie vit les jambes, puis les pieds de sa mère disparaître hors du cadre de la fenêtre. Un bruit résonna au-dessus d'elle, juste avant que le pantalon d'Evie passe devant la fenêtre ouverte.

Quelques instants plus tard, elle l'avait rejointe. Elle constata avec surprise que le toit de son immeuble était en terrasse et relié aux bâtiments voisins. Elle pouvait marcher jusqu'au bout de la rue et revenir sans toucher le trottoir si elle voulait. Le clair de lune jetait sur la ville une douce lumière argentée ponctuée par les centaines de taches lumineuses des habitations et des réverbères. De là où elle se trouvait, elle distinguait tout son nouveau monde, depuis la boutique à l'angle de la rue jusqu'à sa station de métro et la galerie des Winkleman. Elle aperçut le chemin qu'elle suivait à vélo le long du parc et, au loin, le London Eye, le Shard et le Gherkin, ses grands points de repère. La ville endormie lui parut à cet instant moins intimidante. Pour la première fois, même, elle s'imagina rester vivre là.

Les premières notes de « You Aint' Nothing but a Hound Dog » retentirent dans le haut-parleur du téléphone portable d'Evie. Simplement vêtue d'un slip et d'un soutien-gorge, celle-ci se mit à danser.

— Tu n'as pas froid ?

— Je me caille les miches ! dit-elle en claquant des dents.

Annie l'observa avec attendrissement. Si sa mère n'était pas tombée enceinte à seize ans, elle aurait pu finir ses études et avoir une carrière. Au lieu de quoi, ses aptitudes avaient été gâchées par un accident de parcours, une grossesse causée par un garçon mort deux ans plus tard. Elle se sentit soudain une responsabilité envers la femme qui avait renoncé à sa vie afin de s'occuper d'elle, si maladroitement que ce fût. C'était à elle à présent de faire en sorte que cette décision n'ait pas été prise pour rien et de réussir en leur nom à elles deux. Elle avait enfin un but, une ambition. Elle allait préparer un dîner dont les gens parleraient pendant des années, et elle allait prouver aussi qu'un tableau inconnu pouvait valoir quelque chose.

— Enlève ta robe, Annie !

Elle obtempéra et, en riant, prit la main de sa mère pour danser avec elle sous le clair de lune.

15

Une sensation d'équilibre et un grand calme m'ont envahi dans les combles de la National Gallery où je séjourne désormais, baigné par la douce lumière du nord, bercé par les voix basses des conservateurs et stimulé par mes merveilleuses conversations avec les œuvres majeures de Diego Vélasquez, Albrecht Dürer et Giovanni da Rimini. Ah, quel plaisir d'être de retour auprès de mes amis, dont certains que je n'avais pas vus depuis près de deux siècles ! Mon compagnon de jadis, le Vélasquez, était assez nerveux lorsqu'on a ôté une partie de la couche supérieure de sa peinture. Certes, il s'agissait d'un ajout ultérieur, mais il s'inquiétait à l'idée qu'on lui arrache une jambe ou une oreille par la même occasion. De son côté, ce pauvre vieux Rimini, peint en 1300, abandonné durant plus de sept cents ans dans la sacristie d'une petite église romaine puis vendu par des moines désargentés, se trouvait en état de choc depuis qu'il avait découvert combien le monde avait changé.

« *In nomine Patris et Filii et Spiritus Sancti* », murmurait-il à longueur de journée.

Diego et moi en avons vite eu assez de répondre « Amen » à chaque fois. Vous imaginez si on nous apportait un Picasso tapageur ou un Van Gogh dépressif ? Rimini en perdrait ses feuilles d'or.

Le directeur du musée, Septimus Ward-Thomas, est venu me regarder hier. Il ne s'est pas attardé – il ne s'intéresse vraiment qu'au baroque espagnol –, mais il a autorisé Agatha à travailler sur moi durant son temps libre.

Dans mes moments de désœuvrement, je pense à ma maîtresse. Il faut dire que l'on s'attache à elle. C'est curieux, vraiment. Diego soutient que je suis victime du syndrome de Stockholm, mais cela fait des siècles que je ne suis pas allé en Suède – mon cher ami est manifestement bien vermoulu. Je me demande si Annie a suivi le conseil du jeune homme et si elle est allée au British Museum examiner leurs collections de dessins.

En attendant, je dois reconnaître une qualité à Agatha : elle ne fait rien à la va-vite. Hier, elle m'a prélevé une toute petite écaille de peinture sur le côté avant de la porter au département scientifique du musée. Quatre spécialistes l'ont étudiée et aucune intervention ne sera entreprise sur moi tant qu'ils n'auront pas déterminé très exactement quels produits mon maître utilisait. Antoine n'était pas du genre soigneux. En fait, même s'il m'en coûte de le critiquer, il avait tendance à bâcler son travail et à privilégier la rapidité d'exécution. Son but était de traduire toutes les idées et tous les sentiments qui l'animaient. Au lieu d'attendre que la peinture sèche, il frottait son tableau avec de *l'huile grasse** et peignait par-dessus. Et pour ne rien arranger, son manque de propreté affectait la constance de ses couleurs, dont beaucoup se sont ternies avec le temps. Il nettoyait en effet rarement sa palette et l'utilisait plusieurs jours d'affilée, si bien que la poussière et la crasse se mêlaient à la peinture.

Il est temps que je vous parle de lui, Antoine, et de l'amour de sa vie. Né à Valenciennes en 1684, mon maître était le fils d'un charpentier alcoolique et violent – d'humbles origines qui rendent son génie encore plus éclatant. Son père voulait qu'il exerce la même profession que lui et qu'il ait des revenus réguliers, mais Antoine se savait fait pour la peinture. Une nuit, il s'enfuit à Paris, brisant ainsi le cœur de sa mère et ruinant sa propre santé – cet idiot avait choisi l'hiver pour partir, et après quatre jours et quatre nuits à dormir dans des fossés et à ne manger que de l'herbe, il arriva à la capitale avec une pneumonie dont ses poumons ne se remirent jamais totalement.

La France broyait du noir à l'époque. Le pays était asphyxié par les guerres, la famine, la décrépitude d'un vieux monarque dyspeptique et amer et la gouvernance en sous-main de Mme de Maintenon, sa maîtresse bigote et assoiffée de pouvoir. L'ennui noyait la vie parisienne dans une atmosphère pesante, rance et puante d'oppression solipsiste. Même la cour était épuisée par ses fastes. La gaieté, la spontanéité et l'originalité avaient déserté les arts, et le prétendu héroïsme de la peinture historique pesait comme une chape lourde et prétentieuse sur les âmes les plus joyeuses. Au début du XVIIIe siècle, tandis que la peste s'abattait sur Marseille, le cannibalisme et la famine étaient la norme dans la capitale. Telle fut pour Watteau la toile de fond de son existence.

Avançons de quelques années jusqu'en 1703. Alors âgé de dix-neuf ans, Antoine travaillait chez le peintre décorateur Claude Gillot à Paris. Bien qu'il ne touchât qu'un maigre salaire, à peine de quoi se payer une carafe de vin et une miche de pain, cela lui suffisait, du moment qu'il pouvait peindre, et il joignait les deux bouts en dessinant dans des tavernes en échange de quelques piécettes. Sa vie s'enlisait dans la malnutrition et la pauvreté. Certes, son emploi lui fournissait une expérience utile. Pour autant, la plus grande contribution de Gillot à sa formation se résuma à l'emmener voir des spectacles interdits de *commedia dell'arte* dans des gargotes plus ou moins louches. Le piquant de ces pièces était exacerbé par la crainte de voir surgir la police du roi, mais beaucoup estimaient que le jeu en valait la chandelle, pour admirer ces merveilleux acteurs à l'esprit libre, peu respectueux des lois. Le premier rôle était tenu par un certain Hippolyte, un bel homme large d'épaules et courageux, tandis que le clown, Gilles, multipliait les plaisanteries et les blagues en tout genre. Du reste, la majeure partie de la troupe ne prenait rien au sérieux et se moquait aussi bien de l'Ancien Régime et de ses règles que de l'amour et de la vie. Au milieu de ces gens exubérants et pleins d'énergie, Antoine découvrit une certaine légèreté d'esprit et le sens de l'optimisme tout en se débarrassant – ne serait-ce que le temps d'une représentation – de son lourd héritage valenciennois et de ses années de guerre et de pauvreté.

Il prit l'habitude d'assister quotidiennement à ces spectacles. Le quatrième soir, il remarqua Charlotte Desmares, qui passait pour la plus belle fille de Paris et qui jouait à l'occasion avec cette troupe italienne sous le nom de scène de Colette. Mon maître sortit quelques craies de ses poches et commença à la dessiner avec frénésie tandis qu'elle dansait et virevoltait sur scène. Charlotte s'en aperçut, mais elle était de ces femmes habituées à être observées, et sentir sur elle le regard empli d'admiration d'un énième jeune homme ne l'émut pas le moins du monde.

Watteau la dessina jusqu'à ce que ses doigts en saignent. Prétextant un mal de ventre, il fonça ensuite jusqu'à son petit atelier, où il se mit à peindre sur la seule toile qu'il possédât. Et ce morceau de tissu tendu entre quatre bouts de bois, cette petite chose de rien du tout devint *moi**.

Je porte en moi toute la souffrance et toute l'extase du premier amour. L'urgence et la magie, l'excitation, la passion et la terreur ont volé du cœur de mon maître jusqu'à son pinceau. Son ardeur était telle qu'il ne prit pas le temps de préparer correctement sa palette. Il jeta les couleurs sur la toile les unes à côté des autres et les mélangea, dans un tourbillon de petits points et de grands traits – admirez ces arbres, cette lumière, ce pointillisme, ces contours flous, cette absence de formalisme, et vous verrez la naissance de l'impressionnisme, même s'il fallut quelque cent cinquante ans au reste du monde pour y parvenir.

Je suis l'image de son désir passionné, forcené et incandescent. Je suis *l'amour fou**. *La gloire de l'amour**. Je suis l'incarnation littérale de la folie mortelle la plus absolue.

Sous les couches de vernis et les repeints, vous constaterez que le chapeau de Charlotte n'est pas d'un rouge uniforme, mais qu'il tire tantôt sur le doré ou le jaune, tantôt sur l'écarlate ou le magenta, tantôt sur le rose le plus pâle. Sa robe couleur safran passe d'un jaune canari très pâle à un jaune bouton-d'or, chaque teinte délicate posée et étalée avec minutie et harmonie. Le jaune s'insinue également dans l'ouverture de son décolleté, tandis que des tons pourpres et brun doux rehaussent sa jupe. Quant à sa peau d'un blanc crémeux, elle évoque une opale sur laquelle se réfléchirait la lumière du jour. Même chez les Vénitiens, vous ne trouverez pas plus belle représetation de la chair humaine.

Il y eut d'autres peintres et d'autres muses dans l'histoire – je pense à Rembrandt et Hendrickje, Modigliani et Jeanne Hébuterne, Dalí et Gala, Bacon et George Dyer –, mais j'émets l'hypothèse que l'amour fou de mon maître pour Charlotte imprègne ma toile d'un surplus de ferveur sans égal.

Le sujet choisi est celui vers lequel il revint toute sa vie : la mise en scène de l'amour. L'arrière-plan – un paysage mythique et mystique, émaillé de personnages étendus et dominé par une statue de la déesse de l'Amour – est éphémère et artificiel. Au milieu, Antoine a placé Charlotte, aussi fière et gracieuse qu'un cygne. Levant ses bras délicats, elle pose sur le spectateur un regard direct, fier et provocateur. À ses pieds, un jeune homme simplement vêtu se contente de la fixer. Il a suffi à mon maître d'une infime touche de peinture pour exprimer toute son admiration devant cette vision féminine, tout son espoir et son désespoir, son amour et son désir charnel.

Si je vous dis que le visage de ce jeune homme a été réalisé en seulement sept coups de pinceau, vous allez éclater de rire et objecter que cela n'est pas possible, mais c'est ce qui fait que mon maître est un génie et que son étoile brille toujours au firmament des peintres presque trois cents ans après sa mort. Il comprenait l'alchimie entre le rouge, le rose et le blanc perle. Plus important encore, il comprenait l'humanité et, comme les grands artistes, savait donner forme à nos joies et nos peurs les plus intimes.

D'aucuns affirment que je ne suis qu'une esquisse. Il est vrai que j'ai été exécuté à la hâte, mais au moins cette intensité a-t-elle libéré Antoine de son passé, de sa formation scolaire rébarbative et de ses gribouillages enfantins. Dans son impatience à saisir l'amour sur le vif, il a trouvé son art et une nouvelle façon de peindre. Je suis le tableau qui lança sa carrière. Je suis le tableau qui initia le mouvement rococo.

J'ai été peint pour célébrer les élans indomptables de l'amour, cette passion folâtre, récalcitrante, destructrice et transformatrice qui, dans son cas, céda immanquablement la place à une déception atroce, oppressante et toute-puissante.

Quatre jours plus tard, alors que la peinture était à peine sèche, Antoine m'apporta au théâtre afin de m'offrir à Charlotte. Imaginez un nigaud de dix-neuf ans mettant son cœur à nu au vu et au su de tous. Les comédiens se pressèrent autour de lui en se poussant, en ricanant et en pépiant comme des pinsons devant une mangeoire. C'est à cette occasion que je frôlai la mort pour la première fois. La rivale de Charlotte, Hortense, fut si jalouse qu'elle me griffa avec ses ongles. Aurait-elle appuyé un peu plus fort que j'aurais été endommagé à tout jamais. Quelle honte, vraiment. Charlotte, elle, se montra plutôt contente. Les attentions galantes de ce jeune peintre la glorifiaient et son prestige en sortait grandi.

— Donnez-le-moi, commanda-t-elle en tendant sa jolie petite main.

Sur le point d'obéir, Watteau hésita.

— Non, dit-il enfin. Je vous l'offrirai le jour où vous accepterez de m'épouser. D'ici là, il ne me quittera pas.

Toute la troupe se tordit de rire à ces mots. Comment un jeune peintre sans le sou pouvait-il espérer détrôner l'amant de Charlotte, le duc d'Orléans, neveu de Louis XIV ? Ils s'esclaffaient si fort que Gillot accourut pour découvrir l'origine de ce tapage. Il regarda tour à tour l'actrice et le peintre, jusqu'à ce qu'il m'aperçoive. À cet instant, il blêmit. Comment ne pas remarquer que son élève avait des qualités de peintre bien supérieures aux siennes ? Sa réaction fut des plus élégantes :

— Je n'ai plus rien à t'enseigner, mais je peux t'indiquer où aller.

C'est ainsi qu'il envoya mon maître travailler auprès de Claude Audran, un décorateur d'intérieur en charge du palais du Luxembourg, où se trouvaient en ce temps-là des œuvres merveilleuses signées Rubens, Véronèse, Titien et le Tintoret.

Les autres acteurs supplièrent Antoine de réaliser leur portrait. Beaucoup retournèrent le voir dans son atelier et posèrent des heures durant, le temps pour lui de les immortaliser à la craie et au crayon, et même, parfois, à la peinture à l'huile. Mais en examinant bien ses plus grands tableaux, vous y verrez toujours cette fameuse Charlotte. Son doux visage enfantin surgit partout, et l'amour fou que Watteau lui portait s'insinue dans toutes ses œuvres.

Si je devais formuler une vague critique contre mon maître, ce serait dans le domaine de la séduction : l'amour est un art au même titre que la peinture ou la vie. Il nécessite de la pratique, de la finesse, de la détermination, de l'humilité, de l'énergie et de la délicatesse. Comme beaucoup d'autres avant et après lui, mon maître s'amouracha de cette douce extase que procure la passion non payée de retour. À ses yeux, son « problème » était de ne pas être aimé, et non son incapacité à aimer. Son inexpérience et sa naïveté étaient telles qu'il s'imaginait que l'amour naissait déjà plein et entier. Il ne lui vint jamais à l'esprit de chercher à se gagner le respect ou le cœur de Charlotte. Sa reaction fut de repartir dans son atelier, et il me faut hélas reconnaître que certains trouvent la douleur d'être rejeté bien plus douce que la joie d'un amour partagé.

Soucieux d'effacer le souvenir de cette gourgandine, il peignit le visage d'une autre par-dessus le sien. Puis il ajouta la silhouette fantomatique d'un clown dans le crépuscule. Ce Pierrot, incarnation du pathos et de la dérision, était un autoportrait qu'il n'eut de cesse de reprendre jusqu'à la fin de sa courte vie.

En dernier lieu, il changea mon titre. Intitulé à l'origine *La Gloire de l'amour*, je devins après cet épisode *L'Improbabilité de l'amour*.

Qu'advint-il ensuite ? Je vous le raconterai en temps voulu.

16

— Ta mère a appelé sept fois en une heure, dit la réceptionniste à Annie. Elle a parlé d'un cambriolage, mais je n'ai pas tout compris.

Elle n'eut pas besoin d'ajouter qu'Evie était ivre et incapable de s'exprimer de façon intelligible.

Il était 15 heures. Rebecca lui ayant demandé ce matin-là de préparer à dîner pour 20 heures, Annie avait foncé jusqu'à sa poissonnerie préférée dans un quartier éloigné de la ville afin d'y acheter du cabillaud de ligne. Elle suspendit son manteau sur un cintre et rangea son sac à main dans un tiroir avant de rappeler sa mère, laquelle lui tint au téléphone des propos si incohérents qu'elle peina à reconstituer l'enchaînement des événements. Il semblait qu'Evie s'était juste absentée un court instant, le temps de faire des courses (autant dire une longue pause dans un pub), et qu'à son retour, elle s'était rendu compte au bout de quelques minutes que la porte avait été forcée (en clair, elle en avait probablement mis vingt pour réussir à monter les escaliers, puis encore quinze pour retrouver ses clés). Elle avait d'abord cru être devenue folle (elle avait « cru » ? Annie manqua d'éclater de rire à ces mots), mais bien que l'appartement fût très bien rangé, les choses n'étaient plus tout à fait pareilles (elle voyait double, peut-être ?). Le grille-pain n'était pas là où il aurait dû se trouver et la poubelle avait été déplacée de près d'un mètre (comment pouvait-elle le savoir ?). Evie avait peur (mais moins qu'Annie quand elle constatait que sa mère était toujours chez elle) et elle voulait que sa fille ne tarde pas trop (dans ses rêves !).

Annie lui promit toutefois d'appeler la police, puis de passer chez un traiteur et de rentrer à temps pour regarder les infos du soir avec elle.

Rebecca avait été consternée d'apprendre que la fouille de l'appartement d'Annie n'avait rien donné. Il n'y avait chez elle aucun tableau et pas davantage d'indices concernant un réseau de malfaiteurs. Soit c'était par une énorme et très improbable coïncidence que cette fille avait acheté le Watteau, soit – hypothèse à la fois plus plausible et plus effrayante – elle faisait partie d'une organisation extrêmement bien organisée. Parce qu'elle connaissait mieux que quiconque le monde de l'art, Rebecca chercha qui possédait les ressources et les compétences nécessaires pour monter un tel coup. Que voulait cette personne ? Elle avait parfaitement conscience que l'antipathie suscitée par sa galerie et sa famille allait bien au-delà du milieu professionnel. L'ascension fulgurante des Winkleman avait fait des envieux : simple réfugié sans le sou à son arrivée en Angleterre, Memling pesait à présent plusieurs milliards de livres. Et parce qu'ils étaient juifs, lui et les siens étaient et resteraient à jamais des outsiders.

Le secret dont ils s'entouraient exaspérait aussi les gens. En tant que société privée, la galerie ne publiait jamais ses résultats, et tous les employés étaient tenus de respecter des clauses de confidentialité. La famille ne donnait pas d'interviews et ne commentait pas l'actualité. Ses membres étaient méticuleux, intelligents, bien renseignés, besogneux, discrets et totalement insondables. Dans ce milieu essentiellement peuplé d'universitaires et autres érudits issus de grandes écoles privées, un milieu où il était de mise de ne pas se soucier des questions d'argent et où les déjeuners prolongés et les vacances estivales étaient la norme, les Winkleman surpassaient facilement leurs concurrents en faisant preuve d'ordre et de discipline – mais aussi en s'appuyant sur la capacité troublante de Memling à retrouver de grandes œuvres d'art que l'on croyait disparues.

Tels de grands requins blancs évoluant dans des eaux agitées, Rebecca et lui ne cessaient jamais de travailler. Leurs nombreux contacts à l'étranger leur assuraient des informations vingt-quatre heures sur vingt-quatre et sept jours sur sept. Dès qu'un tableau potentiellement intéressant était mis aux enchères dans la petite salle de vente d'une ville perdue au milieu de nulle part, ils en étaient informés. Quand une famille envisageait de vendre l'œuvre d'un grand maître, ils étaient les premiers à le savoir. Armés de leur fortune et d'un cran redoutable, ils parvenaient presque toujours à leurs fins. Au fil des ans, Memling s'était constitué une base de données exhaustive sur les collectionneurs du monde entier, en y intégrant leur âge, leur état de santé, leurs probables héritiers et leur fortune nette – laquelle était constamment réévaluée. Que vous soyez un noble désargenté avec un bon tableau de Joshua Reynolds en votre possession ou un spéculateur riche de plusieurs milliards, vous pouviez compter sur Winkleman pour se manifester auprès de vous à l'occasion de votre anniversaire ou de quelque autre événement important. Une anecdote souvent racontée semblait illustrer la manière dont Memling faisait affaire : alors qu'il dînait sur son yacht à des kilomètres de toute civilisation, le cinquième homme le plus riche du monde, Victor Klenkov, eut la surprise de voir un petit bateau s'approcher du sien. Memling Winkleman avait chargé un émissaire de lui apporter une bouteille de Bollinger vintage et un petit dessin signé de Degas accompagné du mot suivant : « Tous mes meilleurs vœux pour votre cinquante-deuxième anniversaire. J'espère vivement faire un jour votre connaissance. Memling Winkleman. » À l'époque, Klenkov n'avait encore jamais acheté de tableau, mais dès la semaine suivante, il s'était offert l'une des premières toiles de Degas pour 15 millions de livres. À la Winkleman Fine Art, évidemment.

Employant les meilleurs spécialistes du monde entier, la galerie n'avait pas à chercher bien loin des personnes capables d'authentifier les objets qui arrivaient chez elle. Un expert était toujours là pour s'en charger. Les tableaux importants faisaient l'objet de comptes rendus élogieux, tandis que les œuvres majeures bénéficiaient de leur propre monographie. Les Winkleman détenaient même un droit d'authentification autoproclamé – mais largement accepté – concernant certains artistes.

Les tableaux, les sculptures, les bas-reliefs, les tapisseries et les antiquités étaient leur spécialité. Le seul domaine dans lequel ils évitaient de s'aventurer était l'art contemporain – « autant tirer sur des serpents venimeux avec un pistolet à eau », disait Memling, qui s'était fixé comme limite 1973, l'année de la mort de Picasso.

Dans leur galerie de Curzon Street, ils organisaient des expositions encensées par la critique, avec des catalogues d'une qualité dont les musées pouvaient seulement rêver. Lorsque la cote d'un artiste apprécié de la famille commençait à plonger, Memling mettait anonymement en vente une de ses œuvres mineures, puis enchérissait contre lui-même jusqu'à ce que le prix atteigne des sommets. Il assurait ainsi une nouvelle valeur de référence à son artiste, et en général il ne fallait pas attendre longtemps pour qu'un ou deux autres tableaux réalisés par le même peintre – et détenus par la Winkleman Fine Art – surgissent comme par hasard sur le marché.

Pour ce que Rebecca en savait, c'était la première fois que le « système » mis en place par son père se révélait inutile, et pourtant il refusait toujours de faire appel à une aide extérieure. Après avoir renvoyé tous ses appels vers sa messagerie et verrouillé la porte de son bureau, elle fit les cent pas le long des quelque quatorze mètres d'étagères murales de la pièce, sur lesquelles s'entassaient un millier de monographies d'artistes – qu'elle avait toutes étudiées, bien sûr. Elle aurait tant voulu comprendre l'intérêt de son père pour le tableau de Watteau. Le silence qu'il opposait à ses questions n'était pas inhabituel : chez lui, l'amour du secret confinait à la maniaquerie. Lorsqu'elle insistait, il se contentait de répondre que moins elle en saurait, mieux cela vaudrait. L'ignorance la protégeait. Cette attitude illustrait bien la nature de leurs rapports : Rebecca n'était la présidente-directrice générale de la Winkleman Fine Art que sur le papier, Memling prenait seul toutes les décisions. Du reste, elle n'occupait ce poste que par défaut, après en avoir hérité sept ans plus tôt suite à la mort soudaine de son frère Marty. À l'époque, sa fille Grace était encore lycéenne et elle-même travaillait à la galerie en tant que responsable des collections. Bien qu'elle eût soutenu une thèse sur les tableaux de la Renaissance à l'Institut Courtauld et publié quatre ouvrages sur la peinture florentine, personne ne s'était attendu à ce qu'elle prenne la relève : elle n'était que la fille de Memling, après tout.

Rebecca s'était surprise elle-même, et avait surpris ses collègues par la même occasion : elle était en fait bien plus qualifiée pour diriger une entreprise que cette tête brûlée de Marty. Son frère avait été un brillant négociateur – une qualité qu'elle ne posséderait jamais –, mais elle était méthodique, organisée et extrêmement compétente. Et à défaut d'être très appréciée, au moins était-elle respectée dans le monde de l'art pour sa perspicacité et ses connaissances.

Sans cesser d'aller et venir, elle tenta de faire le vide dans son esprit et de se concentrer uniquement sur le tableau. Puisque son père refusait de lui dire pourquoi il était si important, elle devrait le découvrir seule. Cela ne lui ressemblait pas du tout, mais elle n'avait pas envie de se plier à ses instructions. Elle en venait même à douter de son jugement. Pour la première fois de sa vie, cet homme autoritaire et tout-puissant lui apparaissait vulnérable et effrayé.

Elle s'avança vers une énorme cheminée en bois sculpté de Grinling Gibbons, tourna le bouclier d'un griffon et attendit que s'ouvre une petite porte dérobée donnant sur une pièce de dix-sept mètres carrés, connue seulement de Marty, de Memling et d'elle-même. Outre quelques tableaux, c'était là que se trouvaient les archives de la société, et notamment le détail de toutes les œuvres d'art passées entre ces murs et de toutes les ventes réalisées par la galerie – secrètement pour beaucoup d'entre elles. Ces documents remontaient jusqu'à l'arrivée de Memling en Angleterre en 1946, peu de temps après qu'il eut été libéré d'Auschwitz. Âgé de quinze ans au début de la guerre, il n'avait jamais pu finir sa scolarité mais, ainsi qu'il l'avait souvent dit à Rebecca, sa mère avait été enseignante aux Beaux-Arts et s'était réjouie de sa passion pour la peinture. Les sévices qu'il avait subis au camp de concentration (une période de sa vie dont il ne parlait jamais) l'ayant rendu incapable d'occuper un emploi standard, il s'était rabattu sur la seule option possible pour lui : connaître, aimer et vendre des tableaux.

Rebecca referma derrière elle la porte de la chambre forte et s'approcha des étagères qui supportaient les grands livres de comptes de la galerie. Les volumes de 120 × 90 cm, tous reliés en cuir, étaient réalisés spécialement pour les Winkleman par une entreprise berlinoise. Memling y avait consigné d'une écriture soignée et bien lisible toutes les œuvres qu'il avait négociées, en précisant leur origine ainsi que leur prix d'achat et de revente. Une série d'annotations ou de renvois détaillaient également leur provenance et divers autres éléments importants. Plus de 1 150 tableaux figuraient là, la plupart acquis au cours des trente années précédentes à l'occasion de ventes aux enchères ou de ventes privées. L'étude de ces livres offrirait à n'importe quel historien un aperçu fascinant du marché de l'art et de l'histoire du goût, songea Rebecca. Elle prit le premier, qui correspondait à l'année 1946, et commença à le parcourir. Elle n'avait pas de photo du tableau manquant, juste une description et une photocopie de l'entrée qui le concernait dans le catalogue de Jean de Julienne. Apparemment, il s'agissait d'une peinture à l'huile sur toile mesurant 45 × 60 cm. Datée de 1703 et signée Jean-Antoine Watteau, elle montrait une femme qui aguichait son amant dans une clairière sous le regard d'un clown. Il fallait donc qu'elle se concentre sur les œuvres françaises du XVIIIe siècle.

Un peu plus tôt ce jour-là, elle avait consulté la base de données informatique de la galerie et découvert que trois Watteau étaient déjà passés entre les mains de Memling par le passé. Le plus récent avait été acheté dix ans plus tôt environ lors d'une vente aux enchères, le deuxième dans les années 1970, et le dernier entrait dans une catégorie spéciale dite VZW (*Vor dem Zweiten Weltkrieg*), qui s'appliquait à une poignée de toiles acquises avant la Seconde Guerre mondiale. Comme toujours, Rebecca fut frappée par la chance dont avait joui sa famille par opposition au malheur qui avait frappé les vendeurs de ces tableaux. Ainsi que Memling l'avait raconté à ses enfants, de nombreux juifs avaient souhaité quitter Berlin dans les années 1930 face à la montée du parti nazi, mais beaucoup n'avaient pas les moyens de fuir. Sachant qu'Esther Winkleman était amatrice d'art et que son mari Ezra gagnait bien sa vie en tant qu'avocat, ceux qui possédaient des œuvres intéressantes les leur avaient vendues. Après la guerre, rares furent les survivants à souhaiter les récupérer. « Nous avons sauvé beaucoup de personnes », affirmait Memling. Une autre référence, NZW, désignait quant à elle la période immédiatement postérieure à la guerre, quand le marché de l'art était tombé au plus bas. Une fois de plus, les Winkleman étaient venus en aide à de pauvres juifs désireux d'échanger leurs biens de valeur contre de la nourriture et d'autres produits de première nécessité. « Les racines de notre galerie, expliquait encore Memling, plongent dans une tristesse légitime et inéluctable. »

Rebecca avança rapidement en passant en revue

les grands livres les uns à la suite des autres. Son père prétendait avoir perdu son Watteau une vingtaine d'années plus tôt, mais refusait de dire quand il l'avait acheté, et à qui. Elle éplucha toutes ses transactions jusqu'à la fin des années 1990 sans trouver aucune mention d'un tableau correspondant à celui qu'elle cherchait. Cela la laissa perplexe. Memling tenait ses dossiers avec le plus grand soin et n'omettait jamais le moindre détail. Pourquoi s'intéressait-il à une toile dont il ne semblait pas être propriétaire ?

Lorsque cela était possible, la description de chaque œuvre s'accompagnait d'une photographie et d'une facture originale. Pas étonnant que Marty ait voulu écrire un livre sur ces transactions : il avait rêvé de raconter l'histoire de l'anéantissement des juifs allemands à travers la spoliation de leurs biens. Memling s'était farouchement opposé à cette idée – la guerre et ses conséquences étaient encore bien trop récentes pour lui –, et cette question était devenue source de conflit entre eux. Rebecca perçut soudain durement l'absence de son frère. Il se passait rarement une journée sans qu'il lui manque. Alors qu'elle était ordonnée, prudente et mesurée, il avait été passionné, plein de vie et d'énergie. Elle comprenait l'art parce qu'elle avait étudié les œuvres et leur histoire. Marty, lui, le sentait : sans avoir jamais ouvert une monographie ou étudié une esquisse, il savait d'instinct quel tableau pouvait être qualifié de remarquable et comment le peintre était parvenu à ce résultat.

Supposant que son père avait commis une erreur,

Rebecca se pencha sur les tableaux d'autres artistes de cette période, comme Pater, Lancret, Boucher et Fragonard, mais elle ne trouva de nouveau que matière à s'étonner devant la qualité et la rareté des peintures que Memling avait achetées. S'il en avait gardé ne serait-ce que la moitié, ils auraient pu fonder un musée d'envergure internationale.

Un coup d'œil à sa montre lui apprit que deux heures s'étaient écoulées. Elle avait encore une demi-heure avant son rendez-vous avec un client venu de Suisse acheter un Cézanne. Elle souleva le grand livre de 1974 mais, gênée par son poids, elle se tordit gauchement en le rangeant sur son étagère. C'est alors qu'elle aperçut un petit cahier d'exercices scotché sous le rayonnage. Intriguée, elle le détacha. Son cœur fit un bond devant l'écriture familière de son frère, ces grandes courbes désordonnées qui rendaient fous ses professeurs. Memling plaisantait autrefois en disant que si ses enfants s'étaient réincarnés en peintres, Rebecca aurait été Ingres, toujours si soigneux et précis, tandis que Marty aurait plutôt été un Titien tardif aux coups de pinceau audacieux et romantiques.

À l'intérieur du cahier, Rebecca découvrit avec confusion des références à quelque cent vingt-cinq tableaux, accompagnées de dates et de notes concernant leur provenance. Pourquoi son frère avait-il créé un système distinct de celui de leur père, qui pourtant fonctionnait bien ? À côté de chaque entrée, Marty avait également griffonné des symboles, des lettres et d'étranges annotations dont aucune ne faisait sens à ses yeux – tout comme l'adresse à Berlin rédigée en lettres majuscules qui figurait sur la couverture.

À l'aide de son Smartphone, elle photographia chaque page du cahier avant de le replacer sous l'étagère. Quelque chose lui soufflait qu'il était lié au tableau disparu. Puis elle regagna son bureau où, par une petite paroi vitrée donnant sur la galerie, elle vit que son client était arrivé et qu'il étudiait un Turner. Elle appela aussitôt son assistante.

— Liora, annulez tous mes rendez-vous jusqu'à demain soir. Et dites à John de s'occuper de mon client.

— Puis-je faire quoi que ce soit pour vous ?

— Non, merci.

Liora et tous les autres membres du personnel ne devaient pas soupçonner l'existence d'un problème. Les Winkleman avaient bâti leur entreprise sur un socle solide de peur, de respect et de confiance.

Avant de s'en aller, Rebecca vérifia que la caméra de surveillance braquée en permanence sur la cuisine d'Annie marchait bien - un dispositif complété par le travail d'une agence de détectives privés chargée d'espionner les moindres faits et gestes de son employée, ainsi que tous ses appels et ses mails. Puis, munie de son passeport et d'un nécessaire de voyage qu'elle tenait prêt en permanence, elle sortit par la porte de service et héla un taxi. Cette fois, elle n'utiliserait pas le jet privé de la société.

— À l'aéroport d'Heathrow, dit-elle.

Barty et Vlad faisaient le tour du propriétaire d'une maison de Chester Square parfaitement rénovée, entièrement dans des tons blanc, crème et beiges.

— C'est d'une laideur à faire peur, mais on pourrait en tirer quelque chose, pépia Barty.

— C'est bien, tout neuf, répondit Vlad en s'avançant timidement sur un tapis de laine blanc neige.

— Non, mon cher. Ce n'est pas bien, mais vulgaire.

— Vulgaire ?

Ce mot revenait souvent dans la bouche de Barty. Au cours des quelques heures précédentes, il avait qualifié beaucoup de choses de vulgaires, parmi lesquelles l'amour porté à une mère, les vitamines, l'eau gazeuse, les pashminas, les soirées tranquilles à la maison, les petites culottes en nylon, Mayfair, les cartes de visite, les sushis, les bougies parfumées, les BMW, le sud de la France, Courchevel, les enfants qui portaient des noms de bijou ou de banlieue, les vacances d'été et, pire que tout, le blouson en cuir adoré de Vlad.

— Il faut fuir le vulgaire. C'est bon pour les gens ordinaires, dit-il en émettant des tss-tss réprobateurs à la vue du grand salon peint en blanc cassé. Je déteste le beige. Ça me donne l'impression de vivre dans un slip sale. Moi, je vois du rouge, je vois des rideaux à festons, je vois des canapés en velours, je vois des poufs, je vois un grand lustre en cuivre, je vois *Performance*, Mick Jaeger et Marianne Faithfull, des narguilés, des plaids en cachemire et des kilims !

Emporté par son enthousiasme, il se mit à sautiller d'un pied sur l'autre.

Vlad n'avait pas la moindre idée de ce dont il

parlait, mais il avait appris qu'il était plus simple d'acquiescer. Il se demanda juste s'il y avait assez de murs dans cette maison pour inciter une conseillère du genre de Liudmila à entrer dans sa vie.

— Il nous faut mettre ce lieu en scène, créer une ambiance.

Vlad balaya les lieux du regard.

— Le blanc, bien.

— Non, mon cher, le blanc est vulgaire. Soyez plus attentif, le sermonna Barty en levant la tête vers son large torse.

— La maison, combien ?

Vlad ne l'aimait pas particulièrement, mais Barty l'avait déjà traîné dans six propriétés différentes. Convaincu que sa suite au Connaught était truffée de micros et de plus en plus paranoïaque devant les nouvelles qui lui parvenaient de Moscou, il aspirait à avoir un endroit où il serait chez lui. La société de sécurité privée qu'il employait lui avait assuré que ce manoir et le petit logement aménagé dans ses anciennes écuries à l'arrière seraient faciles à protéger.

— Il vous en coûtera 24 millions pour un bail de longue durée et cinq de plus pour la décorer, répondit Barty de sa voix la plus apaisante.

— OK. J'achète.

Incapable de trouver un parcmètre, Beachendon s'était garé à près d'un kilomètre de sa destination, dans un parking niché sous des arcades. Ici au moins, personne ne lui raierait sa carrosserie ni ne ferait brûler sa voiture. Un jeune avec une casquette de base-ball vissée sur le crâne lisait une bande dessinée dans une petite cabine. Sans même le regarder, il lui tendit un ticket.

— Whitechapel Road ? demanda Beachendon.

— Allez au bout de la rue, tournez deux fois à gauche, une fois à droite et continuez tout droit.

En sortant du parking, le comte resserra sur lui son manteau en cachemire bleu marine et transféra ses clés dans une poche de son pantalon et son téléphone dans l'autre. N'aurait-il pas mieux fait de laisser son portefeuille dans la voiture ? Les bâtiments environnants, mélange de divers styles et époques, ne lui inspiraient guère confiance – une ancienne usine victorienne côtoyait un immeuble de bureaux des années 1970, un quartier résidentiel des années 1980 et un établissement scolaire flambant neuf construit en bois et en acier inoxydable. Une adolescente s'avança vers lui en tenant en laisse un chien qui lui fit l'effet d'une arme de destruction massive. Avec ses cheveux roses et violets et son anneau dans le nez, la fille puait l'insolence à des mètres à la ronde. Quant à son chien, il avait une tête blanche presque triangulaire qu'il balançait d'un côté et de l'autre en haletant, sans doute en quête d'un mollet à mordre ou d'une gorge à déchiqueter. Beachendon envisagea un instant de traverser la rue, mais choisit finalement de ne pas reculer devant la confrontation. La fille et son chien passèrent près de lui sans incident.

Il continua à avancer en réfléchissant à l'ultimatum de Monachorum : il disposait de six mois pour réaliser une vente ou une série de ventes de nature à redresser la situation de la maison et à combler le déficit. En clair, on ne faisait que surseoir à son exécution. Peu de gens, y compris lui-même, le croyaient capable d'organiser une vente aux enchères record de 300 millions de livres dans un laps de temps aussi court. Il avait tout de même épluché ses notes et sa base de données et, au bout du compte, avait établi une liste de vingt collectionneurs ou artistes éventuellement susceptibles – et encore était-il optimiste – de se laisser convaincre de lui confier leur collection.

Il mit vingt minutes à trouver la maison de sir Patrick O'Mally – vingt minutes durant lesquelles il croisa cinq nouveaux tueurs à quatre pattes et leur propriétaire. Que n'aurait-il pas donné pour avoir un chauffeur... Mais il pouvait toujours courir : sa hiérarchie ne l'autorisait qu'à prendre un taxi de temps à autre, et à condition qu'il ne sorte pas du périmètre défini par la M25. Il les emmerdait tous, avec leurs coupes budgétaires et leur radinerie. Et surtout Roger Linterman. Il vendait chaque semaine pour plusieurs dizaines de millions de livres de tableaux à des collectionneurs dont le revenu annuel excédait le PIB de nombreux pays. Il faisait des offres sur des œuvres parfois importantes, mais le plus souvent médiocres, dont le montant aurait pu rembourser mille fois son découvert. C'était son boulot de susciter le désir des acheteurs et de les amener à se livrer des batailles frénétiques, de faire naître en eux le frisson de la chasse, l'envie de s'arroger tel ou tel objet d'art – autant dire d'encourager l'injustifiable dans sa poursuite de l'immangeable[1] –, et pourtant ses supérieurs insistaient pour qu'il prenne les transports publics ou qu'il utilise sa propre voiture déglinguée qui ne passerait probablement pas le contrôle technique cette année, ajoutant encore à l'humiliation de son propriétaire fauché.

Beachendon se força à se concentrer sur le présent et sortit une antisèche de sa poche afin de réviser tous les détails concernant la vie du collectionneur auquel il s'apprêtait à rendre visite.

Né dans une famille d'émigrés irlandais de la classe ouvrière, sir Patrick O'Mally avait étudié l'art au Ruskin College d'Oxford, et plus tard à l'Institut Courtauld de Londres, où il s'était pris de passion pour les œuvres de la Renaissance allemande. Il avait écumé les petites salles de vente et les collections privées, mais durant cinquante ans, entre 1934 et 1984, il n'avait été qu'un enthousiaste solitaire qui achetait des tableaux et publiait ses pensées sur le sujet à l'intention d'un petit groupe de connaisseurs. Jusqu'au jour où, bien des années plus tard, le marché l'avait rattrapé.

Cela faisait à présent presque trente ans que des marchands d'art, des galeristes, des commissaires-priseurs, des collectionneurs et des directeurs de musée lui faisaient la cour dans l'espoir de soustraire ne serait-ce qu'une toile à sa collection de soixante-quatorze grands maîtres, d'une valeur estimée à plus

1. Allusion à une célèbre citation d'Oscar Wilde qui définissait la chasse au renard comme « l'innommable à la poursuite de l'immangeable ».

de 100 millions de livres. Les œuvres importantes étaient prêtées aux principaux musées du monde entier, et seules les plus petites demeuraient dans sa maison de Whitechapel. Plus sir Patrick vieillissait, plus ses admirateurs s'empressaient autour de lui, le plus dévoué d'entre eux n'étant autre que Memling Winkleman, qui chaque année lui organisait une fête d'anniversaire plus somptueuse que la précédente. Mais sir Patrick n'avait jamais eu besoin de vendre ses tableaux : il vivait confortablement grâce aux largesses de ses courtisans. Lorsqu'il souhaitait quelque chose – que ce soit un nouveau toit, un téléphone portable ou une dinde –, il lui suffisait de décrocher son téléphone, et il y avait toujours une vingtaine de personnes au moins pour considérer que satisfaire le moindre de ses désirs constituait un investissement valable.

La maison de sir Patrick était une belle villa cachée derrière un mur de Whitechapel High Street. Quelques siècles plus tôt, elle se serait trouvée en rase campagne, mais des bus et des camions en faisaient désormais trembler les fondations en allant et venant lentement entre Londres et sa banlieue. Beachendon n'avait pas mis les pieds dans cette partie de la ville depuis qu'il était venu assister aux funérailles d'un éminent philanthrope juif rescapé de l'Holocauste qui avait cassé la baraque à la Bourse de Londres. Malgré une fortune estimée selon la rumeur à 20 millions de livres, Manny Perkins avait toujours refusé de quitter le studio que la ville lui avait alloué à son arrivée à Londres en 1946.

« C'est pour ne pas oublier », disait-il à sa famille et à ses amis.

Il avait été enterré dans un cimetière juif derrière la rue principale de Whitechapel, le corps enveloppé d'un simple drap blanc et déposé dans un cercueil grossièrement taillé ballotté sur une brouette à travers le cimetière. En partant, le comte avait présenté ses condoléances à Mme Perkins et à ses quatre fils.

« Ne soyez pas triste pour nous, mon cher, avait-elle répondu gaiement. Nous allons enfin pouvoir emménager dans la maison de nos rêves à Epsom.»

Beachendon sonna à la porte et attendit quelques minutes qu'une femme vêtue d'une austère robe bleue vienne lui ouvrir. Supposant qu'il avait affaire à une infirmière ou une gouvernante, il lui sourit gracieusement et lui tendit son manteau.

— Sir Patrick vous attend, dit-elle. Puis-je vous proposer du thé ou un café ?

— Auriez-vous du sherry, par hasard ? demanda le comte, qui estimait avoir bien mérité un petit remontant.

— Je vais voir en cuisine.

Il la suivit dans une pièce au sous-sol et remarqua avec étonnement qu'elle portait des escarpins à petits talons bordés de fourrure à l'avant, et non les chaussures confortables souvent propres aux employées de maison.

— D'où venez-vous ? demanda-t-il poliment.

— De Lechdale, répondit-elle d'un ton ferme qui coupait court à toute autre question.

Beachendon éprouva soudain le désir d'appuyer sa tête sur son épaule, de se libérer de son fardeau, de lui parler de ses dettes, de ses petites demoiselles Sans-le-Sou et de son fils, le vicomte Draycott. Il aurait voulu lui dire que si sir Patrick n'acceptait pas de vendre au moins trois de ses tableaux par l'intermédiaire de Monachorum, il perdrait très certainement son travail, tandis que ses beaux enfants et sa noble épouse finiraient dans un logement social, avec pour toute ressource de maigres allocations.

— Vous feriez mieux de monter à l'étage pendant que je cherche une bouteille de sherry, dit son hôtesse. Patrick vous attend. Vous le trouverez dans la pièce à droite au bout du couloir.

Beachendon aurait préféré s'attarder encore un peu dans la cuisine, mais quelque chose dans l'attitude de cette femme l'en dissuada.

À tout juste quatre-vingt-dix-huit ans, et bien qu'il eût toujours toute sa raison, sir Patrick était confiné dans un fauteuil roulant et son état physique s'était dégradé au point que sa tête pendait, inerte, vers son épaule gauche.

— Bonjour, Patrick ! lança Beachendon avec entrain.

Le vieil homme ne répondit pas et se contenta de le fixer de ses yeux vitreux et humides aux contours rosis.

— Ça doit faire au moins vingt ans qu'on ne s'est pas vus, continua le comte, qui hésita à s'asseoir et à incliner la tête comme lui sur le côté, avant d'opter pour une posture plus naturelle. Vous avez une infirmière très sympathique. Ou peut-être est-ce votre gouvernante ? J'aimerais en avoir une comme ça, en tout cas.

Sir Patrick cligna des paupières. Beachendon commençait à s'inquiéter à l'idée que le vieil homme soit incapable de décrocher un mot.

— Quoi de neuf, sinon ?

Un bruissement se fit entendre derrière lui et la femme qui lui avait ouvert revint avec un petit verre rempli d'un liquide brun.

— Nous n'avons pas de sherry, mais je vous ai trouvé du brandy. Ça ira ?

Beachendon lui sourit avec reconnaissance et vida son verre d'un trait.

— J'ai relu votre monographie sur Jan Gossaert l'autre jour. Elle reste l'une des œuvres les plus objectives, les plus enrichissantes et les plus inspirantes à avoir été rédigées sur un artiste.

Sir Patrick cligna un peu plus des paupières.

— Dire que lorsque vous l'avez écrite Gossaert était un grand maître oublié... C'est incroyable, quand on y pense, que vous ayez autant défendu la Renaissance allemande alors que tout le monde qualifiait ce mouvement de laid et de grossier.

Beachendon avait conscience de parler trop, mais il ne voyait pas vraiment comment gérer cette conversation à sens unique.

— De nos jours, tout est tendance, à un endroit ou à un autre, conclut-il lugubrement.

— Nous préférons quant à nous son livre sur Holbein, intervint la femme.

Cet emploi du « nous » dérouta le comte. Le vieil homme communiquait-il ses pensées à travers elle ? Il s'efforça toutefois de ne pas se montrer condescendant envers cette infirmière qui, supposait-il, en savait plus long sur les cathéters et les bassins hygiéniques que sur Altdorfer et Cranach.

— Bien sûr, cette monographie-là aussi est remarquable, mais la réputation d'Holbein n'était plus à faire comparée à celle de Gossaert. Nous le connaissons tous grâce à son séjour en Angleterre et à ses portraits d'Henri VIII.

— Nous ne prêtons guère attention aux modes, objecta-t-elle en souriant.

— Permettez-moi de vous rappeler que sir Patrick a écrit tout un livre sur le goût à travers les âges et l'importance de la provenance des œuvres.

— Un livre qui en est déjà à sa dix-huitième édition. Patrick est si intelligent, dit-elle en posant un tendre regard sur le vieil homme.

Beachendon sentit une rougeur l'envahir et se diffuser jusque dans son cou. Il n'était tout de même pas possible que cette charmante jeune créature, à peine plus âgée que l'aîné de ses enfants, ait une relation de quelque nature que ce soit avec l'espèce de cadavre qui se tenait avachi sur son fauteuil roulant ?

— Nous n'avons pas été officiellement présentés, dit-il en lui tendant la main.

— Je suis Josephine O'Mally, la femme de Patrick. Appelez-moi Jo.

— Sa femme ?

— Depuis l'année dernière. Je suppose qu'on peut par conséquent nous qualifier encore de jeunes mariés.

Beachendon dévisagea tour à tour Josephine O'Mally et son mari.

— Je sais ce que vous pensez, dit-elle. Quelle est la première qualité qui m'a attirée chez ce célèbre millionnaire et collectionneur d'œuvres d'art ?

Il ne put que sourire faiblement.

— C'est son intellect, continua-t-elle. Sir Patrick m'a arrachée à ma petite vie ennuyeuse pour me transporter dans un monde imaginaire de félicité et de fantaisie.

— De félicité et de fantaisie ?

— De félicité et de fantaisie, oui. Nous sommes très heureux.

Beachendon se tourna vers sir Patrick et vit une petite bulle de salive se former sur sa lèvre supérieure tandis qu'il s'efforçait d'articuler un mot.

— Enorjkement.

Jo s'approcha de son mari et l'embrassa doucement sur la joue.

— Je sais ce que vous pensez d'autre, dit-elle.

— Ah oui ? répliqua Beachendon, le moral au plus bas.

— Fesilkoiserek, ajouta sir Patrick.

— Puis-je avoir encore un peu de brandy ?

— Vous conduisez ? Parce que, dans ce cas, je vous le déconseille. Maintenant, si vous nous disiez ce qui nous vaut le plaisir de vous voir ?

— C'est une simple visite de courtoisie.

— De courtoisie ?

— Chossekriprans.

— Sir Patrick croit plutôt que vous voulez le persuader de vendre sa collection, traduisit Jo.

— Sclorifichtasi.

Elle s'agenouilla à côté de son mari et essuya doucement la bave sur sa lèvre inférieure.

— Tu es sûr de vouloir me faire dire ça, chéri ?

— Chijustpoichldki.

— Il dit que tous ces connards de vautours dont vous faites partie lui tournent autour depuis des années, mais qu'il n'a pas l'intention de clamser de sitôt.

— Je vous assure que je suis passé par politesse, protesta Beachendon.

— Crakesrousejkioshtejkent.

— Et que sa mère est la reine de Tombouctou.

— Vlskjidhsot.

— Pardon, de Vladivostok.

Beachendon contempla les tableaux qui recouvraient les murs du sol au plafond, dont un petit portrait d'Érasme par Holbein - une étude préfigurant l'œuvre majeure exposée à la National Gallery -, deux Bruegel tardifs, un Lucas Cranach presque parfait qui représentait une jeune fille et un Matthias Grünewald montrant une vieillarde. Il s'était laissé dire aussi qu'au premier étage de la maison, dans de gros coffres en acajou, se trouvaient des liasses entières de dessins inestimables, et qu'il fallait encore y ajouter quatre étages remplis de grands tableaux, tous achetés pour moins de 200 livres par sir Patrick dans sa jeunesse.

Beachendon avait rêvé de mettre toute la collection aux enchères en organisant une grande vente qui se serait déroulée sur trois jours. Et voilà que, au moment où tout le monde pensait qu'il ne passerait pas un autre hiver, le vieux venait d'épouser une jeune femme qui semblait bien partie pour vivre encore cinquante ans. Si jamais il lui avait légué sa collection, alors la cour attentive que les chasseurs d'œuvres d'art du monde entier lui faisaient depuis des décennies se révélerait totalement inutile. Déçu et amer, le comte se consola seulement un peu à l'idée que d'autres que lui seraient encore plus verts de rage en apprenant l'existence d'une nouvelle lady O'Mally.

— Je n'en reviens pas qu'il soit si tard, déclara-t-il en se levant et en s'inclinant légèrement devant lady Jo. J'étais en route pour Cambridge, où je dois assister à une conférence, et j'ai eu envie de vous saluer au passage.

— Je vais chercher votre manteau. Tenez compagnie à Patrick en attendant.

Sitôt qu'elle fût sortie de la pièce, Beachendon se pencha vers le vieil homme et approcha son œil tout près du sien.

— Jeu, set et match. Bravo, mon vieux, murmura-t-il.

— Putechvi, dit sir Patrick, avec sur les lèvres l'ombre d'un sourire.

Lady Jo réapparut peu après.

— C'est si agréable de recevoir la visite de quelqu'un qui veut juste vous saluer. L'autre jour, un conservateur de musée américain a débarqué chez nous et nous a simplement tendu sa carte de crédit en disant : « Votre prix sera le mien », comme si nous étions des éleveurs de moutons de Glamorgan.

Beachendon enfila son manteau et hocha la tête avec compassion.

— Un autre a même tenté de me séduire ! Il m'a fait du rentre-dedans en prétendant vouloir me réconforter sur un plan particulier et d'une façon particulière dont mon mari était incapable. J'étais scandalisée. Outragée, même.

— J'imagine.

— J'ai failli appeler la police.

Le comte se tourna vers sir Patrick et lui fit un signe de la main, mais le vieil homme avait déjà fermé les yeux.

— C'est l'heure de sa sieste, dit lady Jo avec un petit geste en direction de la porte.

— Je vous laisse ma carte de visite au cas où vous auriez besoin de mes services.

— J'ai tout ce qu'il me faut pour le moment, répliqua-t-elle en souriant.

Beachendon repartit vers sa voiture. Ce fut à peine cette fois s'il remarqua les armes canines de destruction massive sur son chemin. De même, il marcha dans une grosse merde de chien sans s'arrêter pour nettoyer sa chaussure. À quoi bon ? Parvenu devant le parking, il constata que la porte était fermée par un cadenas. Quelqu'un avait scotché un mot dessus : « Prob. familiaux. Dois partir. Dsl. Serai de retour plus tard. »

Il fit demi-tour et revint vers Whitechapel dans

l'espoir de trouver une station de métro. Les derniers rebuts d'un marché de fruits et légumes jonchaient le trottoir. Les commerçants démontaient leurs étals, des cagettes de choux et de pommes invendus s'empilaient par terre et le sol était couvert de feuilles abîmées.

— Cinq livres le dernier cageot d'poires ! lança un vendeur sans grand enthousiasme.

À chacun de ses pas, Beachendon respirait des effluves de crottes de chien et de chou pourri.

Comment en était-il arrivé là ? Il se revit quarante ans plus tôt : à dix-huit ans, frais émoulu d'Eton et sur le point d'entrer à Oxford, il était encore un jeune garçon séduisant qui jouissait d'un réseau de relations irréprochable et se préparait à hériter d'un domaine et d'un prestigieux titre de noblesse. Mais le fossé entre ses attentes et la réalité s'était creusé d'année en année à mesure qu'il prenait conscience de l'ampleur des erreurs de gestion commises par son père. Cinq semaines après le décès de celui-ci, la maison de vente aux enchères qui l'employait à présent s'était chargée de diviser son patrimoine en une série de lots. Même ses ours en peluche avaient été catalogués comme des « souvenirs d'enfance aristocratiques ». Assis au premier rang des acquéreurs potentiels, sa mère et lui avaient levé la main à plusieurs moments opportuns afin de faire monter les enchères, mais rien n'avait jamais atténué la douleur cuisante de voir tout leur mobilier, du bureau Riesener aux baignoires sabots des domestiques, être cédé au rabais à des chasseurs d'héritage. Il n'avait rien gardé d'autre qu'une montre de gousset, un titre de noblesse et quelques connaissances en matière de mobilier. Parce que les entreprises aimaient voir un noble siéger à leur conseil d'administration, il avait décroché quelques postes de directeur non exécutif, puis une place d'employé dans une maison de vente aux enchères. À force de travail et de ténacité, il avait gravi les échelons jusqu'à être nommé commissaire-priseur en chef, mais si le marché de l'art avait prospéré, lui-même ne pouvait pas en dire autant. Contrairement à ses clients, devenus de plus en plus riches, son salaire avait à peine suivi l'inflation.

La seule bonne nouvelle de la journée était qu'il avait pensé à glisser sa carte de transport dans son portefeuille ce matin-là et qu'il lui restait juste assez de crédit dessus pour traverser Londres jusqu'à son bureau.

17

Debout dans l'ombre d'un immeuble gris du quartier de Friedrichstadt, à Berlin, Rebecca se sentait ridicule. Elle était parvenue à l'adresse notée sur le cahier de son frère, mais sans savoir ce qu'elle faisait là ni ce qu'elle cherchait. Dans sa vie professionnelle, elle se targuait d'être une spécialiste des faits objectifs et des dates, une historienne sérieuse dont la réputation reposait sur des jugements mûrement réfléchis. Dans sa vie personnelle, elle ignorait les petites excentricités de son mari et s'appliquait à remplir ses devoirs de mère et d'épouse. Ce comportement digne et stable lui procurait un certain réconfort. Prendre un avion sur un coup de tête, annuler d'importants rendez-vous et mentir sur ses allées et venues ne lui ressemblait pas du tout.

Le 14 Schwedenstrasse, supposa-t-elle, avait été construit aux alentours de 1900 et comptait sans doute parmi les rares immeubles du quartier à avoir survécu aux bombardements alliés durant la Seconde Guerre mondiale. Mais si ce vaste édifice en béton percé de centaines de fenêtres avait probablement paru monumental et moderne autrefois, il était à présent éclipsé par les grandes tours qui le flanquaient et qui s'élançaient haut vers le ciel avec une détermination métallique impressionnante.

Rebecca hésita avant d'entrer : d'instinct, elle sentait que rien ne serait plus tout à fait comme avant dès qu'elle aurait franchi le seuil de cet immeuble. Son téléphone sonna à cet instant. Memling. Une vague de soulagement la submergea. Son père, avec son sens inimitable du timing et son intuition, l'appelait sans doute pour lui offrir l'explication plausible qu'elle attendait.

« Ton téléphone a une tonalité bizarre. Tu es à l'étranger ? » demanda-t-il, comme toujours sans s'embarrasser de plaisanteries ou de salutations.

Rebecca hésita. Devait-elle lui avouer la vérité ?

« Je suis à Paris. Je voulais jeter un œil à un prétendu Corot, mais ce n'était en fait qu'une copie habile, dit-elle en s'étonnant de mentir avec tant d'aisance.

— Des nouvelles du tableau ?

— Aucune. Nos pistes ne mènent à rien. »

Elle s'arma de courage avant de poursuivre :

« Pourquoi est-il si important ? Si tu veux que je t'aide, il faut que tu m'éclaires un peu. »

Memling raccrocha.

Bien qu'il exigeât de ses employés et de sa famille une réponse à toutes ses questions, lui-même ne s'appliquait cette règle que de façon très sélective et se fendait rarement d'une explication. Ses instructions claires et précises avaient toujours une raison d'être, ce dont la plupart des gens lui étaient d'ailleurs reconnaissants. Il avait fait de son entreprise un empire très hiérarchisé dans lequel un gouffre séparait le chef de ses adjoints. En théorie, Rebecca avait comme lui son nom en haut de l'affiche et des responsabilités égales aux siennes. Dans la réalité, elle n'était qu'une employée parmi d'autres. Rien n'échappait au contrôle de Memling, dont l'autorité naturelle devenait implacable dans le domaine financier. Il validait personnellement chaque facture, qu'il s'agisse d'un tableau de plusieurs millions de dollars ou d'une simple boîte de trombones.

À sa sortie de l'université, Rebecca s'était révoltée contre ce régime totalitaire. Refusant tout soutien, elle avait vécu de son maigre salaire de professeur dans un taudis à Brixton. Huit ans plus tard, à trente-deux ans, elle était revenue chez ses parents avec un mari et un enfant dans ses bagages. Aspirant réalisateur à l'époque, Carlo était incapable de subvenir aux besoins de sa famille. Rebecca avait bien tenté durant trois ans de payer un peu plus que le loyer et la nourriture, mais ses revenus ne suffisaient pas pour couvrir aussi les frais de garde de leur fille. Sous la pression de son mari et de son père, elle s'était résignée à démissionner de son poste à l'Institut Courtauld pour entrer à la Winkleman Fine Art. En tant que directrice des collections, elle travaillait en étroite collaboration avec son frère, lui-même responsable des ventes et vice-président. Leur père n'avait quant à lui pas besoin de titre officiel.

C'était avec un sentiment de soulagement et d'échec qu'elle avait regagné l'orbite de Memling et emménagé dans la maison qui lui avait été assignée sur Curzon Street, à côté de celle de son frère. Il y avait là une salle de gym, du personnel, des voitures avec chauffeur, le tout commun aux trois familles. Les Winkleman possédaient des bureaux à Paris, New York, Genève et Pékin, ainsi que des résidences secondaires en Afrique, à Saint-Barthélemy et dans le sud de la France. La vie sous le joug de Memling était à la fois luxueuse et infantilisante, déprimante aussi par moments, mais Rebecca préférait cette absence de responsabilités décisives à sa vie dans la jungle de Brixton. Son père défendait ce système centralisé en le présentant comme un moyen de protéger ceux qu'il aimait, jamais comme un moyen de les contrôler ou de les dominer.

Elle justifiait sa décision de revenir par des motifs purement professionnels. Memling Winkleman était un éminent marchand d'art et nombre de grands chefs-d'œuvre avaient un jour transité par sa galerie. Pourquoi aurait-elle laissé passer cette chance alors que tous les universitaires, tous les négociants et tous les conservateurs de musée rêvaient de travailler pour lui ? Elle était aussi secrètement épuisée de manquer de tout et soulagée de retrouver une existence protégée, un beau cadre de vie, des domestiques, une superbe garde-robe et des voyages en première classe. Mais un autre élément était aussi entré en jeu. Rebecca adorait et vénérait son père. À ses yeux, c'était l'homme le plus intelligent et le plus éclairé qui soit. Il savait d'instinct qui allait vendre et qui allait acheter telle ou telle œuvre. Il se montrait audacieux dans ses décisions et n'imputait qu'à lui-même ses éventuels petits accidents de parcours ou ses erreurs de jugement. Par-dessus tout, il plaçait sa famille en tête de ses priorités. Telles étaient les qualités que Rebecca admirait le plus en lui.

Elle rangea son téléphone et sonna à l'interphone de l'appartement 409. À sa grande surprise, on lui répondit rapidement.

— *Ja ?*

Rebecca parlait couramment l'allemand, bien que son père s'adressât rarement à ses proches dans sa langue maternelle.

— Je suis désolée de vous déranger. Je m'appelle Rebecca Winkleman, dit-elle, gênée de n'avoir toujours pas la moindre idée de ce qu'elle faisait là.

— Winkleman ?

— Oui.

— Montez au quatrième étage.

Le petit hall d'entrée de l'immeuble était lambrissé de bois sombre et seule une lumière vacillante éclaira Rebecca lorsqu'elle s'avança en faisant claquer bruyamment ses talons sur le carrelage brun. Il y avait un petit ascenseur, sans doute installé dans les années 1950, mais elle préféra prendre l'escalier.

Elle parvint essoufflée au quatrième étage. De chaque côté du palier s'étirait un long couloir. Une voix s'éleva au bout de l'un d'entre eux :

— Par ici !

Rebecca avança dans cette direction et franchit le seuil d'un appartement où une femme changeait la couche d'un bébé, assise par terre en tailleur dans son salon.

— Désolée, je ne peux pas me lever. Je suis Olga, et voici ma petite Britta.

— Vous laissez toujours entrer de parfaits inconnus chez vous ? demanda Rebecca en souriant.

— Le mot magique est Winkleman. La dame au bout du couloir m'a raconté qu'une famille de ce nom avait vécu ici autrefois.

Rebecca tenta de masquer son étonnement. Était-ce là que son père avait grandi ? Memling leur avait pourtant toujours affirmé que les bombes des Alliés avaient détruit le logement de ses parents.

— J'essaie d'en apprendre davantage sur la famille de mon père, dit-elle en essayant d'imaginer Memling dans un appartement aussi exigu. Savez-vous quelque chose sur eux ?

— Oh, si peu. La vieille dame dont je vous parlais croyait qu'ils étaient tous morts. C'est fantastique qu'il y ait au moins une survivante, s'enthousiasma Olga. Il faut que vous attendiez le retour de mon mari Daniel. Il sera tellement content de faire votre connaissance. Ses grands-parents étaient à Treblinka et seule sa grand-mère en est revenue.

Rebecca sourit de nouveau. Elle n'aurait jamais imaginé qu'une sorte de fraternité puisse exi ster entre les héritiers d'une grande tragédie. Son père évoquait rarement ce qu'il avait subi durant la guerre, et pourtant l'ombre de l'Holocauste planait en permanence sur leur vie, semblable à une tache d'un noir fané. Sa famille maternelle avait elle aussi presque entièrement disparu après le conflit, quand le bateau qui l'emmenait en Israël avait coulé. Seules sa mère et deux autres personnes avaient pu être sauvées grâce à un petit radeau de sauvetage improvisé à partir d'un débris du navire. Rebecca se sentit moins seule à l'idée que des gens de sa génération vivaient avec des fantômes similaires. Puis une pensée lui traversa l'esprit : peut-être que d'autres membres de sa famille avaient survécu et que ce voyage lui permettrait de retrouver des parents dont elle ignorait l'existence. Grace pourrait peut-être nouer des liens avec des cousins de son âge. Marty et elle n'avaient jamais eu cette chance.

— Faites le tour de l'appartement – ça ne prendra pas longtemps ! lui proposa joyeusement Olga en se levant et en calant sa fille sur sa hanche.

— Elle est magnifique, dit Rebecca.

Mais sa remarque obéissait à un simple automatisme – elle n'avait jamais aimé qu'un seul bébé, le sien.

Elle visita toutes les pièces. L'appartement comportait deux chambres, chacune juste assez grande pour accueillir un lit double, un salon dont la grande fenêtre donnait sur la rue et une minuscule cuisine qui s'ouvrait quant à elle sur un puits de lumière triangulaire au centre de l'immeuble.

— C'est parfait pour trois personnes, commenta-t-elle.

— Ça nous convient à nous, mais ce devait être petit pour les Winkleman. Je les ai vus tous les six alignés dans cette pièce sur une des photos de Danica.

— Tous les six ?

Rebecca tenta une fois de plus de masquer sa

confusion. Memling s'était toujours prétendu fils unique.

Olga la fixa avec compassion.

— Votre père a probablement voulu vous protéger. À moins qu'il n'ait voulu se protéger lui-même. La grand-mère de Daniel était comme ça : elle lui avait expliqué que seuls quelques membres de sa famille avaient souffert alors qu'ils avaient tous été exterminés. Il était plus facile pour elle de réécrire l'histoire que d'accepter la vérité.

— À moins que cette vieille dame fasse erreur ?

— Il y a un grenier juste au-dessus de nous, dit Olga en lui montrant une trappe dans le plafond. Peut-être que votre père et son frère dormaient là-haut. Nous, on s'en sert pour ranger des vieux livres et des habits.

— Je peux le voir ?

Ce devait être dans ce grenier que les Winkleman avaient stocké toutes les œuvres d'art de leurs amis. Elle repensa aux tableaux qu'ils avaient achetés à des juifs ou cachés pour eux. D'après son père, il y en avait une trentaine. Quelques-unes des plus grandes œuvres vendues par la galerie, dont deux Véronèse, quatre Degas, trois Corot, un Fragonard, un dessin de Tiepolo et deux Rembrandt, étaient arrivés jusqu'à eux par ce biais.

— Prenez cette perche, dit Olga en lui montrant un coin de la pièce. Ensuite, tirez le crochet de la trappe et une échelle descendra automatiquement. Elle est un peu raide, je vous préviens.

Rebecca suivit ses instructions et posa prudemment un pied après l'autre sur les barreaux, le cœur de plus en plus lourd. En haut, elle découvrit une toute petite pièce d'environ deux mètres cinquante sur un mètre cinquante, remplie de boîtes et de sacs bien rangés appartenant aux nouveaux occupants de l'appartement. Il aurait été impossible de monter de grands tableaux sur cette échelle branlante pour les stocker dans un tel placard à balais. Même en ôtant les châssis et les cadres, les œuvres les plus grandes ne seraient pas passées par la trappe.

Elle redescendit lentement dans le salon.

— Il n'y a pas grand-chose d'autre à voir, s'excusa Olga. C'est notre premier logement.

— Depuis combien de temps vivez-vous ici ? demanda Rebecca, dans l'espoir que la jeune femme avait un jour rencontré Marty.

— Six mois seulement. Les précédents locataires sont partis il y a plusieurs années et l'appartement est resté vide dans l'intervalle.

— Il est très joli, dit Rebecca, tout en essayant de se débarrasser d'un mauvais pressentiment.

— Allez donc voir la dame du 411. Elle est si seule. Elle possède des photos de cette époque et je sais qu'il y en a quelques-unes de votre famille.

Une demi-heure plus tard, Rebecca était assise dans un appartement encore plus petit en compagnie de Frau Danica Goldberg, vénérable vieille femme de quatre-vingt-seize ans.

— Bien sûr que je me souviens de votre famille ! s'exclama-t-elle, avant de se pencher vers Rebecca pour bien la dévisager. On jouait ensemble. Mais ils sont tous morts dans les camps, à l'exception de la fille, Johanna. Elle, elle est morte après la guerre, quand les Alliés, pensant bien faire, ont gavé les survivants de nourriture : son estomac a éclaté. Oh, pardonnez-moi, se reprit-elle en la voyant frissonner. Je n'aurais pas dû vous annoncer ça aussi brutalement.

Rebecca se tourna vers la fenêtre. Si seulement elle avait tremblé pour cette seule raison...

— Un homme est venu me poser les mêmes questions que vous. J'ai sa carte de visite quelque part...

Danica Goldberg se leva avec peine et s'approcha d'une console dont elle ouvrit le tiroir. Quelques instants plus tard, elle tendait un bristol à Rebecca.

— Regardez.

La carte portait le nom de Marty, qui y avait ajouté son numéro de portable de son inimitable écriture brouillonne. Rebecca sentit des larmes lui brûler les yeux.

— C'était mon frère.

— J'aurais parié que vous étiez parents, se réjouit la vieille dame. J'étais si heureuse de le rencontrer, moi qui pensais que toute la famille Winkleman était morte ! Je voulais qu'il demande à mon vieil ami Memling de venir me rendre visite, mais il ne l'a toujours pas fait.

Rebecca resta interdite. Pourquoi son frère ne lui avait-il pas parlé de ce déplacement à Berlin ? Ce dernier avait-il un rapport avec sa mort soudaine ? De petites gouttes de sueur se formèrent dans son cou et sur ses tempes, et elle sentit prise dans un étau. Non, c'était un accident. Le médecin légiste l'avait bien spécifié. Sauf qu'elle n'en était plus si sûre à présent…

Elle se concentra sur les motifs du tapis sous ses pieds, mais ils se brouillèrent à travers ses larmes. Danica lui tapota le bras.

— L'homme qui est passé chez moi était mat de peau, alors que vous avez le teint si pâle, remarqua-t-elle d'une voix claire – l'âge n'avait altéré ni son élocution, ni sa mémoire.

Ce n'était pas la première fois que Rebecca entendait cette réflexion. Les gens avaient souvent supposé que son frère et elle n'avaient aucun lien de parenté.

— Marty tient de notre mère. C'était une Italienne, une juive de Vérone.

— Et vous, vous tenez de votre père ?

— Au point que c'en est presque troublant, paraît-il.

Puis, songeant que Marty était mort sept ans et deux mois plus tôt, elle interrogea Danica sur la date de sa visite.

— Il y a huit… ou était-ce sept ans ? Il a demandé à voir des photos. Cela vous dirait, à vous aussi ?

Rebecca acquiesça, mais elle était incapable de penser à autre chose qu'à son frère. Elle l'imagina s'asseoir sur ce même fauteuil, regarder les photos qu'elle s'apprêtait à regarder à son tour, et, plus tard, tomber par-dessus la rambarde du ferry entre Newhaven et Dieppe le jour du nouvel an. Cela avait-il été un acte délibéré ? La manière dont il avait quitté Londres, sans bagages, sans même un coup de fil pour dire au revoir, l'avait toujours déroutée. Il n'avait laissé aucun message, aucune explication. Pour la première fois depuis l'annonce de sa mort, elle s'interrogea sur les circonstances de celle-ci.

Très lentement, Danica se releva et s'approcha d'un buffet d'où elle sortit un vieil album.

— Mon père était photographe. Il avait son propre studio à Mitte et réalisait de très beaux portraits officiels. Les nazis ont incendié sa boutique et toutes ses archives. Une génération entière a disparu dans les flammes, littéralement réduite en cendres. Ils voulaient exterminer les souvenirs en même temps que les êtres humains. Mais mon père avait aussi un petit Brownie avec lesquels il prenait des photos de famille, ici, dans le quartier de Friedrichstadt. Le Musée juif voudrait récupérer mon album. Ils pourront l'avoir après ma mort, mais en attendant, je le garde. C'est la seule compagnie amicale qu'il me reste, vous comprenez.

— Vous avez des enfants et des petits-enfants ?

— Je n'ai jamais pu me résoudre à devenir mère. Je ne supportais pas l'idée que d'autres puissent vivre la même chose que moi.

Rebecca alla s'asseoir à côté d'elle sur le petit canapé. Danica sentait si fort l'urine rance, le vieux chou et le talc qu'elle dut prendre sur elle pour ne pas s'enfuir.

Le passage en revue des photos de l'album s'éternisa, la vieille dame ayant tendance à s'épancher sur la vie de chaque personne depuis longtemps disparue.

— Qu'ils reposent en paix, concluait-elle à la fin de ses récits.

Au bout d'un moment, enfin, elle inclina l'album vers Rebecca.

— Et voici les enfants du quatrième étage.

Rebecca repéra tout de suite son père – il devait avoir huit ans à l'époque, et sa fille Grace lui ressemblait beaucoup. C'était la première fois qu'elle voyait une photo de lui enfant. Malgré le noir et blanc, elle reconnut son visage large et franc, ses yeux bleu clair et sa tignasse blonde.

— C'est lui.

— Votre frère aussi le croyait, dit Danica, l'air pensive, mais ce petit garçon n'est pas un Winkleman. C'est Heinrich Fuchs, le fils d'un couple qui occupait l'appartement 407. C'étaient les concierges, et aussi les seuls non-juifs de l'immeuble. Fritz Fuchs et sa femme – j'ai oublié son nom – avaient été contraints par des problèmes d'argent à venir vivre ici. Fritz détestait cet endroit. Et il nous détestait, nous. Il avait perdu un pied durant la Première Guerre mondiale et n'avait pas réussi à décrocher le moindre emploi après ça. Celui-là, il fallait sans cesse qu'il se plaigne de quelque chose et qu'il trouve un bouc émissaire – parfois, c'était les juifs, mais le plus souvent il s'en prenait au petit Heinrich. Le pauvre enfant. Dès qu'il ramenait une mauvaise note de l'école ou qu'il n'était pas sage, son père le frappait et le laissait ensuite tout nu dans la rue.

Rebecca examina de plus près le petit garçon blond. Se pouvait-il qu'elle se soit trompée ?

— Où sont les Winkleman ?

— Ils sont pourtant faciles à repérer ! s'amusa Danica.

Elle lui montra deux toutes petites filles et deux garçons encore plus petits. Tous avaient les cheveux bouclés et des yeux noirs étincelants.

— On plaisantait autrefois de la chance qu'ils avaient d'être hauts comme trois pommes - sinon, comment auraient-ils tous tenus dans leur appartement ?

Rebecca commençait à se sentir submergée par l'odeur de la vieille dame, et aussi de plus en plus oppressée.

— J'ai besoin d'air.

— Allez sur le balcon, si vous voulez, dit Danica en lui montrant la fenêtre. Vous profiterez de la vue - enfin, si on peut appeler ça comme ça. Je ferai du thé pendant ce temps.

Dehors, Rebecca inspira des bouffées d'air glacial en essayant de se ressaisir. Marty était-il sorti lui aussi sur ce balcon après avoir vu la photo ? Son cœur avait-il cogné aussi fort que le sien ? Des larmes brûlantes coulèrent sans retenue sur ses joues. Comment son frère avait-il pu lui cacher une telle découverte ? Si seulement il était encore là… Il avait toujours réponse à tout, lui, et il rendait le quotidien tellement plus supportable. Elle essuya ses larmes en luttant contre un sentiment de catastrophe imminente. Lorsqu'elle était entrée dans cet immeuble, elle croyait dur comme fer à certaines règles que lui avait martelées son père à chaque grande occasion. Combien de fois lui avait-il répété qu'il n'y avait rien de plus important au monde que la loyauté envers sa famille ? De tout ce qu'ils avaient, la famille était la seule chose qui méritât d'être protégée.

L'Holocauste ne cessait de les hanter depuis deux générations. Même Grace parlait de la terrible « blessure » de son grand-père. Les yeux baissés sur un petit parc boueux, Rebecca se remémora ce qu'elle savait de l'histoire de son père. Le jeune garçon et sa famille, contraints de monter dans un train. Le long voyage suffocant jusqu'à Auschwitz. La grand-mère presque aveugle qui, après avoir trébuché sur le quai de la gare, avait été battue à mort devant les siens. La mère qui avait renoncé à ses maigres rations alimentaires afin que son fils puisse manger un peu plus, s'affamant à mort sous ses yeux. Les amis disparus un par un. Le père emmené un jour sans explication. Rebecca et Marty avaient recollé ensemble tous ces détails au fil des ans. Sur le bras de Memling Winkleman se trouvait un tatouage révélateur, une série de chiffres – le symbole ultime de la souffrance. Ils ne l'avaient aperçu qu'à quelques reprises, mais ils ressentaient la lourde responsabilité qui était la leur. Ils devaient vivre pour ceux qui avaient péri et saisir en leur mémoire toutes les chances que leur offrait l'existence.

Memling avait appris à ses enfants à être discrets, réservés, distants, froids. Ils ne devaient jamais faire confiance à personne, mais partir du principe que des événements semblables pouvaient survenir à tout instant. Toute leur vie reposait sur la judéité de leur père et la mort à laquelle il avait échappé de justesse dans un camp de concentration. Que faire maintenant ? Et si son père n'était pas Memling Winkleman, un survivant de l'Holocauste, mais un Allemand du nom d'Heinrich Fuchs ? Et supposons, songea-t-elle encore, en proie à une panique grandissante, qu'il ait été un membre du parti nazi ?

Marty et elle n'avaient pas été élevés dans la tradition orthodoxe, mais la judéité constituait un élément fondamental de leur identité, un fait qu'ils ne pouvaient esquiver, une ombre omniprésente qui prenait différentes formes selon les situations. C'était une chose dont Rebecca ne se vantait pas, sans pour autant la rejeter. Cela faisait partie d'elle, voilà tout. Elle était une enfant de l'Europe, membre d'une longue lignée d'enseignants juifs allemands qui avaient quitté la Terre promise plusieurs siècles plus tôt. Même si elle n'était jamais évoquée, l'extermination de toute la branche paternelle de sa famille durant l'Holocauste influait sur presque tous les aspects de sa vie. L'absence criante de parents, de coutumes, de tombes ou de souvenirs s'apparentait à une sorte de trou noir qui occupait dans son histoire une place aussi importante qu'une foule de cousins éloignés. Et voilà qu'elle devait soudain renoncer à tout cela, repenser son passé et, pire encore, accepter d'être l'alliée de l'oppresseur qui l'avait définie jusque-là. Comment pouvait-elle détester les ennemis de son père alors qu'elle descendait d'eux ? Sa mère avait-elle été au courant ? Comment et pourquoi quelqu'un avait-il pu inventer un mensonge si odieux et vivre avec durant tant d'années ?

Elle tremblait si fort qu'elle dut se tenir à la

rambarde. Elle inspira profondément et tenta de se concentrer sur la vue du centre de Berlin en cette froide soirée de février. Les gens rentraient du travail. Les enfants jouaient dans le petit parc. Leur vie continuait, alors que la sienne venait d'être brisée par une photo.

— Il doit faire froid dehors, lui lança Danica. J'ai préparé du thé.

À contrecœur, Rebecca rentra dans l'appartement en essuyant ses dernières larmes.

— Vous êtes toute pâle. Voulez-vous un peu de brandy ? J'en garde toujours une bouteille au cas où.

Elle secoua la tête.

— Pouvez-vous m'en dire plus sur la famille Winkleman ?

— Ils étaient généreux et gentils. Leur porte était toujours ouverte, et même s'ils n'avaient pas d'argent, ils n'hésitaient pas à partager le peu qu'ils avaient.

— Je croyais que le père était un riche avocat.

— Pas du tout. Il défendait les pauvres et les opprimés. Il n'a jamais bien gagné sa vie avec son travail. C'était un homme véritablement bon qui faisait passer le bien-être des autres avant le sien et celui de sa famille. Et elle, elle était enseignante aux Beaux-Arts.

— Mais ils ont bien aidé des juifs à s'échapper dans les années 1930 en leur achetant des tableaux, n'est-ce pas ? s'enquit Rebecca, même si elle pressentait déjà que cette partie du mythe familial était fausse elle aussi.

— Non, ils avaient juste un grenier où les gens cachaient des affaires - quelques tableaux, des bijoux, mais surtout des souvenirs personnels. On ne savait jamais quand les nazis allaient débarquer.

— Les Winkleman possédaient-ils des œuvres d'art ?

— C'est curieux, votre frère m'a demandé la même chose. Ils avaient un tableau, oui. La femme de Memling en était si fière. Il était accroché au-dessus de la cheminée, dans leur salon, et elle racontait parfois l'histoire qui se cachait derrière. Je m'en souviens encore. Il représentait une belle jeune femme et son amant, tous deux observés par un clown. Ce n'était pas un tableau dur, comme tant d'autres que l'on voyait à ce moment-là, mais une œuvre dans laquelle on pouvait se perdre.

— Il n'apparaît pas sur l'une de vos photos, par hasard ?

La vieille dame tourna les pages de son album.

— Le voilà, dit-elle en montrant un petit cliché en noir et blanc des Winkleman.

Derrière eux, surmontant une cheminée, se trouvait une toile aux dimensions modestes. Malgré la taille de l'image, si petite qu'il était difficile de distinguer le moindre détail, Rebecca reconnut le Watteau de son père grâce à la description qu'il lui en avait faite.

— Plus d'une centaine de familles vivaient dans cet immeuble, poursuivit Danica. Beaucoup détenaient de beaux tableaux. Les étages inférieurs étaient occupés par les plus riches d'entre nous. Les appartements y étaient plus hauts de plafond et pouvaient donc accueillir de plus grandes œuvres d'art. Je me souviens notamment des Steinberg, qui possédaient des Véronèse, des Rembrandt et je ne sais plus quel autre peintre. Mme Winkleman nous emmenait parfois les voir afin de nous sensibiliser à l'art.

Danica continua à tourner les pages de son album en silence.

— Les nazis n'ont pas seulement volé ces tableaux, reprit-elle au bout d'un moment. Ils ont tout emporté : les draps, les serviettes, les meubles, les casseroles. Absolument tout. Ils ont volé la fortune des riches et les maigres biens des pauvres.

— Qu'en ont-ils fait ?

— Les plus beaux objets étaient offerts à Hitler. Goering se servait ensuite, puis c'était le tour des chefs de région et des officiers. Il y avait une hiérarchie à respecter. Les choses dont personne ne voulait étaient mises aux enchères chaque semaine. Parfois, avant notre déportation, on allait assister à ces ventes pour voir qui avait acheté nos biens. Ma mère a tenté un jour d'acheter une cafetière en porcelaine ébréchée qui avait appartenu à sa grand-mère. C'était une vieillerie qui ne valait pas plus de quelques marks, mais en voyant l'étoile jaune sur son manteau, le commissaire-priseur a refusé de la lui vendre. Il l'a prise et l'a laissée tomber par terre, si bien qu'elle s'est brisée en mille morceaux. Moi, ça ne m'aurait pas dérangée de perdre un tableau de valeur si j'avais pu garder un livre ou deux. Savez-vous que je n'ai pas une seule trace de l'écriture de ma mère ou de mon père ? Tout ce que j'aimerais, c'est pouvoir ouvrir un vieux livre et lire de nouveau ces mots rédigés de leur main : « À Danica, joyeux anniversaire de la part de maman et papa. Nous t'embrassons ». Est-ce trop demander ? J'ai quatre-vingt-seize ans, mais je n'ai pas encore perdu tout espoir.

Rebecca luttait toujours contre la tristesse et la honte qui l'envahissaient. Memling avait-il été un complice des nazis ? Sa famille et elle avaient-elles profité du malheur d'autrui ?

— Heinrich a décroché une place dans la brigade spéciale du Führer chargée de voler des œuvres d'art dans toute l'Europe, enchaîna Danica, comme si elle lisait dans ses pensées. Un jour, ses collègues et lui sont venus, tous très élégants avec leurs chemises noires et leurs bottes cirées, et ils ont emporté quelques tableaux. On voyait bien qu'il était un peu gêné, mais ça ne l'a pas arrêté pour autant. On est tous restés là à les regarder. Esther Winkleman pleurait de honte. Elle avait tenté d'initier le petit Heinrich à la beauté, pas au mal.

— Il a pris son tableau ?

— Pas de son vivant. Mais je me suis souvent demandé ce qu'il était devenu après que toute la famille a été déportée.

Rebecca voulut dire quelque chose, mais aucun son ne parvenait à franchir ses lèvres.

Danica lui tapota la main.

— C'est du passé, tout ça.

— Comment pouvez-vous être aussi indulgente ? murmura-t-elle, humiliée par sa compassion.

— Je ne pardonnerai jamais aux nazis, mais je ne pouvais pas laisser leur cruauté dominer toute mon existence - cela aurait scellé leur victoire. Il fallait que je trouve un moyen de vivre avec de tels souvenirs. Dans le même temps, je ne veux pas qu'on oublie ces événements.

Elle jeta brusquement un regard farouche à Rebecca.

— En écoutant mon histoire, vous nous aidez, moi et les autres. Les gens doivent savoir ce qui s'est produit afin que l'histoire ne se répète pas.

Puis elle attira son attention sur une autre photo. On y voyait le même appartement, les mêmes affaires et le même tableau de Watteau toujours accroché au-dessus de la cheminée, mais il y avait un vide.

— Où sont les Winkleman ?

— En 1942, beaucoup de familles ont demandé à mon père d'immortaliser leur logement vide. Comme si elles devinaient que la vie qu'on avait connue jusqu'alors allait prendre fin. Nous étions déjà des non-personnes aux yeux de l'État. Nos entreprises avaient été confisquées, nos libertés sévèrement restreintes, nos synagogues brûlées et pillées. Peut-être sentions-nous que seuls nos fantômes hanteraient bientôt ces lieux.

En silence, elles contemplèrent une série de clichés en noir et blanc aux bords jaunis qui montraient tous des appartements déserts.

— Cela vous ennuie si je prends quelques photos avec mon iPad ?

— Bien sûr que non.

— Vous êtes certaine qu'il n'y a pas d'autres survivants de la famille Winkleman ?

— J'ai entendu dire que Johanna avait eu un bébé dans son camp de concentration. Une petite fille. Comment se fait-il que votre père n'ait jamais essayé de la retrouver ? s'étonna Danica. Les gens se sont comportés bizarrement après la guerre, mais la plupart des familles aspiraient à être réunies.

— Il a démarré une nouvelle vie en Angleterre, répondit Rebecca, qu'un vieux réflexe poussait encore et toujours à protéger son père. Il voulait laisser le passé derrière lui.

Danica sourit.

— À mon âge, le passé est la seule chose qu'il me reste.

Durant quelques instants, Rebecca continua à examiner les photos sous le regard attentif de la vieille dame.

— Vous n'êtes pas une Winkleman, n'est-ce pas ? demanda soudain celle-ci avec bienveillance.

— Bien sûr que si, répliqua sèchement Rebecca. Vous n'avez qu'à regarder mon passeport.

Danica referma l'album et prit ses mains entre ses doigts noueux.

— Vous êtes une Fuchs ?

Rebecca leva les yeux vers elle. Elle avait envie de mentir, de s'enfuir en courant, de crier et de protester tout à la fois. Une foule d'émotions contradictoires se bousculaient en elle.

— Je ne sais pas, s'entendit-elle répondre d'une voix hésitante.

Danica la fixa un long moment.

— Peu importe que vous soyez juive ou pas, dit-elle enfin doucement. Ce qui compte, c'est d'agir comme il faut.

En s'éloignant de Friedrichstadt, Rebecca avait désespérément envie de parler à Marty. Jamais elle n'aurait cru qu'il puisse autant lui manquer. Elle s'arrêta près de la cour de récréation d'un grand lycée et observa les élèves. Certains jouaient pendant que d'autres discutaient, assis en cercle. Ils avaient l'air tellement sûrs d'eux, tellement à l'aise. Elle tenta de se rappeler ce sentiment. L'avait-elle un jour éprouvé ? Il lui semblait que non. L'éprouverait-elle jamais ? La réponse à cette question-là était facile.

Elle prit son iPad afin de revoir les photos du cahier de Marty. Elle s'aperçut alors qu'il avait associé certains tableaux au 14 de la Schwedenstrasse – ces mêmes tableaux qui, selon Memling, avaient été achetés par les Winkleman à leurs amis juifs désireux de fuir l'Allemagne, dont un Véronèse, deux Rembrandt et un Watteau correspondant à la description de celui qui avait disparu. À côté de ce dernier, Marty avait inscrit quelques détails – le nom du peintre, Antoine Watteau, la date, 1703, un numéro d'entrée dans un catalogue et une référence relative à sa vente en 1929. Elle savait qu'elle devait désormais achever la quête de son frère. Marty avait découvert l'identité de leur père et, au moment de sa mort, il s'efforçait de comprendre comment il s'était procuré ses premiers tableaux. Memling avait-il été un fraudeur, un opportuniste ou bien pire encore ?

Elle longea plusieurs boutiques sans prêter

attention à leurs vitrines. À supposer que son père se révèle coupable d'un crime atroce, que devrait-elle faire ? Le dénoncer ? À coup sûr, cela provoquerait la faillite de leur entreprise. Il fallait penser à sa fille et à Carlo, ainsi qu'à leurs employés, aux clients et aux musées qui avaient acheté des œuvres par leur intermédiaire en toute bonne foi. Elle se demanda de nouveau si la mort de son frère avait été accidentelle. Peut-être n'avait-il pas supporté d'être tiraillé entre l'impossibilité pour lui de vivre avec le mensonge de leur père et la lourde responsabilité qu'il aurait à assumer s'il le dévoilait. Une chose était sûre, cependant : le tableau disparu était mêlé à l'histoire de leur famille, que ce soit comme protagoniste, témoin ou message secret. Il fallait qu'elle le retrouve avant tout le monde – y compris Memling.

18

Memling Winkleman frappa la balle de tennis avec toute la force dont il était encore capable à quatre-vingt-onze ans.

— Vous êtes survolté aujourd'hui, monsieur Winkleman ! s'exclama son entraîneuse, Dilys, à l'autre bout du court.

Elle parvint de justesse à reprendre son smash, mais le fit trop en douceur. Memling lui décocha aussitôt un coup droit si féroce qu'elle dut faire un petit saut pour ne pas recevoir la balle dans le ventre.

— Je suis peut-être vieux et décrépit, mais épargnez-moi ces coups condescendants, aboya-t-il.

Il traitait son entraîneuse comme tout son entourage : avec autoritarisme. Sa richesse, son âge et son intelligence le persuadaient de sa supériorité par rapport aux autres, et cette conviction était si ancrée en lui qu'elle en devenait contagieuse.

Dilys leva les mains pour s'excuser. Cela faisait presque dix ans que, trois soirs par semaine, à 18 heures, elle entraînait Memling sur le court de tennis souterrain des Winkleman. Ils jouèrent durant trois quarts d'heure et, à 18 h 45 précises, il repartit sans même la saluer. Elle ne s'en formalisa pas : il la payait bien et ces séances lui offraient un défi bien plus intéressant à relever que son poste d'enseignante dans une école privée locale.

Memling prit l'ascenseur du sous-sol jusqu'au quatrième étage de sa maison pour aller se doucher. Cinq minutes plus tard très exactement, il sortit de sa salle de bains et consulta nerveusement son portable. Toujours pas de message. Alors qu'il aurait dû connaître une vieillesse sereine en sachant que l'avenir de sa fille et de sa petite-fille était assuré, il était rongé par la peur. Tout ce qu'il avait bâti pendant sa vie menaçait de s'écrouler à cause d'une erreur sentimentale. La seule solution était de retrouver et de détruire la preuve qui le reliait à des aspects d'un passé jusqu'alors gardés enfouis. Il songea à une certaine ferme en Bavière – il avait eu l'intention de la brûler lors de sa précédente visite mais, incapable d'accepter l'idée de sa mort prochaine, il avait reculé à la dernière minute. Il prit la décision de s'en occuper avant la fin du mois au plus tard.

Après avoir enfilé une chemise bleu pâle et un costume en cachemire marine, il reprit l'ascenseur pour descendre dans sa salle à manger privée au premier étage. Annie lui avait laissé du poisson cuit à la vapeur, des épinards et une demi-bouteille de bordeaux sur une desserte. Lorsqu'il ne sortait pas, Memling aimait dîner sans être dérangé, avec Tiziano pour seule compagnie. Ce soir-là, il n'avait pas faim et resta assis à contempler un dessin de son chien accroché sur le mur en face de lui en méditant sa deuxième grande erreur : ne pas avoir acheté le tableau sur-le-champ lorsqu'il était tombé dessus par hasard dans la boutique d'un brocanteur. À la vue de la caméra de surveillance fixée au mur, il avait décidé d'envoyer Ellis, son chauffeur et garde du corps – l'une des rares personnes en qui il avait confiance – le faire à sa place. Constatant que le tableau n'était plus là, Ellis avait tenté d'intimider le commerçant. Sa « petite leçon » avait malheureusement dérapé. Résultat, l'homme était mort, et le tableau, toujours introuvable.

Memling se servit un deuxième verre de vin et laissa ses pensées dériver vers Marianna. Elle avait promis de ne jamais vendre ni donner le tableau et de le garder toujours avec elle en souvenir de leur histoire. Son décès soudain et inattendu avait mis à mal ses bonnes intentions.

Dans l'intérêt de ses enfants, Memling n'avait jamais quitté sa femme Pearl pour le grand amour de sa vie. Lui qui était peu enclin à la passion – ou à quelque autre sentiment profond que ce soit – avait aimé Marianna dès l'instant où elle avait remonté l'allée centrale de l'église pour épouser son meilleur ami. Lorsqu'il s'était retourné en même temps que toute l'assistance afin d'entrevoir la mariée, il avait senti une onde de choc lui traverser le corps. Et quand elle avait croisé son regard, il avait tout de suite compris que cette réaction était partagée.

Marianna et lui avaient essayé de nier leur amour durant cinq années interminables, mais un jour qu'ils s'étaient croisés près de l'hôtel Claridge, ils avaient passé le premier d'une longue série d'heureux après-midis dans une suite du quatrième étage. Dix-sept ans après sa mort, il continuait à louer cette suite en permanence et y retournait souvent pleurer sa chère disparue.

Au moment de son décès, il avait écrit à ses fils afin de leur réclamer le tableau, sans préciser ce qui l'avait poussé à faire cadeau à leur mère de cette toile inestimable. C'était le seul geste sentimental qu'il eût jamais eu de toute sa vie. Les enfants de Marianna (dont aucun n'était le sien) s'étaient excusés : ils avaient vendu tout le contenu de sa maison à une entreprise de débarras. Memling avait épluché les catalogues des musées, écumé les salles de vente durant de nombreuses années et pris l'habitude de visiter des galeries et des brocantes pendant ses week-ends. C'était par le plus incroyable des hasards qu'il avait découvert le Watteau chez Bernoff un samedi, après seize ans et demi de recherches. Mais pourquoi, se demanda-t-il pour la énième fois, avait-il offert ce tableau à Marianna ? Il y en avait tant d'autres qu'il aurait pu lui donner à la place – et de bien plus précieux. La réponse était toujours la même : cette œuvre disait tout ce qu'il pensait de l'amour sans avoir jamais pu le formuler. Durant les seize premières années de sa vie, le Watteau avait appartenu à la seule personne qui lui avait témoigné une gentillesse sincère et inconditionnelle. Voilà ce qu'était l'amour, selon lui. Cette perception avait ensuite changé quand il avait rencontré Marianna. Il s'était reconnu à la fois dans l'homme heureux et passionné étendu aux pieds de sa bien-aimée et dans le clown morose à l'arrière-plan. L'amour le faisait osciller entre l'extase et la souffrance. Et, comme tout le monde, il s'était imaginé être un cas unique.

Les moments passés avec Marianna avaient été les seuls où son dégoût de lui-même s'était un peu atténué. Elle lui avait fait oublier l'enfant nu et transi de froid laissé seul au pied d'un immeuble de Berlin, le déshonneur qu'il avait représenté pour ses parents, sa honte quand il s'était introduit dans les appartements de ses anciens amis pour les dépouiller et l'indignité dont il s'était rendu coupable en usurpant l'identité d'un autre. Il parvenait parfois à justifier ses actes à ses propres yeux – détacher les tableaux de leur cadre, rouler les toiles et les cacher dans son paquetage avait permis de sauver de grandes œuvres d'art –, mais il savait au fond qu'il n'était qu'un voleur chanceux.

L'amour de Marianna le grandissait, faisait de lui un homme meilleur et le lavait de ses crimes, tandis que son amour pour elle prouvait qu'il n'était pas mauvais, qu'il y avait de la bonté dans son cœur de pierre. Parce qu'elle avait vingt ans de moins que lui, Memling avait supposé qu'elle lui survivrait et lui avait fait promettre de brûler le Watteau à l'annonce de son décès. Il maudissait le sort qui l'avait emportée trop tôt – au moins autant qu'il se maudissait d'avoir été assez stupide pour lui offrir ce tableau.

Il regarda sa montre. Déjà 19 heures. Il n'avait aucune envie d'aller à l'ouverture de la Royal Academy, mais il avait intérêt à se montrer en société et à faire comme si de rien n'était. Il appuya sur un discret petit bouton rouge sur le mur, donnant ainsi le signal à son chauffeur de passer le prendre devant la maison.

Durant tout le trajet entre Chester Square et la Royal Academy, Barty, engoncé dans un pantalon trop serré, resta debout sur la banquette arrière de la voiture de Vlad, le haut de son corps dépassant du toit ouvrant. Fidèle à l'esprit de l'exposition, « Musique, folie et pagaille dans la France du XVIIIe siècle », il s'était déguisé en courtisan de Louis XIV, arborant des hauts-de-chausses moulants d'un jaune électrique, des collants en soie blancs et des chaussures noires en cuir verni ornées de boucles brillantes. Une redingote en tissu damassé rose qui lui arrivait à mi-cuisse à l'arrière et une chemise composée de centaines de petites ruches tombant en cascade de son cou jusqu'à sa taille complétaient sa tenue. Porté par un très jeune acteur d'une série historique de la BBC dans les années 1970, le costume était bien trop petit pour lui malgré sa gaine, son corset et son refus d'ingérer tout aliment solide durant les trois jours précédents. Cependant, la *pièce maîtresse** de son déguisement était une énorme perruque haute de soixante centimètres et surmontée d'un galion doré niché dans des nuages de cheveux blancs pommadés.

— Je l'ai empruntée à Elton, dirait-il à quiconque l'interrogerait à ce sujet – et à presque tous ceux aussi qui ne le feraient pas.

Vlad remonta les revers de son blouson sur ses joues et se tassa encore plus sur le doux cuir blanc de la banquette arrière en espérant que personne de sa connaissance ne les remarquerait. Il se sentait épuisé rien qu'à l'idée de passer une soirée avec Barty.

De mauvaises nouvelles lui étaient parvenues dans l'après-midi de son usine d'Eshbijan. Une conduite au sol avait explosé, aspergeant de métal en fusion deux cent treize travailleurs. Il y avait deux morts à déplorer, et soixante-quatre ouvriers étaient à l'hôpital avec des brûlures au quatrième degré. Le silence des familles pourrait être acheté et des dédommagements convenables seraient versés, mais si la nouvelle de cet accident se répandait, ses chances de faire entrer sa société en Bourse seraient sérieusement compromises. Il s'inquiétait presque autant de savoir que le Grand Chef avait été informé de l'accident deux heures et quarante-cinq minutes avant lui. De toute évidence, il avait des informateurs partout. Vlad ne pouvait vraiment faire confiance à personne.

— Souriez donc ! dit Barty en voyant sa mine morose. Nous allons à une fête. Si on ne s'y plaît pas, on n'aura qu'à partir. Voilà ce qu'il y a de bien avec le monde de l'art. On a l'embarras du choix. On peut être sérieux à Spitalfields, grunge à Golders Green ou chic à Chelsea. Mais vous savez, seuls les lieux changent, les gens, eux, sont immuables. C'est drôle comme le monde culturel est limité. On retrouve partout les mêmes têtes.

L'opinion que Vlad se faisait du monde de l'art se dégradait à vitesse grand V. En l'espace de quelques semaines, il avait vu plusieurs expositions d'œuvres extrêmement estimées, ridiculement hors de prix et totalement déroutantes. Un artiste avait rempli des bibliothèques de centaines de tout petits pots à peine visibles derrière un battant en verre dépoli, tandis qu'un autre, un Allemand, avait peint des silhouettes renversées et déformées au milieu d'une mer de gribouillis. On lui avait même proposé d'acquérir un bout de graffiti réalisé par un artiste de rue décédé valant plus cher que sa nouvelle maison, ainsi que l'œuvre d'un prodige qui recouvrait de laque du papier tontisse avant de le vendre plusieurs centaines de milliers de livres. Mais le processus de vente était toujours désorientant dans la mesure où, s'il avait voulu acheter l'une de ces œuvres, Vlad aurait dû ajouter son nom au bas d'une liste d'attente exclusive, et ce pour une durée indéterminée. Pas étonnant que les gens préfèrent le système « libre-service » des maisons de vente aux enchères. La semaine précédente, il s'était rendu chez Monachorum afin d'acheter un portrait d'Elvis et un autre de Mao par Andy Warhol dans l'espoir que le Grand Chef serait heureux de recevoir en cadeau le King et le Grand Timonier.

À sa grande surprise, le Bureau de contrôle central avait aimé les œuvres de Hirst, mais rejeté le portrait de Mao avec le message suivant : « Le Chef ne veut rien qui lui rappelle les bridés » – pour un peu, on aurait pu croire qu'ils s'essayaient à l'humour. Vlad avait failli éclater de rire. Barty avait accroché le Chinois dans sa nouvelle cuisine de Chester Square en disant qu'il était « chic » d'avoir une toile de 30 millions de dollars accrochée au-dessus de sa gazinière.

Leur voiture franchit les grandes grilles décorées de la Royal Academy et s'avança dans la cour. La façade du bâtiment était inondée de lumière et les marches de pierre bordées de nains en toge dorée qui brandissaient des fusées éclairantes. Un éléphant à l'air abattu se tenait un peu à l'écart, monté par un jeune cornac transi de froid et affublé d'un turban démesuré. Le pachyderme oscillait légèrement sur ses pattes.

— Cette pauvre bête est partout cette semaine, déclara Barty avec indifférence. Je l'ai aperçue au Doris, à la fête du Crédit russe et encore après chez Astor.

Vlad franchit à sa suite un tourniquet et le suivit jusqu'au pied d'un grand escalier.

— Faites place, faites place ! lança Barty à la ronde. Voici venir Vlad !

Quelques personnes se retournèrent avec curiosité, mais la plupart ne pensaient qu'à voir et être vues.

— Il est diablement, effroyablement riche, ajouta-t-il avec emphase. À côté de lui, Crésus fait figure de… euh… de petit épicier. Oui, c'est ça. À côté de lui, Crésus…

Distrait par la présence d'une rangée de photographes, il perdit totalement le fil de ses pensées.

Pendant ce temps, Vlad mesurait combien son T-shirt rouge détonnait au milieu de cette mer noire et blanche ponctuée çà et là d'un sac à main jaune ou rose, voire d'un gant turquoise émergeant d'une poche de poitrine. Les hommes portaient des costumes déstructurés et des T-shirts blancs, tandis que la plupart des femmes arboraient des robes dissymétriques, des coupes de cheveux courtes irrégulières et, pour beaucoup d'entre elles, les mêmes lunettes à lourde monture.

La tenue de Barty ravit les paparazzis, et il se fit un plaisir de prendre la pose pour eux sous le crépitement de leurs flashs. Vlad en profita pour monter le grand escalier, sur les marches duquel s'alignaient des jeunes filles tenant des plateaux chargés de flûtes de champagne. Il se demanda pourquoi les serveuses étaient souvent bien plus jolies que les invitées.

Craignant que le Russe ne se lasse rapidement de la foule et des tableaux de l'exposition – de délicates scènes d'amour courtois sises dans des clairières ornementales –, Barty abandonna les photographes et gravit prudemment les marches en s'efforçant de ménager les coutures de ses vêtements. En entrant dans la première salle, il fut ravi de voir nombre de vieux amis et de conquêtes potentielles. Le temps de conversation qu'il accordait aux gens était strictement proportionnel à leur statut social : seules les personnalités importantes obtenaient quelques minutes de son temps. Les autres devaient se contenter d'un baiser soufflé et de deux ou trois phrases.

Le premier invité qu'il aperçut fut Septimus Ward-Thomas. Le directeur de la National Gallery ne semblait pas au meilleur de sa forme.

— Bonsoir, Barty, dit-il faiblement.

— Vous avez l'air fatigué, Septimus.

— Épuisé, en fait. Le ministère nous impose une restructuration – en supposant que cela veuille dire quelque chose.

— Foutus bureaucrates, hein ? commenta joyeusement Barty.

— Vous vous rendez compte que je suis à la tête d'un grand musée mais que je n'ai pas une minute pour admirer ses œuvres d'art ? Mon agenda déborde de réunions avec des fonctionnaires, des représentants syndicaux, des ploutocrates et des donateurs potentiels.

— J'imagine qu'il en a toujours été ainsi, mon cher Septimus. Van Dyck et Titien n'ont-ils pas passé la majeure partie de leur vie à lécher les bottes de leurs Charles respectifs ? Et Donatello avait souvent à peine saisi son burin que Côme de Médicis déboulait dans son atelier. Gardez votre flegme.

Sur ce beau conseil, Barty s'éloigna en direction du comte Beachendon, qui se trouvait à l'autre bout de la pièce. Évitant avec habileté la fille aussi dodue qu'ennuyeuse d'un client, il salua chaleureusement le commissaire-priseur.

— Barty, tu es splendide, dit Beachendon en posant un regard amusé sur son vieil ami.

— J'essaie, j'essaie, répondit Barty en souriant. Tu sais que j'ai un grand Russe fort sympathique qui recherche des œuvres d'art ?

— Tout Londres ne parle que de lui. Je suis impatient de le rencontrer.

— Je te le réserve pour jeudi prochain. Tu pourras nous organiser une petite fête avec de jolies filles et plein de choses à acheter ?

— Tu seras peut-être mon preux chevalier, tu sais.

— Attention, il y a de la concurrence, le prévint Barty.

— Cinq pour cent ? offrit Beachendon, qui avait compris le sous-entendu.

— Disons six, et on se voit la semaine prochaine.

— Cela ne me laisse presque rien.

— OK. Cinq et demi pour cent s'il dépense moins de 3 millions, et six pour cent au-delà.

— Quatre pour cent au-dessus de 10 millions, répliqua Beachendon.

— Tu es exigeant, soupira Barty, les poings sur les hanches.

Le comte sourit.

— À jeudi, conclut-il.

Barty alla ensuite rejoindre Delores Ryan dans un coin éloigné de la pièce.

— Que faites-vous là ? Il ne se passe rien d'intéressant ici.

— Les petits-fours sortent par cette porte, expliqua-t-elle en agitant son pouce vers l'arrière. Ça veut dire que je suis la première servie.

— Que va-t-on faire de vous ? Si vous continuez à grossir, je pourrai bientôt vous faire rebondir comme un ballon le long de Piccadilly et tout autour de St James's Park.

— Votre pantalon est bien trop serré. Je vous défie d'avaler la moindre crudité – je ne pense pas que les coutures tiendront.

— Les vôtres éclateront avant les miennes, rétorqua Barty, avant de la planter là pour filer vers

Mme Appledore. Ma chère, vos cheveux ! J'adore ces reflets roses !

— Mon coiffeur a trouvé ça ravissant, dit la vieille dame en tapotant doucement ses boucles.

— Vous m'autorisez à vous copier ? glapit Barty, tout excité.

— Mais bien sûr !

Mme Appledore paraissait charmée – l'imitation était la meilleure des flatteries.

— Et chez moi, vous n'avez rien remarqué ? continua-t-il en tournant le menton d'un côté et de l'autre.

— Vous avez vu Frédéric ! s'écria-t-elle en joignant les mains. J'arrive toujours à repérer son travail. J'adore cette manie qu'il a de laisser une petite fossette en guise de signature.

Tous deux avaient récemment rendu visite au chirurgien esthétique parisien Frédéric Lavalle. Ils appréciaient également beaucoup Patrick Brown, spécialiste des interventions sur le ventre, mais n'étaient pas d'accord sur l'auteur des plus beaux liftings du genou. Mme Appledore préférait Wain Swanson, dans le Kentucky (célèbre pour travailler sur les tendons des purs-sangs à ses heures perdues), alors que Barty avait récemment découvert « un cher homme » à Bangkok.

— Je cherche un dernier trophée, dit-elle. Vous auriez quelque chose pour moi ?

— Les chefs-d'œuvre sont si durs à trouver de nos jours.

— La faute à tous ces Russes. Ils achètent n'importe quoi.

— N'oubliez pas les Qataris. Ce sont eux qui détiennent la palme.

— Quand j'étais jeune fille, l'offre excédait la demande et on pouvait choisir entre dix Titien. Aujourd'hui, il faut s'estimer heureux quand on vous propose un Canaletto mineur.

Mme Appledore avait réécrit si souvent sa propre histoire qu'elle en oubliait elle-même sa jeunesse dans une ferme à près de cinquante kilomètres au sud de Varsovie, puis dans un couvent à l'extérieur de Cracovie.

— Dieu soit loué pour les trois D : les dettes, les décès et les divorces. Les belles pièces finiront par resurgir, dit Barty.

— Les musées gâchent tout en achetant des toiles. Il est si difficile maintenant de faire sortir des œuvres d'art des collections nationales.

— Ne vous inquiétez pas, ma chère, ils sont tous tellement à court d'argent que ce n'est qu'une question de temps avant qu'ils commencent à revendre leurs tableaux.

Tout en parlant, Barty observa par-dessus l'épaule de la vieille dame la princesse d'Alwabbi qui montait les marches, encadrée par quatre dames de compagnie et sept officiers de sécurité. Elle portait une magnifique robe haute couture en cachemire et des chaussures en chevreau aux talons incrustés de diamants.

— Savez-vous qu'elle possède une pièce de la taille d'un court de tennis rien que pour ses bijoux ? chuchota-t-il.

— Qui ça ? De quoi parlez-vous ?

Mme Appledore se retourna afin de suivre son regard.

— Oh, mon Dieu, vous avez vu ce diamant ? s'écria-t-elle. C'est le Dar-a-Leila. Il appartenait au shah Jahan avant. Ne trouvez-vous pas magnifique la manière dont elle l'a fait sertir ?

Le diamant, aussi gros qu'un œuf de pigeon, pendait au milieu d'une rangée de perles noires.

— C'est on ne peut plus chic, convint Barty. Je vais aller me présenter.

Quelques instants plus tard, il effectuait une grande révérence devant Sa Majesté en inclinant le buste vers le sol. Quoique gracieux, ce mouvement fut celui de trop pour les coutures de ses hauts-de-chausses jaunes. Les convives présents derrière lui se retrouvèrent brusquement nez à nez avec son slip en soie écarlate. Un glapissement échappa à Barty – que Sa Majesté prit fort heureusement pour un cri d'allégeance semblable aux hululements de ses sujets au passage d'un membre de la famille Alwabbi.

À la vue du gros éléphant esseulé devant l'entrée de la Royal Academy, Annie se demanda si elle n'était pas devenue folle.

Qu'est-ce que je fiche ici ? songea-t-elle en prenant un verre de vin dans chaque main avant de monter le grand escalier. L'e-mail de l'agence de rencontre lui était parvenu dans le courant de l'après-midi. « Appel de dernière minute à tous les cœurs solitaires. Vous êtes conviés à l'inauguration de l'exposition sur les *fêtes galantes** à la Royal Academy de Londres ce soir de 18 h 30 à 20 heures. » Ne sachant pas comment passer le temps entre la fin de son service chez les Winkleman et son rendez-vous avec Jesse à la National Gallery, elle avait décidé de s'y rendre. Peut-être que cette exposition intitulée « Musique, folie et pagaille dans la France du XVIIIe siècle » l'inspirerait pour le dîner de Delores.

De son côté, le désir de Vlad d'échapper à Barty l'avait poussé à aller contempler négligemment quelques tableaux. La plupart représentaient des scènes pastorales fantasques dans lesquelles des gens au style vestimentaire très proche de celui du vieil excentrique gambadaient dans des clairières. Le sujet et l'atmosphère de ces œuvres contrastaient radicalement avec son ancienne vie en Sibérie et, rien que pour cette raison, elles lui plurent beaucoup.

Au bout de la salle principale se trouvait le portrait d'un clown vêtu de blanc, presque grandeur nature, à la mine empreinte d'une tristesse telle que Vlad n'en avait jamais vu. En fixant ses yeux, il fut choqué de découvrir que ce Pierrot inanimé, peint près de trois siècles avant sa naissance, comprenait exactement ce qu'il éprouvait. Il émanait de lui un sentiment de perte et d'isolement dans un pays étrange. Le sentiment aussi d'une vie sans but et sans aucun sens. Par-dessus tout, ce clown savait ce que c'était que d'être rejeté. Comme lui, il avait aimé une femme inaccessible et avait été exilé de sa terre natale. Vlad se mit à pleurer. De grosses larmes salées roulèrent sur ses joues, avant que des sanglots involontaires ne le privent d'air. Il palpa ses poches en espérant que quelqu'un – l'un de ses nombreux domestiques, peut-être – avait pensé à y glisser un mouchoir. Mais il n'y en avait bien sûr aucun, et il leva sa manche vers son nez.

— Tenez.

À travers ses larmes, il découvrit une main délicate qui lui tendait un grand morceau de tissu.

— Moi aussi, il me donne envie de pleurer, dit Annie en lui offrant un torchon qu'elle avait oublié de détacher de son pantalon de travail. Je sais exactement ce qu'il ressent.

Vlad se sécha les yeux et examina cette femme en pantalon noir, duffle-coat et Doc Martens. Elle avait une masse de cheveux auburn et bouclés et des taches de rousseur sur le nez.

— Vous êtes conseillère artistique ?

— Non, je suis chef cuisinier.

Bien qu'elle ne fût ni blonde ni très grande, il émanait d'elle quelque chose de séduisant et de merveilleusement tendre.

— Les tableaux vous font-ils toujours pleurer ?

Il secoua la tête, un peu embarrassé par sa réaction à présent.

— Vous voulez qu'on fasse le tour de l'exposition ensemble ? proposa-t-elle. Je ne connais personne ici.

Il accepta et la suivit dans la pièce adjacente. Peu de gens s'étaient éloignés du cœur de la fête, et ils purent admirer les tableaux sans être gênés par la foule.

— Je commence à vraiment apprécier Watteau,

déclara Annie. Ses personnages sont si réels et ses couleurs si vives. Ses toiles débordent de vie.

Vlad acquiesça, mais il ne regardait qu'elle. Pouvait-elle être celle qui l'aiderait à chasser sa solitude ?

— On entend presque leurs conversations, continua Annie. Je me demande si, pris tous ensemble, ces tableaux ne préfigurent pas les sitcoms. Vous avez vu ? Les mêmes personnes apparaissent à plusieurs reprises.

Elle lui montra un homme aux traits aplatis et une femme au nez retroussé qui semblaient émerger brusquement dans un tableau, puis de nouveau dans un autre.

— Oh, et regardez : on retrouve le clown ici, l'air encore plus abattu.

Son anglais avait beau s'être amélioré, Vlad avait du mal à comprendre tout ce qu'elle racontait.

— Vous, dîner ce soir ? dit-il en supposant que Barty saurait lui recommander le meilleur restaurant.

— Non, merci, répondit-elle fermement.

— S'il vous plaît.

Il avait soudain très envie que cette femme continue à lui parler et partage une soirée avec lui.

— J'ai un rendez-vous.

Quelques semaines plus tôt, elle aurait peut-être accepté. Le visage triste de ce Russe lui plaisait bien, tout comme son air cabossé et même son horrible blouson de cuir beaucoup trop grand. Et puis, cela l'amusait de voir que la seule personne à l'inviter à dîner parmi tous ces gens riches au carnet d'adresses bien rempli était également la seule à être aussi pauvre et solitaire qu'elle.

Vingt minutes plus tard, elle contemplait son tableau avec Jesse et Agatha dans l'atelier de restauration de la National Gallery. Il était 19 h 45 tout juste passées, le ciel au-dehors était d'un noir d'encre et une unique ampoule éclairait la pièce. Jesse tentait de feindre la nonchalance et de ne pas la regarder trop souvent, mais Annie lui semblait encore plus belle que lors de leur dernière rencontre. Ses cheveux formaient un halo auburn autour de son visage et sa peau blanche luisait presque dans la pénombre. Tout en elle était à la fois fragile et fort, dynamique et mélancolique. Dans la lumière crue et peu flatteuse du plafonnier, il s'émerveilla devant ses cils noirs, la teinte presque bleutée de ses paupières, la courbe rose de ses oreilles et les toutes petites taches de rousseur en forme de croissants de lune sur le dos de sa main gauche.

— Il est encore trop tôt pour se prononcer, dit Agatha, mais nous avons de bonnes raisons de penser que votre tableau date du début du XVIIIe siècle et qu'il ne s'agit pas d'une copie.

— Comment pouvez-vous en être sûre ? demanda Annie en s'efforçant de ne pas trop s'emballer.

— Nous avons eu recours à plusieurs procédés techniques. Le premier d'entre eux a consisté à nettoyer une petite partie du tableau.

Agatha leur montra un morceau du ciel et quelques cimes d'arbre dans le coin supérieur gauche. Comparée au reste du tableau, aux jaunes beaucoup plus ternes, cette zone de la taille d'une boîte d'allumettes avait véritablement repris des couleurs.

— Pourquoi n'êtes-vous pas allée plus loin ? s'étonna Annie.

— Parce que ce simple petit morceau a exigé une quinzaine d'heures de travail minutieux, expliqua Jesse. On est obligé de procéder lentement pour éviter d'abîmer la toile par accident.

— Je suis désolée, je ne voulais pas paraître présomptueuse, s'excusa Annie, honteuse de son insolence et de son manque de reconnaissance devant le travail que cette femme effectuait bénévolement durant son temps libre.

Agatha lui sourit.

— Je vous l'ai dit, ce tableau a ramené Jesse dans ma vie. Le marché est donc tout à fait équitable. Le principal problème est que la peinture originale a été recouverte d'épaisses couches successives de vernis brun. Nous allons devoir choisir entre les enlever entièrement ou juste les affiner. La première solution est plus facile à réaliser, mais on risque d'ôter également l'ancienne patine du tableau. Par chance, les personnes qui ont ajouté la dernière couche ont utilisé du mastic, c'est-à-dire le vernis le plus réversible qui soit.

Elle prit sa lampe torche et fit signe à Annie de s'approcher du tableau.

— Le peintre était extraordinairement doué. Regardez ce feuillage. On distingue le mouvement et toute la profondeur d'une clairière par une belle journée d'été, on entend presque le chant des oiseaux, on sent la chaleur du soleil sur les feuilles, et tout ça avec quelques simples touches de marron et de brun rougeâtre.

— Mais je vois du vert et du doré, moi, s'étonna Annie.

— Il a préparé un fond bleu et blanc sur lequel il a appliqué ses couleurs, dit Agatha en braquant sa lampe sur la zone en question. Il est aussi possible qu'il ait utilisé un vernis vert ou brun qu'il préparait lui-même. Si on y va trop fort, on risque de le faire disparaître.

Elle alla chercher trois grandes photos en noir et blanc sur sa table de travail. Annie en examina une, sans vraiment comprendre ce qu'elle représentait. Le grain du cliché était épais, et elle ne discerna qu'une ombre et quelques touches de blanc dans un coin. En y regardant de plus près, cependant, elle reconnut la silhouette d'un clown. Sur la photo suivante, elle repéra la femme et son admirateur. La dernière en revanche - une série de carrés et de chiffres - était tout à fait sibylline à ses yeux de profane.

— Normal, s'amusa Agatha. Les deux premières radiographies s'interprètent facilement, mais celle-là correspond au dos de la toile. Les formes curieuses que vous voyez suggèrent la présence de plusieurs cachets significatifs cachés sous les différents rentoilages.

— C'est un peu comme une pochette-surprise : on ne sait jamais à quoi s'attendre en ôtant l'emballage, nota Jesse.

— Des cachets ? demanda Annie.

— De la même façon qu'un fermier marque ses vaches, les propriétaires d'un tableau aiment y apposer un signe distinctif, expliqua Agatha en sortant deux photocopies tirées d'un livre sur les armoiries. Ce blason est indiscutablement celui de Frédéric le Grand, roi de Prusse, mais ce numéro, 312, est encore plus intéressant parce qu'il renvoie à un système de catalogage que Louis XV utilisait pour les œuvres ayant intégré sa collection entre mars et septembre 1745.

— Comment savez-vous tout ça ?

— Un de mes collègues a consacré sa vie à effectuer des recoupements entre des catalogues de vente contemporains et des inventaires de l'époque. Grâce à ses travaux de recherche, nous avons pu déterminer quand tel ou tel tableau était entré dans les collections royales et en était sorti.

— Peut-être que le musée devrait envisager d'accrocher les tableaux à l'envers, plaisanta Jesse.

— Tu vas rire, mais nous en avons souvent parlé entre nous.

— Qu'avez-vous découvert d'autre ? demanda Annie.

— Il y a deux autres nombres : ce 234, tout en bas du tableau, et le contour d'un 80 dans le coin supérieur droit qui ressemble un peu au monogramme de la Grande Catherine – mais je n'irai pas jusqu'à l'affirmer parce que ce serait bien trop excitant.

— Pourquoi ?

— Cela voudrait dire que l'histoire et la provenance de cette petite peinture seraient les plus intéressantes qu'il m'ait jamais été donné de connaître.

Tous trois contemplèrent le tableau. Annie repensait à l'homme à tête d'enclume du British Museum : l'information que venait de lui livrer Agatha était-elle la réponse à son énigme ? Elle tenta de se rappeler les noms des rois et des reines qu'il lui avait cités. Était-ce Louis, Catherine et Victoria ? Elle n'arrivait pas à s'en souvenir.

— Vous imaginez ? dit Jesse. Vous avez peut-être un lien avec quelques-uns des plus grands souverains de l'histoire.

— Cette œuvre serait donc passée entre les mains d'un roi et d'une reine avant d'échoir à Mlle Annie McDee, locataire d'un petit appartement à Shepherd's Bush, propriétaire de quatre pantalons, onze chemises, trois paires de chaussures, une robe noire et une machine à laver cassée, répliqua-t-elle, non sans ironie.

— Mais aussi d'un chef-d'œuvre.

— C'est une des raisons pour lesquelles les gens veulent posséder des tableaux de maîtres, intervint Agatha. Cela leur permet d'associer leur nom à un patrimoine glorieux et à d'illustres personnalités.

Annie mima un salut royal à l'intention de Jesse, qui se courba avec déférence devant elle.

— J'ai encore une bonne nouvelle, reprit Agatha en allant chercher ce qui ressemblait à un quatrième cliché radiographique. Nous avons effectué une réflectographie infrarouge. En la regardant bien, vous distinguerez une esquisse préparatoire.

De fait, Annie distingua les traits blancs déliés

d'un dessin, à peine visibles au milieu de plusieurs zones grises.

— Qu'est-ce que cela veut dire ?

— Qu'il est très peu probable que l'on ait affaire à une copie. Les faussaires n'ont pas besoin de déterminer où et comment placer leurs personnages - l'artiste original s'en est chargé pour eux.

Agatha sortit quelques photocopies de réflectographies réalisées à partir d'autres tableaux de Watteau.

— Sans vouloir vous donner trop d'espoir, on voit des similarités très nettes avec ces images.

Annie les observa attentivement, mais pour elle ces lignes blanches auraient pu être dessinées par n'importe qui.

— C'est comme reconnaître l'écriture d'une personne, expliqua Jesse. Chaque artiste a des coups de crayon et des techniques qui lui sont propres.

En prenant l'une des photocopies, Annie crut détecter une forme vague sous la scène pastorale. Était-ce un bouclier ? Une lance ?

— Qu'est-ce que c'est ?

— Watteau était souvent trop pauvre pour acheter des toiles, si bien qu'il se servait de tout ce qui lui tombait sous la main. Dans le cas présent, c'est le dos d'une portière de carrosse recouverte d'ornements héraldiques. Et nous savons qu'il a peint un autre tableau, *La Déclaration*, sur une plaque de cuivre gravée.

— Il n'avait vraiment pas les moyens de se payer des toiles ?

— C'est ce que l'on suppose. Nous avons découvert un autre indice sur sa situation financière. Suivez-moi, dit Agatha.

Elle les entraîna hors de l'atelier et suivit un étroit couloir jusqu'à une double porte qui donnait accès à une série de pièces organisées comme un laboratoire scientifique.

Dans la première, petite et sombre, se trouvaient une table sur laquelle s'alignaient plusieurs ordinateurs ainsi que des étagères murales qui croulaient sous les éprouvettes et tout un attirail de mesure. Annie jeta un regard étonné à Jesse. Elle passait deux fois par jour devant la National Gallery, mais avait toujours supposé que la fonction du musée se résumait à accueillir des toiles.

Un homme en blouse blanche, aux cheveux gris hirsutes et à la mine irrésistiblement joyeuse, était assis devant un écran.

— Je vous présente le Dr Frears, dit Agatha.

— C'est donc vous la veinarde, s'écria le scientifique en se levant pour tendre la main à Annie. La plupart d'entre nous ne peuvent que rêver de sortir de chez un brocanteur avec une belle œuvre d'art, vous savez.

— Peut-être que ça n'arrive qu'aux gens qui ne connaissent rien à rien, répliqua Annie, sarcastique.

— Aimeriez-vous voir ce que je suis en train d'étudier ?

Elle acquiesça. Malgré son scepticisme et le dîner prochain de Delores, ces personnes charmantes et leur extraordinaire savoir enflammaient son imagination. Elle suivit le Dr Frears vers son ordinateur et contempla l'image d'un gâteau composé de multiples couches de crème et de fruits de différentes couleurs.

— Un millefeuille ?

— Il s'agit de la coupe transversale d'une infime écaille de peinture prélevée sur le côté de votre tableau et grossie plusieurs millions de fois. Bien qu'elle ne soit pas visible à l'œil nu, elle peut nous apprendre beaucoup de choses.

Fascinée, mais totalement déroutée, Annie se contenta de fixer l'image à l'écran.

— Les pigments utilisés dans votre tableau sont identiques à ceux des œuvres d'Antoine Watteau. Ce qui est fascinant, c'est ce petit fragment de bleu de Prusse. Ce pigment n'est arrivé à Paris qu'au tout début du XVIIIe siècle, et j'ignore comment notre homme a pu se l'offrir. Dans cette partie inférieure, là, on retrouve également un oxyde de fer qu'il utilisait souvent et dont nous savons qu'il provenait d'une boutique située tout près de son logement.

Annie et Jesse se penchèrent vers l'ordinateur pour regarder de plus près les couches de couleurs graduées.

— Comme le soupçonnait ce jeune homme, conclut le Dr Frears en désignant Jesse, nous ne pouvons pas exclure que ce tableau ait été peint par Watteau en personne.

— Vos découvertes suffisent à le prouver, non ?

— Hélas, non, répondit Agatha. Notre travail consiste plus à écarter des hypothèses qu'à obtenir des certitudes.

— Il y a encore un élément absolument fascinant, reprit le Dr Frears en attirant leur attention sur un tout petit point noir. Ceci n'est autre qu'un bout de poil de pinceau.

Annie se mordit la lèvre pour ne pas rire - avec quoi d'autre pouvait-on bien peindre ?

— J'ai aussi relevé une trace de vin et de sang, ainsi qu'une sorte de graisse animale mêlée à la peinture.

— On devrait peut-être envoyer ces échantillons d'ADN à nos amis du King's College ? suggéra Agatha.

— Afin qu'ils clonent le peintre ? plaisanta Annie.

Le Dr Frears sourit.

— Qui sait !

Une heure plus tard, Annie et Jesse savouraient un verre de vin blanc dans un petit pub près de St James's Square.

— J'aurais préféré pouvoir t'offrir du champagne, s'excusa-t-il.

— C'est déjà très bien, merci beaucoup.

— À ton tableau !

Annie trinqua avec lui. Accepter son invitation à aller prendre un pot était la moindre des choses, mais une horloge murale derrière le bar lui rappela qu'il était déjà 20 h 30. Elle était fatiguée et avait envie de rentrer chez elle.

— Ce tableau doit te mettre en transe, non ? dit Jesse.

— En transe ? Je ne comprends pas ce milieu. Plusieurs éléments prouvent que cette toile est authentique. Sa restauratrice l'apprécie. Le scientifique que nous avons vu l'admire. Les tests de datation donnent des résultats concordants, tout comme l'étude de la peinture. Il existe même une estampe de cette œuvre dans un catalogue. Et pourtant, rien de tout cela n'a d'importance sans l'approbation de certains experts.

— L'art est subjectif.

— Dieu aussi.

— Tu ne trouves pas réconfortant que la beauté ne puisse être décidée par la science et qu'elle soit plutôt dans l'œil de celui qui la regarde ?

— Tout ça est trop aléatoire pour moi.

— C'est comme la cuisine, non ? Tu ne peux jamais prédire précisément ce que tu vas obtenir.

— Avec la nourriture au moins, on a une limite temporelle. Si on s'obstine trop, on l'abîme ou on la fait brûler.

— Mais on a découvert tant de choses déjà ! On sait que ce tableau est ancien, qu'il est contemporain de Watteau, qu'il a été la propriété de gens très classe et que ce n'est pas une copie.

— Et quoi d'autre ?

J'aimerais t'embrasser, pensa-t-il. Je meurs d'envie de te prendre dans mes bras, d'effacer tes contrariétés et ta souffrance et d'embrasser tes paupières jusqu'à ce que l'effet de surprise soit passé. Je veux rester auprès de toi à longueur de journée pour te prouver que tu es merveilleuse. J'ai besoin de te dire combien tu es extraordinaire à mes yeux.

Mais il se ressaisit.

— Essayons d'établir la liste des propriétaires successifs de cette œuvre du XVIIIe siècle jusqu'à nos jours. Cela donnera encore plus de poids à nos arguments.

Annie lorgna un couple à l'autre bout du pub. Assis main dans la main, ils étudiaient la brochure d'une agence de voyages. Quelque chose dans la manière dont la femme s'appuyait contre son compagnon fit naître en elle une furieuse envie que quelqu'un la serre dans ses bras.

— Pourquoi ? demanda-t-elle en se forçant à se concentrer sur l'instant présent.

— Pourquoi quoi ?

— Pourquoi tu m'aides ?

— Ce n'est pas évident ? Je t'apprécie beaucoup et j'espérais que tu pourrais m'aimer assez en retour pour continuer à me voir.

Elle baissa les yeux sur son verre de vin, en proie à un sentiment de panique grandissant. Une histoire sans lendemain, elle pouvait le gérer, mais la perspective de nouer une vraie relation la terrifiait.

— Je ne partage pas tes sentiments, désolée, répondit-elle avant d'enfiler son manteau et de s'enfuir hors du pub.

Elle s'éloigna aussi vite que possible en se répétant qu'elle ne devait surtout pas retomber amoureuse. Cela ne menait à rien de bon. Il fallait à tout prix l'éviter.

Jesse resta assis quelques instants devant son verre de vin à moitié vide sans comprendre pourquoi ses paroles avaient eu un effet si catastrophique. Comment avait-il pu se fourvoyer à ce point ? S'il était vrai qu'Annie ne l'avait jamais encouragé, elle ne l'avait pas non plus repoussé. Mais ce n'était pas de la colère qu'il éprouvait. Plutôt de la consternation. Il se leva brusquement et s'élança à sa poursuite.

En scrutant King Street dans un sens et dans l'autre, il aperçut sa silhouette voûtée qui se dirigeait vers St James's Park. Il la rattrapa à l'angle de la rue.

— Attends, s'il te plaît, dit-il. Je n'ai pas l'habitude de faire des déclarations d'amour. En fait, c'est même la première, et je t'avoue que je me sens ridicule de te courir après comme ça. J'ai été littéralement submergé par mes sentiments. Je me doute bien que je n'ai plus aucune chance avec toi maintenant, mais même si tu décides de partir, même si je me suis complètement trompé, je voulais juste te dire que tu sais où me trouver au cas où tu changerais d'avis.

Et, sans attendre sa réponse, il fit demi-tour et s'éloigna rapidement.

19

Comme vous l'avez peut-être remarqué, le jeune guide est amoureux de ma maîtresse. Dieu merci, elle en a fini avec ce sentiment. Elle l'a remballé dans une malle, y a apposé l'étiquette « c'est du passé » et l'a rangé au grenier. J'en suis fort soulagé, tant l'amour vous prive de tout sens commun. Il n'est que de songer aux folies et aux actes dépravés commis en son nom au cours des siècles. Que d'horreurs, et que de temps perdu. Je suis bien placé pour le savoir, moi qui en ai si souvent été témoin.

Certes, il chasse parfois temporairement l'ennui et la faim, mais ne nous emballons pas. Seule la mort est certaine en ce bas monde.

Revenons-en au sujet qui nous occupe. *Moi**. Annie doit étudier mon histoire. Pourquoi est-ce si important ? Parce que les humains ont besoin de classifier les choses et d'être rassurés. À cet égard, le prix est un indicateur de valeur, tout comme l'érudition. Quand un grand intellectuel consacre un ouvrage convaincant à un peintre ou à son œuvre, son prestige en sort grandi. C'est ainsi que l'un de mes anciens propriétaires, M. Duveen, ce marchand impécunieux (qui a donné naissance au marché de l'art tel que nous le connaissons aujourd'hui) a employé l'un des plus grands érudits de tous les temps, Bernard Berenson, afin de déchaîner le désir des acheteurs.

La valeur augmente également par association. Pour reprendre l'adage de saint Augustin : « Dites-moi qui vous fréquentez et je vous dirai qui vous êtes. » Ce qui, dans le cas d'un tableau, peut se traduire par : « Dites-moi à côté de qui vous avez été accroché et je vous dirai ce que vous valez. » Qu'une belle jeune femme désirable vienne à s'éprendre d'un homme quelconque et celui-ci deviendra soudain séduisant aux yeux des autres. De même, il suffit qu'une coterie se prononce sur les subtilités d'un grand livre pour que tout le monde veuille le lire. En ce qui vous concerne, chers lecteurs et chères lectrices, je n'ai appartenu qu'à un brocanteur, et à présent à une jeune femme complètement fauchée, si bien que vous n'avez pas une très haute opinion de moi. Sachez pourtant que j'ai aussi été détenu par des rois, des reines, un empereur romain germanique, un pape et un grand philosophe – entre autres figures notables. Là, je sens que je vous intéresse un peu plus.

Au fil des décennies, et à mesure que j'étais balloté d'un illustre propriétaire à l'autre, ma valeur n'a cessé de croître. Qui ne souhaiterait posséder un objet cher au cœur d'un empereur ou d'un roi ? Qui ne souhaiterait voir son nom associé à la gloire et au pouvoir ? La plupart des gens veulent être confortés, approuvés dans leurs goûts. L'art étant entièrement subjectif, qu'il doit être bon et valorisant de partager les choix d'éminentes personnalités historiques et d'illustrer l'adage selon lequel les grands esprits se rencontrent.

Le sexe, l'amour et la luxure émaillent mon existence – sans oublier un cadavre ou deux. Ce qui suit n'est pas une austère leçon d'histoire, mais une comédie hautement raffinée. Je m'appelle – et j'incarne – *L'Improbabilité de l'amour*. J'ai été peint pour célébrer les élans tumultueux du cœur et les déceptions auxquelles ils conduisent immanquablement. Mon maître mit d'abord une ardeur sans limite, un désir fou et une passion inextinguible dans le moindre de ses petits coups de pinceau. Puis, en cours de route, il dut se rendre à l'évidence : ses sentiments étaient un mirage, une chimère. Telle est la grande tragédie de l'amour. Même si vous avez la chance de le croiser, il ne dure jamais. Tous les jeunes gens s'imaginent que leur expérience sera différente. Les pauvres imbéciles.

Mais reprenons. De son vivant, mon maître n'a jamais connu la gloire et les éloges qu'il méritait. Il en aurait peut-être été autrement s'il avait vécu plus longtemps, s'il s'était un tant soit peu intéressé aux intrigues de la cour et s'il avait eu un marchand plus rusé. Cependant, il possédait la seule chose à laquelle aspirent la plupart des puissants : un talent créatif. J'ai remarqué que, dès lors qu'ils ont fait fortune et comblé tous leurs désirs matériels, les gens se retrouvent face à un douloureux vide spirituel. Peu d'entre eux se tournent vers la religion. À quoi bon, puisqu'il est plus facile pour un chameau de passer par le chas d'une aiguille que pour un riche d'entrer dans le royaume de Dieu ? À la place, ils recherchent souvent le pouvoir apaisant de la beauté. L'art donne aux mortels l'impression de se rapprocher du paradis. Regardez le nombre de papes qui ont rempli le Vatican d'œuvres de Michel-Ange ou du Bernin. Regardez ces nobles et ces rois indissociables de tel ou tel artiste : les Sforza et Léonard de Vinci, les Médicis et Raphaël, Charles V et Titien, Philippe d'Espagne et Vélasquez, etc. J'ai rencontré un jour un Courbet cynique. Il prétendait que les riches achetaient des tableaux uniquement parce qu'ils ne savaient plus quoi faire de leur argent. Une toile de Corot les qualifiait quant à elle de moutons de Panurge – ils faisaient comme les autres, et puis voilà. Rien ne rend les hommes plus fous que de ne pouvoir posséder quelque chose.

J'ai également noté que les collectionneurs ont des motivations légèrement différentes : ils voient les œuvres d'art comme un investissement et un moyen de se faire valoir auprès de leurs amis tout en décorant leur intérieur. Mais surtout, ils espèrent que le manteau de la créativité s'étendra jusque sur leurs épaules. La beauté possède une valeur intrinsèque. Des premières dynasties chinoises aux pharaons en passant par les Grecs, les hommes ont toujours considéré qu'elle avait le pouvoir de les transformer, de les rendre meilleurs et de les arracher à leurs sordides transactions commerciales pour les élever spirituellement.

Ma petite théorie est que la peur de la solitude est au cœur de toutes les angoisses humaines. Cela commence dès la sortie du ventre maternel et continue jusqu'à la tombe. Notre vie n'est qu'une tentative désespérée pour repousser cette angoisse de la séparation en usant de tous les plaisirs possibles, l'amour, le sexe, le shopping ou l'alcool – au choix. J'illustre un moment de sursis. J'offre, par la fugace métamorphose de l'amour, un répit à cette froide certitude.

Et, comme vous le verrez bientôt, toutes ces pulsions sont à l'œuvre dans la vie de chacun de mes propriétaires.

Paris était une petite ville au début du XVIIIe siècle. La nouvelle qu'un peintre avait refusé de vendre une de ses toiles se répandit vite, aiguisant tous les appétits. Rien n'est plus désirable que l'inaccessible. Qu'importe si peu de gens avaient eu l'occasion de poser les yeux sur moi : les grands de ce monde envoyèrent des nonces, des messagers, des ambassadeurs et des laquais chargés d'or et de bijoux pour inciter mon maître à leur céder son tableau. Je devins l'objet d'un jeu extraordinaire, une médaille à décrocher. Non, disait Antoine à chacun de ces émissaires. Ma vente aurait pu le sauver, lui permettre d'acheter un logement décent, de se nourrir et d'être soigné par les meilleurs médecins. Pensez aussi à la somme de travail qu'il aurait pu abattre s'il avait eu son propre atelier ou des peintures dignes de ce nom, lui qui occupait toujours la maison des autres et n'avait jamais pu s'acheter des pinceaux en poil de martre ou des pigments de qualité. Mais j'étais pour lui une sorte de talisman. « Au moins, tu incarnes mon plus beau souvenir », me disait-il en pleurant.

Je me rappelle un après-midi de 1709 : Mme de Maintenon, qui avait appris mon existence par l'un de ses amis, le comte de Caylus, se présenta au logis de M. Crozat en exigeant de voir ce misérable peintre qui avait refusé de vendre un certain tableau à l'un de ses sous-fifres. Crozat fut terrifié – qui ne l'aurait été ? Mme de Maintenon était la maîtresse du roi, une reine potentielle, et un ordre royal reste un ordre royal. Il promit de faire tout ce qui était en son pouvoir afin de ramener mon maître à la raison. Mais Antoine ne voulut rien savoir. J'en fus un peu déçu, je l'avoue. J'avais très envie de découvrir Versailles et d'être aux premières loges pour observer la vie de la cour. Quoi qu'il en soit, l'entêtement de mon maître eut des conséquences directes : il échoua à obtenir le prix de Rome et fut rejeté par l'Académie, tandis qu'un décret officieux interdisait à quiconque d'acheter ses œuvres.

Lorsqu'il mourut dans une extrême pauvreté en 1721 (quelle *tristesse** de partir si jeune), un petit conflit opposa ses amis à mon sujet. Au bout du compte, Jean de Julienne obtint de me garder, à la condition de ne jamais me vendre. Il s'y engagea en toute bonne foi, mais même les meilleures intentions ne peuvent rien contre la nécessité. M. de Julienne, voyez-vous, avait un problème qui empirait de mois en mois. Entre 1726 et 1735, il supervisa et finança la publication de quelque quatre cent quatre-vingt-quinze estampes réparties dans les quatre volumes du *Catalogue raisonné** de l'œuvre de mon maître – celui-là même qu'Annie a étudié au British Museum. Il témoignait ainsi d'un dévouement sans précédent envers un artiste contemporain. Seulement, Julienne n'était pas riche. Confronté à des difficultés financières, il décida de sacrifier le joyau de sa collection, c'est-à-dire *moi**, au profit d'une plus noble cause. Il reçut de nombreuses offres, mais comprit que je ne pouvais pas appartenir à n'importe qui. Des émissaires du roi George Ier, des tuteurs du jeune Louis XV, de deux papes et d'une série de nobles se succédèrent chez lui pour lui faire des offres substantielles. Il les déclina toutes, jusqu'à ce que, par un lugubre après-midi de 1729, quelqu'un vienne frapper à sa porte. Son visiteur, tout en émoi et accablé de douleur, lui conta d'une traite son infortune. Il avait ce même jour rencontré l'amour de sa vie et tenait à persuader cette dame de sa passion.

Elle, c'était la marquise du Châtelet, Gabrielle Émilie Le Tonnelier de Breteuil, et lui n'était autre que François-Marie Arouet, plus connu sous le nom de Voltaire, le grand écrivain, historien, philosophe et champion des libertés civiles. Un malheureux contretemps faisait que la marquise était non seulement mariée, mais aussi enceinte, et elle avait rejeté ses avances au motif qu'elle les jugeait inconvenantes et déplacées. Cette charmante dame, mathématicienne et physicienne, était peu portée, on l'imagine, sur les déclarations d'amour intempestives. Voltaire l'avait aimée au premier regard et lui avait déclaré qu'il attendrait la fin de sa période de confinement. Elle avait roulé de gros yeux, l'air rien moins que convaincue.

— Vous comprenez, monsieur de Julienne ! s'exclama le grand homme. J'ai besoin d'un message d'amour, quelque chose qui puisse rester à son chevet et qui lui fasse à jamais penser tendrement à moi.

C'est ainsi que je quittai Paris dans un carrosse à la fin de l'année 1729, en compagnie d'un porteur. Ce n'était pas mon premier voyage hors de la capitale. Mon maître et moi étions déjà allés à Londres, une ville que je détestais, ainsi qu'à Valenciennes, d'où il était originaire - sans compter quelques excursions à la campagne. J'allais bientôt apprendre que le mariage d'Émilie avec le marquis Florent-Claude du Châtelet-Lomont avait été arrangé quatre ans plus tôt seulement, alors qu'elle avait tout juste dix-huit ans et lui trente. Deux enfants étaient nés de cette union à bref intervalle, et bien qu'elle eût tenté de se prémunir contre une nouvelle grossesse, Émilie était tombée enceinte peu de temps avant de rencontrer Voltaire (des suites d'un viol, au cas où vous vous poseriez la question). Cela expliquerait pourquoi elle s'était empressée de gagner la propriété de son mari dans le nord-est de la France, le laissant libre de collectionner les maîtresses et les prostituées à Paris.

J'admirais Émilie, mais je n'ai jamais réussi à la trouver sympathique. Elle était bien trop sérieuse. Son père, un petit noble habitué de la cour de Louis XIV, avait remarqué très tôt son intelligence et l'avait instruite comme on dresserait un singe savant. Les atouts d'Émilie étaient intellectuels plus que physiques. À l'âge de douze ans, elle parlait couramment le latin, le grec, l'italien et l'allemand. Traduire des textes étrangers en français était l'idée saugrenue qu'elle se faisait d'un agréable passe-temps. Bien naturellement, sa mère était horrifiée par ses centres d'intérêt si peu féminins, au point qu'elle menaça de l'envoyer au couvent. Nous le savons tous, un esprit indomptable chez une femme est un tue-l'amour. Les hommes préfèrent le sein au cerveau, et le seul soupirant d'Émilie fut un vieux marquis boiteux. Même Voltaire, dans une lettre à son ami Frédéric II, la décrivait comme « un grand homme qui n'avait de défaut que d'être une femme ». Peut-être était-il un peu dur. Elle savait danser, jouait un peu de la harpe et chantait juste, mais enfin, c'était le minimum attendu de toute noble dame.

Émilie me garda à son chevet, et j'aime à me dire que j'occupais chaque jour la première et la dernière de ses pensées. Ma magie opéra. Quatre ans plus tard, Voltaire était devenu son amant et s'était installé dans le château familial. Le vieux marquis, qui s'était trouvé une gueuse gironde et sans cervelle, ne s'en formalisa guère. Je ne puis dire que mon poste d'observation fut des plus excitants. Voltaire et sa maîtresse entretenaient une relation plus cérébrale que charnelle. Lorsqu'il déboulait dans sa chambre, les yeux brillants et la chemise de nuit de travers, c'était en général pour discuter de quelque théorie libertaire ou pour lui lire l'un de ses pamphlets. Durant mon séjour chez Mme du Châtelet, il écrivit quatre cent trente-huit livres, pièces, lettres, poèmes et pamphlets en plus de ses ouvrages scientifiques et historiques. Émilie était presque aussi prolifique avec ses traités sur l'énergie cinétique, la nature et la propagation du feu, la philosophie, l'algèbre et le calcul. Je me suis laissé dire que sa traduction commentée des *Principes mathématiques* d'Isaac Newton était toujours éditée.

Mais je ne prétends pas que Voltaire était assommant, loin de là ! De fait, il a probablement été le plus amusant, le plus instruit et le plus inspirant de mes propriétaires. Émilie, elle, malgré toutes ses prouesses intellectuelles, voulait goûter à l'érotisme. Y voyait-elle une branche du savoir comme une autre ou un besoin humain à satisfaire ? Toujours est-il qu'elle aspirait à connaître la passion, à être bousculée, arrachée à ses études et conduite vers l'extase. Elle commença à prendre des amants, dont aucun ne parvint à la satisfaire (je le sais, j'en ai été témoin). Cela ne dérangeait pas Voltaire. Je ne suis même pas sûr qu'il s'en soit rendu compte.

Ce fut par un après-midi ensoleillé de 1745 qu'elle rencontra le poète Jean-François de Saint-Lambert. Enfin, elle avait trouvé avec qui mener à bien son grand projet. Ce *coup de foudre** fit naître en elle un désir sans limite, mais hélas non partagé. Émilie n'avait pas l'habitude d'être contrecarrée dans ses desseins. En tant que femme riche, puissante et intelligente, il y avait peu de situations qu'elle ne fût capable de résoudre. Pour la première fois de sa courte vie, cependant, ses équations, ses hypothèses et ses théorèmes se révélèrent inutiles.

En matière d'amour, le cœur est illogique et l'esprit, irrationnel. Son problème avait pour nom Mme de Boufflers, plus connue sous le nom de « la Dame de Volupté », dont Jean-François était profondément, passionnément et éperdument amoureux.

La pauvre Émilie eut recours à tous les stratagèmes possibles – laisser tomber des mouchoirs, monter un cheval récalcitrant, offrir des friandises, organiser des fêtes, composer des sonnets. En vain. Jusqu'au jour où, à travers ses larmes, elle me regarda comme pour la première fois. Deux heures plus tard, en cet après-midi du 22 janvier 1745, je fus livré au poète. Il comprit ma valeur mais, au lieu de me garder, il s'empressa de m'offrir à la Dame de Volupté. Et je dois dire que la vie dans sa chambre à coucher fut bigrement intéressante. Un roi, un poète, un avocat et même un abbé défilèrent dans son boudoir au cours de la même semaine.

Le soir du 28 février 1745 – une date que je n'oublierai jamais –, une certaine Jeanne-Antoinette Poisson entra dans la chambre de ma nouvelle maîtresse. Elle était venue solliciter son avis sur la manière de ferrer un roi. Présentée à Louis XV lors d'un bal masqué organisé deux jours plus tôt, elle avait éveillé le désir du souverain, dont la troisième maîtresse officielle était morte peu de temps auparavant, laissant une place vacante. C'était le plus beau poste à pourvoir pour toutes les femmes à l'ouest de Constantinople, mais elle n'était pas la seule candidate.

La Dame de Volupté lui offrit d'inestimables conseils : elle devait oublier toute coquetterie et se montrer directe et passionnée, tout en restant correcte. Les hommes avaient besoin d'être rassurés et de savoir qu'on les aimait. Puis ses yeux se posèrent sur moi, et elle eut une idée. Sans plus de cérémonie, elle me tendit à Jeanne-Antoinette. Mes pouvoirs aphrodisiaques et mes talents de Circé avaient une fois de plus été reconnus. Dix jours plus tard, je fus apporté au roi de France. Quel ne fut pas mon plaisir d'entrer enfin à Versailles ! Naturellement, j'inspirai tant Mlle Poisson que trois semaines seulement s'écoulèrent avant qu'elle soit proclamée maîtresse officielle du roi (un titre qui s'accompagna d'un anoblissement, du don de plusieurs domaines et d'un appartement situé directement sous celui de Sa Majesté – la veinarde). C'est donc à moi et à *moi seul* que l'on doit la transformation d'une demoiselle Poisson en Mme de Pompadour.

L'ennui était que l'on avait beau prendre une fille élevée bourgeoisement, l'habiller avec élégance, l'anoblir, la couvrir d'amour, d'œuvres d'art et de bijoux, elle n'en demeurait pas moins une étrangère parmi nous – et je ne parle pas seulement de la cour. Les Français sont horriblement snobs. Le roi pouvait tout à fait avoir des femmes influentes pour compagnes du moment qu'elles étaient distinguées. Mme de Pompadour était et reste très calomniée en raison de ses origines modestes. De nombreux traits chez elle compensaient pourtant ce défaut : elle adorait les arts et, malgré quelques-unes de ses saillies les plus outrageantes, elle portait une réelle affection au peuple. Elle incarnait même à la perfection la mère de province – ce qui finit par provoquer sa chute, les hommes n'ayant pas envie de faire l'amour à leur mère (sauf les Anglais). Après 1750, le roi cessa définitivement de coucher avec elle et installa ses diverses petites maîtresses dans un manoir du Parc aux cerfs. Mme de Pompadour ne fit aucun cas de la plupart d'entre elles, jusqu'à l'arrivée de Louise O'Murphy. Âgée de treize ans, la jeune fille avait déjà attiré l'attention de Casanova, qui l'avait qualifiée de « jolie petite souillon ». (Et bien que je déteste lancer des fleurs aux autres, je dois reconnaître que le tableau le plus sensuel à avoir jamais été peint est probablement son portrait par Boucher.)

Les chevilles de Mlle Louise enflèrent, tant et si bien qu'elle fut répudiée au bout de deux ans. La drôlesse me subtilisa en partant, persuadée comme beaucoup d'autres à la cour que j'étais l'élément magique qui liait Louis à sa maîtresse.

Mon grand voyage suivant me mena en Russie, dans la chambre de la Grande Catherine. Je ne m'étendrai pas sur elle. Sachez juste que tout ce que vous avez entendu à son sujet était vrai (à l'exception de sa mort supposée suite à un coït avec un cheval). Je n'ai jamais rencontré de toute ma vie une femme ou un homme dotés d'un tel appétit sexuel. Même Casanova ne lui arrivait pas à la cheville. J'avais été acheté en 1755 par un noble polonais, Stanislas Poniatowski, qui souhaitait le lui offrir. Principal mécène des Lumières polonaises, Stanislas défendait le théâtre, la peinture, la littérature et l'architecture. Rien d'étonnant dans ces conditions que j'aie accroché son regard. Sa liaison avec Catherine était bien sûr vouée à l'échec, et même si la reine lui donna une fille et le trône de Pologne, elle se lassa de lui en 1759 et le remplaça par le comte Orlov. Stanislas ne se maria jamais et mourut le cœur brisé. J'aurais adoré rester à Saint-Pétersbourg, alors la capitale du monde développé. Je serais aujourd'hui en compagnie de mes anciens amis, la bande des Léonard, des Michel-Ange, des Titien et compagnie. Mais l'infâme comte Orlov avait d'autres projets pour moi. Il ne pouvait souffrir ma vue et n'acceptait tout simplement pas qu'on lui rappelle que son impératrice avait eu une vie avant lui.

Une fois de plus, je repris la route. François Ier de Habsbourg-Lorraine, l'empereur romain germanique, fit mon acquisition dans le but de séduire la comtesse Wilhelmina von Neipperg. Après avoir eu seize enfants avec sa femme Marie-Thérèse, il aurait mieux fait de ranger son engin. Sa jeune maîtresse se révéla aussi brutale et ambitieuse que possible. Lorsqu'il lui annonça son intention de la quitter, elle le supplia de lui accorder un dernier rendez-vous – une sortie à l'opéra. François fut pris d'un malaise durant le deuxième acte. Le temps que son carrosse le ramène chez lui, l'empereur était mort, empoisonné par le venin que sa maîtresse lui avait administré en le piquant avec sa broche de diamants.

La délicate meurtrière me vendit aussitôt. Un concours de circonstances me fit atterrir chez le comte Gregory Velovitch. L'histoire a sauvagement effacé son nom, et je trouve singulièrement dommage que ni mon maître, ni aucun artiste de sa stature ne l'aient jamais peint. Le comte était un bel homme aux longs membres délicats, aux cheveux blonds et bouclés et aux yeux aussi noirs que la réglisse. C'était également un homosexuel très ambitieux qui avait des vues sur le roi de Prusse, Frédéric le Grand.

Beaucoup ont supposé à tort que Frédéric aimait les hommes. Certes, il avait été proche du jeune Hans von Katte, bien des années plus tôt, mais il s'agissait d'un amour cérébral et platonique. Après ça, on ne lui connut qu'une seule passion : Watteau. Pourquoi sinon aurait-il fait construire l'exquis palais de Sans-Souci dans le style inventé par mon maître ? Comment expliquer autrement que ses tableaux monumentaux aient été accrochés ailleurs, dans des galeries distinctes, et qu'il ait choisi pour décorer sa demeure des œuvres d'Antoine et de ses amis ? Frédéric accepta donc le cadeau du comte Velovitch avec beaucoup de plaisir, mais le fit décapiter après que ce dernier lui eut suggéré de commettre un acte obscène et inconvenant.

Bien sûr, le roi avait aussi des lévriers – mais ça, c'est une autre histoire, que je vous raconterai plus tard.

20

Longtemps après le départ de ses employés, alors que l'obscurité recouvrait d'une cape de velours les rues de Londres et que les réverbères jetaient un halo de lumière dorée sur les trottoirs humides, Rebecca ferma la porte de son bureau avant d'étaler par terre les grands livres de la galerie. Elle posa les plus anciens près de la cheminée et continua en procédant par ordre chronologique. La dernière fois qu'elle les avait étudiés, soit quelques jours plus tôt seulement, elle n'avait pas su quoi chercher. À présent, elle espérait découvrir des éléments qui réfuteraient ses théories au lieu de les confirmer. Elle voulait, contre toute logique, avoir l'assurance que son père était bien Memling Winkleman, survivant de l'Holocauste, juif intègre, marchand d'art légitime et père et grand-père aimant.

De 20 heures à 22 heures, elle vérifia la provenance de divers tableaux sans rien relever de suspect. Elle commença par l'année 1940 en faisant correspondre les premières acquisitions de son père aux factures présentes dans les lourds volumes. Elle retrouva peu à peu le moral, jusqu'à ce qu'elle tombe sur un Renoir, *Filles avec parapluies et chien*, acheté quelques milliers de marks à la famille Gandelstein. À première vue, la facture semblait authentique, mais elle remarqua ensuite l'adresse, 14 Schwedenstrasse, et la date, le 14 février 1944. Frau Danica Goldberg lui avait pourtant dit que toutes les familles de l'immeuble étaient montées dans les trains de la mort et qu'aucune n'était jamais revenue. Y compris les Winkleman.

Rebecca tenta d'imaginer un autre scénario. Peut-être que son père avait agi comme une sorte de bouclier ou d'intermédiaire qui vendait les tableaux de ses amis juifs aux nazis pour leur donner une chance de s'échapper. Cette version, si plaisante fût-elle, ne lui accorda que quelques secondes de répit. Tout au fond d'elle, elle savait qu'une telle explication ne tenait pas la route.

Elle s'approcha d'un bar en acajou orné de dorures, de style Art déco, offert à Memling pour son soixante-dixième anniversaire par un client reconnaissant qui fréquentait la même synagogue qu'eux. Ce dernier avait dépensé plus de 10 millions de livres par an à la Winkleman Fine Art, raison pour laquelle, si hideux fût-il, son cadeau était resté là et était même devenu un élément indissociable des lieux – d'autant qu'il s'accompagnait d'un approvisionnement illimité en champagne Cristal. L'homme était mort dix ans plus tôt et, détail très touchant, il avait demandé dans son testament que les Winkleman continuent à recevoir du champagne jusqu'au jour où plus aucun descendant de Memling ne travaillerait dans son entreprise. Rebecca contempla les rangées bien nettes de Cristal-Roederer. Elle songea à en ouvrir une bouteille, puis chassa cette idée – elle n'avait rien à célébrer, après tout. À la place, elle prit au fond d'un placard une bouteille de whisky écossais datant de 1962, poussiéreuse et à moitié vide. Elle n'en buvait jamais, mais tant pis. Elle s'en versa une grande rasade et vida son verre en trois gorgées. La brûlure de l'alcool sur son estomac vide la fit s'étrangler. Revigorée, elle retourna dans la chambre forte et se remit au travail. À 3 heures du matin, elle avait fait remonter vingt-deux tableaux au 14 Schwedenstrasse. Elle confronta ses découvertes avec le cahier de Marty. Comme leur père, il s'était servi des indications VZW et NZW, mais il y avait ajouté des initiales dont elle ne comprenait pas le sens : ERR, KH et NC. Soixante-dix œuvres au total étaient concernées. Certaines comportaient les trois mentions, et d'autres juste une ou deux. Les initiales KH étaient les plus fréquentes. Elle fut également troublée par les pérégrinations de certains tableaux dont Memling semblait avoir été propriétaire, mais qu'il n'avait pas vendus. D'après les notes de Marty, il y en avait au moins une centaine. Leur père devait avoir une réserve secrète.

Consultant tour à tour les grands livres et le cahier de son frère, Rebecca tenta de trouver aux tableaux acquis par Memling entre janvier 1940 et février 1947 une provenance légitime. La plupart s'accompagnaient d'une description minimaliste – « Berger et son troupeau » ou « Allégorie ». À côté de chacun figuraient la date d'achat, le nom du vendeur – le plus souvent Herr Schmidt ou Herr Brandt – et la profession ou le statut de ce dernier, comme « noble » ou « fermier ». Rebecca continua à tourner et retourner les preuves en tous sens. Dans l'après-guerre, il aurait été possible à un marchand d'art astucieux disposant d'un modeste capital d'amasser quantité de tableaux de maîtres. Mais où un jeune homme survivant d'Auschwitz se serait-il procuré la mise de départ nécessaire ?

Elle regarda sa montre. Il était 4 heures du matin. Les pâles rayons du soleil filtreraient bientôt autour des rideaux tirés. La tête lui tournait légèrement et elle se sentit soudain très fatiguée. La cuisine de la galerie était au rez-de-chaussée, mais elle devait passer devant trois caméras de surveillance et désactiver une alarme pour s'y rendre, et elle ne tenait surtout pas à ce que son père ou ses employés s'interrogent sur son activité nocturne inhabituelle. À défaut, elle se rabattit sur une boîte de pâtes d'amandes en forme de fleurs que lui avait offerte un client – tant pis si elle détestait les amandes. Assise sur son fauteuil, elle mordit dans un pétale qu'elle fit aussitôt passer avec de l'eau minérale.

En attendant que le sucre lui procure un regain d'énergie, elle tapa les lettres ERR dans le moteur de recherche de son ordinateur et fut soulagée de voir que la première page de résultats était consacrée à la définition du mot « err » en anglais, à savoir se tromper ou commettre une erreur. Peut-être que Marty se servait de Google pour la réconforter depuis l'au-delà en lui faisant comprendre que Memling avait agi par accident. Tout en mordant dans une deuxième fleur en pâte d'amandes, elle fit apparaître la page suivante. Ses yeux balayèrent l'écran jusqu'à ce qu'ils s'arrêtent sur les mots *Einsatzstab Reichsleiter Rosenberg.* Elle reposa sa friandise et se mit à lire. ERR était le sigle d'une unité spéciale dirigée par l'idéologue du parti nazi, Alfred Rosenberg, l'homme chargé de confisquer tous les biens culturels des juifs. Prise de nausée, elle porta une main à sa bouche et vomit un mélange de whisky, de bile et de pâte d'amandes. L'écran de l'ordinateur se brouilla devant ses yeux et son cœur se mit à cogner sourdement.

— Non, non, non murmura-t-elle doucement en s'essuyant la bouche du revers de la main.

Elle double cliqua sur le lien et lut le texte suivant : « *Einsatzstab Reichsleiter Rosenberg* (ERR) désignait une unité d'intervention spéciale qui avait pour mission de piller les biens culturels de valeur dans les pays occupés par les nazis durant la Seconde Guerre mondiale. Jusqu'en octobre 1944, 1 418 000 wagons acheminèrent des livres et des œuvres d'art en Allemagne (en plus des 427 000 tonnes d'objets transportés par bateau). Beaucoup étaient destinés à la collection personnelle d'Hitler, qui les fit stocker à Linz. »

Rebecca tapa ensuite les lettres KH, mais sans obtenir aucun résultat pertinent cette fois. Elle continua avec NC – là encore sans succès. Il fallait qu'elle arrête de paniquer et qu'elle réfléchisse. Le mieux était de restreindre ses recherches. Elle consulta un site consacré aux œuvres saisies par les nazis et scruta plusieurs documents en quête de quelqu'un ou de quelque chose dont les initiales auraient collé. Quelques minutes plus tard, elle tenait deux possibilités. « KH » renvoyait-il à Karl Haberstock, le marchand d'art attitré d'Hitler, qui le conseillait et qui avait aidé le parti nazi à se débarrasser des œuvres qualifiées de « dégénérées » par le régime ? Rebecca poursuivit sa lecture. Haberstock avait négocié une centaine d'achats pour le compte d'Hitler, dont *La Danse*, de Watteau, payée 900 000 reichsmarks au prince héritier des Hohenzollern. Une autre œuvre du peintre, sans titre celle-là – elle était simplement identifiée comme « le tableau de l'amour » –, avait aussi été vendue à Hitler pour un million de reichsmarks en 1943. Elle frissonna. Était-ce le Watteau disparu de son père ?

Arrêté, interrogé puis relâché au lendemain de la guerre, Haberstock avait continué à exercer son activité jusqu'à la fin des années 1950. Les entrées du cahier de Marty comprises entre 1945 et 1956 indiquaient que Memling avait acheté et revendu quarante œuvres d'art provenant d'une petite galerie d'Augsbourg et portant toutes la mention KH, parmi lesquelles des peintures de Rubens, de Hals, de Wouwerman, de Van Goyen et de Tiepolo. Le même article était émaillé de références au château de Neuschwanstein. Était-ce le NC de Marty ? Rebecca examina les photos de cet édifice fantastique qui paraissait tout droit sorti d'un conte de fées. Perché sur une colline bavaroise, il avait été construit pour le roi Louis de Bavière dans les années 1880, et c'était là qu'Alfred Rosenberg avait entreposé le fruit de tous ses pillages. Mais quels était le lien entre son père, Rosenberg, Haberstock et ce château ?

Rebecca fut incapable par la suite de dire combien de temps elle était restée assise par terre dans son bureau, à se balancer d'avant en arrière. Des images de son frère et de son père se bousculaient dans son esprit tandis qu'elle essayait de faire la part entre les faits objectifs et ses sentiments. De nombreux biens volés accompagnés de fausses factures ne prouvaient pas nécessairement que Memling avait été un membre du parti nazi ou un voleur. Peut-être avait-il aidé des juifs en leur trouvant un marchand d'art peu scrupuleux qui avait acheté leurs biens de valeur là où tant d'autres les auraient tout simplement volés. Peut-être avait-il été dupé par Karl Haberstock, pour qui il aurait travaillé sans jamais vraiment se rendre compte du rôle que l'art avait joué dans les aspirations culturelles d'Hitler. De plus, Haberstock avait été déclaré innocent de toute malversation et réhabilité, avant de s'imposer comme une figure de premier plan à Augsbourg. L'art, dont il avait profité financièrement, semblait l'absoudre moralement : un legs portant son nom figurait ainsi dans le musée de la ville, et les futures générations de visiteurs le loueraient à coup sûr pour sa générosité sans chercher à savoir comment il avait mis la main sur ces œuvres.

Rebecca imagina Marty dans la position où elle était à présent, juste après avoir découvert que l'affaire familiale était fondée sur des extorsions. Puis elle fut prise d'un nouveau haut-le-cœur. Son père avait sur l'avant-bras droit un numéro matricule, le

887974, tatoué peu de temps après son arrivée à Auschwitz en 1943. Bien qu'il en parlât rarement, cette marque éloquente rappelait à tout un chacun dans le monde de l'art ce qu'il avait souffert, et elle l'avait aidé à devenir le marchand de prédilection de nombreux juifs fortunés. Rebecca le savait impitoyable et déterminé. Serait-il allé jusqu'à se faire lui-même tatouer pour mieux réaliser ses ambitions ? Et se pouvait-il aussi que son frère ne soit pas mort accidentellement ? Non, stop – elle perdait la tête. Memling avait adoré son fils. Il n'aurait jamais été capable de faire ça, n'est-ce pas ? Mais le poison du doute et de la peur s'insinuait en elle. Une fois de plus, elle alla ouvrir le tiroir de son bureau afin de vérifier que son revolver était toujours là et bien chargé.

Elle vit ensuite à sa montre qu'il était déjà 5 heures du matin. Memling arrivant parfois très tôt, il fallait qu'elle efface toute trace de ses recherches nocturnes. Elle rangea les grands livres en veillant à ce que chacun retrouve exactement la place qui était la sienne, après quoi elle essuya ses empreintes de doigts sur les étagères et le dos des ouvrages, referma la porte de la chambre forte et modifia les données du registre électronique d'accès, de façon que ses deux visites précédentes soient gommées de l'historique du système. Dix minutes plus tard, elle se tenait tapie sur le perron de l'entrée de service de la galerie. Dès que la caméra de surveillance pivota sur le côté, elle s'engagea vivement dans Curzon Street en direction de Berkeley Square. Jamais elle ne s'était sentie si effrayée de toute sa vie.

Les rues baignaient dans la lumière bleutée de l'aube. En dehors d'un taxi ou deux, Rebecca avait Londres pour elle toute seule, et elle marcha sans aucun but précis en tête en espérant qu'un peu d'exercice l'apaiserait et l'aiderait à clarifier ses idées. Mais sa panique lui fit perdre le sens de l'orientation, si bien qu'elle ne put se rappeler plus tard où ses pas l'avaient entraînée. Elle se demanda si d'autres qu'elle avaient percé à jour les secrets de son père. Les preuves étaient visibles pour quiconque voulait bien y prêter attention. Un employé, un journaliste ou un concurrent avait forcément nourri des soupçons. Comment une famille aux origines aussi humbles aurait-elle pu amasser en toute innocence un si grand nombre d'œuvres d'art durant la guerre et juste après ? Cela expliquait-il pourquoi Memling employait tant de personnes ? Cherchait-il à répandre sa culpabilité comme un brouillard acide sur le milieu international de l'art ? Il versait un salaire mensuel à un certain nombre de « conseillers » chargés d'alerter les Winkleman en cas de vente potentielle ou de nouvelle importante – par exemple un membre de l'aristocratie qui envisageait de vendre ses tableaux, un musée ou un collectionneur qui développaient une nouvelle politique d'acquisition, ou encore une modification à prévoir de la législation. La sphère d'influence des Winkleman était aussi importante que leur clientèle. Avec la richesse venait la légitimité, et pour asseoir encore plus leur réputation, ils se montraient très généreux envers les organisations caritatives et les musées. Pas plus tard que la semaine précédente,

Rebecca avait subventionné un musée de l'Holocauste à Moscou et offert de nouveaux cadres à deux tableaux de grands maîtres de la Frick Collection à New York.

Dénoncer son père aurait des conséquences sur tout un secteur d'activité à travers le monde. Elle non plus n'était pas totalement innocente, et elle devait l'accepter. Elle s'était servie de la société de production de son mari comme couverture pour exporter des œuvres inestimables en Europe. Elle faisait passer toutes ses dépenses domestiques sur les comptes de la galerie. Elle minimisait le prix de vente des tableaux sur les déclarations fiscales afin de ne pas avoir à payer de taxes. La chute de Memling entraînerait celle de toute la famille et les couvrirait de honte, ainsi que leurs employés et leurs associés. Tel était le dilemme moral auquel son frère avait dû faire face. Dans son cas, l'issue avait été fatale – elle était certaine que Marty n'aurait jamais pu vivre avec ces mensonges sur la conscience.

Accroupie sous un porche, à l'abri des regards, Rebecca se mit à pleurer. Elle était piégée, sans aucune échappatoire. Peut-être valait-il mieux qu'elle quitte cette vie, comme son frère. Elle songea à s'enfuir, à abandonner Grace et Carlo et à se réfugier sur une île lointaine. Mais était-ce encore possible de nos jours ? Existait-il un seul endroit où on ne la trouverait pas ? Sans doute pas. Memling exerçait un contrôle absolu sur ses finances. C'était lui le propriétaire de sa maison, lui aussi qui la rémunérait et qui payait les frais universitaires de sa fille.

Les titres de propriété des tableaux qu'il lui avait offerts étaient cachés dans les bureaux de sociétés offshore. Il avait fait en sorte de les tenir en laisse, Marty et elle, en leur refusant toute autonomie et en les habituant à une vie douillette et luxueuse. Ce besoin de tout contrôler lui avait jusqu'alors paru bienveillant, mais elle y voyait à présent une sorte de police d'assurance. Memling savait que ses enfants ne s'en sortiraient jamais hors du cocon familial. Rebecca n'était pas qualifiée pour occuper un autre poste que le sien, et elle pressentait qu'elle ne trouverait jamais aucun emploi dans le milieu de l'art si son père était un jour démasqué. Carlo la quitterait, c'était sûr. L'idée de vivre séparée de lui la fit pleurer de plus belle.

Au bout d'un moment, elle s'essuya les yeux et lissa son pardessus froissé. Elle ne prendrait aucune décision avant d'avoir pris la mesure de la duplicité de son père. Fortifiée par cette résolution, elle essaya de se repérer. La plaque de la rue indiquait la zone postale EC1. En clair, elle était à des kilomètres de chez elle. Un taxi s'avança dans sa direction, sa lumière orange brillant joyeusement. Rebecca leva la main. La chute de sa famille lui semblait inévitable, mais elle se demanda si elle ne pourrait pas tenter de limiter les dégâts.

21

L'accès à la salle de réunion se faisait par la porte latérale d'un centre de soins et de bien-être – un édifice des années 1970 qui s'était délabré avec le temps et dont le crépi moucheté avait pris une teinte gris sale. « Réunion des AA », était-il écrit sur une feuille de papier scotchée à la porte. Juste en dessous, une flèche pointée vers le haut semblait indiquer la direction du paradis. Evie ajusta son manteau et tapota légèrement ses cheveux en vérifiant son reflet dans la vitre crasseuse. Elle tenait à soigner son apparence. Il n'était pas question qu'on la prenne pour une alcoolique – elle avait besoin d'un peu de soutien à l'occasion, rien de plus.

— Vous venez assister à la réunion ?

Une jeune femme en pantalon rose et pull noir moulant qui arborait un piercing au nez passa devant elle et ouvrit la porte du centre en attendant qu'elle la suive.

— Je m'appelle Lottie, ajouta-t-elle. La salle est tout au fond. C'est la première fois pour vous ? N'ayez pas peur. Il y a un début à tout.

Elle longea rapidement un couloir au sol couvert

de linoléum et entra dans une vaste pièce sur la gauche.

— Bonjour, Lottie ! lança une femme entre deux âges.

— Bonjour, Danni, répondit Lottie en lui donnant une grande accolade. Que vous a dit le médecin la semaine dernière ?

— Il m'a changé mon traitement. Je prends d'autres cachets maintenant.

— Et ils font effet ?

— Je me sens un peu patraque, en fait, dit Danni, avant de se tourner vers Evie. Bienvenue. Vous êtes nouvelle ?

Evie acquiesça en se forçant à sourire. Elle avait envie de faire demi-tour. Sa place n'était pas parmi ces gens, elle le savait. Maudite soit Annie pour lui avoir fait promettre d'assister à une réunion des Alcooliques anonymes.

— Vous voulez du thé ? proposa Danni.

Elle acquiesça de nouveau.

Une fois servie, elle s'installa le plus loin possible du centre de la pièce. Une quinzaine de personnes arrivèrent au cours de la demi-heure suivante. Toutes semblaient bien se connaître, et la diversité des âges et des milieux sociaux la surprit : il y avait là un septuagénaire noir, canne à la main, très élégant dans son costume bien coupé, une dame svelte et assez âgée, Patricia, à la mise irréprochable avec son twin-set et son collier de perles, un adolescent cradingue accompagné d'un sexagénaire en survêtement, un homme tatoué au gros nez retroussé et une femme qui se présenta à elle sous le nom de Bella – sans doute un ancien mannequin, à en juger par les vestiges de sa beauté, encore visibles sur son visage vieillissant.

— Concentrez-vous sur ce qui rapproche tous ces gens, pas sur ce qui les distingue, conseilla-t-elle à Evie.

— Et revenez surtout, renchérit Danni. La thérapie ne donne de résultats que si on est assidu.

Patricia se leva et prit place à une table en formica à l'avant de la salle.

— Je m'appelle Patricia et je suis alcoolique, commença-t-elle.

Evie reconnut que son récit sortait de l'ordinaire, mais il n'avait absolument rien à voir avec ses propres problèmes. Après ce premier témoignage, d'autres personnes racontèrent chacune à leur tour leur expérience en s'identifiant parfois à Patricia et en évoquant leurs difficultés au quotidien. Leurs propos étaient parsemés de slogans comme « il faut avancer étape par étape » ou « on peut réussir à condition d'y mettre un peu du sien ». De la psychologie de bas étage, rumina Evie. À la fin, cinq minutes furent consacrées aux nouveaux venus. Tout le monde se tourna vers elle. Elle garda les yeux baissés jusqu'à ce que, incapable de supporter ce silence assourdissant, elle se décide à prendre la parole.

— Je m'appelle Evie et je n'ai absolument rien en commun avec vous.

Elle s'attendait à être rejetée en bloc, mais fut étonnée de voir les gens lui sourire d'un air compréhensif et encourageant.

— Bienvenue parmi nous, déclamèrent-ils à l'unisson. Revenez, surtout. La thérapie marche si on se donne la peine de faire un effort.

Elle parvint à afficher un sourire moyennement chaleureux. Ils étaient tous timbrés, c'était évident.

Elle s'attarda néanmoins pour prendre une deuxième tasse de thé. Le groupe se montra accueillant et lui offrit diverses brochures ainsi que des biscuits rose vif. Elle rapporta à l'appartement le kit des nouveaux membres, qu'elle laissa en évidence sur la table à l'intention de sa fille. Ces réunions des Alcooliques anonymes n'étaient vraiment pas faites pour elle. Ce qu'il lui fallait, c'était l'amour d'un homme bien et un peu d'argent. Elle ne buvait que parce qu'elle était seule et complètement fauchée.

Il fut un temps, pensa Melanie Appledore en tendant son billet à un portier, où le président du conseil d'administration et le directeur de l'Opéra royal seraient venus l'accueillir en personne à l'entrée. Elle donnait toujours 100 000 dollars par an à l'institution, mais une telle somme ne vous valait plus un grand respect à présent, tout juste avait-elle un numéro de réservation prioritaire et un court délai durant lequel acheter des places pour les spectacles les plus courus avant tout le monde. Autrefois, toutes les têtes se tournaient vers son mari et elle lorsqu'ils s'avançaient dans le grand hall. Les gens savaient qui elle était, combien valaient son manteau de zibeline et son diamant (le Shimla, trente carats), et de chez quel grand couturier venait sa robe. Ils murmuraient son nom et spéculaient sur la fortune de son mari. Ils s'interrogeaient aussi sur ses modestes origines et sur son ancienne vie. Beaucoup la prenaient pour une réfugiée juive envoyée comme de nombreux enfants en Amérique juste avant la guerre pour les préserver des persécutions nazies.

« Le sujet est si douloureux qu'elle évite d'en parler », disaient-ils entre eux.

Melanie ne leur donnait ni raison ni tort. Cela ne la dérangeait pas qu'on la prenne tantôt pour une juive, tantôt pour une goy. Elle avait bien conscience d'être un objet de fascination, parfois aussi de moquerie, mais il valait mieux alimenter les conversations que de n'être jamais mentionnée. Ce soir-là, les murmures et les regards de l'assistance lui rappelèrent l'ancien temps. Elle savait pourtant qu'on ne la reconnaissait pas et qu'on ne se souciait pas davantage d'elle. L'attention générale était rivée sur Barty, dont les hauts-de-chausses déchirés, la redingote déguenillée et les chaussures dépareillées étaient censés rappeler le premier rôle de l'opéra du jour, Rodolfo, un écrivain du XVIIIe siècle qui tirait le diable par la queue. Les pages d'une pièce non publiée (rédigée par Emeline cet après-midi-là de sa plus belle écriture) lui servaient de mouchoir, et il arborait également sur la tête une charlotte en soie rose vif, clin d'œil à Mimi, l'héroïne de la pièce. La première du spectacle étant déjà passée, aucun photographe n'était là pour immortaliser son brillant hommage à *La Bohême*, mais qu'importe : Barty n'abandonnait jamais ses exigences vestimentaires.

Bien qu'il fût peut-être le seul à savoir qui était Mme Appledore, il l'entoura de tous les égards. Il avait accompagné nombre de dames à l'opéra durant un demi-siècle et connaissait tous les passages dérobés, toutes les toilettes et presque tout le personnel. Grâce à lui, Mme Appledore rejoindrait sa loge sans être bousculée. Ils obtiendraient la meilleure table au bar Crush et une bouteille de champagne glacée leur serait apportée à la fin de chaque acte. Les autres invités de la riche Américaine, le duc et la duchesse de Swindon, les attendaient dans sa loge. Zéphyr Swindon (un surnom dû aux vents qui soufflaient sur sa demeure ancestrale au sommet des Marlborough Downs) et sa femme Pestilentia (qui pourtant ne sentait jamais mauvais et qui avait pour vrai nom Glendora) étaient de l'avis de Barty les membres les plus assommants de l'aristocratie – et ce n'était pas peu dire.

— Que portez-vous là, Barty ? s'enquit la noble dame.

— L'allusion n'est pas très compliquée, répondit-il en montrant sa charlotte et son manuscrit. Je suis Rodolfo pleurant la mort de Mimi.

— Qui sont ces gens ?

— Vous allez bientôt le découvrir.

— D'autres invités doivent se joindre à nous ? s'étonna la duchesse.

— Rodolfo et Mimi sont les personnages principaux de *La Bohême*, expliqua Mme Appledore en lançant un regard d'avertissement à Barty.

— C'est-à-dire l'opéra auquel vous allez assister, ajouta-t-il, incrédule.

Il se demandait souvent comment l'aristocratie réussissait à survivre alors que ses membres avaient enterré leur cerveau depuis si longtemps.

La sonnerie retentit, et les quatre occupants de la loge 60 gagnèrent chacun leur siège. Barty choisit le tabouret haut à l'arrière – une place qu'il affectionnait particulièrement. La vue sur la scène n'était pas parfaite, mais il disposait ainsi d'un poste d'observation idéal. Il sortit de sa poche ses petites jumelles de théâtre afin de scruter les autres loges et l'orchestre en quête de visages familiers. La soirée se révéla toutefois peu intéressante. Lord Beachendon était là avec sa femme – laquelle semblait aussi fatiguée que sa robe. On la croirait sortie d'un documentaire de la BBC sur les hobereaux de province dans les années 1970, songea Barty. Elle aurait pu être une de ces épouses septuagénaires qui faisaient vingt ans de moins que leur âge et qui se retiraient à la campagne avec leurs robes Laura Ashley et leurs labradors. Ses cheveux poivre et sel où subsistaient quelques mèches blondes étaient maintenus en arrière par un bandeau en velours et elle portait autour du cou trois rangées de perles, dernier vestige de l'héritage familial. Son mari avait l'air émacié. Son vieux smoking en velours pendait mollement sur ses maigres épaules voûtées, et ses cheveux, du moins ce qu'il en restait, auraient eu besoin d'une coupe. Sa femme et lui évoquaient à Barty ces ballons de fête que l'on laisse se dégonfler dans un placard.

À l'inverse, la loge voisine était remplie de personnes surexcitées – sans doute des employés de fonds spéculatifs qui avaient acheté leurs billets lors d'une vente aux enchères caritative en pensant assister à un concert de Beyoncé. Dame Fiona Goldfarb était dans la loge royale (normal pour la reine des juifs et la principale donatrice de l'opéra), et Barty remarqua également la présence de Tayassa, la fille aînée de l'émir et de la princesse d'Alwabbi, qui hésitait sans doute à se faire construire une grande scène de théâtre lyrique près du nouveau musée de sa mère. Ces personnalités mises à part, l'assistance était plutôt du genre déclassé, nota-t-il tristement. Autrefois, on venait à l'opéra pour être vu. Désormais, c'était pour s'évader.

Le chef d'orchestre s'avança sous les applaudissements et s'inclina devant son auditoire.

— Franchement, murmura Barty à Mme Appledore, ce n'est pas comme s'il venait juste de faire atterrir un avion de vacanciers sur la Costa del Sol. On pourrait au moins attendre qu'il ait fait ses preuves. Allez, au boulot ! ajouta-t-il d'une voix un peu trop forte.

Puis le grand rideau de velours rouge s'ouvrit et un ensemble de violons, de piccolos, de flûtes et de violoncelles transporta le public dans le petit logis mansardé de Rodolfo où, assis à côté d'un fourneau éteint en compagnie de son ami, le peintre Marcello, le poète se plaignait du froid – et de l'amour aussi, bien sûr.

Dans la loge 60, chacun avait les yeux rivés sur la scène, mais l'esprit tout à fait ailleurs. Barty déplorait le laisser-aller général et trouvait dommage que si peu de gens se donnent la peine de bien s'habiller pour sortir. Mme Appledore songeait à dépenser tout l'argent de la fondation de son mari pour offrir à son musée une œuvre majeure qui ferait véritablement date. Zéphyr Swindon se demandait s'il devait vendre ses landes en Écosse. Elles ne valaient plus grand-chose – les lagopèdes qui les avaient peuplées en étaient partis depuis longtemps –, mais cela lui permettrait quand même de refaire le toit de l'aile ouest de Swindon Hall. Quant à Pestilentia, elle s'inquiétait de la rouille qui menaçait ses haies de buis, et par conséquent tout son jardin. Sans ces haies, comment préserver l'aspect élaboré des parterres ? Quelqu'un lui avait suggéré de planter des ifs, mais ces arbres mettaient une éternité à pousser. C'était la première fois qu'elle se souciait autant de quelque chose depuis que Zéphyr avait pris une maîtresse (une maîtresse qu'il avait toujours, et qui la soulageait en fait beaucoup en s'acquittant à sa place de son devoir conjugal – non mais quel soulagement, vraiment).

Lorsque Mimi et Rodolfo se déclarèrent leur amour, la musique s'emballa tant et les efforts du petit ténor pour encercler la taille gironde de la soprano furent si alarmants que chacun dans la loge 60 reporta son attention sur la scène. Mme Appledore se mit à pleurer au souvenir des autres *Bohême* auxquelles son mari et elle avaient assisté au Met, à la Scala et à la Fenice, et aux moments heureux qu'ils avaient partagés avant qu'il ne meure vingt-deux ans plus tôt, la condamnant à une vie d'errance, confortable mais solitaire, entre ses maisons de Londres, New York, Aspen, Paris, Saint-Barthélemy,

Buenos Aires, Cap-Ferrat, Saint-Moritz, sans oublier bien sûr leur yacht. Toujours attentif, Barty remarqua les trois petites larmes qui serpentaient sur la joue de la vieille dame et s'empressa de lui tendre un mouchoir parfumé. Puis, sachant ce qu'était la solitude, il prit sa petite main flétrie et la garda dans la sienne jusqu'à la fin de l'acte II avec autant de délicatesse que s'il s'était agi d'un oisillon.

Sur scène, les jeunes gens faisaient ce que font tous les jeunes gens : ils s'embrassaient et buvaient, tombaient amoureux et se disputaient. Les spectateurs, qui pour la plupart avaient atteint un âge canonique, devaient labourer les tréfonds de leur mémoire pour se rappeler ces émotions.

De l'autre côté de l'auditorium, le comte Beachendon ne pensait ni à l'amour ni au sexe, mais plutôt à l'argent et à la visite qu'il avait rendue cet après-midi-là à l'artiste contemporain le plus cher du monde, un homme qui répondait autrefois au nom de Gary Mitchell et qui se faisait à présent appeler Splash. Parce qu'il mesurait plus d'un mètre quatre-vingts et qu'il était aussi étiolé qu'un concombre pelé, personne ne comprenait pourquoi il s'était choisi un sobriquet si improbable. Mais Splash n'expliquait rien et ne s'étendait pas davantage sur quelque sujet que ce soit. Il se montrait même très avare de ses mots, comme avait pu le constater lord Beachendon. En l'espace de deux heures, il n'avait émis que des « oui », des « non » et des « peut-être » – surtout des « peut-être ». Peut-être consentirait-il à une expo-vente chez Monachorum. Peut-être cette année. Peut-être ferait-il 60/40 avec eux. Peut-être se séparerait-il de ses galeristes.

Lord Beachendon était entré chez lui empli d'espoir et en était ressorti complètement perdu. Il avait été accueilli dans le charmant manoir huguenot de l'artiste à Spitalfields (acheté 8 millions de livres cette année-là) par une assistante étonnamment jolie (diplômée du MIT) et introduit dans un salon orné d'un Rembrandt à 18 millions qu'il avait lui-même vendu à Splash deux ans plus tôt. L'intérieur de la demeure avait été décoré avec goût (pour un montant de 250 000 livres au moins par pièce) et le tapis d'Aubusson, en parfait état, devait avoisiner les 2 millions de livres. Quelques minutes plus tard, la secrétaire particulière de l'artiste – une bombe moulée dans du lycra noir et doublement diplômée de Cambridge avec mention très bien – l'avait reçu froidement mais poliment, avant de lui annoncer que Splash aurait un peu de retard. En attendant, elle pouvait lui proposer une coupe de Cristal (290 livres la bouteille) ou un Lafite-Rothschild 1961 (450 livres). Ce qui avait le plus déprimé Beachendon pourtant n'était pas tout l'argent que l'artiste avait dû gagner avec ses œuvres, mais la manière dont ce décor avait fait ressortir ses plus bas instincts et sa jalousie profonde. Comme beaucoup de clients qu'il méprisait tant, il comptait désormais parmi ces gens qui savaient le prix de tout mais n'appréciaient la valeur de rien. Il ne s'était pas donné la peine de regarder le Rembrandt et le tapis de plus près, et il avait été incapable de savourer le bordeaux ou d'admirer l'intelligence de la femme qui le lui servait. Une seule pensée l'obsédait : combien tout cela avait coûté.

Les lois mystérieuses du marché avaient décidé que Splash était l'artiste incontournable du moment, le nouveau prodige, celui dont les œuvres atteignaient des prix astronomiques. Ses tableaux fantasmagoriques, visions très détaillées du ciel et de l'enfer, se vendaient des millions de livres, et les listes d'attente comprenaient plusieurs centaines de collectionneurs. Il était le premier peintre depuis Hieronymus Bosch à saisir l'essence de la dépravation et de la virtuosité humaines. Les critiques, pour une fois unanimes, clamaient que son travail reflétait tout ce qu'il y avait de bon et de mauvais dans la société contemporaine, et qu'il était de plus un très bon dessinateur et un peintre étonnamment accompli – ce qui n'était pas le cas de bon nombre de ses pairs. Mais lord Beachendon ne voyait qu'une chose : Splash détenait des milliers de dessins et d'esquisses préparatoires inestimables. S'il parvenait à le persuader de les vendre aux enchères, tous ses problèmes disparaîtraient. Un tel événement ferait sensation, tant sur le plan financier que critique. Tout ce que Splash avait à dire, c'était « oui ». Et tout ce qu'il avait dit, c'était « peut-être ».

Au moment précis où Mimi rendait l'âme à Covent Garden, Agatha envoya à Annie un SMS afin de la tenir informée des progrès réalisés sur son tableau.

« Annie. On a allégé le vernis décoloré : transformation extraordinaire. Le nuage blanc est bien un clown ! Typique de Watteau, tout ça. Tests et recherches complémentaires nécessaires. Septimus W-T veut que la toile quitte la Nat. Gal. Passez dès que possible SVP. Bien à vous. Agatha. »

Lorsqu'elle reçut le message, Annie était encore à son travail, où elle attendait que ses œufs en gelée prennent. Elle avait déposé sa préparation dans un moule avec des pétales de capucine, des brins d'aneth et des graines de moutarde, mais même au bout de la sixième tentative, le résultat avait l'air brouillon. Elle jeta un bref coup d'œil au message d'Agatha, l'esprit tout à son entrée récalcitrante : arriverait-elle à faire une omelette, à la rouler en y ajoutant des œufs de saumon et des épinards cuits à la vapeur de façon à créer trois couches de couleur, puis à pétrifier le tout dans de la gelée ? L'horloge de la cuisine indiquait 22 h 30, et elle avait encore une heure de bus jusque chez elle, ou trois quarts d'heure à vélo si elle décidait de pédaler malgré le vent contraire.

Ce tableau lui causait décidément trop de soucis. Elle décida d'aller le récupérer, de l'accrocher dans son appartement et d'arrêter de courir inutilement dans tous les sens. Des miracles comme la découverte d'un chef-d'œuvre perdu n'arrivaient pas aux femmes dans son genre. Elle prit son téléphone et répondit à Agatha : « Merci bcp. Passerai dès que possible. Cdt, Annie. »

22

Lorsque son réveil sonna à 5 heures le lendemain matin, Annie resta quelques instants allongée en passant calmement en revue son planning de la journée. Les Winkleman avaient invité des clients à déjeuner et voulaient du bar en plat principal et de la compote en dessert. Rebecca lui avait bien fait comprendre qu'elle devrait cesser à l'avenir de donner libre cours à sa fantaisie en cuisine et respecter les menus établis à l'avance. Annie espérait trouver du poisson pêché en mer, mais doutait qu'il y eût encore de bonnes pommes au mois de mars. Autre problème à ses yeux : la probabilité que son jean noir de la veille soit encore humide après une nuit entière dans la machine à laver. Elle bondit hors de son lit.

— Dépêche-toi, se sermonna-t-elle à voix haute. Allume le four et prends une douche rapide pendant qu'il chauffe. Pas le temps de te raser les aisselles. Qui le remarquera de toute façon ? Si ton jean est presque sec, assieds-toi par terre et enfile-le en tirant fort. Sinon, mets-le quelques minutes au four. Assaisonne le poulet. Badigeonne-le de beurre, pose-le dans un plat. Sors ton jean du four et croise les doigts pour qu'il ne se sente pas le vieux bœuf et le fromage. Règle le minuteur sur soixante-cinq minutes. Appelle le poissonnier.

Dans la pièce principale, Evie leva la tête du canapé.

— Tu sais quel est le premier signe de la folie ?

— Parler toute seule. Désolée, j'avais oublié que tu étais là.

— Et tu sais quel est le deuxième signe ? continua Evie en passant les doigts dans ses cheveux.

— Chercher des cheveux sur la paume de ses mains, répliqua Annie, amusée au souvenir des joutes verbales auxquelles sa mère et elle s'adonnaient autrefois.

— C'était marrant comme les gens se laissaient souvent prendre à ce petit jeu, hein ?

Evie replia la couette de son lit de fortune et traversa la pièce.

— Quel sort vas-tu réserver à cette volaille ? s'enquit-elle en voyant Annie sortir un poulet cuit du frigo et le poser sur la table de la cuisine.

Mais Annie n'était pas d'humeur à bavarder. Elle avait trop à faire.

— Je vais la rendre digne d'un roi. Ou du moins de la reine Delores.

— Tu attends un invité ? Quelqu'un de spécial ?

— Je m'entraîne en prévision de mon dîner. C'est dans moins d'une semaine maintenant. Tu peux t'écarter ?

Evie alla s'asseoir sur la seule chaise dont les pattes ne vacillaient pas.

— Qu'est-ce que tu vas faire de tout ça ? demanda-t-elle en montrant l'assortiment de jattes et de plats bien alignés sur la table.

— Maman, s'il te plaît, tu peux te mettre de l'autre côté ? Et arrête de parler aussi. J'ai besoin de me concentrer.

Evie obtempéra et la regarda disposer soigneusement ses ustensiles sur un torchon propre. Les couteaux se succédaient par ordre de grandeur, à commencer par le plus précieux d'entre eux, une lame japonaise Honyaki si aiguisée qu'elle pouvait couper proprement en deux une pâte séchée. Annie plaça à côté des cuillères en bois, un verre doseur, deux bols et une pince à épiler.

— Désolée, c'est la première fois que je fais ça et je suis nerveuse, dit-elle en s'approchant de la cuisinière sur laquelle frémissait une petite casserole d'eau bouillante.

Elle plongea une aubergine dedans et régla son minuteur sur dix minutes. Puis elle mélangea de la crème, une feuille de laurier et quelques grains de poivre dans une deuxième casserole. Elle remua le tout quelques instants, filtra le mélange et le garda à part.

— J'ai droit à une question ? lança Evie.

— Vas-y, répondit Annie en déposant des noisettes de beurre dans une troisième casserole.

Elle attendit qu'elles fondent pour verser deux cuillères à soupe de farine par-dessus de façon à obtenir une pâte homogène, avant d'y incorporer la crème au poivre, ainsi qu'un peu de gélatine dissoute dans un bol avec de l'eau bouillante.

— Combien de plats es-tu censée préparer ?

— Les dîners de Louis XIV comportaient au moins quatre services qui englobaient chacun jusqu'à sept plats différents.

— Et combien de personnes travaillaient pour lui ?

Annie goûta sa sauce béchamel.

— Il employait environ deux mille permanents dans ses cuisines, et jusqu'à quatre cent quatre-vingt-dix-huit serveurs pour chaque repas, dont une procession de quinze officiers de la Maison du roi. Les mets les plus fabuleux avaient des gardes attitrés et des courtisans spécialement désignés devaient s'incliner devant eux.

— Et toi, tu es toute seule, dit Evie, incrédule.

— J'aurai au moins dix commis de cuisine et quelques figurants empruntés à Carlo pour renforcer le côté pompeux et cérémonieux de la soirée. Le type qui jouait le fou du roi dans son dernier film sera le premier échanson. Il sera chargé de crier : « Du vin pour le roi ou la reine ! » à quiconque voudra être resservi.

Annie ajouta un demi-sachet supplémentaire de gélatine à sa sauce, qu'elle battit encore un peu en alternant les mouvements lents et rapides.

— J'ai aussi demandé à la réceptionniste, Marsha – tu te souviens d'elle, sûrement –, de jouer le rôle du grand officier de cuisine. Sa mission consistera à goûter les plats avant les invités. Comme ça, au cas où je tenterais de les empoisonner, elle mourra la première.

— C'est terrifiant.

— J'adore que l'enjeu soit si élevé. La nourriture ne signifie plus grand-chose de nos jours. On l'achète sous vide et déjà préparée, et peu de gens savent encore repérer une pomme de terre ou un poireau dans un jardin, a fortiori faire une soupe ou un ragoût. On devrait respecter les aliments et apprendre d'où ils viennent.

Evie fixa les yeux brillants de sa fille.

— Cela fait des années que je ne t'ai pas vu une telle énergie.

Annie se retourna vers elle.

— J'ai enfin découvert ce que je voulais vraiment faire de ma vie, maman. Il m'a fallu trente et un ans pour ça.

— Je t'envie.

— Si ce dîner est une réussite, d'autres suivront peut-être. J'aurai alors une chance de devenir chef professionnel.

Elle remua une dernière fois sa béchamel avant de la verser sur le poulet. Le liquide couleur caramel glissa uniformément sur la volaille en donnant à sa surface un aspect doré et brillant. Annie ôta le surplus à la cuillère et remit le poulet au frigo.

— Et si ça se passe mal ?

— Je devrai m'empaler sur mon épée comme l'a fait Vatel, qui n'avait pas réussi à préparer assez de volailles rôties et de poissons frais.

— Je peux t'aider ?

Annie hésita.

— Ce n'est pas une bonne idée.

— Je suis allée à une réunion des Alcooliques anonymes hier. Je vais changer, je te le promets.

Annie ne répondit pas. Elle avait l'habitude des pseudo-nouveaux départs, des vaines promesses et des espoirs nourris inutilement, et ce travail était trop important à ses yeux.

— Je t'ai laissée tomber avant, mais cette fois, ce sera différent, insista Evie.

Elle ne répondit toujours pas.

La plupart de ses souvenirs d'enfance tournaient autour des projets abracadabrants de sa mère pour rebondir et se remettre « sur les rails ». Quant à savoir où menaient ces derniers et où elle était censée les retrouver… c'était une autre histoire. Mais Evie se lançait dans chacune de ses initiatives – en général le choix d'une nouvelle carrière hasardeuse – avec fougue et conviction, comme le jour où elle avait décidé de devenir jardinière paysagiste. Elle avait passé des heures à étudier des ouvrages du Reader's Digest sur les plantes. Elle ne disposait à l'époque que d'une petite jardinière accrochée à une fenêtre pour s'entraîner, mais elle imaginait des bordures de fleurs, des haies et des parcs entiers. Pendant plusieurs semaines, elle avait décrit ses visions à Annie, qui les avait dessinées sur de grandes feuilles de papier brouillon, puis peintes à l'aquarelle et collées aux murs de leur logement social. Après avoir fait paraître des annonces dans le journal local, dans les jardineries du voisinage et sur le tableau d'affichage de l'école, Evie avait réussi à décrocher un travail en persuadant un pasteur qu'elle pourrait transformer sa petite arrière-cour en jachère en un jardin romantique et odorant propice au calme et à la contemplation. Malheureusement, la femme du prêtre, qui s'y connaissait un peu en horticulture, avait mis un terme à l'entreprise lorsque Evie lui avait annoncé son intention de recouvrir les murs d'une « chlamydiose » grimpante parfumée et vigoureuse.

Un autre de ses projets avait été d'élever des yorkshires terriers hauts comme trois pommes afin de les vendre. Le couple reproducteur, composé d'un frère et d'une sœur (« personne n'a besoin de le savoir ») et payé 50 livres, n'avait engendré que deux chiots en un an. Un soir, en rentrant de l'école, Annie avait appris qu'ils étaient morts, victimes d'un tragique accident de la route aux allures de suicide. Bouleversée – et peu convaincue par les explications de sa mère –, elle avait refusé de lui adresser la parole pendant trois semaines. Après ça, Evie s'était improvisée guérisseuse, masseuse, puis professeur d'aérobic, mais elles n'avaient jamais vécu assez longtemps au même endroit pour qu'elle puisse se constituer une clientèle.

Elles voyageaient léger. Evie possédait deux valises et un vanity-case qui renfermait divers objets d'une valeur purement sentimentale, parmi lesquels une pince à cheveux en écaille de tortue incrustée de strass ayant appartenu à sa grand-tante Edna, une photo de ses grands-parents maternels et la seule chose qu'elle eût héritée de son père, à savoir un exemplaire du *Larousse gastronomique* – un livre de cuisine qu'il tenait d'une de ses tantes et dont Annie avait mémorisé toutes les recettes dès l'âge de treize ans. Il y avait aussi les restes de son bouquet de mariage et la photo qu'Annie convoitait le plus

– un cliché de son père endormi sur une plage, un chapeau sur le ventre et les bras levés au-dessus de la tête comme un petit enfant.

Ces souvenirs étaient ses seuls liens avec une autre vie et une famille élargie. Elle aurait tant aimé rencontrer ses cousins et découvrir si certains avaient les mêmes yeux ou les mêmes cheveux auburn qu'elle. En l'absence d'une parentèle en chair et en os, elle s'inventait des histoires : Mamie Joséphine et sa goutte, son tempérament vif et son amour des polonaises de Chopin. Papy Mortimer, un éleveur de cochons qui aspirait à devenir parfumeur. Tante Alice qui, fatiguée de la vie à la ferme, s'était enfuie avec une troupe de cirque locale et qui, aux dernières nouvelles, continuait à monter des éléphants à Wigan. C'était pour eux qu'Annie s'était mise à cuisiner. Elle rêvait de recevoir un jour leur visite et de leur servir un festin si délicieux qu'ils laisseraient derrière eux le passé avec ses peines et ses blessures.

Durant quelques heures au moins, ses invités s'échapperaient de la réalité et entreraient dans un monde accueillant, comme des voyageurs à qui des costumes et des saveurs feraient remonter le temps. Annie puisait ses personnages dans l'histoire et assortissait ses ingrédients à leur époque et à leurs centres d'intérêt. Elle s'était imaginé préparer les premières pommes de terre jamais servies à Élisabeth Ire – de la purée avec du lièvre à l'étouffée et des légumes tubéreux braisés à l'hydromel – et du poisson fumé accompagné de légumes cuits dans un bouillon aux herbes aromatiques afin de soutenir la vigueur d'Alexandre le Grand durant ses longues campagnes. À force d'écumer les bibliothèques locales, elle s'était constitué un index personnel de plats et de décors fantastiques appartenant tous au passé et destinés à lui faire oublier son présent toujours sinistre.

Le minuteur de la cuisinière se mit à biper avec insistance. Elle sortit l'aubergine de sa casserole et la déposa toute fumante sur une assiette.

— Tu veux du thé ? proposa-t-elle à sa mère d'un ton conciliant.

Evie accepta.

— Parle-moi de cette réunion des Alcooliques anonymes.

— C'était intéressant.

— Intéressant ?

— Oui. Je ne voudrais pas trop m'emballer, mais je n'ai pas eu envie de prendre un seul verre depuis.

— La réunion date seulement d'hier !

— En général, je pense à boire à chaque instant de chaque jour qui passe, déclara posément Evie. Depuis le moment où je me réveille jusqu'à celui où je m'endors.

— Mais qu'est-ce que tu peux bien te dire ?

— Je me demande où je pourrai trouver de l'alcool, comment le payer, comment éviter d'en avaler trop ou trop peu. Ça te paraît insensé, je sais. Tu ne peux pas comprendre ce que c'est que de vivre avec une telle obsession.

Annie garda le silence. Si, elle comprenait. Des mois durant, elle n'avait pensé à rien d'autre qu'à Desmond.

Le minuteur sonna de nouveau. Elle ressortit le poulet du frigo et le nappa d'une seconde couche de sauce.

— Qu'est-ce que tu fais ?

— Il doit avoir l'air figé dans la béchamel, scellé par une croûte solide de caramel.

— Ça va prendre du temps.

— La semaine prochaine, j'en aurai huit à faire. Tout ça dans cette cuisine.

Elle remit le poulet au frigo, puis alla chercher l'aubergine. Après l'avoir vidée délicatement de sa chair, elle découpa la peau rouge foncé en losanges qu'elle transféra sur une assiette à l'aide de sa pince à épiler, puis qu'elle plongea un par un dans un mélange d'eau et de gélatine.

— Tu vas à une nouvelle réunion ce soir ?

— Oui. J'ai envie que ça marche.

Tu n'es pas la seule, songea Annie en retournant chercher son poulet.

Elle tapota doucement l'une des cuisses et constata que la béchamel avait parfaitement durci. Toujours à l'aide de sa pince, elle commença à former une ligne de losanges allant d'un bout à l'autre de la volaille, avant d'en faire une autre juste en dessous en reliant les losanges par la pointe, et encore une autre, et ainsi de suite jusqu'à ce que le poulet tout entier soit recouvert d'une couche de diamants rouge rubis sur un fond doré.

— *Voilà**, dit-elle avec satisfaction.

— C'est magnifique.

— Ce plat était particulièrement apprécié de Louis XV. Il est censé avoir l'air d'un superbe gâteau.

— Où as-tu trouvé la recette ?

— Dans un vieux livre poussiéreux de la London Library. Ça ira, tu crois ?

— J'en mangerais volontiers.

La remarque d'Evie lui valut un sourire reconnaissant.

— Tu as le regard tout illuminé, continua-t-elle. Quelque chose en toi a changé, j'ai l'impression.

Annie la serra spontanément dans ses bras.

— Je vais me faire virer si je ne file pas tout de suite. À plus tard.

Rebecca arriva au Wilton's à 13 heures pile. Couché dehors, Tiziano se redressa dès qu'il l'aperçut. Elle lui caressa la tête avant d'entrer.

— Votre père est déjà là, madame, l'informa le maître d'hôtel en prenant son manteau et en l'entraînant le long d'un couloir aux murs décorés de caricatures.

Installé à une table dans l'angle le plus éloigné de la salle de restaurant, Memling parcourait le nouveau catalogue de vente de Monachorum.

— Tu es toute pâle, dit-il sans lever les yeux.

— Je vais bien.

Rebecca consulta le menu. Elle connaissait tous les plats, mais espérait que se concentrer sur les divers choix possibles l'aiderait à se calmer. C'était la première fois qu'elle revoyait son père depuis son voyage à Berlin.

— Inutile, j'ai déjà choisi pour nous deux, dit-il. Que penses-tu du Boudin qui sera mis en vente la semaine prochaine ?

Elle referma le menu. Avant, la manie qu'avait son père de commander à sa place lui paraissait touchante. Ce jour-là, cela la rendit folle. Elle l'entendait presque compter les calories et mesurer son cholestérol. Croyait-il vraiment qu'il pouvait contrôler jusqu'à son corps ?

— Je n'ai jamais été très fan de Boudin.

— Comme tu le sais, ma chère enfant, un marchand d'art ne doit pas laisser ses sentiments personnels interférer avec une transaction, répliqua-t-il.

Son ton condescendant la ramena bien des années en arrière, et la femme de cinquante ans assise sur la banquette de velours rouge redevint une petite fille enfermée huit heures durant dans sa chambre pour avoir échoué à identifier un tableau de Fragonard. Elle se ressaisit très vite cependant et fit signe à une serveuse toute de blanc vêtue. Celle-ci accourut vers elle.

— J'aimerais changer de plat principal et prendre plutôt du rosbif et des pommes de terre. C'est possible ? demanda Rebecca, certaine que son père lui avait commandé une simple sole grillée.

— Bien sûr, madame.

Rebecca la remercia et refit face à son père.

— Les trois derniers Boudin à avoir été mis sur le marché n'ont même pas atteint leur prix de réserve et le meilleur d'entre eux a atterri dans un petit musée d'Arles. Celui de la semaine prochaine a une provenance douteuse et, à mon avis, ne vaut même pas une fraction de la somme minimale exigée par le vendeur. Deux de nos clients pourraient être intéressés, mais le premier a déjà un Boudin de bien meilleure qualité qu'il a d'ailleurs acheté chez nous il y a trois ans et l'autre vient juste de perdre 45 pour cent de sa fortune en concluant un mauvais marché en Azerbaïdjan. Je te conseille donc de laisser tomber.

Memling la fixa d'un air pensif. Il ne trouvait rien à redire à ses arguments, mais la manière dont elle les avait formulés le mettait mal à l'aise. Une fragilité inhabituelle perçait dans sa voix, un débit saccadé dont il n'avait pas l'habitude.

— Quelque chose ne va pas ?

Rebecca hésita. Elle aurait voulu se lever et crier. Comment arrivait-il à se regarder dans la glace ? Quel genre de personne était capable de mener une telle double vie ?

— Combien se vendra le Munch chez Monachorum, selon toi ? dit-elle finalement en changeant de sujet.

— Je t'ai demandé si quelque chose n'allait pas.

Memling se pencha vers elle, mais se retint de poser sa main sur la sienne. Cela faisait des années qu'il n'avait pas touché quelqu'un, et probablement quarante ans qu'il n'avait pas eu le moindre geste affectueux envers sa fille.

— Tout va bien, répondit-elle sèchement.

— Des nouvelles du petit Watteau ?

Rebecca mourait d'envie de lui parler de son voyage à Berlin, d'Annie et du cahier de notes de Marty. Elle voulait l'interroger et entendre des réponses plausibles, mais pour l'instant, le secret était sa seule arme. Elle avait besoin d'en savoir plus avant de dévoiler quoi que ce soit.

— Aucune.

— Il faut qu'on alerte nos contacts, décida-t-il.

— Je croyais que tu voulais rester discret.

— La discrétion ne mène nulle part. Tu as échoué à obtenir le moindre renseignement utile.

— Je suis donc responsable de tes erreurs ?

La serveuse apporta leurs plats. Rebecca contempla son assiette de rosbif saignant, en proie à une légère nausée. Elle qui ne mangeait jamais de viande rouge allait devoir se forcer à avaler celle-là.

— Tu ferais peut-être mieux de m'expliquer pourquoi ce tableau est si important, dit-elle en essayant de maîtriser le tremblement de sa voix.

Quel mensonge allait-il oser lui raconter ?

— Il appartenait à ma famille. C'est le seul lien que j'ai avec eux.

Il appartenait à une famille que tu as dépouillée de ses biens, se retint-elle de rétorquer. Une famille dont tu as violé la mémoire et trahi la confiance.

— Pourquoi tu ne le gardais pas près de toi, s'il était si précieux ?

— Il y a quelque chose que je ne t'ai jamais dit...

Rebecca repoussa son assiette. Elle ne pouvait rien avaler, et elle n'était pas sûre non plus de vouloir écouter la confession de son père. À supposer qu'il avoue tout, devrait-elle agir en conséquence ? S'il lui confirmait que les horreurs qu'elle avait apprises à son sujet étaient vraies, serait-elle obligée de partager l'information avec d'autres personnes ?

— Tu risques d'avoir un choc.

— Alors tais-toi.

Il continua pourtant.

— Il y avait une femme…

— Une femme ? répéta Rebecca, perplexe.

Quel rapport avec ce qu'elle avait découvert ?

— Elle s'appelait Marianna et était mariée à mon ami Lionel.

— Marianna Larikson ?

Rebecca n'avait pas oublié l'amie de ses parents. Son mari et elle venaient souvent passer des vacances en famille avec eux et étaient présents dans toutes les grandes occasions. Physiquement, c'était une femme aux longs cheveux d'un blond très pâle, aux yeux noisette et à la mise toujours impeccable, qui assortissait ses chaussures à son sac à main et son foulard à son mouchoir. Elle se souvenait aussi d'un commentaire acerbe de sa mère à son sujet : « Voici qu'arrive son Altesse royale, la reine du Coordonné » – une remarque malveillante qui, avec le recul, paraissait très surprenante de sa part.

Elle observa son père. Il avait les larmes aux yeux, ce qui la surprit. Elle ne l'avait jamais vu pleurer auparavant, même à la mort de Marty.

— Je l'aimais, déclara-t-il.

— Cela fait des années qu'elle est morte. Qu'est-ce que tu racontes ?

— Nous étions amants. Comme on ne voulait pas faire de mal à ta mère, ni à Lionel, ni à nos enfants, on a gardé ça pour nous. Je lui ai offert le Watteau en gage de mon amour, mais ses fils l'ont vendu après son décès. Il faut que je le récupère. Il le faut.

Memling frappa si fort la table que les autres

clients se tournèrent vers lui avec un mélange d'inquiétude et d'agacement.

Stupéfaite, Rebecca tenta d'assimiler la nouvelle. Qu'essayait-il de lui dire ? Si cette histoire était vraie, pourquoi aurait-il offert à cette femme un objet taché de sang ? S'agissait-il d'un écran de fumée, d'une façon pour lui de masquer la vérité ?

— Tu te demandes probablement pourquoi j'ai choisi ce tableau. Pourquoi pas un autre dans notre collection ? Pourquoi pas des rubis, des diamants ou des perles ? Toutes ces choses, j'aurais pu les lui acheter. Mais quand tu verras ce tableau, Rebecca, tu comprendras. Plus que tous les autres, il exprime ce que cela signifie d'aimer quelqu'un. Je ne sais pas si tu as déjà éprouvé ça, si tu t'imagines ce que ça fait d'avoir le cœur complètement chaviré, d'être submergé par une passion absolue. C'est ce que j'ai connu avec Marianna. Elle était ma raison de vivre. Avec elle, j'étais quelqu'un d'autre, quelqu'un de meilleur, et pas le personnage peu reluisant que j'estime être.

Tout en luttant contre les émotions qui l'assaillaient, Rebecca regarda son père briser son pain en tout petits morceaux. Des larmes coulaient sur ses joues.

Une foule de questions se bousculèrent en elle. Était-ce un aveu de culpabilité ? Irait-il au bout de cette histoire nauséabonde ? Sa mère avait-elle été au courant ?

— Tout va bien ? demanda la serveuse à la vue de leurs plats toujours intacts.

Rebecca hocha la tête.

— Voulez-vous que je débarrasse ?

Elle fit signe que oui.

Le père et la fille restèrent assis en silence, jusqu'à ce que Memling s'essuie les joues avec un mouchoir.

— Trouve ce tableau, Rebecca, dit-il enfin. Fais ça pour moi.

— Oh, je le trouverai. Même si c'est la dernière chose que je dois accomplir.

Elle se leva, replia soigneusement sa serviette et la posa sur la table.

— Au revoir, Père.

Il garda la tête baissée.

Rebecca se dirigea vers la sortie du restaurant. N'importe quel observateur aurait vu en elle une femme certes plus toute jeune, mais mince, élégante, bien coiffée et très sûre d'elle-même dans ses vêtements coûteux à la coupe épurée. Rejetant les épaules en arrière, elle prit sur elle pour continuer à renvoyer jusqu'au bout cette image de femme forte. Mais une fois dehors, elle courut vers sa voiture et se glissa sur le siège conducteur où, cachée à la vue des passants par ses vitres teintées, elle agrippa le volant à deux mains en hurlant devant son reflet dans le rétroviseur.

23

Le comte Beachendon attendait depuis onze ans de visiter l'atelier d'Ergon Janáček, peintre tchèque reclus dont l'une des œuvres avait été la première à franchir la barre du million de livres dans les années 1970, avant qu'une autre ne dépasse la somme record de 10 millions au cours de la décennie suivante. Janáček vivait et travaillait à Crouch End, dans une ancienne remise à calèches où il peignait en permanence les sept mêmes modèles, chacune à une heure et à un jour fixes de la semaine. La plus ancienne venait depuis près de cinquante ans, la benjamine depuis plus de dix-sept, et toutes devaient poser jusqu'à quatre heures d'affilée, assises sur une chaise en bois sous un grand velux orienté au nord. Trop absorbé par son travail, Janáček ne leur adressait jamais la parole. À mains nues ou avec de grosses brosses en poil de blaireau, il jetait les couleurs sur la toile, les barbouillait et les étalait en grognant et en criant de frustration dans sa lutte avec ses démons créatifs. Il mettait au moins sept ans à finir un portrait, et l'un d'eux lui en avait même pris dix-sept. À la fin de chaque session, après avoir déposé sur la toile des empâtements gluants de peinture à l'huile, il grattait le tout et ne conservait qu'une infime trace de son travail du jour. Tournant alors le tableau face au mur, il ouvrait la porte de son atelier et attendait en silence que son modèle s'en aille.

Cette routine se répétait de semaine en semaine et d'année en année jusqu'au jour où Janáček s'apercevait qu'il avait achevé son œuvre. Seuls quelques connaisseurs parvenaient à discerner une personne sous l'épaisse couche de peinture et la masse tourbillonnante de couleurs de ses tableaux. Lorsqu'on leur demandait pourquoi elles acceptaient ces longues séances de pose épuisantes, ses modèles semblaient désarçonnées, comme s'il était ridicule de chercher une raison à leur dévouement. La plupart avaient commencé à travailler pour lui bien avant qu'il ne devienne une célébrité. À leurs débuts, elles s'asseyaient sur un vieux cageot, et non sur une chaise en bois, et Janáček n'avait pas les moyens d'acheter ne serait-ce qu'un chauffage d'appoint. Elles n'avaient connu ce « luxe » que plus tard. Elles n'étaient jamais payées non plus, alors que toutes auraient eu besoin d'arrondir leurs fins de mois, et recevaient simplement un cadeau ou une toile à l'occasion. Lorsqu'on insistait, certaines avouaient que cela leur plaisait d'être impliquées – même indirectement – dans un processus créatif. Une ou deux disaient aussi que les heures passées à poser représentaient une splendide parenthèse méditative dans leur vie par ailleurs si monotone. Forcément, tous les bruits qui couraient sur le monde intime et reclus de l'artiste fascinaient les critiques et les collectionneurs.

Nichée au cœur d'un quartier insalubre de la ville, sa petite maison était bordée par une voie de chemin de fer, une artère très passante et une ancienne briqueterie. En dehors de quelques rares mauvaises herbes, l'allée bétonnée était propre et dépourvue de poubelles et de détritus, mais les éclats de voix d'un couple qui se disputait à proximité, les basses assourdissantes d'une musique reggae remixée et le bruit pétaradant d'une voiture suggéraient la nature du voisinage. Beachendon renifla une odeur de peinture à l'huile qui s'accentua à mesure qu'il avançait vers la maison. Le temps qu'il parvienne à la porte, elle était si forte qu'il eut envie de se poser un mouchoir sur le nez. Il frappa fort. Quelques instants plus tard, Janáček lui ouvrit. Simplement vêtu d'un short déchiré, le peintre l'invita à entrer d'un geste théâtral de sa main couverte de taches colorées. Beachendon inspira une dernière bouffée d'air londonien avant de franchir le seuil de l'atelier. Le sol collait légèrement sous ses pieds – normal, constata-t-il, il était maculé de peinture. Il eut du mal à trouver un seul recoin de la pièce qui n'en fût pas barbouillé. L'atelier faisait environ six mètres sur sept et des toiles positionnées de dos s'alignaient contre les murs. Beachendon en compta au moins trente. La tête lui tourna lorsqu'il calcula leur valeur collective – dix d'entre elles suffiraient à résoudre tous ses problèmes. Il imaginait déjà le titre qu'il donnerait à un tel événement : « Janáček, la vente du siècle ».

— Voulez-vous du thé ? demanda le peintre d'une voix rocailleuse toujours teintée d'un fort accent slave malgré les quelque soixante années qu'il avait passées en Angleterre.

— Avec plaisir, répondit distraitement Beachendon.

La tache de peinture jaune vif sur sa chaussure droite le préoccupait. Arriverait-il à la faire disparaître avec un peu d'essence de térébenthine ? C'était sa dernière paire de Lobb et il y tenait.

Janáček alla remplir une bouilloire au robinet de sa kitchenette - le seul de la pièce.

— Il doit y avoir une tasse quelque part..., murmura-t-il.

Beachendon avait de plus en plus le tournis - peut-être à cause de l'odeur qui régnait là, mais plus probablement à la perspective de résoudre enfin ses problèmes d'argent et de sauver Monachorum de la faillite.

— Où habitez-vous ? demanda-t-il.

— Ici, bien sûr ! Je n'ai pas envie de perdre mon temps dans les transports en commun.

Le comte chercha une porte dans l'atelier.

— Vous avez un appartement ou une maison à côté ?

— Je n'ai besoin de rien de plus. Ceci est mon royaume !

— Mais... Et votre lit ?

— Dans l'angle, là-bas, dit Janáček en lui montrant un tas de loques sur un lit de camp.

Puis il lui tendit une tasse que Beachendon prit avec précaution.

— Que puis-je faire pour vous ? s'enquit aimablement le peintre.

— J'espérais plutôt que moi, je pourrais faire quelque chose pour vous. Comme vous le savez probablement, je représente Monachorum, la maison de vente aux enchères.

Janáček sourit vaguement, mais ne dit mot.

— Nous nous flattons de travailler en étroite collaboration avec les artistes, de les libérer des chaînes que leur imposent des marchands d'art peu scrupuleux et de les aider à parvenir à une totale indépendance financière.

Beachendon n'était pas mécontent de cette introduction et regretta de ne pas avoir un calepin dans lequel la recopier.

— Vous vous rappelez sans aucun doute la vente Hirst ?

Janáček fit signe que non.

— Damien Hirst ?

Le peintre secoua la tête.

— Je suis désolé, je ne sors pas beaucoup.

— L'artiste Damien Hirst ? insista Beachendon.

Janáček se moquait-il de lui ? Le monde entier devait connaître le David Beckham des arts !

— Ce nom ne m'évoque rien, malheureusement. Mes goûts se sont arrêtés à Rembrandt et je n'aime vraiment que Titien. Comme leurs œuvres m'apportaient tout ce que je pouvais souhaiter, je n'ai pas pris la peine d'aller plus loin.

— Que faites-vous de Cézanne, de Corot, de Courbet ou de Manet ?

— Je les ai étudiés aux Beaux-Arts. Ce sont de

bons peintres, de très bons peintres, oui, mais mon intérêt artistique s'émousse sitôt passé l'année 1669.

— Et Van Gogh ?

— Non. Je vous le répète, pour moi il n'y a rien après Rembrandt.

— J'ai vendu un assez grand nombre de Rembrandt au cours de ma carrière, déclara faiblement Beachendon.

Janáček se tourna vers l'horloge murale.

— Monsieur, je ne voudrais pas être grossier, mais l'un de mes modèles arrivera d'ici une demi-heure et j'ai des choses à préparer. Si vous me disiez la raison de votre venue ?

— J'aimerais organiser une vente spectaculaire autour de quelques-uns de vos tableaux, expliqua le comte en se tournant vers les toiles appuyées contre les murs. Peut-être pourrions-nous en choisir dix ensemble ?

— Pourquoi voulez-vous que je les cède ? s'étonna le peintre.

— Parce que ce serait plus intéressant pour vous, financièrement parlant. Vous n'auriez pas à verser de commission à votre galeriste et vous toucheriez 60 pour cent du montant total de la vente, ce qui représenterait pour chaque toile des millions de livres de plus que ce que vous touchez à l'heure actuelle.

Janáček posa sur lui un regard bienveillant.

— Et que ferais-je de tout cet argent ?

Beachendon contempla d'un air éloquent l'atelier en désordre, le robinet qui gouttait, les taches d'humidité, le sol couvert de peinture, la cuisinière des années 1950, le lit de camp, la vieille bouilloire, la chaise en bois tordue et les habits déchirés suspendus à des clous.

— Voyez-vous, monsieur Beachendon, reprit Janáček, j'ai vraiment tout ce dont j'ai besoin. Je suis très heureux dans mon atelier. Les biens matériels sont une distraction. Mais si vous m'offriez des millions d'heures supplémentaires de vie, là, je sauterais sur l'occasion. J'accepterais votre proposition sur-le-champ si elle pouvait me faire gagner une année de travail.

— Puis-je savoir ce que vous faites de vos gains ?

— Je retire chaque année ce qui m'est nécessaire et le reste va sur un compte bancaire. À ma mort, je léguerai ma fortune à la National Gallery afin qu'elle puisse ouvrir gratuitement. Si j'avais dû payer un billet d'entrée pour découvrir mes chers Titien, je n'aurais jamais peint.

— Mais plus vous amasserez d'argent de votre vivant, plus votre legs sera conséquent, objecta Beachendon, conscient de jouer là sa dernière carte.

— C'est un argument spécieux qui ne repose sur rien de solide. Votre vente aux enchères me rapporterait peut-être beaucoup, mais elle attiserait aussi la curiosité à mon égard. Il y a déjà bien trop de gens qui demandent à me rendre visite et qui me font perdre mon temps avec leurs lettres et leurs requêtes – tenez, pas plus tard que la semaine dernière, deux étudiants japonais sont venus frapper à ma porte, et j'ignore complètement comment ils ont trouvé mon adresse. Votre projet s'accompagnerait d'une publicité monstre, de tas d'articles dans les journaux, de discussions et de débats. Janáček, il vaut quelque chose ? Janáček, c'est qui déjà ? Pourquoi Janáček ? Je n'en entendrais peut-être jamais parler, mais cet intérêt lubrique imprégnerait ma vie et empiéterait dessus d'une manière aussi imprévisible que désagréable. Le vendeur de journaux saurait qui je suis. L'épicière ferait peut-être le rapprochement entre le Janáček évoqué dans la presse et celui qui fréquente sa boutique. Mes modèles, qui pour la plupart dissocient le fait de poser pour un tableau et celui de vendre ce même tableau, pourraient commencer à vouloir être rémunérées. Vous voyez bien que tout ça n'est pas pour moi.

— Et si un jour un incendie venait à détruire toutes vos toiles ?

— L'art est avant tout un processus créatif. Si tout ça devait partir en fumée, j'en serais réduit à prier pour que les flammes m'emportent aussi avec elles.

Sur ce, le peintre tapa dans ses mains et alla ouvrir la porte d'un pas déterminé.

— Au revoir, monsieur Beachendon. J'espère que vous trouverez un artiste à promouvoir. Je n'ai rien contre ceux qui veulent gagner de l'argent, vous savez.

Les semelles du comte couinèrent lorsqu'il traversa l'atelier. Sa dernière paire de Lobb était à présent maculée d'une foule de couleurs différentes et il aperçut une petite tache rouge sur la jambe gauche de son pantalon.

Au moment de partir, il marqua une pause.

— Pourquoi avez-vous accepté de me rencontrer, monsieur Janáček ?

— J'étais très intrigué par la manière dont vous formez vos « S ». J'ai eu autrefois un ami qui les inclinait lui aussi vers l'arrière et je voulais voir s'il y avait des points communs entre lui et vous.

— Et ?

— Non, il n'y en a aucun, répondit le peintre, avant de lui fermer résolument la porte au nez.

Dans la rue, Beachendon vit deux écoliers s'avancer vers lui. Autrefois, pensa-t-il, ils se seraient écartés devant lui, mais ce temps-là était révolu et ce fut lui qui dut faire un pas de côté. Il aurait pris le risque d'être ridicule en leur bloquant le passage, ou même de recevoir un coup de couteau dans le dos. Il songea à Janáček et à son mode de vie ascétique. Peut-être que la comtesse et lui arriveraient à s'accommoder d'une existence plus simple, sans boucher haut de gamme, sans séjours au ski et sans vacances en Toscane. Peut-être pourraient-ils trouver un studio et inscrire leurs filles dans des écoles publiques. Le problème était que, contrairement au peintre, il n'était mû par aucune passion, aucun désir hormis celui de tenir bon jour après jour. La seule chose qu'il appréciât vraiment était le moment où il plongeait dans un profond sommeil. C'était tout ce qu'il voulait. Se réveiller, prendre son petit déjeuner, conclure un contrat, déjeuner et même voir ses amis exigeait de lui un effort.

En rejoignant sa voiture, Beachendon vit que quelqu'un avait rayé son aile gauche, dont la peinture bleue jusque-là immaculée était à présent barrée d'une cicatrice blanche en zigzag. Il pivota vers les deux garçons. L'un d'eux se retourna et lui fit un doigt d'honneur. L'espace d'un instant, il fut tenté de leur courir après, de les rattraper et de leur cogner la tête sur le trottoir jusqu'à ce que leur cervelle se déverse en un amas rouge sanguinolent autour de lui. À la place, il se mit au volant et reprit la direction de son bureau.

24

Me voilà de retour dans un sac plastique. Cette fois, il provient de chez Peter Jones et, par chance, ce Peter (peu importe qui il est) sent surtout la laine et le papier, contrairement à son ami Waitrose, qui empestait le bœuf et les pommes de terre. Ma maîtresse est passée me chercher au musée il y a trois jours. J'étais bouleversé de dire *au revoir** à mes vieux amis. Ces derniers, dans un grand élan collectif, exprimèrent leur tristesse et leur respect pour ma valeur en diffusant des vibrations dans l'air lorsque je quittai le bâtiment. Je les perçus malgré le bruit de la circulation à Trafalgar Square, malgré le concert de klaxons, la pétarade des pots d'échappement, le claquement des talons sur les trottoirs, le battement des ailes des pigeons et le tintement de l'eau des fontaines. L'importance d'un musée se mesure à l'aune de toutes les œuvres qu'il renferme, et c'est ainsi que mon départ écorna la splendeur de la National Gallery.

La conservatrice m'avait emballé avec soin dans du papier et une matière spongieuse. Elle haussa les sourcils lorsque Annie me glissa dans un sac en plastique, et sans doute se serait-elle évanouie si elle l'avait vue me fourrer dans le panier de son vélo. *Heureusement**, il ne pleuvait pas. Je fus brinquebalé dans les rues à une vitesse impensable, soulevé, porté et, pour finir, abandonné sur le bureau dont Annie disposait dans sa cuisine. Si j'avais eu le pouvoir de m'immoler, j'aurais explosé sans plus attendre. Vous ne pouvez imaginer quelle rage m'habitait.

Le second soir de mon incarcération plastique, un incident assez intéressant se produisit. Longtemps après le départ de ma maîtresse, une femme vint fouiner dans ses tiroirs et ses fichiers informatiques. Puis son téléphone portable sonna et elle commença à parler d'un tableau – *moi**, bien sûr. J'étais hystérique à l'idée de me trouver à quelques pas d'elle seulement. Elle échangea quelques mots avec son interlocuteur d'un ton cordial, mais contraint, et lui posa une série de questions sans avoir manifestement la moindre intention d'écouter ses réponses – comment allez-vous, comment va la famille, comment vont les affaires –, jusqu'au moment où elle aborda un sujet autrement plus important :

— J'essaie de localiser un petit tableau français du XVIIIe siècle d'environ 45 × 60 cm. Le sujet est une femme observée par un homme et un clown dans une clairière. Il faut impérativement que je mette la main dessus. Pourquoi ? Un de nos clients est prêt à le payer une fortune. Ne me demandez pas ce que cette toile a de si spécial – vous savez comment sont les collectionneurs. Combien accepterait-il de débourser ? Une somme astronomique. Oh, au fait, j'ai entendu dire que les honoraires qui vous sont versés par la galerie Winkleman seront bientôt réexaminés. J'espère sincèrement que nous serons en mesure de poursuivre notre collaboration.

J'avais envie de hurler pour lui révéler ma présence. Enfin quelqu'un qui avait conscience de ma vraie valeur. Pourtant, même si je sais ce que c'est que d'être désiré, recherché et adoré, la fragilité de sa voix m'inquiéta et il me vint à l'idée que son désir de me retrouver ne collait pas forcément avec mes intérêts.

Plus tard ce soir-là, tout s'éclaira. D'une façon ou d'une autre, cette femme était liée à une époque particulière – celle des heures les plus sombres de ma longue existence.

Laissez-moi vous la raconter.

Après Frédéric le Grand, ce fut le fils du pape Pie VI qui prit possession de moi. De tous mes propriétaires, le pape et sa famille comptèrent parmi les plus avides et les plus vénaux. Ils me répugnaient. Le fils était un blanc-bec et le père, un homme faible et solipsiste qui essaya comme tant d'autres d'utiliser les arts pour faire oublier sa vie futile et immorale – à croire que la beauté offre une sorte d'absolution. Il fut le premier à créer un musée au Vatican, et cette initiative, ironie de l'histoire, inspira mon propriétaire suivant.

L'art va avec le pouvoir. De même que les soldats accrochent des médailles à leurs uniformes, les riches accrochent des tableaux à leurs murs. Napoléon Bonaparte fut le plus grand pilleur de l'histoire. Ce n'était ni le premier, ni le dernier, mais il ne fait aucun doute qu'il se montra le plus méthodique et le plus déterminé de tous. Hitler avait seulement rêvé d'un musée à Linz. Napoléon, lui, projetait d'en créer vingt-deux. Et si le premier avait Goering comme conseiller, le second s'appuyait sur un certain Dominique Vivant Denon, avec qui il organisa le sac de tous les palais européens pour s'arroger les plus beaux trésors du monde. Voilà comment, à l'automne 1796, je traversai les Alpes, attaché au dos d'une mule, en compagnie de *La Transfiguration* de Raphaël. Je m'interrogeais sérieusement sur mes chances de survie. Nous participions au grand exode artistique qui fit suite au vol par Napoléon des chefs-d'œuvre de Ferrare, Ravenne, Rimini, Pesaro, Ancône, Loreto et Pérouse. Moi, j'étais dans un convoi de quatre-vingt-six charrettes parties de Bologne. C'était vraiment très drôle de voyager avec tant de grands tableaux et d'échanger des anecdotes sur tout ce dont nous avions été témoins. Ce fut la première fois que je rencontrai *L'Adoration de l'Agneau mystique*, de Jan van Eyck, l'*Apollon du Belvédère* ainsi que les chevaux de bronze de la basilique Saint-Marc (qui provenaient déjà du butin d'une précédente guerre).

Je me rappelle mon arrivée à Paris dans une calèche ouverte tirée par six chevaux au milieu d'une énorme procession qui comprenait aussi des chameaux et des lions en cage. Chaque caisse portait une banderole sur laquelle figurait son contenu. Moi, j'étais avec deux Corrège, neuf tableaux de

Raphaël et un ensemble de minéraux et de reliques religieuses. Vous le voyez, la beauté a toujours nourri la brutalité et le désir de posséder, et le pillage est un des visages immuables de la guerre. Goering, Hitler, Napoléon et Denon furent précédés par les Romains, dont Tite-Live consigna toutes les rapines. Les tombes des pharaons furent dévalisées bien avant l'invasion d'Alexandre le Grand en 332 av. J-C, et l'Ancien Testament comporte de nombreuses références à des actes similaires.

Je ne cherche pas à vous faire une leçon d'histoire, cher lecteur, mais juste à vous éclairer sur le pouvoir de l'art et sur toutes les extrémités, bonnes ou mauvaises, auxquelles il peut pousser.

Avançons un peu dans le temps. Napoléon aurait pu offrir n'importe quoi à son impératrice Joséphine – des tapisseries, des bijoux, des statues, des tableaux et toutes les œuvres que j'ai mentionnées –, mais c'est moi qu'il a choisi. Malgré ma petite taille, j'étais plus puissant que les grandes toiles de la Renaissance et plus précieux à ses yeux que des brassées entières de bijoux. (Si j'en ai le temps, je vous raconterai plus tard les secrets de leur lit conjugal. Permettez-moi juste de dire qu'un certain animal a joué un rôle dans cette relation, mais qu'il ne s'agissait pas du petit empereur.)

Joséphine était une maîtresse infatigable, capable de faire l'amour nuit et jour et d'arracher à ses amants des performances héroïques. Napoléon s'imposait comme un grand chef sur le champ de bataille, mais grâce à elle, il se sentait supérieur encore à un conquérant. Nul n'ignore cependant que sa semence ne prenait pas en elle, et il divorça pour épouser un ventre. Les pleurs de ma maîtresse résonnèrent des mois durant, portés par le vent depuis son château de Malmaison jusqu'à la chambre de Napoléon à Paris. Moi qui avais été l'incarnation d'une grande histoire d'amour, je devins celle d'un cœur brisé. L'après-midi du 11 janvier 1810, elle me jeta au feu. Par chance, sa domestique me sauva et me fit sortir en douce du château, caché sous ses amples jupons, avant de me confier à un marchand d'art bien connu.

Mon maître suivant fut le roi anglais George IV, une crapule de la pire espèce doublée d'un bouffon désagréable, glouton et imbu de lui-même. Vingt années s'écoulèrent durant lesquelles j'assistai à ses incessantes orgies bachiques, entrecoupées de journées qu'il passait à gémir et à essayer de se remettre de ses excès. L'homme descendait des barriques entières de vin, de porto, de whisky et de champagne, et ne s'arrêtait que pour s'empiffrer de viande et de pommes de terre – on ne s'étonnera donc pas qu'il pesât plus de cent vingt kilos. Atteint de goutte, d'artériosclérose, d'œdèmes et de maladies vénériennes, il mourut d'une mort lente et atroce en se tordant de convulsions. Je dois dire que je poussai un petit soupir de soulagement lorsqu'il rendit l'âme, juste après 3 heures du matin, le 26 juin 1830.

Je fus revendu à Albert, puis donné à sa chère princesse Victoria, qui s'apprêtait à devenir reine d'Angleterre. Hélas pour moi, on me relégua honteusement dans une pièce secondaire de Buckingham Palace. Je vous ai déjà dit que je détestais Londres, son brouillard, ses bruits, sa laideur. Sans doute moisirais-je encore dans l'air confiné de cette chambre si je n'avais pas attiré l'attention d'un jeune valet qui souhaitait m'offrir à son amour avant de partir au front en 1914. Il s'appelait Thomas et travaillait au palais. Elle s'appelait Ethel et travaillait au Ritz. Pressentait-il que ses jours étaient comptés et qu'il ne serait jamais poursuivi pour un vol si audacieux ? Toujours est-il que, l'après-midi précédant son départ pour la France, il me décrocha du mur, me cacha sous son manteau et marcha d'un bon pas jusqu'à Piccadilly. Deux semaines plus tard, le 24 septembre 1914, il n'était plus qu'un cadavre parmi d'autres dans la boue. Ethel pleura trois semaines avant de trouver du réconfort dans les bras d'un portier. Elle me revendit 2 livres et 6 pence après la guerre. On ne s'intéressait pas beaucoup à la beauté en ce temps-là.

Faisons maintenant un bond dans le temps jusqu'à la vente qui eut lieu à Berlin en 1929 – encore un triste épisode, puisque je fus cédé au rabais à un pauvre avocat juif qui cherchait un cadeau de fiançailles pour sa bien-aimée. Ils furent mes premiers propriétaires sémites, et peut-être mes plus grands fans. Je détonnais quelque peu sur la cheminée de leur triste petit appartement berlinois, mais comme le disait Esther Winkleman : « Ce tableau est une fenêtre sur un monde meilleur et plus pur. »

Ce prétendu monde meilleur et plus pur ne vit jamais le jour. Dix ans plus tard, une nouvelle guerre éclata et la situation des Winkleman se dégrada. Ils perdirent leur travail et furent contraints de porter une étoile jaune cousue à leurs vêtements. La mère d'Ezra et le père d'Esther vinrent habiter avec eux dans leur minuscule appartement. Faute d'argent pour se chauffer, ils durent brûler leurs meubles les uns après les autres au cours du rigoureux hiver 1940-1941.

Je me rappelle très bien le garçon aux yeux d'un bleu très clair et à l'épaisse tignasse blonde qui passait beaucoup de temps chez eux. Dès les premiers mois de la guerre, on le vit parader en uniforme noir, mais il continua quelque temps à venir avec des colis alimentaires, et même un peu de brandy.

Au début de l'année 1942, il prit Ezra à part et lui fit une proposition.

— Je peux vous obtenir 1 million de marks contre ce tableau. Et des billets pour vous permettre de quitter le pays avec toute votre famille.

— Pourquoi ferais-je une chose pareille ? demanda Ezra, sincèrement déconcerté. Je suis chez moi ici et je dois attendre au cas où des membres de ma famille auraient besoin d'un endroit où loger.

Chemise-Noire les supplia, mais Ezra et Esther refusèrent de céder.

Le soir du 27 février 1943 - une date que je n'oublierai jamais -, un escadron d'hommes en noir vint chercher les Winkleman.

— Laissez-moi prendre quelques affaires, s'il vous plaît, dit Esther en me lorgnant.

Elle fut tirée par les cheveux hors de la pièce et jusque dans les escaliers. Elle ne cria pas pourtant - elle ne voulait pas effrayer ses enfants.

L'homme aux yeux clairs réapparut quelques jours plus tard. Il entra en trombe dans l'appartement et, le découvrant vide, s'assit par terre et pleura. Il devinait ce qui s'était passé. Puis il se releva, me décrocha de la cheminée et me cacha sous son gros manteau noir. Par la suite, il me remit à son führer. Herr Hitler ne me vit qu'une seule fois, mais il me garda dans ses mains et me contempla durant près d'une heure. Après quoi il fit venir le jeune soldat et lui ordonna de me cacher dans un endroit secret, loin du regard avide de Goering, jusqu'à ce qu'il eût gagné la guerre.

— Protégez-le, au péril même de votre vie, ajouta-t-il.

25

Annie avait invité Agatha à dîner à la fois pour la remercier et pour s'entraîner avant la fête d'anniversaire de Delores. Elle avait également proposé à Jesse de venir en espérant qu'il n'y verrait rien de plus qu'un geste amical. Son fameux dîner était prévu quatre jours plus tard. La veille, elle comptait se rendre au grand marché à la viande de Smithfield, puis à celui de New Covent Garden, afin d'y acheter dix-huit poulets, dix faisans, des poulettes, des foies de volaille, dix kilos d'oignons et autant de carottes et de pommes de terre, sans oublier des brassées d'herbes aromatiques et de laitues. Et le lendemain, dès 2 heures du matin, elle irait cette fois au marché aux poissons de Billingsgate chercher des huîtres, des soles, des écrevisses et des homards. Le caviar et le foie gras, eux, avaient été commandés chez un autre fournisseur.

Pour son galop d'essai, elle ne pouvait se permettre de préparer que certaines recettes, et ses convives boiraient du prosecco à la place du champagne – à l'inverse des invités de Delores, qui savoureraient vingt plats au total. Elle prévoyait de louer une petite camionnette le jour J, mais en attendant, et parce qu'elle voulait repérer le trajet entre les différents marchés, elle se rendit à Vauxhall en bus et en train, avant de rejoindre New Covent Garden à pied.

En déambulant au milieu des rangées d'asperges, d'aubergines et de choux qui dessinaient une palette de verts soutenus et de rouges profonds – tous ces légumes du potager durs et charnus, tantôt familiers, tantôt inconnus et importés de pays étrangers –, elle sentit monter en elle une brusque bouffée de joie. Chaque variété suggérait une histoire, une possibilité délicieuse, une recette future. À la vue d'un plateau de coings, elle imagina ces fruits cuits au four, mijotés ou râpés, et ensuite servis avec des poires, de l'agneau ou du fromage.

Son tableau s'imposa alors au milieu de ses rêveries culinaires, et elle se demanda si Watteau avait regardé ses bases et ses pigments de la même façon qu'elle regardait les aliments : en imaginant le choc des couleurs, leur fusion, puis le résultat final. Pour un chef cuisinier comme pour un peintre, créer des goûts ou des scènes à partir d'un assortiment d'ingrédients était une façon d'être au monde. Elle, elle utilisait le sel, le poivre, les légumes, les huiles, les épices, les herbes et la viande. Lui, le lapis, la céruse, le rouge carmin, la terre verte, l'indigo, l'ocre, le vert-de-gris et le bleu de cobalt.

Une montagne d'aubergines, toutes bien rondes et largement striées de veines rouge sombre et blanc crémeux, se dressait sur un grand étal.

— Elles sont magnifiques, vous ne trouvez pas ?

On dirait des bijoux, dit-elle à une femme qui les examinait également.

— Sauf que quand on les fait cuire, on n'obtient qu'une bouillie toute grise.

Annie la fixa, abasourdie. Comment pouvait-on décrire des aubergines en des termes si méprisants ?

Ce soir-là, Jesse arriva le premier avec un bouquet de jonquilles et l'air de celui qui s'efforce de ne pas paraître trop content de voir son hôtesse. Un peu gênés, ils discutèrent de l'actualité et de ce qu'ils avaient fait depuis leur dernier rendez-vous, mais furent soulagés lorsque Agatha les rejoignit, suivie d'Evie, de retour de sa réunion des Alcooliques anonymes. Annie servit un punch sans alcool à sa mère et des bellinis aux deux autres, avant de leur faire passer des œufs de caille posés sur des petits carrés de saumon fumé et de pain fait maison, le tout décoré d'un brin d'aneth. Au début, par timidité, ils restèrent autour d'un pouf marocain au milieu de la pièce et discutèrent négligemment du tableau appuyé sur le manteau de la cheminée.

— Il lui faudrait un plus joli cadre, remarqua Annie.

— Il n'en demeure pas moins très beau, dit Evie. J'ai senti au premier coup d'œil qu'il avait de la valeur, moi.

— Que va-t-il devenir maintenant ? demanda Agatha.

Annie haussa les épaules.

— Je n'en suis pas très sûre. Je vais sans doute me contenter de vivre avec et de l'admirer.

— Je lui ai conseillé de le porter chez Christie's ou une maison de ce genre – ils organisent des journées réservées à l'estimation des œuvres d'art, déclara Evie, avant de se tourner vers Agatha. Vous travaillez à la National Gallery, n'est-ce pas ? Vous pourriez peut-être l'examiner ?

Agatha et Jesse échangèrent un regard en comprenant qu'Annie n'avait pas fait part à sa mère de leurs soupçons.

— Je vous laisse, il faut que j'aille préparer un potage, dit Annie en se dirigeant vers ses fourneaux.

— Je vais t'aider, proposa aussitôt Jesse.

Elle hésita puis, avec un sourire reconnaissant, lui tendit des œufs, un bol et un fouet.

— Tu veux bien me battre ça avec un peu de sel et de poivre pendant que je blanchis les asperges ?

Il acquiesça et, d'un geste expert, cassa les œufs d'une seule main, les assaisonna et les fouetta vivement. Lorsqu'il eut obtenu une mousse dorée, il demanda ce qu'il pouvait faire d'autre.

— Prépare les toasts au gruyère pour la soupe à l'oignon, dit-elle tout en s'assurant que son beurre clarifié ne brûlait pas.

— Tu aurais du persil ? s'enquit-il après s'être exécuté.

— En haut à gauche du frigo, dans un petit sachet en plastique.

Pendant qu'elle tamisait et versait doucement sa farine dans le beurre, cuillerée par cuillerée, Jesse hacha finement le persil et le tint prêt à être saupoudré sur la soupe.

— Tu as le tour de main, nota Annie avec surprise.

— Ma mère avait souvent besoin d'un commis.

— Elle est cuisinière ?

— La meilleure que j'aie jamais rencontrée. Avec elle, les ingrédients les plus simples et les plus barbants se transforment en mets délicieux.

— C'est la marque des grands chefs, convint Annie.

— Tu fais un roux ?

— Oui. Tu peux mettre à chauffer cette petite casserole de bouillon ?

— OK, dit-il tout en se penchant pour humer ce dernier. Il est à base de légumes et de champignons ?

— Bravo. C'est pour aller avec la sole. Louis XV aimait que son poisson barbote dans une sauce à la crème parfumée aux champignons, mais j'ai préféré quelque chose de plus diététique.

Elle prit une poêle sur une étagère, y versa un peu d'huile d'olive et la mit sur le feu.

— Tu veux que je prenne le relais pendant que tu prépares l'omelette ? proposa Jesse.

Annie accepta avec gratitude.

— Tu es libre le 1er avril ? lui demanda-t-elle sur un coup de tête. Je dois servir un dîner grandiose aux cinquante personnes que Delores a invitées à sa fête d'anniversaire. J'ai des serveurs et des plongeurs, mais j'adorerais avoir quelqu'un qui se sent à l'aise en cuisine. Le travail serait rémunéré – environ 100 livres la soirée.

Jesse se concentra sur sa sauce blanche afin

qu'Annie ne remarque pas son grand sourire et ses joues cramoisies.

— Excuse-moi, dit-elle en se méprenant sur son silence. C'était très présomptueux de ma part.

— Non, pas du tout ! J'essayais juste de me rappeler ce que j'avais prévu ce jeudi. En fait, je suis dispo et je serais ravi de t'aider. Mais il vaudrait mieux qu'on se voie avant pour étudier le menu et le timing de tous les plats, non ? Demain peut-être ?

— Ce serait génial.

Elle l'observa en douce pendant qu'il s'affairait et le vit soudain comme si c'était la première fois. Elle aimait la manière dont il se déplaçait gracieusement dans le tout petit espace entre la cuisinière et le frigo, celle dont il fouettait et battait sa sauce en rythme, celle dont les muscles de son poignet et de son bras droit se tendaient sous sa peau. L'espace d'un instant, elle se demanda comment il était au lit, avant de se reprendre en rougissant légèrement.

— Tu peux me passer les asperges ? lui demanda-t-elle en s'efforçant de masquer sa gêne.

Il les lui apporta avec précaution. En les posant sur la table, sa main frôla la sienne sans le faire exprès. Ils sursautèrent tous les deux. Annie contempla ses longs doigts parsemés de taches de rousseur en tentant d'imaginer leur caresse. Serait-elle délicate ?

Jesse lui aussi l'examinait à la dérobée, notant le fin duvet qui prenait naissance juste sous son oreille droite et s'étendait vers la base de son cou. À travers son T-shirt, il devinait une omoplate et un bras droit élégant. Il sentait presque sa peau douce. Frissonnerait-elle si d'aventure il osait faire glisser sa main du bas de son dos jusqu'à sa nuque ? Aimerait-elle être embrassée à cet endroit ?

Annie plongea ses asperges dans l'eau bouillante. Elle distinguait la respiration quelque peu haletante de Jesse. Levant les yeux, elle tomba en arrêt devant ses lèvres rose pâle, presque féminines. Qu'est-ce que cela ferait de sentir cette bouche sur la sienne ou dans son cou ?

Au même instant, Jesse imaginait faire courir sa langue entre les seins d'Annie et descendre vers ses jambes.

Il continua à remuer sa sauce tout en prenant de profondes inspirations afin de retrouver un souffle plus régulier.

— C'est bon, à mon avis, dit Annie sans se retourner.

— Pardon, j'avais la tête ailleurs. Tu crois que c'est prêt ?

Il lui montra la casserole, mais dut se retenir de la serrer dans ses bras et de l'embrasser lorsqu'il la vit plonger son petit doigt dedans avant de le lécher.

— Oui, c'est bon.

Annie piqua ensuite une asperge avec la lame d'un couteau. Parfait. Elle vida l'eau de la casserole dans l'évier et la vapeur qui s'éleva couvrit son visage d'une fine brume. Qu'est-ce qui lui prenait de flirter avec cet homme ? Elle savait qu'il nourrissait des sentiments à son égard. De deux choses l'une : soit elle était une mauvaise personne, soit quelque chose avait changé entre eux.

Elle s'obligea à ne plus penser qu'à son repas et ajouta de la ciboulette, du thym, du persil et une cuillerée de crème à ses œufs avant de les fouetter une dernière fois. Puis elle répartit les toasts au gruyère sur une grande jatte remplie de soupe à l'oignon qu'elle alla placer sous le gril.

— Le dîner sera servi dans cinq minutes ! lança-t-elle.

Pendant que Jesse sortait quatre assiettes chaudes du four et mettait la table, elle versa les œufs dans sa poêle fumante et attendit que de petites bulles se forment à la surface pour disposer doucement ses asperges dessus de façon à créer des chevrons vert acide sur le fond d'un jaune soutenu. La recette suggérait de retourner l'omelette, mais elle préféra la laisser telle quelle et la saupoudrer simplement au dernier moment de petits morceaux de piment rouge.

Durant le dîner, elle se félicita que Jesse soit assis à la place située en diagonale par rapport à la sienne – ainsi elle n'avait pas la possibilité de le toucher, ni même de l'observer trop attentivement. Le silence se fit lorsque ses convives goûtèrent l'omelette. Les œufs crémeux, le piment et les asperges al dente étaient en parfaite harmonie. Annie trouva que le plat suivant n'était pas tout à fait au point – les oignons de la soupe lui semblaient un tantinet sucrés –, mais Jesse estima qu'ils s'accordaient au contraire à merveille avec le fromage fondu. Puis des applaudissements accueillirent le poulet et sa chemise à carreaux rouge sombre et blanc. Evie eut beau jurer ensuite qu'elle était incapable d'avaler quoi que ce soit d'autre, elle termina sa sole Colbert en silence pour ne rien rater de la savoureuse rencontre du poisson fondant et de sa panure parfumée à la sauce maître d'hôtel. Agatha laissa échapper un petit gémissement en sentant le beurre chaud se répandre dans sa bouche.

— C'est encore mieux que…

Elle s'interrompit, soudain écarlate, puis éclata de rire avec les trois autres.

Après qu'ils eurent terminé une tarte aux fruits pochés, aux raisins secs, aux pignons de pin et au citron confit surmontée d'une crème chantilly, Annie et ses invités goûtèrent la douceur préférée de Louis XV, un chocolat chaud si épais qu'Evie dégusta le sien à la cuillère.

— Quiconque est capable de donner une telle saveur aux aliments devrait être attaché à un fourneau, soupira Agatha.

— Ce serait mon rêve, reconnut Annie.

Plus tard, elle proposa à sa mère de dormir dans son lit en disant que ça ne la dérangeait pas de coucher sur le canapé. Elle voulait en réalité la confiner dans la seule autre pièce de l'appartement afin de pouvoir rester seule avec Jesse. Le jeune homme l'aida à faire la vaisselle pendant qu'Agatha filait attraper le dernier métro. À la fin, il prit doucement son visage entre ses grandes mains et l'embrassa sur la bouche.

— Je vais y aller, dit-il. Mais je reviendrai vite.

Il ramassa son blouson et son écharpe. Peu après, Annie l'entendit dévaler les escaliers.

Incapable de dormir, elle s'assit à la table de la cuisine et appuya sa tête dessus, les yeux clos, en se concentrant sur le contact du bois contre sa peau.

26

Trichcombe Abufel contempla le jardin de sa résidence par la fenêtre de sa cuisine. Il avait acheté ce petit appartement sous les combles trente ans plus tôt et avait observé son quartier, autrefois multiculturel et multiethnique, se transformer en un îlot homogène peuplé de riches banquiers blancs et de leurs familles. Baissant les yeux, il distingua cinq femmes blondes en short noir, presque toutes identiques avec leur visage botoxé et leur silhouette de filles prépubères affamées. Elles faisaient des exercices de gymnastique avec un entraîneur noir grand et musclé, et Trichcombe se fit la réflexion qu'il était assez agréable de voir une personne de couleur dans le paysage. Il n'avait pas envie de déménager, mais à moins d'un changement dans sa vie professionnelle, ses moyens ne lui permettraient bientôt plus de rester là. Peut-être serait-il contraint de retourner au pays de Galles. Cette simple idée le fit frissonner.

Il s'arracha à sa contemplation et refit face à son bureau et à son « problème ». Depuis qu'il avait rencontré cette jeune femme au British Museum et aperçu l'esquisse qu'elle tenait entre ses mains, quelque chose lui disait que le tableau avait été retrouvé. Il avait mis des années à reconstituer pas à pas les pérégrinations du chef-d'œuvre disparu de Watteau, *L'Improbabilité de l'amour*. En étudiant des documents écrits, des archives non publiées, ses dossiers personnels et les données stockées dans des musées nationaux et internationaux, il avait réussi à reconstituer la chaîne presque ininterrompue de ses propriétaires. Il savait que la toile avait été réalisée en 1703 à Paris et que son sujet était très probablement une belle actrice, Charlotte Desmares, qui avait pour nom de scène Colette. Plusieurs récits contemporains de Watteau évoquaient la passion qu'il vouait à cette femme, et sur une période de sept mois, son visage apparaissait dans presque tous ses dessins ainsi que de nombreuses peintures à l'huile.

Après que le peintre eut été emporté prématurément par la tuberculose en 1721, c'était son ami Jean de Julienne qui avait hérité du tableau. À partir de là, ce dernier avait connu un sort des plus fascinants. Existait-il une autre œuvre ayant appartenu à une série de personnalités aussi illustres ? Trichcombe ne s'intéressait pourtant pas particulièrement à cette première période historique, ni même au tableau lui-même. C'était les années comprises entre 1929 et le temps présent qui focalisaient toute son attention. Il avait découvert que *L'Improbabilité de l'amour* avait disparu de la Collection royale durant la Première Guerre mondiale (peut-être suite à un vol), mais qu'il était réapparu dans une salle de vente à Berlin en 1929, où un homme du nom d'Ezra Winkleman l'avait acheté 40 marks. Trichcombe n'avait pas eu besoin ensuite de faire des recherches sur Google ou de consulter le Bottin mondain : il savait déjà qu'Ezra était le père de Memling Winkleman.

Depuis quelques jours, le monde des arts bruissait d'une rumeur selon laquelle les Winkleman avaient « perdu » un petit Watteau. La famille avait contacté tous ses informateurs, et bien que Trichcombe fût peut-être le seul expert à ne plus compter parmi leurs employés, il avait lui-même reçu plusieurs appels.

Il songea de nouveau à la femme aux cheveux auburn du British Museum. Son instinct lui soufflait qu'elle détenait le tableau. À en juger par sa réaction, il aurait juré aussi qu'elle n'était pas une experte en art et qu'elle ne mesurait probablement pas la valeur du bien en sa possession. Il se ferait une joie de l'éclairer avant tout le monde.

Assis à son bureau, il se pencha sur la photocopie de l'estampe réalisée à partir de *L'Improbabilité de l'amour*. Plusieurs raisons expliquaient l'importance de cette peinture : son sujet, qui faisait se juxtaposer l'espoir et le désespoir, exprimait à la perfection ce qu'était l'amour partagé et l'amour non payé de retour. La légèreté du trait, la rapidité, la dextérité et l'apparente simplicité de sa conception annonçaient par ailleurs un style nouveau et encourageaient les générations suivantes de peintres à s'exprimer plus librement. À cela s'ajoutait le rôle de cette œuvre dans la naissance du mouvement rococo. Mais par-dessus tout, sa valeur résidait dans sa capacité à inspirer l'amour.

Trichcombe se leva et retourna dans sa cuisine. Dehors, ces dames s'étiraient et leur entraîneur s'arrêtait auprès de chacune d'elles pour leur faire prendre des postures toujours plus bizarres. Trichcombe les regarda sans les voir, trop occupé à se rappeler tout ce qu'il savait et tout ce qui l'intriguait concernant la galerie Winkleman. Cette fois, il espérait bien tenir sa vengeance.

L'érudition lui avait enseigné beaucoup de choses, et en particulier la patience. Il avait appris à ronger son frein et à laisser les informations et les indices émerger au moment où il s'y attendait le moins. Les découvertes ne relevaient pas toujours d'un processus linéaire, mais résultaient souvent d'une accumulation de faits disparates qui au fil des ans finissaient par former un tout cohérent. Ses grandes réussites – mettre la main sur un retable de Cimabue dans une salle de vente aux enchères à Pewsey et une Vierge de Raphaël dans un passage dérobé à l'arrière d'une école de garçons – étaient dues en partie à un heureux hasard (le fait d'être là au bon moment) et en partie à son savoir, aux années passées à scruter des tableaux, à étudier les tout petits coups de pinceau de chaque artiste et, par-dessus tout, à mémoriser quelle œuvre avait disparu et où elle avait été vue pour la dernière fois. Un érudit, pensait-il souvent, n'était au fond qu'un détective, et il comptait parmi les plus grands.

Memling avait été le premier à repérer son talent et à lui offrir un très bon salaire – il était rare de tomber sur quelqu'un qui avait des connaissances sur la peinture et nourrissait pour elle une passion sans partage. Durant sept ans, son absence apparente de vie privée, son empressement à travailler à toute heure et à partir en déplacement dès qu'on le lui demandait avaient été d'énormes avantages dont le marchand d'art avait profité en l'envoyant dans le monde entier évaluer des œuvres et fouiner dans les petites salles de vente. Ensemble, ils étaient devenus les Duveen et Berenson de leur époque.

La monomanie de Trichcombe présentait cependant quelques inconvénients : la plupart des employés de la galerie aspiraient juste à gagner un salaire. Ils étaient heureux de rentrer chez eux le soir et fermaient volontiers les yeux sur certains petits détails. Leur emploi n'était qu'un moyen en vue d'une fin : vivre. Pour Trichcombe en revanche, qui n'avait personne à charge, ni aucun passe-temps, le travail était tout, et quand d'autres s'enorgueillissaient de leur conjoint ou de leurs enfants, lui se consacrait totalement à ses tableaux, leur étude et leur histoire.

La situation s'était tendue lorsque Memling avait soudain déniché une œuvre perdue de Boucher sans vouloir dire où. À ses yeux, il ne s'agissait que d'une simple transaction très lucrative, alors que Trichcombe jugeait impératif de déterminer la provenance de cette toile. Il avait veillé sept soirs de suite afin d'établir une liste de ses précédents propriétaires qui s'arrêtait brutalement en 1943, à Berlin avec un membre d'une famille exterminée à Auschwitz. Malgré cela, Memling avait refusé d'expliquer comment il était entré en possession du Boucher. Deux mois plus tard, la scène s'était répétée : revenu d'un voyage en Bavière avec un Canaletto, un Barocci et un Klimt, il avait de nouveau ignoré les demandes de Trichcombe, qui exigeait de voir les titres de propriété. À ce moment-là, peu de gens se souciaient de l'enjeu moral que constituait la restitution des œuvres volées durant la guerre. Vendeurs et acheteurs se contentaient de vagues informations sur les tableaux, et Memling se plaisait à affirmer que celui-ci avait appartenu à « un aristocrate », cet autre à « une dame de la noblesse ». Personne ne chipotait.

Cependant, plus le temps passait, plus le malaise de Trichcombe croissait. Comment son employeur parvenait-il à sortir de nulle part tous ces chefs-d'œuvre disparus ? La plupart s'accompagnaient d'un historique indiscutable et de titres de propriété certifiés, mais d'autres surgissaient littéralement du néant. Il avait conscience de la grande fluidité du marché de l'art au lendemain de la guerre et des prix sacrifiés auxquels certains biens avaient été vendus, leur possession perdant toute signification au regard des vies qu'il fallait reconstruire. Néanmoins, avec le retour de la prospérité et de la stabilité au cours des années 1960, les bonnes affaires et les œuvres exceptionnelles avaient cessé de courir les rues. Comment, dans ces conditions, Winkleman, parvenait-il encore à en trouver ?

Ses interrogations avaient de plus en plus agacé Memling, et leurs rapports avaient achevé de se dégrader un jour de 1972, lorsque Trichcombe avait aperçu sur son bureau un petit tableau de Watteau figurant un couple qu'observait un clown. Même lui, qu'aucun autre être humain n'avait touché depuis trente-sept ans, avait ressenti la force brute de cette peinture. Il y avait quelque chose d'exquis, d'émouvant et de sincère dans le regard de cet amant étendu sur l'herbe, quelque chose de triste dans l'attitude de ce clown au visage allongé et à la mine languide, et quelque chose de capricieux et vif dans la manière dont la fille savourait son pouvoir sur ses soupirants.

Sa curiosité en éveil, Trichcombe avait brusquement éprouvé le besoin d'en savoir plus, et tant pis si Memling affirmait que le Watteau n'était pas à vendre et qu'il n'avait pas à se mêler de ses affaires. Loin de renoncer, il avait entrepris le jour même d'éplucher les archives de la galerie. Mais le lendemain matin, en arrivant à son bureau, il avait découvert toutes ses affaires dans une boîte sur le perron, et la réceptionniste lui avait remis une enveloppe contenant 1 000 livres en liquide. Ce n'était pas un simple renvoi : à compter de ce moment-là, Memling avait usé de toute son influence – et elle était considérable – pour le discréditer. Trichcombe n'avait jamais réussi à décrocher un poste de conservateur dans un musée, une collection privée ou une galerie. Il vivotait grâce aux maigres revenus que lui procuraient ses livres et ses articles et, à l'occasion, revendait des dessins ou des esquisses à l'huile débusquées dans des salles de vente en province. Mais il n'avait jamais gagné de quoi s'offrir une œuvre plus significative. Dans sa jeunesse, sa grande passion avait été l'art. À présent, et depuis quarante-deux ans, il ne rêvait plus que de provoquer la chute de Memling Winkleman. Dès l'instant où il l'avait vu avec le Watteau, il avait su que le marchand d'art accordait à ce dernier une valeur bien supérieure à l'argent et aux sentiments. Pour des raisons encore inconnues de lui, ce tableau était la clé de son avenir et de celui de Memling.

Trichcombe avait passé des années à reconstituer l'histoire de cette œuvre et n'avait plus besoin désormais que de la retrouver. Il avait presque perdu tout espoir lorsqu'il avait vu cette fille et ses dessins au British Museum. Mais il manquait encore la dernière pièce du puzzle : le sort qu'avaient connu les derniers propriétaires du tableau, à savoir les parents de Memling. Des archives berlinoises sur les ventes aux enchères de 1929 mentionnaient une adresse – il était temps de se rendre au 14 Schwedenstrasse, dans le quartier de Friedrichstadt, pour voir ce qui y restait.

Dans son nouveau bureau d'Holborn, Vlad regardait l'argent affluer sur son compte courant en temps réel. Le cours de l'étain avait flambé durant la matinée, et avant même qu'il se soit levé, sa fortune avait augmenté de 67 millions de livres, ce qui portait son total de la semaine à 127 millions. Selon les conditions mises à son exil, le Bureau de contrôle central devait toucher au moins 30 pour cent de ses profits. Et comme, en dépit de tous ses efforts, ou presque, le prix de l'étain ne cessait de monter, il passait son temps à satisfaire les exigences de ses donneurs d'ordre. Au cours des neuf jours précédents, il avait ainsi transféré anonymement 24 millions de livres sur l'un de ses nombreux comptes. Si parfois, pour une raison ou pour une autre, il préférait éviter d'avoir recours à un virement bancaire (une méthode qui n'avait pas toujours les faveurs du Grand Chef) ou s'il décidait que tel ou tel objet serait un substitut plus approprié, il avait pour ordre de le déposer dans la planque habituelle.

Une semaine plus tôt, incapable de contenir sa curiosité, il avait porté en personne un diamant gros comme un œuf à Godalming, une petite ville du Surrey. En arrivant devant une vaste propriété de Crowley Place, il avait été accueilli par trois Russes vêtus de noir qui lui avaient demandé de sortir de sa voiture, avant d'inspecter celle-ci et de le fouiller. Muni d'un mot de passe généré spécialement pour l'occasion, il avait été autorisé à poursuivre jusqu'à un deuxième point de contrôle, situé plusieurs centaines de mètres plus loin. Là, il avait de nouveau été fouillé et s'était vu remettre un autre mot de passe. Cette procédure élaborée s'était répétée quatre fois avant qu'il atteigne une maison de briques rouges quelconque au gazon bien tondu et à l'allée gravillonnée parfaitement ratissée – jusqu'à ce que les grosses roues de sa Maybach en gâchent l'esthétique en y creusant de profonds sillons.

Surgie de nulle part, une voix féminine désincarnée lui avait ordonné de s'avancer. La porte d'entrée s'était ouverte toute seule à son approche. Nerveux, il avait franchi le seuil. Vue de l'extérieur, la maison paraissait tout à fait normale, mais une fois à l'intérieur, Vlad avait compris qu'il se trouvait dans une cage métallique totalement hermétique. Je pourrais me faire broyer comme une boîte de conserve sans que personne n'en sache jamais rien, avait-il songé. La même voix lui avait dit ensuite de rester totalement immobile le temps que des rayons infrarouges balaient son corps.

— Nous sommes en train de vous scanner, l'avait-on informé – assez inutilement, du reste.

Une nouvelle porte s'était ouverte peu après.

— Posez votre main sur la tablette. Maintenant, levez les yeux.

Il s'était exécuté, et un panneau métallique avait coulissé, lui permettant ainsi d'entrer dans une vaste pièce qui devait couvrir la quasi-totalité du rez-de-chaussée.

— Les briques et les fenêtres sont une coquille destinée à donner à cet endroit l'allure d'une maison, expliqua la voix, dont la propriétaire avait apparemment lu dans ses pensées. Il est bien connu des services secrets britanniques, mais ils n'ont pas encore réussi à s'y introduire. Ni eux, ni personne d'autre.

— Qui êtes-vous ?

— Moins vous en saurez sur moi, et réciproquement, mieux cela vaudra.

Le sol s'était mis à trembler sous ses pieds. Il avait reculé vivement tandis qu'un second panneau s'écartait pour dévoiler un escalier menant au sous-sol.

— Descendez.

Pas étonnant qu'ils lui aient demandé de venir seul et de changer deux fois de voiture pendant le trajet. Ces mesures n'étaient pas destinées à les protéger, mais à s'assurer que, même dans l'hypothèse où sa disparition serait remarquée, son corps ne serait jamais retrouvé. N'ayant pas le choix, il avait descendu les marches et pénétré dans une grande chambre forte.

— Voici votre boîte de paiement. Votre code ne sera connu que de nous deux, et il changera à chacune de vos visites. Pensez à une série de cinq chiffres sans aucun rapport avec vous. Oubliez votre année de naissance, celle de votre mère, etc.

Vlad avait réfléchi un instant avant de taper la date d'anniversaire de son frère, 61270.

— C'est la date d'anniversaire de votre frère. Veuillez recommencer.

L'échine parcourue d'un léger frisson, il avait choisi un code au hasard. Un petit casier mural s'était alors ouvert et il avait déposé son diamant à l'intérieur.

— Veuillez à présent retaper votre code.

Il avait obéi. Le casier s'était refermé.

— Vous recevrez un mail de notification dès que nous aurons procédé à quelques vérifications. Vous pouvez ressortir par le passage sur votre gauche et reprendre votre voiture.

— Mais supposons que j'achète un grand tableau la semaine prochaine ? Il ne rentrera jamais là-dedans !

— Dans ce cas nous vous communiquerons

d'autres instructions. Si vous passez par une maison de vente aux enchères, nous prendrons directement contact avec ses dirigeants. Les ventes privées sont gérées autrement.

— Et si j'opte pour une belle demeure ou une île ?

— Nous n'avons encore jamais échoué à traiter un paiement, quel qu'il soit. Ne vous inquiétez pas.

Quitter la maison s'était avéré aussi complexe que d'y pénétrer mais, le gravier ayant été ratissé durant sa visite, il avait eu le plaisir – certes mineur, mais bien réel – de détruire de nouveau les parfaits petits sillons.

Après avoir parcouru quelques kilomètres hors de la propriété, il s'était arrêté au bord de la route et avait appuyé la tête sur le volant, en proie au désespoir le plus complet. Comment allait-il réussir à dénicher chaque semaine de quoi satisfaire le Bureau de contrôle central ? Si le diamant ne leur plaisait pas, que se passerait-il ? Il avait déjà engagé six personnes chargées de l'aider à repérer des œuvres d'art, des objets précieux, des propriétés, des tableaux et des actions. Le problème était de deviner ce que voulait le Grand Chef. La semaine précédente, il avait refusé un chalet à Gstaad au motif qu'il détenait déjà 40 pour cent de la station. Avant cela, il avait renvoyé une fabuleuse émeraude dont il jugeait la valeur surestimée. S'il rejetait cette fois le diamant, Vlad aurait trois semaines de retard dans ses paiements et se retrouverait encombré de biens dont il n'avait que faire. Il ne comptait absolument pas aller à Gstaad (rien ne valait Courchevel, lui avait-on dit) et il n'avait aucune petite amie à qui offrir l'émeraude (même s'il vivait dans l'espoir de séduire Liudmila). Quinze jours plus tôt, il avait acquis des parts importantes dans une société qui, ainsi qu'il l'avait découvert depuis, appartenait en fait déjà au Bureau de contrôle central. À ce rythme-là, il allait finir ruiné et endetté – et peut-être même carrément mort s'il échouait encore à régler ses prochaines échéances.

Serrant fort le volant dans ses mains, il s'efforça de réfléchir. Il lui fallait un plan. D'une façon ou d'une autre, il devait se débrouiller pour s'arroger un monopole quelconque, investir dans un secteur à la valeur irréfutable qui échappait à la mainmise du Bureau. Il avait aussi intérêt à anticiper ses paiements. En livrant au Grand Chef quelque chose de vraiment très précieux, il gagnerait du temps, et donc des semaines, voire des mois de tranquillité. Plus il en apprenait sur le monde de l'art, plus il avait la certitude de tenir la solution idéale. Mais le problème de l'art contemporain résidait dans une offre presque illimitée et une dépendance bien trop grande à la mode. Hirst pouvait produire des taches à la chaîne et inonder le marché de cercles aux couleurs vives. Vlad se rappela également un tableau de la série des *Infirmières* de Richard Prince, qu'il avait acheté et livré à ses créditeurs anonymes quelques jours à peine avant que la cote de l'artiste chute complètement. En comparaison, les vieux maîtres étaient une valeur bien plus sûre. Après tout, les peintres en question étaient morts et la rareté de leurs toiles faisait que les prix ne risquaient pas de fluctuer beaucoup. Une autre idée lui vint à l'esprit. Pourquoi ne pas manipuler le marché ? Il lui suffirait d'acheter quelques œuvres d'un même artiste, d'en mettre ensuite une en vente et de faire monter démesurément les enchères de façon à lui attribuer une nouvelle valeur de référence et à accroître ainsi celle des autres. Comment se faisait-il que personne n'y ait pensé ? Puis il comprit que si, d'autres l'avaient déjà fait, ce qui expliquait probablement les prix records atteints lors de certaines ventes aux enchères.

Il prit son téléphone et appela Barty.

— Rendez-vous dans quarante minutes à Chester Square, dit-il.

Allongé sur une table de massage, Barty se faisait prodiguer un soin censé prévenir l'apparition de la cellulite – et peu importait que ladite cellulite fût peu susceptible d'apparaître chez un homme mince de soixante-neuf ans. La moindre imperfection le terrifiait, et ce n'était pas parce qu'il n'avait jamais eu de graisse qu'elle ne pouvait pas s'incruster insidieusement. L'appel de Vlad coupa court à sa séance. Il quitta la salle de soins et longea un couloir jusqu'au vestiaire du club. Il s'était vu offrir une carte de membre à vie et avait droit à des soins à hauteur de 5 000 livres par an – un privilège accordé après qu'il eut recommandé cette adresse à ses meilleurs clients.

Debout sous le jet brûlant de la douche, il songea à Vlad et à la tournure que prenaient leurs relations. Il avait connu suffisamment d'émigrés russes pour comprendre leurs besoins. Il se rappelait les Russes blancs d'autrefois qui, sommairement expulsés de leur pays après la révolution de 1917, s'étaient réfugiés à Londres et avaient fini leurs jours dans une pauvreté raffinée sans jamais cesser de pleurer leur terre natale. La nouvelle génération était tout aussi mélancolique, mais incroyablement riche – du moins ceux qui parvenaient à rester en vie. Tandis que l'eau chaude se déversait sur lui, en le rinçant de son huile de massage, Barty eut une pensée compatissante pour le jeune Vlad. Ce grand nigaud avait plus d'argent que le commun des mortels ne pouvait rêver d'en dépenser, mais c'était un homme hanté et traqué. Se trouver à des milliers de kilomètres du Bureau de contrôle central n'était pas une garantie de sécurité. Où qu'il aille, Vlad était financièrement et physiquement, et donc émotionnellement dépendant. Sa prison avait beau être luxueuse et a priori dépourvue de murs ou de frontières, il n'était pas libre de faire ce qu'il voulait. Barty soupçonnait le Bureau de pouvoir traquer un individu jusqu'au fin fond de la Polynésie et de le supprimer en un tour de main. Des micropuces avaient dû être implantées sous la peau de Vlad dans son sommeil, sans doute par des prostituées formées aux pratiques les plus occultes.

Pour rien au monde Barty n'aurait échangé sa place contre celle du milliardaire, mais il était ravi de lui trouver des moyens intéressants de dépenser son argent.

Récemment, il avait conseillé un autre Russe sur

la manière de gérer ses milliards. Boris Slatonov avait acheté un club de foot mal en point et lui avait donné un second souffle en déboursant des millions pour faire construire de nouvelles installations sportives et engager des joueurs et des entraîneurs. Par chance, l'équipe avait commencé à remporter des victoires, et Boris avait découvert que le Grand Chef n'aimait rien tant que les succès internationaux. Son projet suivant, conduit là encore avec l'aide de Barty, avait été de créer un musée dédié à la peinture moderne à Moscou. Très vite, le Grand Chef avait fait de lui l'un de ses banquiers attitrés et, par son intermédiaire, avait engrangé des millions via le sport et les arts.

Barty se planta devant un miroir. Ses cheveux épais et soyeux demeuraient l'un de ses meilleurs atouts. Admirant sa teinture blond vénitien, il se dit que son nouveau coiffeur était le meilleur qu'il eût jamais eu, notamment parce que l'homme ne cédait pas lorsqu'il le suppliait à l'occasion de raccourcir sa toison, de lui faire une coupe à l'iroquoise ou de le raser.

« Si tu veux changer de style, chéri, porte une perruque », lui répétait-il.

Barty sécha ses cheveux à la va-vite – il n'avait pas le temps de fignoler son brushing – et appliqua un peu de fond de teint, d'anticernes et de blush sur son visage avant de remettre son costume trois pièces (il avait choisi ce jour-là d'incarner Steed, de la série *Chapeau melon et bottes de cuir*).

Un quart d'heure plus tard, il était dans un taxi avec, dans sa poche gauche, la liste de tous les clubs de foot disponibles sur le marché et, dans la droite, la liste de toutes les ventes aux enchères à venir. Finalement, avait-il décidé, il n'était pas dans l'intérêt de Vlad de se concentrer sur les œuvres d'art contemporaines. Bien que les toiles de maîtres soient plus rares, plus difficiles à obtenir et moins sexy, il valait mieux que le Russe privilégie ce qu'il y avait de plus recherché. La vérité était que Bart voulait récompenser enfin son amie Delores en orientant Vlad vers la peinture française du XVIIIe siècle. Ils iraient tous les trois choisir une charmante petite *maison** à Saint-Pétersbourg (une ville bien plus agréable que Moscou, cette horrible capitale si profondément masculine) afin d'y créer un musée des Beaux-Arts de l'école du XVIIIe siècle. Il le voyait déjà : il y aurait du brocart, du damas, du chrysocale, des dorures et de l'or partout, sans compter une profusion d'autres merveilles. Contrairement à ces grands édifices monumentaux tout en béton et néons blancs qui abritaient les musées modernes, leur petit palais serait un endroit où l'œil ne se reposerait jamais, une cacophonie de couleurs et de textures qui irait à l'encontre du goût contemporain, insulterait la mode et remettrait la controverse à l'ordre du jour.

Il arriva au lieu de rendez-vous quelques secondes avant que la voiture de Vlad n'apparaisse. Le Russe avait l'air encore plus inconsolable et déprimé que d'habitude. Barty se glissa sur le siège à côté de lui et prit le temps de savourer la douceur du cuir vachette sous ses doigts et d'admirer son reflet dans le tableau de bord en noyer poli.

— Souriez, mon lapin, dit-il ensuite en se tournant vers son client. J'ai un plan. Un plan tout simplement génial.

27

Avec l'aide de designers, de peintres et de costumiers qu'elle avait rencontrés en travaillant pour Carlo, Annie transforma le centre Amadeus du quartier de Maida Vale en une clairière du XVIIIe siècle inspirée de son tableau. Sous sa direction, les hommes accrochèrent de grandes tentures représentant un feuillage moucheté de taches de soleil aux balcons qui cernaient la salle. Ils plantèrent également dans de gros pots de terre de grandes branches de saule qu'elle avait achetées le matin même au marché de New Covent Garden, suspendirent une balançoire au plafond et tapissèrent le sol d'un faux gazon jonché de pétales. La touche finale fut une grande fontaine en polystyrène peinte en crème. Pièce maîtresse du décor, elle rappelait celle du tableau, avec ses angelots souriants.

Annie agença ensuite des tables en U au centre de la pièce et les recouvrit d'une épaisse nappe blanche damassée avant d'y disposer le grand service de style Louis XV qu'elle avait loué auprès d'une société d'accessoires en même temps que vingt chandeliers et trente plats. La gouvernante des Winkleman, Primrose, et sa fille Lucinda avaient passé toute la nuit à coudre des boutons de rose à des brindilles de gypse afin de créer de longues guirlandes destinées à décorer la table – au centre de laquelle s'alignaient déjà des montagnes de fruits confits et des souris en sucre chassées par des chatons en chocolat. Chaque convive aurait huit couteaux et fourchettes, trois cuillères, sept verres à vin et un gobelet doré pour l'eau. Des serviettes en lin amidonné pliées en forme de cygne trônaient sur les assiettes dorées, tandis que des petits cartons individuels gravés à la main et accompagnés d'un menu détaillé indiquaient la place de chacun. Les animations n'avaient pas été oubliées : dans un coin de la pièce, une troupe de musiciens costumés interpréterait des madrigaux sur une petite estrade, des acrobates déguisés en arlequins viendraient accomplir quelques numéros au moment où le poulet serait servi et, pour finir, un clown triste, sorte de double du Pierrot peint par Watteau, jouerait du luth et chanterait devant les invités au moment du dessert.

Au fond de la salle, cachée à la vue de tous, une cuisine de fortune avait été aménagée. Annie savait qu'elle n'aurait que quelques secondes de battement entre chaque plat, et le timing était essentiel pour que tout soit parfait.

Pendant que les décorateurs apportaient la touche finale à la clairière, Jesse arriva, suivi d'un bataillon de serveurs et d'un second de cuisine. Annie lui fut reconnaissante de se comporter comme n'importe quel autre employé. Beaucoup de choses avaient déjà été préparées la veille et l'avant-veille. La principale difficulté serait de servir les vingt plats à temps, à la bonne température, et avec le bon vin. Sans avoir des conséquences aussi fatales qu'à Versailles, un travail bâclé signerait la fin de ses rêves. Delores tenait absolument à ce que cette fête fasse date dans le milieu artistique.

Annie répartit son équipe en quatre groupes et assigna à chacun une mission. Puis elle distribua des feuilles détaillant le déroulement du repas et les tâches à effectuer.

— Cette soirée doit être aussi ordonnée qu'une campagne militaire, expliqua-t-elle. Veuillez lire cette liste attentivement, s'il vous plaît. Elle explique ce que l'on attend de vous. Jesse sera mon adjoint. Si je suis occupée, adressez-vous à lui. Raoul supervisera les serveurs, Amy tiendra le vestiaire, Ted sera notre sommelier et Riccardo débarrassera la table et fera la plonge.

Elle examina les vingt-deux visages impatients qui lui faisaient face. Après deux semaines de préparatifs méticuleux, elle se sentait calme et sûre d'elle. Elle avait engagé des professionnels qui connaissaient leur métier et savaient gérer les situations de stress. Quant à elle, elle avait réduit son salaire au minimum : l'enjeu de ce repas n'était pas tant son compte en banque que son avenir.

La première personne à arriver fut Delores, engoncée dans de multiples couches de dentelle blanc cassé et de satin pourpre censées la faire passer pour Marie-Antoinette mais qui lui donnaient plutôt l'air d'une grande anémone de mer frétillante.

— Oh, mon Dieu ! s'exclama-t-elle. Je vais pleurer. Non, je ne dois pas… Oh, mais si, je vais pleurer. Quelle merveilleuse, quelle géniale créature vous êtes ! Comment avez-vous fait ?

Annie sourit en rougissant.

Delores s'approcha de la balançoire avec l'air de vouloir essayer de caser son fessier sur le siège, mais fut distraite en chemin par la vue de la fontaine et de ses angelots – au grand soulagement de tous. Elle alla ensuite inspecter la cuisine et prêta une réelle attention à chaque plat. Annie insista pour lui présenter tous les membres de son équipe.

À 20 heures précises, les musiciens commencèrent à jouer et, quelques minutes plus tard, un clairon annonça la première invitée, Mme Appledore, vêtue d'une robe qui s'inspirait jusque dans les moindres détails d'un portrait de Mme de Pompadour par Boucher. Elle avait même acheté un petit chien de compagnie pour 2 500 livres au rayon animalerie de chez Harrods, mais l'animal avait geint et vomi dans la voiture, si bien qu'elle l'avait abandonné à son sort dans la rue. Juste après elle, Barty se présenta déguisé en courtisane du XVIIIe siècle, avec une robe de bal d'un mètre cinquante de circonférence brodée de fil d'or et décorée de toutes petites perles (il avait dû soudoyer un ami au Victoria & Albert Museum afin de la faire sortir en douce des réserves le temps de la soirée). La tenue avait été si compliquée à enfiler que tous ses employés avaient été mis à contribution cet après-midi-là pour l'aider à se débattre avec les sous-vêtements, le corset aux baleines en bois et la crinoline. Cette fois, il avait emprunté une perruque composée de rouleaux de boucles blondes. Transpirant légèrement sous le poids de sa coiffure et sa cape épaisse bordée d'hermine, il fila retoucher son maquillage dans les toilettes pour hommes. Vlad arriva quant à lui en pantalon de cuir noir et justaucorps, avec une couronne sur la tête et un badge annonçant « Pierre le Grand ». Il avait accepté l'idée de Barty de créer un mini-Versailles à Saint-Pétersbourg. Aussitôt nommée principale conseillère artistique, Delores avait eu l'immense joie de voir le Russe commander trois œuvres importantes par son intermédiaire – des tableaux signés Pater, Lancret et Boucher. Grâce à sa commission sur chaque vente, elle avait revu ses choix de vins pour la soirée en privilégiant des premiers crus et en laissant tomber le champagne ordinaire au profit d'un Pol Roger millésimé.

À 20 heures, la nouvelle se répandit que Rebecca Winkleman ne pourrait pas venir – une urgence professionnelle de dernière minute la retenait à Berlin – et que Memling Winkleman serait accompagné à la place de son gendre et de sa petite-fille, Grace.

— Quel soulagement, commenta Delores. Rebecca n'a jamais su s'amuser.

À 20 h 30, la plupart des cinquante invités étaient là. En jetant un coup d'œil dans la salle, Annie reconnut Septimus Ward-Thomas, un membre éloigné de la famille royale, la rock star vieillissante Johnny Duffy, dit « les Babines », plusieurs célébrités régulièrement photographiées dans le magazine *Hello !* et le comte et la comtesse Beachendon, eux aussi déguisés en courtisans. Seuls l'émir et la princesse d'Alwabbi n'avaient pas respecté le dresscode « rococo », mais la plus grande surprise de la soirée était sans conteste la fille de Carlo et Rebecca. Alors qu'elle s'attendait à voir une timide jeune femme de vingt et un ans, Annie découvrit une punk gothique couverte de piercings qui arborait un tatouage de dragon clairement visible grâce à sa robe dos nu, largement ouverte de la nuque jusqu'en haut des fesses. Delores l'avait placée à côté de Vlad.

— Vous êtes une conseillère artistique ? lui demanda-t-il.

— Je peux être tout ce que vous voulez, répliqua-t-elle.

Memling entra à son tour. À la vue de la salle, il sentit un léger malaise l'envahir, sans toutefois en saisir la cause.

Les quelques heures suivantes passèrent très vite pour Annie, qui envoya ses plats les uns à la suite des autres – les huîtres, le caviar, la soupe, les cailles, le foie gras, le poulet, la soupe à l'oignon et au champagne, les soles farcies à la chair de crabe, les légumes, les pommes de terre nouvelles servies avec des œufs de caille, sans oublier les pigeons présentés comme des petits paons et les plumes d'herbes aromatiques emprisonnées dans des cages de sucre filé. La *pièce maîtresse** était une dinde désossée et fourrée d'une oie elle aussi désossée, laquelle cachait à son tour un poulet, puis une perdrix, une caille et, pour finir, une jeune bécassine. Tout le monde applaudit lorsque Jesse apporta la volaille sur la table avec l'aide de deux serveurs.

— Le chef ! Le chef !

Il se hâta de retourner en cuisine.

— Ils t'appellent. Il faut que tu ailles les saluer.

— Je ne peux pas. Regarde-moi, dit-elle, consciente que ses cheveux dépassaient de sa toque et qu'elle avait le visage barbouillé de farine et de transpiration.

Mais les applaudissements ne cessaient de s'amplifier. Elle s'essuya les mains sur son tablier, lissa ses mèches rebelles et se dirigea nerveusement vers la grande tablée.

— *Brava !* cria Delores, qui peina à se lever. *Brava !*

Les autres convives l'acclamèrent de plus belle.

Annie s'inclina, les joues cramoisies.

— Merci beaucoup. Maintenant, si vous voulez bien m'excuser, j'ai encore huit plats à finir de préparer.

Un gémissement collectif s'éleva.

— On ne peut plus rien avaler ! protesta quelqu'un.

— Juste quelques bouchées, rétorqua Annie en riant.

Personne ne comprit pourquoi Memling Winkleman s'en alla brusquement peu de temps après l'apparition du Pierrot, mais les gens s'amusaient tant que ce fut à peine s'ils le remarquèrent.

Annie dut revenir trois fois saluer les convives et reçut une standing ovation à la fin du repas. Mme Appledore, le comte Beachendon et Johnny « les Babines » sollicitèrent eux aussi ses services, et la princesse d'Alwabbi voulut l'engager sur-le-champ pour une période de six mois.

Une fois tous les invités partis, le sol nettoyé, les tables débarrassées, le matériel rangé et chargé dans une camionnette de location, prêt à être rendu à ses propriétaires le lendemain matin, Jesse et Annie restèrent seuls, assis par terre en tailleur au milieu de la salle. Celle-ci avait retrouvé son état originel et paraissait quelque peu défraîchie et curieusement inutile.

— Je suis contente que Delores ait fait venir un photographe, dit Annie. Cette soirée me fait l'effet d'un rêve à présent.

Jesse prit sa main dans la sienne et embrassa doucement sa paume.

— C'était extraordinaire, et je suis honoré d'avoir pris part à cet événement.

— Tu as été franchement génial. Ce moment où le poulet a glissé du plateau…

— Et a dérapé…

— En menaçant de renverser la fontaine…

— Quand tu l'as rattrapé, on aurait dit Johnny Wilkinson courant pour marquer un essai…

Ils éclatèrent de rire.

— L'un des seins de Delores s'est échappé de son corset pendant qu'elle mangeait une meringue, reprit Jesse.

— J'ai raté ça. J'étais trop occupée à bâtir ma tour de profiteroles !

— Si tu avais vu la tête horrifiée de Mme Appledore…

— Quoi d'autre, quoi d'autre ? Je suis passée à côté de tous les bons moments, moi.

— Vlad et Mlle Winkleman sont repartis ensemble après s'être aguichés toute la soirée.

— Rebecca sera furieuse – elle qui prend sa fille pour une vestale, commenta Annie en s'allongeant par terre.

Jesse fut ému à la vue de ses cheveux étalés comme un halo auburn autour de son beau visage pâle. Dans sa cuisine improvisée, elle avait renvoyé l'image d'une femme forte. À présent, elle avait l'air si fragile et si menue qu'il dut se retenir de la prendre dans ses bras et d'embrasser les cernes sombres sous ses yeux.

— Continue, l'implora-t-elle.

— Le comte Beachendon m'a paru très déprimé. Sa femme et lui se sont perdus dans Maida Vale. Il s'est fait voler son téléphone, et elle son sac à main. Mais il a quand même retrouvé le moral en apprenant que Vlad projetait de créer un nouveau musée.

— Qui était sa femme ?

— La dame qui ressemblait à un parterre herbacé.

— Oh, tu veux dire celle qui était affublée d'une paire de rideaux ?

— Oui.

Jesse roula sur le côté afin de mieux voir Annie.

Elle sentit ses yeux posés sur elle, mais continua à fixer le plafond.

— Pour je ne sais quelle raison, Delores avait placé la comtesse à côté du vieux chanteur de rock. Comment s'appelle-t-il, déjà ?

— Johnny « les Babines ».

— Je ne voyais pas du tout ce que ces deux-là pouvaient avoir en commun, dit Jesse en se rapprochant d'Annie. Pour moi, c'était une mauvaise idée.

— Et ? demanda-t-elle, gênée par son regard insistant.

— Il s'avère qu'ils étaient faits l'un pour l'autre. Ils élèvent tous les deux des chevaux arabes et font pousser des auricules. Qui l'aurait cru ?

— Ils font pousser quoi ?

Intriguée, elle se tourna vers lui. Il était si près que son souffle lui réchauffait la joue, mais à sa grande surprise, cela ne l'oppressait pas. Elle prit même plaisir à contempler son visage et remarqua pour la première fois que le bleu de ses yeux était rehaussé d'éclats dorés et noirs.

— Des auricules – ce sont des fleurs. Les dentellières et les tisserands en étaient fous au XVIIIe siècle. Plus tard, quelqu'un en a envoyé une bouture aux États-Unis et Thomas Jefferson en est tombé amoureux.

— Comment tu sais ça ?

— J'ai écouté leur conversation.

— Parle-moi du vieux Winkleman.

— Quand ton clown a fait son apparition, il s'est mis à hyperventiler. J'ai cru que j'allais devoir appeler une ambulance. Finalement, il est sorti et reparti avec son chauffeur.

— J'avais remarqué qu'il y avait un siège vide, mais je n'ai pas eu le temps de me demander de qui il s'agissait. Parle-moi aussi de Barty. Il avait vraiment le plus beau costume de la soirée.

— Il était marrant. Il a fait un long exposé à la princesse et à Vlad sur tout ce qu'il considère comme vulgaire.

Jesse s'interrompit en apercevant dans les cheveux d'Annie un brin de thym qui formait une toute petite tache verte au milieu de ses boucles cuivrées. Il l'ôta doucement et le lui tendit. Leurs doigts se frôlèrent. Elle prit l'herbe et l'écrasa dans sa main, avant de lever les yeux en sentant un souffle chaud sur son visage. Jesse s'était penché vers elle.

— Tu es si belle, murmura-t-il. Je peux t'embrasser ?

Elle s'écarta aussitôt.

— J'ai envie de garder cette soirée en mémoire pour d'autres raisons.

— Pardon. C'était égoïste de ma part.

Annie se redressa et épousseta son pantalon.

— Il faut qu'on parle, mais pas ce soir, dit-elle en consultant sa montre. Je vais rentrer chez moi avec la camionnette et essayer de grappiller quelques heures de sommeil.

— Tu veux bien me déposer à un arrêt de bus ?

— Oui, évidemment. Merci de m'avoir aidée. Je n'y serais pas arrivée sans toi.

— Si, tu y serais arrivée, et tu devras le faire à présent. Ce soir était le début de ta nouvelle vie.

Ça sautait aux yeux : tu étais très à l'aise, sûre de toi, et joyeuse aussi.

— Vraiment ?

Sans répondre, il fixa cette étrange créature, si farouche et si fragile.

— J'avais oublié ce que c'est que d'être heureuse, avoua-t-elle en cherchant la clé de la camionnette au fond de son sac. Je commence à comprendre que cette joie m'avait manqué jusqu'ici. Ça va sans doute te paraître stupide, mais c'est un bonheur pour moi de réussir à persuader trois ingrédients pris au hasard de s'assembler et de créer un plat délicieux.

— J'éprouve la même chose quand ma peinture prend vie et dégage une force inexplicable et indépendante de ma volonté. Il suffit que quelques pointes de vert, de jaune et de rouge se fondent pour créer une feuille parfaite.

— Tu penses vraiment que je peux réussir en tant que chef ?

— Je ne le pense pas, j'en suis sûr.

Annie se tourna vers lui, rayonnante.

— Merci. Ça me touche énormément.

28

Il est temps que Jesse se ressaisisse et prenne une décision. L'amour ne réside pas seulement dans les sentiments, mais aussi dans les preuves qu'on en donne. D'une façon ou d'une autre, il doit trouver un moyen de persuader sa douce et tendre que sa vie serait incommensurablement meilleure avec lui. Il faut qu'il se rende indispensable sans la dominer, et qu'il l'inspire sans se mettre en avant.

Hélas pour lui, Annie a tant souffert que son joyeux petit cœur s'est flétri.

Il en allait de même avec mon maître : il ne se remit jamais du rejet de Charlotte. Peu à peu, il se détacha du monde, épuisé par un cœur brisé et un corps en déroute. Il déménagea à de multiples reprises, passant de la campagne à divers appartements parisiens, et séjourna même à Londres quelque temps. Cette vie errante était un moyen de fuir tout ce qui lui rappelait les petits moments intimes que Charlotte et lui avaient partagés : la taverne où ils s'étaient rencontrés, le goût d'un pain qu'elle aimait bien, les notes d'une chanson qu'elle avait interprétée, une nuque qui ressemblait à la sienne. Il en vint à se couper complètement du monde et à vivre seul avec sa maladie et ses rêves. Son mépris pour les questions matérielles s'accentua. Il se moqua même de son ami Caylus lorsque celui-ci le supplia de soigner sa tuberculose dans un hôpital :

— L'hôpital ? N'est-ce pas la pire chose qui puisse m'arriver ? On ne refuse personne là-bas.

Il ne voulait faire partie d'aucun groupe, et mourut par conséquent seul, à l'âge de trente-six ans.

Je ne souhaite une telle fin à personne, et surtout pas à la charmante Annie. Simplement, je ne considère pas l'amour comme une panacée ni comme une jolie promenade qui vous ferait passer de l'ombre à la lumière. Je veux que ma nouvelle maîtresse prouve ma valeur, qu'elle me vende et qu'elle se libère – au moins sur le plan financier. Je veux qu'elle connaisse le confort matériel et qu'elle ait l'espace et les moyens d'accomplir ses rêves. Je n'ai pas toujours porté chance à mes propriétaires. Cette fois, il faut que ce soit différent.

29

Après seulement quelques heures de sommeil, Annie se réveilla pleine d'énergie et de détermination. Repoussant vivement ses draps, elle alla se planter devant le miroir de la salle de bains. La femme qui se tenait en face d'elle avait le même teint blafard, les mêmes yeux cernés et vaguement larmoyants que d'habitude, mais ce matin-là, elle la regarda avec tolérance – voire un peu de compassion. Elle n'avait pas récolté ces petites imperfections en vain. Son rêve de devenir chef cuisinier commençait à se concrétiser, et ça, elle n'en revenait pas.

Elle prit un gant de toilette, le mouilla à l'eau chaude et le pressa contre son visage.

— Comment ça s'est passé ? demanda Evie en interrompant sa rêverie.

— Formidable. C'était formidable.

— Raconte !

— Il faut d'abord que je rapporte le matériel, sinon j'aurai des pénalités de retard à payer.

— Je viens avec toi. Je te tiendrai compagnie.

— Maman, j'ai envie d'être seule. Et puis regarde-toi.

Alors qu'elle fonçait déjà s'habiller, Evie s'arrêta net et jeta un coup d'œil dans le miroir. Ses cheveux blond décoloré rebiquaient et son maquillage avait laissé des traînées sous ses yeux.

— Tu es cruelle, dit-elle en retournant s'enfermer dans la chambre.

Annie se sentit coupable. La vérité, c'était qu'elle ne voulait pas d'Evie à ses côtés pendant qu'elle conduirait. Elle savait que sa mère ne manquerait pas de lui poser des tas de questions et de tout ramener à elle, l'abreuvant de « Moi, je » comme un disque rayé.

Elle ramassa son sac à main et se dépêcha d'aller récupérer sa camionnette dans la rue. Par chance, le véhicule n'avait aucune égratignure, alors même que son téléphone gisait, oublié, sur le siège avant. Entre 3 heures du matin, moment où elle était rentrée chez elle, et l'instant présent, c'est-à-dire presque 9 heures, elle avait raté neuf appels – quatre de Delores, un d'Agatha, un de Jesse et trois émanant d'un numéro inconnu.

Elle écouta le premier message.

« Bonjour, Annie. C'est moi, Jesse. La nuit dernière a été carrément fabuleuse. Si on se retrouvait autour d'un verre pour papoter ? Ce soir, ça te tente ? »

Au son de sa voix, un frisson d'inquiétude la parcourut. Cela faisait quelques semaines seulement qu'elle était libérée de l'amour, ou du moins des sentiments qu'elle associait à son passé. Depuis, elle savourait un plaisir nouveau et enthousiasmant : celui d'être libre et indépendante, de ne pas avoir à faire de compromis ni devoir ménager qui que ce soit. Être célibataire signifiait ne plus avoir de compte à rendre à personne. Seulement, en la désirant, Jesse s'imposait à elle, et même si elle l'aimait bien, même si elle culpabilisait de le rejeter, elle ne voulait pas prendre le risque de lui ouvrir son cœur ou de polluer son nouvel état d'esprit.

Le deuxième message était de Delores :

« Ma chère, quel charmant dîner. Merci ! C'était un triomphe absolu. Bien joué, ma petite. Maintenant, vous allez trouver ça bizarre, mais avez-vous encore ce tableau que vous m'avez montré il y a plusieurs semaines ? Rappelez-moi. »

Annie passa aux messages suivants.

« Mademoiselle Annie McDee ? Trichcombe Abufel à l'appareil. Vous ne vous souvenez peut-être pas de moi, mais nous nous sommes brièvement rencontrés au Département des dessins du British Museum. Je dois m'entretenir avec vous de toute urgence au sujet de votre tableau. »

« Mademoiselle McDee, c'est encore Trichcombe Abufel. Veuillez me rappeler le plus vite possible. »

« Ma chère, c'est Delores. Rappelez-moi. Il est 8 heures du matin. »

« Mademoiselle McDee, pouvez-vous s'il vous plaît rappeler Trichcombe Abufel dès que possible ? »

« Bonjour, Annie. C'est Agatha, du département Conservation de la National Gallery. Je suis vraiment désolée de vous déranger si tôt, mais il se passe quelque chose d'assez étrange. Pourriez-vous me rappeler ? »

Annie n'avait pas beaucoup songé à son tableau les jours précédents. Parce qu'elle voulait profiter encore un peu de son triomphe de la veille, elle ignora le reste des messages et démarra.

Elle traversa Shepherd's Bush en longeant une série de petits restaurants familiaux, une boucherie et une confiserie. Elle avait déjà gagné sa vie en cuisinant, rien ne l'empêchait de recommencer. Elle savait qu'elle en était capable et qu'elle avait une approche originale de ce métier. Elle s'imagina entourée de chefs, tous vêtus de blanc, avec le logo de son entreprise, « Gastronomiquement vôtre », imprimé sur leurs toques et leurs tabliers, au milieu d'une vaste cuisine dont les fenêtres iraient du sol au plafond et donneraient sur un petit potager. Une paroi vitrée délimiterait le bureau où elle préparerait ses menus, tandis que dans une autre pièce, une petite équipe de designers plancherait sur des dessins et des cahiers de tendances. Ses locaux comporteraient également une réserve où elle garderait les verres, la vaisselle en porcelaine et les accessoires indispensables à ses dîners à thème.

En passant devant l'ambassade de Russie en direction des jardins de Kensington, elle envisagea les différents événements qu'elle pourrait organiser. Un dîner inspiré du film *2001, l'odyssée de l'espace*. Un autre restituant l'ambiance des *Mille et Une Nuits*. D'autres encore dans un style Art déco, moderniste, ou encore victorien. Une bouffée d'excitation l'envahit alors qu'elle se représentait le résultat final.

Elle aspirait désespérément à cette nouvelle vie. Tout ce qu'il lui restait à faire, c'était déterminer comment y parvenir. Elle avait besoin d'un local, d'un équipement adéquat, d'un service marketing, d'une aide temporaire et d'une réserve d'argent pour acheter les ingrédients.

Le trafic ralentit et s'immobilisa. La fumée brûlante des pots d'échappement forma bientôt un halo brumeux autour des véhicules. En attendant que ses projets se concrétisent, songea-t-elle en remontant sa vitre, elle n'aurait qu'à conserver son emploi chez les Winkleman. À défaut d'être passionnant, le travail n'était pas compliqué, et cela lui laissait le loisir de réfléchir à d'autres choses.

Son téléphone sonna de nouveau. Elle l'éteignit et monta le son de la radio. Une chanson de Bob Dylan passait à l'antenne. Elle qui avait fait partie des chorales de toutes ses écoles voulut entonner « Blowin' in the Wind » – un titre qu'elle chérissait –, mais sa voix éraillée ne tenait plus la moindre note. Elle se racla la gorge et réessaya. Peine perdue. Elle s'aperçut brusquement qu'elle n'avait pas fredonné depuis des mois, même sous la douche. Dans sa vie antérieure, elle chantait partout à tue-tête, devant n'importe qui ou n'importe quoi, les oiseaux, la télévision ou la rivière aussi bien que ses amis. Faute d'entraînement, ses cordes vocales s'étaient affaiblies. Elle se rappela ce que lui avait dit un jour un de ses professeurs : le chant vient du cœur. Elle avait peut-être perdu son cœur et sa voix, mais elle comptait bien à présent les récupérer tous les deux.

Lorsque son avion s'engagea sur une piste de décollage de l'aéroport de Berlin-Tegel, Trichcombe, qui pourtant n'était pas croyant, pria Dieu de le maintenir en vie assez longtemps pour qu'il puisse rédiger un compte rendu de ses récentes découvertes. Impatient de retrouver Londres, son bureau, ses notes et sa machine à écrire, il avait oublié d'opter pour une procédure d'embarquement rapide, ce qui lui valait d'être à présent coincé au milieu d'une rangée au fond de l'appareil. À sa gauche, une jeune femme mâchait du chewing-gum d'une manière particulièrement écœurante en soufflant de temps à autre des bulles rose vif qui éclataient sur ses lèvres maquillées avec un bruit sonore. De l'autre côté, un jeune skinhead piercé à la mine peu commode se tortillait et s'étirait frénétiquement sur son siège. Trichcombe souhaitait plus que tout éviter de toucher la femme bubble-gum, mais il avait peur aussi d'énerver M. Bande-à-Baader. Il rentra la tête dans les épaules, serra les genoux et les bras et tenta de respirer le plus discrètement possible.

Le vol jusqu'à l'aéroport de Gatwick dura à peine moins de deux heures. Pendant tout ce temps, Trichcombe ne cessa de palper la poche de sa veste afin de vérifier que sa petite caméra numérique était toujours là. Sur le disque dur, il y avait la photo d'une famille debout devant une cheminée. Au-dessus de la cheminée, un petit tableau de Watteau. Et à côté, au milieu des membres de la famille, un petit garçon blond aux yeux bleus.

Dans son autre poche se trouvait un bout de

papier. Il lui avait suffi d'un coup de fil et d'un prétexte abracadabrant pour persuader la bibliothécaire du British Museum de lui donner le nom et le numéro de téléphone de la jeune femme aux cheveux auburn. Il avait expliqué qu'il avait ramassé par erreur un livre de valeur lui appartenant et qu'il venait seulement de s'en rendre compte. Des semaines s'étaient écoulées depuis et elle devait être si contrariée. Oh, il s'en voulait beaucoup. Cette culpabilité, ces remords… La divine et très serviable employée du musée pouvait-elle l'aider ? Bien sûr, c'était contraire au règlement. Mea culpa. Je vous en prie. Merci mille fois. Je vous suis si reconnaissant. Il avait ensuite appelé la femme, une certaine Annie McDee, à deux reprises depuis Berlin. Il tenterait de nouveau sa chance après avoir atterri.

Tandis que l'avion survolait Paris, Trichcombe se demanda dans quelle publication il divulguerait l'infamie de Memling et de sa famille. Le magazine *Burlington*, ou *Apollo* peut-être ? Mais l'influence des Winkleman s'étendait très loin, parfois jusqu'en des endroits inattendus, et ces revues d'art leur appartenaient probablement en partie. Peut-être valait-il mieux s'adresser à un quotidien – sauf que les journalistes voudraient revoir son texte et insisteraient pour vérifier ses informations. Lorsque l'avion passa au-dessus de la Manche, la femme bubble-gum s'endormit et s'avachit contre lui. Pour la première fois de sa vie, Trichcombe sentit la tête d'une femme sur son épaule et dans son oreille son souffle à la fois sucré et âcre. Cela lui répugna tant qu'il lui enfonça son coude dans les côtes. Elle se réveilla en reniflant bruyamment. Peut-être pourrais-je aussi gagner de l'argent dans cette histoire, songea-t-il ensuite, avant de repousser cette idée. Seule comptait pour lui la vengeance – une vengeance d'autant plus douce qu'elle serait humiliante, publique et définitive.

Le bureau de Delores ressemblait à une morgue juste avant l'enterrement d'une diva adorée. Il était envahi de compositions florales et de plantes en pots toutes plus fabuleuses les unes que les autres.

— Encore vingt minutes ici et on mourra asphyxiés, dit Barty d'un ton grincheux. Chacun sait que les plantes aspirent tout ce qu'il y a de bon dans l'air.

— C'est tout l'inverse, répliqua Delores en humant un gros hortensia. Le jour, elles produisent de l'oxygène, c'est la nuit qu'elles rejettent du dioxyde de carbone.

— Comment le savez-vous ?

Elle ignora sa question.

— Combien ont coûté toutes ces compositions, à votre avis ?

— Probablement plus que le dîner.

— Vous croyez que je pourrais les renvoyer aux fleuristes et obtenir un remboursement ?

— Quelqu'un l'apprendra forcément.

— Qui a dépensé le plus ?

— Quelle importance, ma chère ? Revenons à notre musée.

Barty esquissait à l'aquarelle un grand salon aux murs tapissés de damas et au parquet marqueté.

— Je dirai au décorateur de ne pas lésiner sur les dorures, médita-t-il à voix haute. Il en faut sur les plafonds, les cantonnières, les corniches, l'encadrement des portes – partout.

— Ah, non ! Votre décor va écraser mes tableaux.

— Vous n'en avez encore aucun. Pour le moment, nous n'avons que vous à pendre au plafond.

— Ce n'est pas si facile de trouver des chefs-d'œuvre. Ils ont presque tous été accaparés par les musées.

— On ne peut pas faire miroiter un joli chèque signé par Vlad à deux ou trois conservateurs ? Des milliers d'œuvres moisissent dans les réserves de la plupart des musées. Avoir quelques toiles en moins ne les traumatiserait pas, si ?

— Ça ne marche pas tout à fait comme ça. Pas dans ce pays, en tout cas.

— Alors, allons faire du shopping en Europe – ces pauvres choux sont si fauchés qu'ils vendraient leurs grand-mères.

— Je me demande si c'est aussi en raison de ce manque que Rebecca tient tellement à mettre la main sur le Watteau.

— Quel Watteau ? s'enquit Barty.

— Un héritage familial qui s'est volatilisé. Elle veut à tout prix le récupérer.

— « À tout prix » ? J'aime ces mots-là.

Delores hocha la tête. Quand Rebecca l'avait appelée à 7 heures ce matin-là, elle avait supposé que la galeriste souhaitait s'excuser de ne pas être venue la veille. Elle ne s'attendait pas du tout à un monologue décousu sur un tableau disparu.

Rebecca lui avait expliqué qu'il avait été volé à son père, mais qu'ils ne pouvaient pas faire appel à la police ni rendre l'affaire publique au cas où les voleurs prendraient peur et le détruiraient. Ce Watteau était apparemment le dernier lien de Memling avec sa famille, ce qui lui conférait une valeur sentimentale difficile à quantifier.

Rebecca le lui avait décrit en détail. C'était une huile d'environ 45 × 60 cm qui représentait une fille qui dansait, son amant étendu à ses pieds et un clown à l'arrière-plan qui les observait. *L'Improbabilité de l'amour* était l'une des premières œuvres de Watteau, peut-être même sa première œuvre majeure, et certainement celle qui avait lancé à la fois sa carrière et le mouvement rococo.

En écoutant la galeriste, Delores avait senti sa respiration s'accélérer et la sueur lui picoter la nuque et les aisselles. Pouvait-il s'agir du tableau qu'elle avait décrété faux ?

« Vous êtes toujours là ? s'était agacée Rebecca au téléphone.

— Oui, oui. Je réfléchissais juste.

— Avez-vous entendu parler de ce Watteau ? Quelqu'un l'a-t-il mentionné devant vous ?

— Non, avait répondu Delores un peu trop rapidement – personne ne devait savoir qu'elle, l'une des plus grandes spécialistes vivantes de l'art français du XVIIIe siècle, avait eu cette toile entre les mains. Mais je vous préviendrai évidemment tout de suite si jamais j'apprends quoi que ce soit. »

Delores répéta les propos de Rebecca à Barty, sans mentionner la visite d'Annie.

— Pensez-vous par hasard à la même chose que moi ? s'écria-t-il.

— Oh, oui ! dit-elle en battant des mains.

— Nous avons trouvé le joyau de notre musée. Nous n'aurons plus qu'à baptiser celui-ci « le Musée de l'amour ».

— C'est répugnant de romantisme.

— Et si jamais les Winkleman refusent de vendre ?

— Tout a un prix.

— Ils pourraient faire une exception pour ce tableau, non ?

— Ce sont des marchands. Vendre est leur *raison d'être**.

— Vous pensez pouvoir conclure un marché avec eux ? s'enthousiasma Barty en se levant d'un bond.

— Je dois d'abord retrouver le Watteau.

À ces mots, il se rassit lourdement.

— Comment espérez-vous y arriver si eux-mêmes en sont incapables ? Ils emploient des informateurs partout dans le monde.

— J'ai une piste, déclara Delores d'un air mystérieux.

Mais elle n'en dit pas plus. Il n'était pas question pour elle d'admettre sa bévue.

Assise au bord de son lit d'hôtel, Rebecca appuya ses mains sur le matelas et posa fermement ses pieds à plat sur le sol pour tenter de stopper les tremblements qui agitaient ses membres. Trop tard, trop tard, trop tard, lui répétaient des voix moqueuses dans sa tête. Trop tard, trop tard, trop tard. Pourquoi n'avait-elle pas pris la photo trois semaines plus tôt, lorsqu'elle avait rencontré Danica ? Cela aurait été si simple. Cette fois, elle n'avait pas hésité. Dès l'instant où la vieille dame avait eu le dos tourné, elle avait détaché le cliché de son support en le découpant avec une lame de rasoir, rangé l'album sur son étagère, puis quitté l'appartement peu après en prétextant une urgence. Une fois dehors, elle avait déchiré la photo en tout petits morceaux qu'elle avait jetés au vent dans une rue très passante, au milieu du flot des voitures et des bus.

Mais tout ça ne servait à rien. Si la vieille dame n'avait pas réussi à se rappeler le nom de son visiteur, elle l'avait très bien décrit : grand, le teint pâle, très élégamment vêtu d'un costume en tweed trois pièces avec une cravate en soie assez baroque maintenue en place par une épingle en or en forme de clairon. Ses cheveux gris et mi-longs étaient brossés avec soin, ses ongles parfaitement polis, et son étui à lunettes en peau de crocodile rangé dans une poche intérieure de sa veste.

— C'est tout de même bizarre, avait-elle dit. Je n'avais eu aucun visiteur depuis le passage de votre frère, et voilà qu'en l'espace de quelques heures, je vous vois pour la deuxième fois, juste après ce monsieur. Et vous vous intéressez tous à mes vieilles photos. Ce ne sont que de simples images, pourtant.

Puis, remarquant sa pâleur, Danica avait proposé de lui préparer un thé. Elle trouvait si gentil de sa part de lui avoir apporté des fleurs et des chocolats.

Memling avait été stupide de détruire la carrière de Trichcombe et d'entraver ses efforts pour se faire accepter dans le monde universitaire. Rebecca n'oubliait pas cette vieille maxime : « Il faut garder ses amis près de soi, et ses ennemis plus près encore. » Son père aurait dû continuer à employer l'historien et lui accorder des commissions au compte-gouttes. Elle n'avait jamais su quel crime au juste Trichcombe était censé avoir commis, mais elle ne se posait plus la question. À coup sûr, il avait découvert par hasard une partie du passé de Memling.

Elle se leva et alla contempler la rue en contrebas de sa fenêtre. Situé à l'intersection des deux anciennes parties de la ville, son hôtel dominait le mémorial de l'Holocauste, un ensemble de stèles grises monumentales de hauteur variable qui dessinaient un labyrinthe de passages étroits. Quelques semaines plus tôt seulement, elle se sentait fière d'être juive, fière d'être issue d'une famille de survivants, fière de compter parmi ceux qui s'en étaient sortis. Mais qu'était-elle à présent ? À la vue du mémorial sous ses yeux, elle s'imagina se perdre dans ces longues allées tandis que les stèles se refermaient sur elle.

Elle tira le rideau et se jeta à plat ventre sur son lit en s'attendant à être submergée par une crise de panique. Mais alors qu'elle gisait là, le visage enfoui dans l'édredon, quelque chose d'inhabituel se produisit. Au lieu de battre plus vite, son cœur se calma. Au lieu de l'emporter dans un tourbillon d'émotions confuses, ses pensées s'éclaircirent, jusqu'à ce qu'elle n'eût plus qu'une seule idée en tête. Pourquoi renonçait-elle si facilement ? Qu'avait-elle fait de son courage, de sa détermination ? Pourquoi se soumettre et laisser le destin et les autres la traiter comme une vieille carcasse ?

Elle retourna près de la fenêtre et observa les gens qui allaient et venaient au-dehors. Elle se représenta son père quelque soixante-dix ans plus tôt. Il aurait pu lever les mains et se rendre aux Alliés. En tant que jeune officier SS responsable du vol de nombreuses œuvres d'art appartenant à des juifs, il aurait certainement été jugé coupable. Mais il avait décidé de prendre la vie à bras-le-corps, de se forger un avenir, si malhonnête soit-il, plutôt que d'affronter un procès et la honte qui l'aurait accompagné. Elle-même aurait-elle eu le cran de mentir ainsi à vingt ans ? Et que pouvait-elle faire désormais pour sauver sa famille de la disgrâce ? Quelles étaient ses solutions ?

Elle se mit à réfléchir posément. Quoi que son père ait fait, elle l'aimait et ne pouvait concevoir ni tolérer qu'il soit humilié publiquement. L'idée de le voir en photo dans tous les journaux, les mains menottées, la tête courbée, était bien pire encore que la perspective de garder ce terrible secret. C'était un monstre, mais c'était son monstre à elle. Il était indissociable de son passé, de son présent et de son avenir, et quand bien même elle révélerait ses actes au grand jour, cela ne les effacerait jamais. Memling faisait partie de son ADN. Et, que cela lui plaise ou non, elle avait profité des fruits de son mensonge.

Elle songea ensuite à Marty et, à cet instant-là, elle eut la certitude qu'il avait estimé plus facile de se suicider que d'affronter la ruine qui les menaçait. Pour la première fois, elle lui en voulut. Si au moins il avait détruit son carnet de notes, elle n'aurait jamais découvert tout ça et n'aurait pas eu à affronter cette situation toute seule.

Elle cessa de trembler, soudain emplie d'une force et d'une résolution nouvelles. Seuls un historien de l'art et un petit tableau se dressaient sur sa route. En les faisant disparaître tous les deux, le statu quo demeurerait. Elle ignorait encore ce qu'elle entendait au juste par « les faire disparaître » et jusqu'où elle était prête à aller afin de protéger sa famille, mais à sa grande surprise, l'idée même de tuer ne la révoltait pas. Elle n'avait pas besoin de se salir les mains – il y avait des gens pour accomplir ce genre de choses. Elle regarda sa montre. 10 h 15. En se dépêchant, elle pourrait attraper le prochain avion pour Londres. Elle rangea ses affaires dans son nécessaire de voyage, quitta sa chambre et dévala les escaliers jusqu'au hall d'entrée de l'hôtel. Un taxi attendait devant la porte principale. Elle poussa deux clients en leur adressant une grimace désolée et s'engouffra dans le véhicule.

— À l'aéroport de Tegel, s'il vous plaît, dit-elle au chauffeur.

Au cours des mois suivants, Rebecca repenserait souvent à cet instant où elle avait franchi une ligne invisible et choisi d'aider son père à éradiquer son passé en même temps que ses années de duperie et de malversations commerciales. Elle ne se sentait ni coupable, ni pétrie de remords, mais juste lucide et déterminée.

Elle appela Memling et lui demanda de but en banc de la retrouver à 16 heures près des fontaines de Hyde Park. Puis elle s'adossa à la banquette du taxi, souriant en pensant à la surprise qu'il avait manifestée au téléphone. Il n'avait pas l'habitude que sa fille lui donne des ordres. À partir de maintenant, c'était elle qui contrôlait la situation.

30

Rebecca arriva dans les jardins à l'italienne avec vingt minutes d'avance et fit lentement le tour des fontaines où, enfant, elle venait avec sa mère. Pearl Winkleman, une juive de Vérone, avait adoré ce coin improbable de Hyde Park qui lui rappelait sa maison, Rome et la villa d'Este – tous ces lieux de son passé. Elle s'asseyait dans la petite station de pompage et regardait ses enfants attraper des poissons imaginaires avec des cannes à pêche faites d'un bâton et d'un simple bout de fil. Quand ils en avaient assez de ce jeu, elle les envoyait chercher différents animaux sculptés en marbre et en pierre de Portland sur les fontaines et les urnes. Dans l'espoir d'obtenir des louanges – ce qui n'était pas chose facile dans la famille Winkleman –, ils faisaient toujours semblant de trouver pour la première fois telle tête de bélier, tel dauphin ou tel cygne. Sa mère savait-elle à l'époque qui était vraiment son mari ? se demanda Rebecca. Avait-elle soupçonné quoi que ce soit ?

La relation qu'elle-même entretenait avec son père avait changé en l'espace d'un simple coup de fil. Elle ne posait plus du tout le même regard sur lui. Quelques jours plus tôt, elle l'aurait décrit comme un homme grand, âgé mais en forme, souvent vêtu d'un manteau en cachemire bleu marine, d'un foulard en soie blanc et de chaussures parfaitement cirées, avec à la main une canne à pommeau d'argent. Avant de le voir, elle aurait automatiquement vérifié son maquillage dans un miroir de poche et aurait lissé ses cheveux en craignant que la moindre petite imperfection contrarie ce père si exigeant. Et jamais elle n'aurait osé le convoquer de la sorte – encore moins dans un lieu que sa mère avait tant chéri.

L'homme qui s'avançait vers elle d'un pas résolu avait toujours une mise impeccable. Avec sa masse de cheveux blancs et le grand husky qui trottait à côté de lui, il était reconnaissable entre mille. Seulement, ce serait lui désormais qui aurait besoin d'elle. L'équilibre des forces avait été inversé. Elle détenait la clé de leur avenir et de la trace qu'il laisserait dans l'histoire. Sans sa complicité, tout ce qu'il avait bâti sa vie durant s'écroulerait. Memling avait consacré soixante-dix de ses quatre-vingt-onze années d'existence à travailler pour arracher les siens à la pauvreté et faire d'eux des acteurs sur la scène internationale. Il ne voudrait certainement pas voir sa réputation et son entreprise balayés par une vague d'opprobre et de scandales.

Il n'était plus qu'à une centaine de mètres d'elle. Je peux encore changer d'avis, songea Rebecca. Je peux encore laisser ma vie redevenir ce qu'elle était, me défausser de toute responsabilité et m'en remettre à mon père. Mais cette idée ne lui apporta qu'un soulagement éphémère. Il était trop tard : le château de cartes sur lequel reposait l'autorité de Memling s'était effondré.

— Ma fille, dit-il en lui souriant. Ton appel m'a inquiété. Il s'est passé quelque chose ?

Rebecca lui retourna d'instinct son sourire. On lui avait inculqué les règles de politesse pendant tant d'années qu'elle était incapable de réprimer ce réflexe.

— Si on s'asseyait ? proposa-t-elle en se baissant pour tapoter la tête du chien.

Tiziano réagit avec majesté en clignant lentement des yeux.

— Pourquoi ici ? Il y a tant d'autres endroits plus agréables.

Sans répondre, elle monta les marches menant à la petite station de pompage. La bâtisse puait l'urine et la bière rance, mais une légère brise chassait en partie ces mauvaises odeurs. Dans un coin, un clochard gisait, emmitouflé dans un pardessus, à moitié protégé par un carton. Elle s'installa sur un banc, le plus loin possible de lui afin de ne pas risquer d'être entendue. Memling essuya soigneusement sa place avant de s'asseoir à côté d'elle.

— Je sais tout, déclara-t-elle. Tu t'appelles Heinrich Fuchs et tu n'as pas une goutte de sang juif. Tu n'es qu'un petit voleur minable.

Elle s'était exprimée doucement, clairement, sans avoir envie de pleurer ou de crier – ce qui la surprit.

Memling ne répondit pas immédiatement, mais

lorsqu'il le fit, sa voix était tout aussi mesurée et nette que la sienne.

— Ce sont des paroles bien dures de la part de ma petite princesse. Des paroles dures, et également amères et naïves. Un père dévoué ne mérite-t-il rien de mieux ?

— Je suis allée au 14 Schwedenstrasse à Berlin, et j'ai rencontré ta voisine et amie d'enfance, Danica Goldberg. Elle m'a montré des photos de toi lorsque tu étais encore un joli petit Aryen blond au milieu d'une famille du nom de Winkleman. À quel moment as-tu décidé de voler leur identité, leur passé, leurs biens et leur vie ? Les as-tu tués toi-même ou as-tu laissé cette tâche au commandant de leur camp de concentration ?

Les mots se bousculaient dans la bouche de Rebecca, et elle eut la très étrange sensation de voir chaque syllabe flotter dans l'air vers son père.

Memling resta assis en silence, le regard perdu au loin.

— J'ai étudié les grands livres rangés dans la chambre forte, continua-t-elle. Tu as été très minutieux - trop, peut-être. Ce doit être ton entraînement nazi qui t'a donné l'habitude de prendre des notes claires, concises et exhaustives sur tout.

Elle jeta un coup d'œil à son père. Il avait beau s'efforcer d'afficher un masque impassible, les jointures de sa main droite étaient toutes blanches tant il serrait le poing.

— Chaque tableau acheté et vendu par la galerie a été consigné dans les registres, mais les premiers semblent être apparus comme par magie, à croire qu'ils sont tombés du ciel entre tes mains. À ceci près que tu n'avais rien d'un magicien à l'époque, n'est-ce pas ? Et tu n'étais pas très doué non plus pour réaliser de bonnes affaires ou repérer des chefs-d'œuvre. Tu n'étais qu'une couverture, un pion chargé de voler des biens au profit de quelqu'un d'autre. Pour qui travaillais-tu ? Ton vieux collègue, Karl Haberstock ? Pour des nazis qui ont été emprisonnés après la guerre mais qui souhaitaient que quelqu'un à l'extérieur poursuive leur belle mission ? Ou pour ceux qui ont filé se terrer en Bavière ou en Amérique du Sud ?

Rebecca avait légèrement haussé le ton. Elle se reprit et s'efforça de parler plus bas.

— À moins que tu n'aies été plus intelligent ? As-tu volé ces tableaux à tes maîtres pendant la guerre ? As-tu détourné de temps à autre un Titien, un Watteau et un Guardi en sachant qu'un jour le conflit se terminerait et que les morts ne pourraient pas réclamer ce qui leur appartenait de droit ?

Une longue minute s'écoula durant laquelle Memling s'obstina à garder le silence. Puis il s'éclaircit la voix.

— J'avais l'intention de parler à quelqu'un de tout ça. À ta mère, ton frère ou toi. Je n'ai créé cette entreprise que pour notre famille. Je voulais qu'aucun de vous n'ait un tel fardeau à porter.

— Tes agissements ont commencé bien avant notre naissance, bien avant ta rencontre avec maman, même. N'espère pas m'avoir avec une telle excuse.

— Il y a tant de choses que tu ignores, rétorqua-t-il avec colère.

— J'ai toute la journée devant moi.

— Je préférerais qu'on ait cette conversation ailleurs. Tu pourrais au moins avoir la décence de laisser à un vieil homme la possibilité de mettre de l'ordre dans ses pensées.

— Le temps où tu m'imposais tes conditions est terminé. Ce moment et ce lieu en valent bien d'autres.

Memling s'agita légèrement, comme sur le point de se lever, puis se ravisa. Sentant l'embarras de son maître, Tiziano appuya la tête sur son genou et fut récompensé d'une douce caresse.

— Mon père, son propre père et leurs ancêtres sur plusieurs générations étaient des soldats qui avaient toujours fait partie du camp des vainqueurs. Ils servaient les rois de Prusse depuis 1701 et avaient combattu dans les plus grandes armées que l'on ait connues. Ils n'ont jamais possédé de maisons ni de biens matériels. Leur famille et eux menaient la vie des soldats, passant d'une campagne militaire à une autre et d'une caserne à une autre. La solde n'était pas spectaculaire, mais la fierté que leur procuraient leurs exploits sur le champ de bataille compensait tout le reste. Être capitaine de l'armée prussienne vous valait respect et prestige. Dans leur société, ils occupaient un rang plus élevé que n'importe quel marchand ou homme d'affaires. Ils avaient leur place à la table des princes et des aristocrates.

— Je ne t'ai pas fait venir ici pour écouter une leçon d'histoire.

— Un jour, tu regretteras de ne pas m'avoir posé ces questions. L'ignorance est une malédiction qui frappera bientôt les jeunes et quiconque aura oublié d'interroger ses aînés.

— Tu as dit ça à Marty aussi ?

Memling cilla.

— J'y viendrai plus tard. Laisse-moi raconter ces événements d'une façon qui fait sens à mes yeux. Tu peux bien m'accorder ça, non ?

Elle acquiesça.

— Quand la Première Guerre mondiale a éclaté, ma famille s'est réjouie. Le précédent conflit remontait à des années et mon père s'ennuyait dans le civil. Il avait rencontré et épousé ma mère en 1913, et tous deux essayaient à l'époque d'avoir un enfant, mais elle m'a expliqué que dès l'automne 1914, il n'a plus rien fait d'autre que polir ses éperons, son casque et son épée. Un autre homme était entré chez eux, et elle n'était pas sûre d'aimer le nouveau visage de son mari. Bien évidemment, cette guerre a été une catastrophe pour les fiers soldats allemands, et le traité de Versailles a achevé de les humilier. Après avoir eu le pied arraché par une mine, mon père a été renvoyé, réformé. Ceux qui avaient acclamé autrefois sa bravoure et ses prouesses le tenaient désormais pour responsable de la chute de l'ancien régime. Son épée, son casque, son uniforme et ses médailles sont devenus des symboles de honte.

Memling ne quittait pas des yeux son chien, dont il grattait le cou lentement et doucement. Rebecca avait vu jusqu'alors dans ce grand husky blanc une sorte d'incarnation du pouvoir détenu par son père, mais elle se rendait compte à présent qu'il n'était pour lui qu'une présence rassurante.

— Le pays n'a cessé ensuite de s'enfoncer dans la crise, reprit-il. Les entreprises fermaient, l'inflation et le chômage explosaient. Tout ce que possédaient mes parents, même la petite pension de mon père, s'est réduit comme peau de chagrin. Ils ont connu le même sort que beaucoup d'autres Allemands et se sont retrouvés ruinés, sans ressources. Le seul boulot que mon père a réussi à décrocher était une place de concierge dans un immeuble habité par des juifs. Il faut que tu comprennes qu'il n'y avait pas de fin plus ignominieuse et plus humiliante pour un soldat.

— Quel rapport avec toi, avec nous ?

— Écoute-moi et tu apprendras peut-être quelque chose.

— Je n'ai pas besoin de t'écouter. Tu connais peut-être le passé de ta famille, mais c'est moi qui ai notre avenir entre mes mains, alors sois plus aimable ou je m'en vais. Réponds à mes questions.

Memling hocha la tête. Il paraissait soudain plus petit, et ses yeux semblaient larmoyer – était-ce dû à l'âge ou pleurait-il ?

— Je suis désolé. Je voulais t'expliquer ce qui s'est produit, pas pour que tu me pardonnes, mais pour que tu saisisses peut-être un peu mieux le contexte. Je peux continuer ?

Elle haussa les épaules.

— À ma naissance, en 1924, mon père a fait de moi son bouc émissaire, celui à qui il faisait payer toutes ses déceptions et toutes ses ambitions avortées. Je marchais à peine qu'il m'obligeait déjà à aller et venir au pas dans notre petit appartement. Et dès que j'ai su reconnaître les formes et les couleurs, nous avons étudié les plans de bataille des guerres précédentes. Mon amour de la précision et du détail vient d'une Allemagne antérieure à cette époque. Soir après soir, ses amis et lui se réunissaient pour parler de leur rêve de voir le pays retrouver sa gloire d'antan. Si Hitler n'avait pas surgi, ils auraient peut-être crevé sous le poids de leur fierté perdue. Le Führer s'est servi de leur amertume comme un jockey chevauche un crack. Il a redonné un espoir et une raison de vivre à ces hommes.

— Je refuse d'endurer une apologie d'Hitler, déclara calmement Rebecca.

Memling l'ignora.

— Mon enfance a été stricte et sinistre. J'étais puni si mon lit n'était pas fait correctement. Au moindre retard, on me mettait dehors, quel que soit le temps. Un comportement perçu comme impoli me valait aussitôt une bonne correction. Parfois aussi, me priver de repas était un moyen pour mon père de cacher qu'il n'avait pas de quoi nous payer à manger.

— Ta mère ne disait rien ?

— Elle avait si peur de lui qu'elle acceptait tout ce qu'il lui ordonnait. Même si ça supposait de me tenir pendant qu'il me frappait. Elle aurait pu faire des ménages pour les familles juives de l'immeuble, mais il ne voulait pas en entendre parler. L'antisémitisme est aussi vieux que les juifs eux-mêmes. Hitler ne l'a pas inventé.

À cet instant, Memling se tourna vers Rebecca.

— Peut-on marcher un peu ? Mes jambes s'engourdissent et je ne supporte pas l'odeur de cet endroit. Cela ferait du bien au chien aussi.

Elle acquiesça. Son père, qui était pourtant capable de courir sur un court de tennis, dut s'accrocher à son bras et s'appuyer sur sa canne pour se relever. Tous deux descendirent lentement les marches de la station de pompage avant de se diriger vers la Serpentine.

Un vent cinglant avait soufflé sur les cerisiers déjà en fleur, et des pétales recouvraient le sol comme un tapis de neige. Les oiseaux célébraient l'arrivée du printemps en chantant et en voletant dans les buissons. Des crocus précoces perçaient çà et là le long du sentier et autour des arbres en formant des taches jaunes sur le vert des pelouses. Un écureuil passa devant eux, poursuivi par un terrier désobéissant qui tentait de l'attraper malgré les appels de son maître. Tiziano le regarda sans broncher. Rebecca ne prêtait guère attention au paysage. Baissant les yeux, elle vit leurs trois ombres qui les précédaient sur le chemin, telles des caricatures dessinées par un soleil bas, mais la sienne paraissait forte et déterminée, au contraire de celle de son père, toute voûtée et chancelante.

— Esther Winkleman était aussi belle que gentille, se rappela Memling. Elle avait de longs cheveux bruns, des yeux presque noirs, et toujours le sourire aux lèvres. On entendait sans arrêt de la musique et des rires dans leur appartement. Quand mon père m'enfermait dehors le soir, elle venait me chercher et me faisait monter chez elle. Son mari et elle n'étaient pas riches et ils vivaient à six dans un tout petit appartement de trois pièces, si bien qu'il n'y avait pas vraiment de place pour quelqu'un d'autre, mais je me sentais le bienvenu et ils partageaient avec moi ce qu'ils avaient à manger. Esther enseignait les arts plastiques dans une école locale et me montrait souvent des livres sur la peinture en me parlant des artistes de sa douce voix un peu zézayante. Pas étonnant que l'art soit devenu ma passion. Je n'aimais pas spécialement son fils Memling, celui qui avait mon âge, mais j'ai fait en sorte qu'on soit amis tous les deux afin de pouvoir être près d'elle. Je me souviens aussi d'une petite librairie devant laquelle on passait en rentrant de l'école. Une fois par mois, on avait le droit de choisir un livre, et c'est comme ça que mon père a découvert un jour un ouvrage sur Dürer sous mon lit. Dürer... C'était un bon Allemand, mais tu n'imagines pas de quelle correction j'ai écopé.

Rebecca tapa du pied dans un caillou – elle voulait que Memling lui explique les événements survenus plus tard. Il dut sentir son agacement parce qu'il fit un bond dans le temps.

— Au début, mon père a considéré qu'Hitler était un rustre, une petite frappe, mais il a changé d'avis en voyant grandir son pouvoir et en écoutant ses discours, qui jouaient sur les espoirs et les peurs de ses concitoyens. Il m'a fait intégrer les Jeunesses hitlériennes, et quand la guerre a éclaté, il a falsifié mon certificat de naissance afin que je puisse m'enrôler plus tôt que prévu. J'étais grand pour mon âge, et fort aussi grâce à la nourriture des Winkleman. J'avais seulement quinze ans quand j'ai été appelé sous les drapeaux. Une fois de plus, Esther Winkleman m'a sauvé la vie : l'un des rêves du Führer était de construire à Linz un grand musée qui aurait abrité les plus grands chefs-d'œuvre du monde. Le problème était que la plupart de ses soldats ne différenciaient pas un Vermeer d'un Van Gogh, et le bruit s'est bientôt répandu qu'Hitler recherchait des experts. Je savais peu de choses, mais c'était déjà beaucoup plus que les autres, et j'ai été choisi pour faire partie de la prestigieuse brigade ERR. Elle disposait de pouvoirs incroyables, comme celui de stopper des bataillons, d'ordonner à des généraux de quitter certains sites ou de fermer des ponts.

Ils atteignirent un petit terrain de jeu près de la Serpentine. Au milieu se dressait une statue de Peter Pan représentant ce dernier en haut d'un arbre, où, sous le regard réprobateur de Wendy, il invitait les enfants qui rampaient sur le tronc à le suivre. Cela rappela à Rebecca la perte de son innocence quelques jours plus tôt à Berlin. Combien de temps arriverait-elle à protéger sa fille ?

— Qu'est-il arrivé aux Winkleman ?

— Pendant les premières années de la guerre, j'ai réussi à leur faire parvenir des colis alimentaires et d'autres produits de première nécessité. Crois-moi, je voulais désespérément les aider à s'enfuir. Le Watteau était leur seul atout, et quand j'en ai montré une reproduction à Hitler, sans lui dire où il se trouvait ni à qui il appartenait, il s'est dit prêt à le payer un million de marks. J'ai supplié les Winkleman de le vendre et de s'acheter un sauf-conduit pour quitter Berlin et démarrer une nouvelle vie en Angleterre ou en Amérique. Ils ont refusé. En 1943, j'ai appris par ma mère que tout était fermé chez eux et qu'ils étaient partis en vacances chez des amis. Sur le moment, j'ai été vexé qu'ils n'aient pas laissé une adresse où les joindre. Mais j'ai vite découvert la vérité : ils avaient été déportés à Auschwitz-Birkenau.

— À quel moment as-tu décidé de les voler ? l'interrogea Rebecca en essayant de garder un ton neutre.

— Mon intention au début était de mettre leurs affaires à l'abri – et aussi celles de toutes les familles de notre immeuble. J'espérais ainsi qu'à leur retour, les gens les retrouveraient dans l'état où ils les avaient laissées. J'ai opéré de nuit lors de mes quelques permissions en m'introduisant dans les appartements pour décrocher les tableaux, les envelopper et les cacher dans une cave.

— Personne n'a rien remarqué ?

— Il se passait beaucoup de choses à l'époque.

— Et le Watteau ?

— Hitler nous mettait de plus en plus la pression pour qu'on lui trouve des œuvres de qualité.

— Tu le lui as donc livré ?

— Depuis que je lui en avais parlé, il me harcelait pour que je lui trouve ce tableau. J'ai fini par le lui apporter en 1944. Il l'a examiné, puis m'a ordonné de le cacher dans un endroit sûr. Il projetait de l'offrir à Eva Braun en cadeau de mariage quand la guerre serait terminée. J'ai donc détaché la toile de son cadre, je l'ai roulée et gardée dans mon paquetage.

— Ça m'étonne que tu aies ensuite donné ce tableau à ta propre maîtresse. Le fait qu'il soit associé à Hitler ne t'a pas gêné ?

— Il y a quelque chose dans cette œuvre qui transforme celui qui la regarde. Elle capture ton esprit et ton cœur. Tu comprendras ce que je veux dire quand tu la verras.

— Je ne t'aurais jamais cru capable d'un tel sentimentalisme.

— Il y a une énorme différence entre le sentimentalisme et le romantisme.

Cette remarque la blessa, sans qu'elle sache trop pourquoi. Était-ce parce que son père avait aimé une femme qui n'était pas sa mère ? Ou parce que ce patriarche tout-puissant et toujours si maître de lui se révélait au bout du compte semblable au commun des mortels ? Elle s'éloigna de lui en réprimant ses larmes. Elle mesurait soudain à quel point elle connaissait peu l'homme qui l'avait élevée et avec qui elle travaillait tous les jours. Le tapotement d'une canne et le pas lourd de Memling résonnèrent derrière elle tandis qu'il s'efforçait de la rattraper.

— J'avais quinze ans quand la guerre a commencé et vingt et un quand elle s'est achevée. J'ai passé cinq années extraordinaires à voyager dans toute l'Europe. Ç'a été mon école, si on veut. Pour la première fois, j'avais largement de quoi manger. Je n'ai jamais eu à tuer quelqu'un et je n'ai presque jamais connu la souffrance et l'adversité. On a visité toutes les grandes demeures d'Europe jusqu'à la Normandie en vivant comme des coqs en pâte. J'ai bu du vin provenant des caves du château Lafite et dormi dans le lit du roi à Vaux-le-Vicomte. J'ai dîné sous le portrait de Côme de Médicis et couché avec l'arrière-arrière-arrière-petite-fille d'un prince Borgia. Ma seule tâche consistait à repérer de beaux objets. On travaillait avec des marchands d'art et des commissaires-priseurs, des connaisseurs et des universitaires. Partout où on allait, on était assaillis de propositions. Tout le monde cherchait à tirer profit de la guerre. Depuis soixante-dix ans que je fais ce métier, je n'ai jamais vu un marché comparable à celui-là. Plus d'un million d'œuvres ont été vendues chez Drouot à Paris entre 1939 et 1945. Je ne suis pas particulièrement doué. Contrairement à toi, je ne flaire pas un Titien à des centaines de mètres à la ronde. Je n'ai pas tes talents de détection. En revanche, j'ai le goût du détail – raison pour laquelle tu m'as percé à jour.

— C'est le Watteau qui t'a trahi. Sans lui, je n'aurais jamais mené aucune recherche.

Memling s'arrêta. Il percevait parfaitement l'ironie de la situation. Ce qui lui arrivait était-il une vengeance d'Esther par-delà la mort ? Chassant cette idée de son esprit, il reprit le fil de son récit.

— À la fin de la guerre, mes supérieurs ont été exécutés ou emprisonnés. Mon père a tué ma mère et s'est suicidé en barricadant les fenêtres et les portes de notre appartement avant d'allumer le gaz. Sans passeport, sans papiers à part ceux de l'armée, je n'avais pour moi que mon déshonneur. Je n'étais rien.

Il se tourna vers sa fille.

— Si tu me dénonces, ta famille et toi devrez aussi supporter cette honte. À cinquante ans, as-tu vraiment envie de te retrouver dans la même situation que moi à vingt-deux ?

— Peut-être que je préférerais avoir bonne conscience.

— J'y ai pensé moi aussi en 1945 quand j'ai atteint une petite ferme construite en Bavière à côté d'une mine abandonnée. Elle renfermait des centaines de tableaux, d'objets et de bijoux de valeur que ma brigade avait cachés pendant le conflit et qui étaient destinés à la collection personnelle d'Hitler. Au cours des quatre années précédentes, nous avions soigneusement détourné quelques-unes des plus belles pièces que nous avions saisies, tout ça sous les ordres du Führer qui ne voulait pas que Goering mette la main dessus. Quatre autres personnes connaissaient l'existence de cette cache. Trois d'entre elles se sont suicidées plutôt que d'affronter un procès à Nuremberg et la dernière est morte du typhus.

— Tu as donc décidé de tout garder pour toi ?

— Je n'avais aucun projet à ce moment-là, à part celui de rester vivant. Je me suis rendu dans cette ferme parce que je ne voyais pas d'autre endroit où aller. Une fois la guerre terminée, on a assisté à une foire d'empoigne insensée. Chacun des pays vainqueurs essayait de ramasser ce qui restait. Les

Russes étaient de vrais charognards : ils ont embarqué tout ce qu'ils pouvaient à Moscou. Les Américains, eux, ont envoyé une équipe de spécialistes, les Monuments Men, afin d'essayer d'endiguer cette vague de pillages, mais que pouvaient faire une centaine d'hommes environ alors que l'Europe n'était plus qu'un buffet géant où les gens se servaient à volonté ? Nous avions volé des milliers et des milliers d'œuvres d'art. Les tableaux ne valaient pas grand-chose, mais ils étaient considérés comme une monnaie d'échange internationale, et obtenir 100 dollars en échange d'un Klimt était toujours mieux que rien.

— Quand as-tu eu l'idée de prendre l'identité du fils des Winkleman ?

Memling avançait lentement sur le sentier menant vers la Serpentine Gallery. Le terrain était légèrement en pente, et ce fut avec une respiration un peu sifflante qu'il répondit à la question de sa fille.

— C'est arrivé par hasard. Trois jours après la fin de la guerre, je suis retourné dans l'appartement de mes parents et j'ai découvert leurs cadavres. J'ai ensuite couru à l'étage dans l'espoir de trouver au moins un des membres de la famille Winkleman, mais ils avaient tous disparu. Avant de partir, j'ai pris sur un coup de tête quelques livres et la carte de bibliothèque de Memling. J'ai sorti encore quelques tableaux de leur cadre, j'ai roulé les toiles et j'ai parcouru à pied tout le chemin jusqu'à la ferme en Bavière en voyageant seulement de nuit. Je me suis caché un an là-bas. Je me nourrissais de noix, de baies et de petits animaux que je piégeais. J'étais horriblement maigre, j'avais des vêtements en lambeaux et les cheveux longs et emmêlés quand une section de soldats américains est passée par là à l'automne 1946. Ils ont vu de la fumée s'élever de la cheminée et ont décidé d'inspecter le bâtiment au cas où il aurait abrité des soldats fugitifs. Ils m'ont vite attrapé. Comme je refusais de leur dire mon nom, ils ont fouillé le bâtiment en quête d'indices sur mon identité ou d'armes dissimulées, jusqu'à ce qu'un officier tombe sur la carte de bibliothèque de Memling. Ils en ont tiré leurs conclusions. Pour eux, j'étais un juif qui avait échappé aux trains de la mort et qui s'était réfugié là. J'ignore où ils ont pêché ce scénario, mais bon, les Américains ont toujours aimé les belles histoires. Après m'avoir ramené à Berlin, ils m'ont fourni des papiers et un passeport, puis m'ont proposé une nouvelle vie en Amérique. Sept semaines plus tard, j'arrivais à New York avec dans ma valise quelques bijoux, le Watteau, un petit Rembrandt et 500 dollars offerts par l'Oncle Sam.

— Et je suppose qu'ils t'ont tatoué aussi, dit Rebecca d'un ton sarcastique.

— Je me suis fait faire ça dans un salon de tatouage coréen du Lower East Side. À ce moment-là, je savais que les Winkleman avaient tous été tués. Ce numéro est celui d'Esther. Ça peut paraître difficile à croire, mais je l'ai choisi en signe de respect, pas par cynisme.

Rebecca pressa le pas en essayant de déterminer quels aspects de ce récit lui semblaient crédibles. En regardant autour d'elle, elle aperçut le pont qui enjambait la Serpentine, un lac artificiel créé au XVIIIe siècle. Elle se demanda combien de gens étaient au courant qu'Harriet Westbrook, la femme enceinte de Percy Bysshe Shelley, s'était noyée là en découvrant les infidélités de son mari. Ou que les Hanovre avaient célébré à cet endroit même l'anniversaire de la victoire des Anglais à Trafalgar – encore un conflit qui avait coûté la vie à des milliers de gens. Au rythme où allaient les choses, elle craignait que les atrocités de la dernière guerre ne soient bientôt plus qu'un souvenir flou dans l'esprit des gens ou une simple page sur Wikipedia...

— Ton histoire a l'air très plausible, mais toute ta vie n'a été qu'un long mensonge. Tu as volé l'identité de ton ami et les biens de personnes décédées. Tu as même volé leur religion et tu as élevé tes enfants en leur transmettant un héritage bidon. Tu n'es pas un homme, mais un parasite !

Une femme qui s'avançait vers eux les observa nerveusement et se hâta de s'éloigner.

— Je voulais vivre, dit simplement Memling.

— Et tu as réussi à oublier d'où venait tout ce que tu possédais ?

— Jamais. Mais au moins, je t'ai donné des chances.

— Et que fais-tu de Marty ?

— Il m'a envoyé une lettre disant qu'il avait tout découvert. Je lui ai aussitôt écrit pour lui proposer de me dénoncer à la police ou d'avaler la pastille de cyanure que je garde sur moi en toute occasion.

Memling sortit de la poche de sa veste une petite boîte en argent qu'il ouvrit pour lui montrer la pilule bleue nichée à l'intérieur sur un coussinet de velours.

— Range ça, cracha Rebecca. Ce n'est pas le moment de verser dans le mélodrame.

— Ton frère était ma fierté, ma joie, et aussi notre avenir.

Elle ne tenta pas de protester. Il disait la vérité. Même s'il l'appréciait, elle, c'était Marty qu'il avait véritablement aimé.

Des larmes lui montèrent aux yeux.

— Pauvre Marty... Il n'a pas eu la force d'assumer le rôle de juge, de choisir entre le bien et le mal, et de te livrer à la justice au risque de nous humilier tous.

— Crois-moi, j'aurais renoncé à tout ce que j'avais, je serais allé en prison, je me serais rendu aux autorités, à Simon Wiesenthal ou à n'importe qui, si cela avait permis qu'il soit encore parmi nous aujourd'hui.

— Et maman, elle était au courant ?

— Non, et elle n'a jamais rien soupçonné non plus.

— Grâce à elle, au moins, je suis juive. Je n'ai pas fréquenté des synagogues toute ma vie en n'étant en réalité que la fille d'un nazi. Qu'est-ce que ça te faisait, papa, de devoir prier, le jour du souvenir des victimes de la Shoah ?

— J'ai prié, Rebecca, mais pas pour les mêmes choses, c'est tout, répondit Memling en se baissant pour enfouir les mains dans la fourrure de son chien.

Tiziano se tourna vers lui et appuya le museau

contre son visage. Loin de le repousser, Memling le laissa lécher les replis de sa peau.

— Je me suis souvent demandé si tu n'aimais pas tes chiens plus que n'importe quel membre de ta famille, dit Rebecca.

— Cela te choquera-t-il d'apprendre que l'amour est à mes yeux une émotion surestimée ? J'aime beaucoup les chiens, de même que j'aime beaucoup mes enfants. Je sais particulièrement gré à ces animaux de leur affection simple et inconditionnelle. Tu te souviens, quand Marty et toi étiez petits et qu'on allait parfois à la National Gallery le week-end ?

— *Tous* les week-ends.

— La plupart des œuvres exposées là-bas ont été la propriété de collectionneurs menteurs et peu scrupuleux - des esclavagistes, des racketteurs et des assassins. Et pourtant, quand on regarde aujourd'hui les biens qu'ils détenaient, tous ces Rubens, ces Hogarth, ces Raphaël, ces Titien et ces Vélasquez, on ne remarque que leur beauté.

— Qu'est-ce que cela vient faire là-dedans ?

— J'essayais de vous faire prendre du recul, de vous montrer le passage du temps et de vous encourager à voir au-delà des destinées individuelles.

— L'art n'a pas le pouvoir d'effacer les péchés. Tu es vraiment obligé de sortir des arguments aussi tordus pour justifier tes actions et ta malhonnêteté ?

— Je n'ai jamais tenté de justifier quoi que ce soit, mais il y a des choses qui sont plus nobles, plus durables et plus importantes que moi-même ou ma famille.

Rebecca se dirigea vers un banc près d'un taillis. Au-dessus d'eux, une nuée de perroquets aux couleurs vives, peut-être échappés d'une collection privée, volaient et piaillaient entre les arbres en formant des taches iridescentes jaunes, vertes et rouges pour le moins incongrues au milieu des teintes vert tendre et bleues de ce parc tout britannique. Memling s'assit lourdement et s'essuya le visage avec un mouchoir.

— Que vas-tu faire ? demanda-t-il d'une voix éraillée par l'émotion. Promets-moi que tu n'attenteras pas à ta vie. Je ferais n'importe quoi pour l'empêcher, y compris me rendre au poste de police le plus proche. Fixe tes conditions.

Elle baissa les yeux. Leurs ombres sur le sol avaient disparu, signe que le soleil se couchait. Elle regarda les deux solitaires à ses doigts – l'un offert par Carlo pour leurs fiançailles, et l'autre par son père à la naissance de Grace. Ses mains étaient déjà légèrement ridées et une tache de vieillesse commençait à se former sur son poignet gauche. Elle s'efforça d'imaginer une vie sans son père, sans sa fille ni son mari, une vie dans laquelle elle serait excommuniée de son milieu, le monde de l'art. Elle songea à Marty et à la décision qu'il avait prise. Et, pour finir, elle reporta son attention sur ses bagues, synonymes d'amour et de responsabilité.

— Nous avons du pain sur la planche, déclara-t-elle en levant les yeux vers son père, qui l'observait avec un mélange de lassitude et d'anxiété.

Les épaules de Memling s'affaissèrent en même temps qu'il poussait un long soupir.

— Le plus important est que Grace hérite d'un nom et d'une fortune respectables et que personne après toi n'aies à assumer ta honte et ta culpabilité, déclara Rebecca. C'est ton sale petit secret, pas le nôtre.

Il tenta de réprimer un sourire soulagé.

— Tu rédigeras des aveux complets, afin que si un jour la vérité éclate, il soit bien clair que je n'ai jamais été au courant de tout ça, continua-t-elle.

Son père hocha la tête.

— Autre chose encore : Trichcombe Abufel détient une copie de la photo de Danica Goldberg montrant le Watteau.

— Trichcombe ?

— Ça fait des années qu'il veut te coincer.

— Mais il a toujours échoué !

— Peu importe, il faut que tu détruises toutes ses notes et toutes les preuves qu'il peut avoir accumulées contre nous. Au pire, tu devras le liquider.

— Le liquider ? répéta Memling, horrifié.

— Arrête, papa, je sais que tu as fait brûler vif ce pauvre brocanteur dans sa boutique en essayant de récupérer le Watteau. Ne prétends pas le contraire.

— Ça, c'était une erreur. J'avais simplement demandé à Ellis de lui faire peur.

— Mon chauffeur est ton homme de main ? s'étrangla Rebecca.

— C'est un ancien policier.

— Vous n'êtes que deux incompétents !

Memling courba le dos.

— Je t'ai sous-estimée, reconnut-il.

— Tu sous-estimes tout le monde.

Il posa sur elle un regard triste, comme s'il mesurait seulement à cet instant quelle erreur il avait commise en la prenant pour une femme sans importance.

— Tu dois retrouver ce tableau et t'en débarrasser. Et j'entends par là qu'il faut le détruire, pas simplement le cacher.

Memling acquiesça en grimaçant.

— J'ai été victime de ma propre sensiblerie, soupira-t-il.

— Ta sensiblerie ? Dis plutôt ta trop grande estime de toi, ta stupidité flagrante, ta cupidité et ta faiblesse !

— Je suis un idiot, oui.

Tous deux restèrent un moment silencieux.

— Il n'y a pas un seul musée, un seul conservateur, marchand ou expert qui ne nous soit pas redevable de quelque chose, dit Rebecca. J'ai déjà passé toute une série d'appels, maintenant c'est à ton tour. Relance-les. Dis-leur de se bouger s'ils ne veulent pas qu'on leur coupe les vivres. Et renseigne-toi sur chacun d'eux – leurs liaisons, leurs dettes de jeu, tous les pans troubles de leur vie. On ne sait jamais, tu en auras peut-être besoin.

Memling acquiesça de nouveau.

— On a bien une piste, mais il faut espérer qu'il s'agit juste d'une coïncidence. Notre chef cuisinier par intérim, Annie McDee, a été filmée sortant de chez Bernoff, et plus tard roulant à vélo avec un paquet dont les dimensions correspondent à celles du tableau.

— Elle travaille toujours pour nous ?

— Oui. Il est préférable de l'avoir à l'œil. Si elle a des complices, elle pourra nous servir d'otage ou de monnaie d'échange.

— A-t-elle accès à nos ordinateurs et à nos archives ?

— À nos archives, non. Pour le reste, j'ai consulté l'historique de ses recherches sur Internet, ainsi que tous ses messages, mais ça n'a rien donné.

— Il doit pourtant bien y avoir quelque chose, non ?

— Cette femme est obsédée par la nourriture et par ses recettes. J'ai même essayé d'en décoder quelques-unes, au cas où elles auraient contenu des messages cryptés.

— Je vais envoyer quelqu'un chez elle.

— C'est déjà fait. Il est temps de passer à la vitesse supérieure avec elle.

Le père et la fille demeurèrent assis côte à côte quelques minutes de plus, tous deux perdus dans leurs pensées. Puis Rebecca regarda l'heure et se leva.

— Que vas-tu faire ? demanda Memling.

— Diriger l'entreprise, comme d'habitude, et sauver les apparences.

— Quand se revoit-on ?

— À 9 heures d'ici quatre jours, dans les jardins italiens de Kensington. Je vais te réserver un billet d'avion pour Munich demain matin. Une voiture de location au nom de Brueghel t'attendra au comptoir Hertz. Tu retourneras dans ta ferme et tu mettras le feu à ta réserve.

— Tu veux que je brûle les tableaux ? Mais il y a

deux Fragonard, un Léonard de Vinci, cinq Titien, trois Monet et une quarantaine d'autres, sans compter la Chambre d'ambre du palais Catherine - le trésor le plus fabuleux qui soit.

— Quelle valeur ont-ils pour nous ? Réfléchis, bon sang. Chacune de ces œuvres est une corde passée autour de notre cou.

— Ne peut-on pas simplement les laisser là en espérant que quelqu'un les découvrira un jour ?

— Et attendre que cette personne fasse le rapprochement entre ces tableaux et toi, le jeune homme découvert par les Américains au même endroit en 1946 ? Combien de fois t'es-tu rendu là-bas ?

Memling opina tristement.

— Et si j'échoue dans ma mission ?

— Alors notre prochain rendez-vous sera devant ta tombe, répliqua Rebecca, avant de s'éloigner, raide comme un piquet.

31

Assise sur le bord du lit, Evie pleurait. Deux jours s'étaient écoulés depuis le dîner d'Annie, mais celle-ci l'évitait encore. Elle aurait tant voulu prendre part à son triomphe, pourtant. Pas s'en attribuer le mérite, mais simplement intégrer un petit souvenir positif à l'ensemble de leurs expériences communes. Au cours des quelques semaines précédentes, ses réunions avec les Alcooliques anonymes l'avaient aidée à comprendre comment, dans son enfance, Annie avait dû faire face à ses addictions et comment elle avait été la victime impuissante de ses sautes d'humeur. Lorsqu'elle rentrait de l'école, elle ne savait jamais quelle Evie l'attendait derrière la porte. Aurait-elle droit à la mère toute joyeuse qui venait juste de boire un verre, ou à celle, nerveuse et incapable de tenir en place, qui luttait contre l'envie d'en prendre un ? La femme en colère qui se repliait sur elle-même, ou l'ivrogne totalement rétamée ? Parfois même, Evie n'était pas là, et il se passait des jours, voire des semaines, avant qu'elle revienne sans fournir la moindre explication. Pas étonnant que sa fille ait appris à cuisiner : elle n'avait pas eu le choix.

Ce matin-là, le poids de cette culpabilité lui était presque insupportable. Evie ne voyait pas comment elle aurait pu se pardonner. Sans l'amour d'Annie, à quoi bon vivre ? Elle fit le bilan de ce qu'elle avait accompli. Tant de rêves brisés, de carrières avortées, de relations compliquées – le tout noyé dans l'alcool. Peut-être qu'un petit verre pourrait lui remonter le moral ? Après tout, l'alcool était son ami, son compagnon de toujours. Ils s'étaient bien amusés ensemble. Au moins avait-elle un peu vécu, elle. Qu'y avait-il de si réjouissant dans le quotidien solitaire et stérile de sa fille ? Le travail, encore et toujours le travail. Se lever aux aurores, trimer pour le compte d'autrui, rentrer chez soi et dormir. Quant à ses talents de cuisinière, ils étaient bien la preuve de la vanité de son travail, non ? Préparer des trucs que les gens mangeaient et chiaient ensuite. Qui aurait osé prétendre qu'une telle existence valait mieux que la sienne ? Qui jugeait qui à présent ?

Portée par un regain d'énergie, Evie se leva et alla se regarder dans le miroir. La vue de son reflet la fit éclater de rire – elle avait une tête à faire peur. Elle s'aspergea le visage d'eau froide. Un simple verre ne pouvait pas lui faire de mal, si ? Un verre, ça va, trois verres, bonjour les dégâts, se moqua le miroir. Elle frotta les traînées de mascara sous ses yeux, se déshabilla et passa un gant de toilette humide sous ses aisselles et entre ses jambes. Qui sait, M. Parfait pointerait peut-être le bout de son nez ce jour-là. Elle contempla ensuite son corps nu. Franchement, elle n'était pas si mal. Pas comme certaines de ces garces hautaines avec leur maison mitoyenne et leur voiture de sport d'occasion. Ces filles-là avaient peut-être un compte en banque, mais elles n'étaient pas capables d'exciter leur propre mari. Alors qu'elle pouvait exhiber fièrement ses seins, et pour peu que l'éclairage soit flatteur, on ne distinguait pas sa peau fripée. Elle avait quarante-sept ans seulement, un ventre plat et des cuisses fermes. La plupart des hommes affirmaient qu'elle faisait facilement douze ans de moins que son âge – mais bon, ils étaient prêts à dire tout et n'importe quoi au moment de conclure.

Evie se coiffa avec soin en plaquant ses cheveux en arrière et en les maintenant avec un élastique, avant de cacher ses racines les plus visibles sous une petite pince dorée. Puis elle prit les boucles d'oreilles d'Annie, chercha en vain un peu de fond de teint dans ses affaires et, à défaut, se maquilla les yeux avec application en s'efforçant de masquer ses cernes. Pour finir, elle emprunta à sa fille sa plus belle robe, ainsi qu'une paire d'escarpins noirs. Un dernier coup d'œil dans le miroir la persuada qu'elle était présentable.

Mais elle se figea soudain. Elle avait oublié un détail important – le plus important, peut-être. Elle n'avait pas une seule livre en poche. La panique l'envahit. À présent qu'elle avait décidé de boire, rien ne devait se mettre en travers de son chemin. Elle avait besoin d'argent. Elle ouvrit les tiroirs et les placards dans l'espoir de dénicher quelques billets. Rien que 10 ou 20 livres feraient l'affaire. Mais elle ne trouva rien, pas même quelques pièces. La sueur commença à perler à ses tempes et sous ses bras.

Elle s'assit à la table de la cuisine en essayant de respirer lentement. Elle envisagea un instant de téléphoner à son parrain aux Alcooliques anonymes. Peut-être que son ange gardien veillait sur elle. C'est alors qu'elle aperçut le tableau. Il avait bien un peu de valeur, non ? Ce n'était pas comme si Annie avait vraiment voulu le garder. Après tout, elle lui avait souvent répété qu'elle regrettait de l'avoir acheté. En le prenant, Evie lui rendrait service. Mais où le vendrait-elle ? Chez un prêteur sur gages ? Que ferait-il de cette vieillerie ? Elle se rappela alors un pub de l'East End où de jeunes artistes se réunissaient parfois autour d'un verre. Peut-être pourrait-elle offrir au barman de le lui laisser en guise de caution. Oui, c'était une idée géniale. Elle ne vendrait pas le tableau de sa fille, mais ferait en sorte qu'il serve à quelque chose. Aussitôt dit, aussitôt fait : elle enroula la toile dans un vieux pull, la fourra dans un sac en plastique, puis attrapa son manteau et fonça hors de l'appartement. Il était 11 heures, pile le moment où les pubs ouvraient.

Je suis trop vieux pour jouer avec des bidons d'essence et des torches, rumina Memling en aspergeant de diesel les angles de la ferme. Lui qui aurait eu autrefois la force de soulever seul des jerricans de vingt litres peinait à présent à manier de petits bidons – il avait fait trente kilomètres de détours en s'arrêtant dans différentes stations-service pour les acheter afin d'éviter d'éveiller les soupçons. Il n'avait encore jamais mis le feu à un bâtiment et ne savait pas vraiment comment s'assurer que celui-ci brûlerait complètement, mais il devait en finir avec cette corvée avant de traverser le petit verger jusqu'à la colline où se trouvait la trappe menant à la mine abandonnée – et tant pis s'il avait presque passé l'âge aussi de descendre les marches raides du bunker. Combien de fois avait-il fait ce pèlerinage depuis la guerre ? Trente, quarante ? Curieusement, des tableaux qui n'avaient presque aucune valeur dans les années 1950 étaient redevenus à la mode. Un jour, il avait failli jeter deux Renoir, persuadé que personne ne voudrait jamais de ces baigneuses dodues et mièvres, mais chacune de ces toiles valait désormais des sommes folles. Il se rappela *Le Bal du moulin de la Galette*, vendu 78,1 millions de dollars en 1990 à un magnat japonais du papier qui voulait être incinéré avec après sa mort. Par chance, son entreprise avait rencontré de sérieuses difficultés, et le Renoir avait été revendu à un collectionneur qui se faisait une idée moins grandiose des bûchers funéraires.

Memling était peu à peu tombé amoureux des œuvres cachées dans sa réserve, raison pour laquelle il comptait s'autoriser une dernière visite dans les entrailles de la petite colline. Il se rappelait l'origine de la plupart d'entre elles. Le Léger provenait d'une collection juive à Paris. Le Titien, d'une petite église près de Venise. Le Van Loo, d'un grenier à Amsterdam où des juifs avaient tenté en vain de le cacher au-dessus d'un placard. La coupe en or, probablement réalisée par Cellini, d'un château français où un baron s'en était servi pour ranger ses boutons de manchette. Il doutait qu'aucun de leurs propriétaires originaux les ait aimés autant que lui. À ses yeux, ces œuvres incarnaient la beauté, mais elles étaient aussi le symbole de son évasion, un pont magique reliant son enfance berlinoise pauvre et sans joie au luxe et au pouvoir dont il jouissait désormais, lui, l'un des plus éminents marchands d'art au monde. Il avait été un temps où son nom ne figurait que sur le registre de son école. À présent, il apparaissait gravé dans les murs et les architraves des grands musées européens, dans des salles et des extensions qu'il avait lui-même financées. Au-dessus du hall d'entrée du musée de l'Holocauste, à Brême, figurait ainsi cette inscription en gros caractères : « *Opera Memlingi Winklemani in perpetuum admiranda sunt.* » Ses actes forceraient à jamais l'admiration.

Il dut ramper dans un enchevêtrement de broussailles pour atteindre l'entrée de la mine. Ces derniers jours, le simple fait de s'agenouiller exigeait de lui un terrible effort, et tout en avançant lentement à travers les fourrés denses et épineux, il craignit de ne jamais réussir à se redresser. Puis il aperçut le monticule familier recouvert de ronces et de lierre à quelques mètres devant lui. Par chance, il avait eu la présence d'esprit de prendre ses gros gants en caoutchouc ainsi qu'un petit pied-de-biche. Il dégagea le sommet de la trappe et força le battant centimètre par centimètre jusqu'à ce qu'il puisse le soulever complètement et le caler avec son levier. Toujours à quatre pattes, il recula ensuite vers le trou. Quelques années plus tôt encore, il parvenait à se débrouiller sans aucun outil et à descendre les marches de face, mais il ne faisait plus confiance ni à ses jambes, ni à son équilibre. L'idée le traversa que tout serait beaucoup plus simple s'il s'immolait dans cette cave – autant supprimer le criminel en même temps que la preuve de ses méfaits. Sauf qu'il avait toujours rêvé d'être enterré en grande pompe. Il avait déjà préréservé la synagogue libérale, et il avait aussi en tête les salles Barry de la National Gallery, ou peut-être le Guildhall. Le Premier ministre souhaiterait sans doute prononcer un discours à cette occasion, et ce serait à coup sûr le grand rabbin qui présiderait l'office religieux.

Il descendit les trente marches avec prudence, en les comptant une à une, avant de tâtonner le long d'un rebord en briques dans le noir. Il avait envisagé un jour de tirer un câble entre la maison et la réserve, mais cela lui avait paru trop risqué. Ayant trouvé une des lampes électriques qu'il laissait là, il l'alluma et braqua son faisceau vers un étroit couloir. Ses collègues et lui avaient bien choisi leur cache. Même après les grosses averses récentes, on ne distinguait aucune trace d'humidité sur les murs. Il fit quelques pas et arriva dans la première salle. Mesurant six mètres sur six, elle était remplie de tableaux du sol au plafond, chacun rangé dans une caisse sur laquelle était mentionné le nom de l'artiste. Il s'approcha d'une rangée. Donatello, David, Degas, Daumier, Delacroix, Denis, Le Dominiquin, Van Dyck et Dürer. Dire qu'il y en avait beaucoup qu'il n'avait même pas ouvertes. Selon les estimations, plus de quarante mille œuvres d'art parmi celles volées par les nazis manquaient toujours à l'appel. Quatre-vingt-quatre ou quatre-vingt-cinq d'entre elles se trouvaient dans cette mine, et il en avait vendu soixante-cinq autres au cours de sa carrière. Il passa à la salle suivante, encore plus grande que la première, qui abritait des toiles de Maretti, Matisse, Martini, Matsys, Michel-Ange, Nattier, Oudry et le Parmesan. Juste derrière se nichait un trésor de finesse, la Chambre d'ambre, soit 46 m^2 de panneaux muraux pesant plus de six tonnes. Surnommée la huitième merveille du monde, elle avait été réalisée pour le roi de Prusse au tournant du XVIIIe siècle et offerte à Pierre le Grand à l'époque où les deux nations étaient alliées. Memling avait été l'un des officiers chargés de son transfert depuis Saint-Pétersbourg. Ses collègues et lui l'avaient emportée en silence, impressionnés et émerveillés par ce chef-d'œuvre – lequel aurait dû depuis être restitué au pays qui l'avait vu naître.

Il caressa du bout des doigts le délicat travail et braqua sa lampe sur les lambris d'ambre, qui se mirent à luire comme des braises tandis que la lumière ricochait et dansait sur l'or des fines moulures sculptées. Sauver la Chambre d'ambre du château de Königsberg avait été le plus beau geste de sa vie. En apprenant que les Britanniques menaçaient d'attaquer cette cache, il avait pris la tête d'un groupe d'hommes et s'était chargé d'évacuer avec eux les caisses renfermant les panneaux. Ils avaient travaillé d'arrache-pied durant toute une nuit, avec seulement quelques mules et une charrette branlante, avant de réquisitionner un train afin de transporter les pièces à travers l'Allemagne jusqu'en Bavière. Quand la nouvelle leur était parvenue que le château de Königsberg avait été bombardé et qu'il n'en restait presque plus rien, Memling et son équipe avaient décidé de garder le silence sur le succès de leur mission. Moins il y aurait de personnes au courant, mieux cela vaudrait. Et voilà que Rebecca lui ordonnait de détruire tout ce pour quoi il avait risqué sa peau. Si sa vie avait un tant soit peu de valeur, si elle avait eu une quelconque utilité, c'était bien parce qu'il avait contribué à préserver ces trésors pour les générations futures.

Il songea à la gentillesse d'Esther Winkleman, qui avait pris pitié d'un garçon mal-aimé alors même qu'il était le fils d'un ennemi de ses coreligionnaires et de sa famille. Elle l'avait nourri, instruit et, sans le savoir, lui avait transmis les compétences qui devaient assurer plus tard son salut et sa fortune. Bien sûr, elle n'aurait jamais pu se douter que ce serait cet enfant qu'elle sauverait, et non les siens.

Les goûts de Memling avaient évolué avec le temps. Il aimait changer la disposition des œuvres dans la mine, comme s'il s'était agi de son petit musée personnel, mettant certaines peintures au premier rang en fonction de son humeur ou des circonstances. Il lui semblait que les grands artistes avaient un pouvoir de divination et la capacité de prédire et de traduire même la plus infime des peines. On trouvait des tableaux adaptés à chaque épreuve de l'existence. Aucune émotion, si triviale ou délicate soit-elle, n'avait été jugée trop insignifiante ou trop démesurée pour être représentée. Le génie des artistes allait au-delà de la compassion ou de l'empathie, et leurs chefs-d'œuvre pouvaient aussi bien inspirer que refléter les divers élans de l'âme. Jeune homme, Memling avait ainsi rejeté en bloc le sentimentalisme et privilégié le sang et la bravoure à la beauté. Il avait adoré *Judith décapitant Holopherne*, cette étude du Caravage qu'il avait récemment vendue à Mme Appledore, car elle suggérait que la violence était acceptable, employée à des fins pragmatiques.

Après la mort de Marty, il s'était enfermé cinq jours et cinq nuits dans la mine, avec juste un peu d'eau et la ferme intention de se laisser mourir – jusqu'à ce qu'une Vierge de Duccio l'arrache à son désespoir par la seule grâce de son visage à l'expression si douce malgré ses souffrances. Renoir et del Sarto avaient également eu ses faveurs le temps de sa liaison avec Marianna, tant la tendresse qui émanait de leurs sujets féminins correspondait à son humeur. Mais aucun tableau n'avait jamais égalé son petit Watteau. Cette œuvre-là incarnait comme aucune autre les affres et l'extase de l'amour.

Détruire ces sources de joie et de consolation, ces tendres représentations de la condition humaine comme le lui demandait Rebecca, c'était priver les générations futures d'un réconfort qu'il avait non seulement apprécié, mais dont il avait aussi et surtout eu besoin.

Il comprit à cet instant qu'il n'aurait ni le courage, ni la cruauté d'obéir à sa fille. Après un dernier adieu à sa collection privée, il remonta les marches et, une fois dehors, referma la trappe, qu'il recouvrit de terre et de brindilles. Puis il se remit péniblement à quatre pattes, rampa de nouveau à travers les broussailles et redescendit la colline jusqu'au sentier.

Lorsqu'il eut regagné la ferme, il mit le feu à de vieux chiffons imbibés d'essence qu'il avait entassés au milieu de la pièce principale. Il regarda quelques instants les petites flammes lécher ces haillons et passa ensuite dans la pièce voisine, où il déversa encore un peu d'essence sur la vieille table de la cuisine, les chaises et les rideaux élimés datant d'avant la guerre. Cela ne servait à rien d'incendier une ferme abandonnée, il le savait, mais au moins pourrait-il affirmer à Rebecca qu'il avait suivi une partie de ses instructions. La police locale mènerait une enquête et conclurait certainement à un incendie causé par des vandales qui avaient investi ces lieux déserts. En consultant les registres fonciers, les agents verraient que la maison et les hectares alentour appartenaient à une entreprise domiciliée à Buenos Aires. Ils s'échineraient des heures et des heures durant à tenter de localiser le propriétaire, mais Memling avait créé une série de sociétés-écrans qui formaient une piste allant de Buenos Aires aux îles Caïmans, puis à Guernesey, aux Bermudes, et de nouveau en Amérique latine. Il serait mort depuis longtemps lorsque les autorités locales renonceraient à le trouver et réquisitionneraient le terrain pour le vendre. Il espérait que les acheteurs seraient ravis de découvrir une cache remplie de chefs-d'œuvre sous leur domaine. Son seul regret était qu'il ne pourrait pas écouter les spéculations sur la manière dont les toiles avaient atterri dans cette mine désaffectée et sur les personnes susceptibles de connaître leur existence. Comme il portait toujours des gants quand il venait là, même les experts les plus intelligents de la police scientifique ne réussiraient pas à faire le moindre rapprochement avec lui.

Il s'éloigna de la maison au volant de sa Fiat Panda en jetant de temps à autre un coup d'œil à la fumée noire qu'il voyait s'élever derrière lui dans son rétroviseur. Une fois sur la route principale, il vérifia qu'il n'y avait aucune autre voiture dans les environs, puis quitta le chemin de terre et prit la direction de l'aéroport. Dans moins de quatre heures, il serait de retour chez lui. Il espérait bien apprendre à ce moment-là que le problème du tableau disparu et celui posé par Trichcombe Abufel avaient été réglés définitivement. Il n'aurait plus alors qu'à descendre un grand verre de scotch et à aller se coucher de bonne heure.

Bien que Trichcombe n'eût pas vu son neveu Maurice depuis près de vingt ans, il lui envoyait parfois des copies de ses manuscrits à son adresse à Mold. Cela le rassurait de savoir qu'il existait un double de son travail rangé à l'abri dans un petit grenier de son pays de Galles natal. Maurice ne s'était sans doute jamais donné la peine d'ouvrir les enveloppes, mais au moins avait-il la gentillesse de lui en accuser réception par le biais d'une carte postale. Trichcombe savait que certains se moquaient de ses réflexes technophobes et qu'il aurait dû utiliser le Cloud ou un disque dur, mais il n'en avait cure.

Ce jour-là, il envoya une copie de son document à Maurice en recommandé et lui téléphona même pour le prier de guetter l'arrivée du facteur. Il tomba sur la femme de son neveu, Della (ou était-ce Delia ? il ne s'en souvenait jamais), qui lui répondit avec agacement.

— Il faudra que j'aille à la poste signer un reçu ? demanda-t-elle d'une voix essoufflée.

Elle était déjà grosse le jour de son mariage, et Trichcombe se fit la réflexion qu'elle était probablement obèse à présent. Il l'imaginait déjà longer péniblement l'allée devant sa maison, s'arrêter pour reprendre sa respiration au premier carrefour et se diriger ensuite vers le bureau de poste local, les cuisses toutes rouges, les replis humides de sa graisse traversés de filets de sueur et les pieds échauffés au niveau de ses durillons.

— En temps normal, jamais je ne vous demanderais un service aussi incommensurable, chère Della, dit-il d'une voix suave.

— Delia, le corrigea-t-elle.

— Delia, oui. Ce document est le plus important que j'aie jamais écrit. Si jamais il m'arrivait quelque chose, veillez à le transmettre à la police.

Delia éclata presque de rire. Qu'est-ce que la police locale pourrait bien avoir à faire des élucubrations d'un vieil historien sur un artiste mort depuis longtemps ? Elle ne mettrait certainement pas la patience des agents à l'épreuve en leur infligeant une telle lecture. L'oncle de son mari était une anomalie dans leur famille. Un universitaire. Rien que d'entendre ce mot lui donnait envie d'allumer une clope. Non mais, comment pouvait-on vivre comme ça, toujours plongé dans les livres et dans le passé ? La vie était faite pour les vivants. « On n'a droit qu'à une seule chance », disait souvent Maurice.

— Dahlia, très chère, vous êtes toujours là ? ronchonna Trichcombe.

— C'est Delia. Ne vous inquiétez pas, j'irai chercher votre colis.

Trichcombe attendit la camionnette de la poste et regarda son enveloppe disparaître dans un grand sac gris. Il ne bougea pas avant que le véhicule ait disparu à l'angle de la rue. Alors seulement, il rentra chez lui. Il avait attendu quarante-deux ans pour se venger de Memling Winkleman. Quarante-deux longues années. Enfin, au terme d'un travail de recherche acharné et méticuleux, il le tenait. Le poisson était bien ferré. Plus tard ce jour-là, il avait rendez-vous avec le rédacteur en chef d'*Apollo*. Il existait d'autres revues au tirage plus important, mais celle-là était lue par toutes les sommités du monde de l'art, et l'information serait reprise dans la presse grand public. Une fois de plus, il décida de ne pas envoyer son précieux manuscrit par Internet. Mieux valait le remettre en main propre.

On parlerait de lui aux informations, c'était presque certain. Et il écoperait à coup sûr d'un surnom éculé, du genre « le chasseur de nazis », au lieu d'être désigné comme un historien de l'art.

Il se demanda si Delia l'apprendrait elle aussi et si elle s'adresserait encore à lui sur ce ton condescendant qui le pressait d'en finir lors de leur prochain échange téléphonique. Peut-être que sa découverte ferait l'objet d'un film, ou qu'il écrirait un livre qui s'écoulerait enfin à plus d'une centaine d'exemplaires. Son dernier ouvrage, *Les Trois Crayons d'Antoine Watteau*, n'avait comptabilisé que cent vingt-quatre ventes. Quel titre lui donnerait-il ? Tout simplement *L'Improbabilité de l'amour*, peut-être. Ou bien *Une question d'attribution. De la provenance des œuvres d'art*. Ou, pourquoi pas, *Quand l'art fait Führer*... Il était tellement absorbé par ses réflexions qu'il ne remarqua pas les deux hommes qui l'attendaient près de l'entrée de son immeuble. Il inséra la clé dans la serrure, poussa la porte et sentit au même instant quelque chose le piquer durement dans le cou. En se retournant, il vit un homme petit et de forte carrure, au visage à moitié caché par le rebord de son chapeau, qui tenait une seringue à la main. Trichcombe voulut crier mais, surgie d'il ne savait où, une autre main apparut devant lui, armée d'un chiffon épais. Sa vue se brouilla, ses jambes se dérobèrent sous lui et les marches de l'escalier se précipitèrent à sa rencontre. Sa dernière pensée fut pour un tableau de Piero Della Francesca, *La Flagellation du Christ*, qu'il avait vu à Urbino lorsqu'il avait vingt et un ans.

32

Assis seul dans la petite cuisine en sous-sol de sa maison de Balham, le comte Beachendon regardait une tache d'humidité sur un mur. Il aurait juré qu'elle s'était considérablement étendue depuis la veille. Au début de l'année, elle lui avait paru petite et insignifiante, tout juste de la taille d'une pièce de 50 pence, mais elle avait grossi au fil des mois au point de ressembler à présent à un porcelet sans tête qui bondissait par-dessus une miche de pain à moitié entamée. À ce rythme-là, elle aurait bientôt l'air d'un cheval de trait sautant par-dessus un canot de sauvetage. Le comte n'avait pas les moyens de faire rechercher l'origine de cette fuite, a fortiori d'effectuer les réparations nécessaires. Il en vint à se demander qui, de la tache ou de lui, tiendrait le plus longtemps.

Quelques mois plus tôt encore, il lisait quotidiennement le *Times*, mais il avait renoncé à son abonnement en même temps qu'aux œufs bio, au bordeaux de chez Berry Brothers et au pressing, dans un effort sans fin et apparemment dérisoire de réduction des dépenses familiales. Les demoiselles Sans-le-Sou pouvaient bien faire l'économie de nouvelles paires de collants qui leur coûtaient une semaine entière d'argent de poche – à quoi bon, quand on voyait la vitesse à laquelle elles les filaient ? Quant à son fils, ce jeune boutonneux de lord Draycott, il semblait bien parti pour ne jamais rien faire de sa vie. Son héritier aurait dû naître à la fin du XVIIIe siècle, quand les Beachendon avaient de l'argent à jeter par les fenêtres et des propriétés à ne plus savoir qu'en faire.

Le comte chercha quelque chose à grignoter dans le frigo – quatre heures au moins le séparaient encore de son prochain repas. Quatre pots de crème pour le visage, un peu de fromage blanc et trois yaourts allégés l'accueillirent au milieu d'un abîme blanc et froid. Heureusement qu'il y avait les dîners d'affaires. La veille, il avait été surpris en train de se remplir les poches devant un buffet, mais il se moquait que ses collègues le croient avare, du moment qu'ils ne se doutaient pas que les quinze petits pains fourrés dans son attaché-case étaient destinés à remplir les six ventres affamés de son foyer. « L'homme qui n'arrivait pas à nourrir sa famille » – Beachendon n'imaginait pas d'épitaphe plus humiliante. Toutes ses manœuvres pour inciter un grand collectionneur à vendre ses œuvres par l'intermédiaire de Monachorum avaient échoué. Privé de la partie de son salaire indexée sur ses résultats, il ne pouvait compter que sur un fixe ridicule qui couvrait à peine ses dépenses essentielles – alors ne parlons pas des collants de ses filles.

Il mâchonna un petit pain rassis de la veille. Il

n'y avait pas de beurre, mais il trouva un vieux pot de confiture de prunes au fond d'un placard. Une grosse couche de moisissure en recouvrait la surface – de quoi rebuter toutes les dames de la maison. Puis il ouvrit le journal gratuit du soir en commençant par la rubrique nécrologique au cas où il y aurait eu quelque chose à tirer de l'un des défunts – quelques biens, peut-être une toile de Gainsborough ou, s'il avait vraiment de la chance, une superbe collection constituée avec amour durant toute une vie et promptement mise à l'encan par les héritiers. Quelle plaie que les gens vivent plus longtemps. C'était la faute de la médecine moderne. Alors qu'autrefois un duc passait l'arme à gauche à soixante ans, l'aristocrate de base avait désormais bon pied bon œil jusqu'à près de quatre-vingt-dix balais. Beachendon avait noté dans un carnet les noms de plusieurs personnes susceptibles de mourir assez vite. Dès l'annonce de leur décès, il projetait d'écrire à leurs proches une longue lettre fleurie et parfaitement hypocrite afin de s'immiscer aux funérailles et d'obtenir si possible qu'on lui confie la dispersion des biens dès que le corps aurait décemment refroidi. L'ennui était qu'un nombre effroyable de vautours tournaient autour des cimetières de nos jours. Pas plus tard que la semaine précédente, il avait assisté à l'enterrement de la veuve d'un artiste expressionniste abstrait relativement mineur, et il avait eu la surprise d'y croiser les directeurs des principaux musées nationaux britanniques et américains, trois de ses homologues commissaires-priseurs, pas moins de sept marchands d'art, ainsi qu'un certain avocat du cabinet Narrahs, Shattlecock & Beavoir, assis au premier rang avec la famille. Beachendon se promit de l'inviter à déjeuner, à bruncher et à dîner.

Le seul décès notable ce jour-là était celui d'un vieil historien fielleux, Trichcombe Abufel. Beachendon passa directement à la fin de la notice pour découvrir la cause de sa mort. Crise cardiaque. C'était d'un commun… « Trichcombe Llewellyn Abufel, originaire de Mold, au pays de Galles, était un éminent historien de l'art, spécialiste du XVIIIe siècle, qui traitait du mouvement rococo avec autant de panache qu'il portait sa cravate en soie », disait le texte. Quelle remarque stupide. Que recherchait l'auteur de ces mots ? Voulait-il discréditer complètement le personnage ? « M. Abufel était l'auteur de plusieurs ouvrages traitant de sujets variés, notamment *L'Amour courtois au temps de Louis XIV*, *De l'interaction entre les gravures, les dessins et les tableaux*, et *Les Trois Crayons d'Antoine Watteau*. » Quid de son œuvre majeure, une monographie d'Antoine Watteau, toujours considérée comme le texte de référence sur cet artiste ? Cela ne méritait-il pas une petite mention ? « Trichcombe Abufel demeura farouchement indépendant durant toute sa longue carrière et préféra faire cavalier seul plutôt que d'occuper un poste important dans un grand musée ou une chaire à l'université. » N'importe quoi, pensa le comte. Abufel avait travaillé dix ans en étroite collaboration avec Memling Winkleman et avait apporté à sa galerie un immense prestige intellectuel. Il était vraiment très curieux que ce ne soit pas du tout rappelé. « La contribution d'Abufel aux débats du monde universitaire fut toujours mesurée, mûrement réfléchie, et ses arguments exposés avec une éloquence passionnée. » En lisant cela, Beachendon se demanda en quels termes il serait mentionné dans son propre avis de décès. « Un commissaire-priseur qui avait conduit sa famille et son entreprise à la faillite » ?

Lorsqu'il en eut fini avec les sujets sérieux, il s'intéressa aux pages people et à la rubrique « Les nibards du jour ». Il n'avait jamais entendu parler de la plupart des personnes photographiées, mais il ne put résister à l'envie de reluquer une vague starlette en bikini du nom de Kelly, qui, aussitôt après son accouchement, avait retrouvé « illico presto » un ventre plat. Telle ou telle princesse mangeait une glace en donnant l'impression de faire une fellation. Une parente éloignée de la famille royale avait été surprise en train de rouler un patin au copain de sa meilleure amie devant une boîte de nuit à La Havane. Un footballeur avait été vu complètement bourré la veille même d'un match important. Beachendon soupira. Que n'aurait-il pas donné pour avoir une vie aussi intéressante…

Il s'apprêtait à monter à l'étage prendre une douche quand son regard fut attiré par un petit titre : « Le tableau, l'artiste ivre et le patron de bar ». Il examina la photo d'un pub à Spitalfields, le Queen's Head, et de son gérant bien en chair qui tenait à la main un tableau. Dans un encadré figurait un autre cliché flou sur lequel on voyait une femme débraillée entre deux âges se faire embarquer par des policiers à l'arrière d'un fourgon. Beachendon examina plus attentivement la toile. Il avait du mal à la distinguer, tant l'image était pixellisée. Ce n'était probablement qu'une copie bon marché, le genre de supplément offert avec certains magazines. Il parcourut l'article. Une femme s'était pointée dans le pub sans argent sur elle et avait persuadé le barman d'accepter cette œuvre en guise de caution en attendant que l'un de ses amis vienne la rejoindre. Le barman en question, Percy Trenaman, qui s'y connaissait un peu en art, avait jugé le tableau « de qualité et datant de la période baroque ». OK, avait-il dit. Mais cinq heures plus tard, l'ami de sa cliente ne s'était toujours pas montré et celle-ci avait une énorme ardoise à régler. À ce moment-là, le patron de l'établissement, Phil, avait viré le barman et appelé la police. Le tableau et la cliente ivre étaient à présent en détention dans une cellule de police à Paddington. « Je m'en fous que ce soit un Léonard ou je ne sais quel peintre de mes fesses, avait déclaré Phil au journaliste. Dans mon établissement, les gens doivent payer leurs consommations. » Le comte médita la question. Pourquoi la vie n'était-elle pas aussi simple ? Il pourrait faire comme cette femme et régler ses courses avec n'importe quelle vieille croûte. À bien y réfléchir, ce n'était pas une mauvaise idée. Il reposa le journal, se leva péniblement et monta dans sa salle de bains.

Quatre jours après son dîner, la vie d'Annie reprit un cours prévisible. Les Winkleman ne mettaient presque plus les pieds dans leurs bureaux, et lorsqu'ils étaient là, ils demandaient que leur dîner soit laissé dans le chauffe-plats. Incapable de faire face aux tirades mélodramatiques de sa mère et convaincue que celle-ci n'allait plus aux réunions des Alcooliques anonymes, Annie avait dormi sur son lieu de travail trois nuits d'affilée, avant de comprendre qu'elle ne pourrait pas l'éviter indéfiniment. Ce soir-là, donc, elle rentra chez elle, mais, parvenue au bout de sa rue, elle décida de repousser encore un peu sa confrontation avec Evie en s'arrêtant boire un campari soda dans un pub. Cette boisson lui évoquait l'été, les vacances, la jeunesse, une place en Italie ou une plage en Espagne. Il n'était pas souvent consommé dans les bars d'Hammersmith par une soirée pluvieuse du mois d'avril, mais, parce que cette semaine marquait le début de sa nouvelle vie, elle avait envie de fêter ça en s'autorisant ce plaisir inhabituel. Dans un sac en plastique à côté d'elle se trouvaient une nouvelle robe – la première achetée depuis plus de six mois – ainsi qu'un poste de radio avec lequel elle entendait bien recouvrer sa voix.

Les yeux plongés dans le liquide rose, elle songea à son ancien pub dans le Devon, le Fox and Hounds, et à ses habitués. Il y avait Ted le maçon, Joe le berger, Ruby, la vendeuse de la boutique au coin de la rue, et Melanie, la femme du gérant. La conversation y était réconfortante, sans début ni fin, car les gens étaient sûrs de se revoir presque tous les soirs de la semaine – et même de l'année. Elle laissa aussi ses pensées dériver timidement vers Desmond, qu'elle imagina là-bas, avec sa pinte de bière et un sachet de chips au fromage et à l'oignon. Il faisait toujours le tour de la salle en saluant les clients de la même façon : « Ça va, Joe ? Ça va, Ruby ? », avant d'aller s'asseoir à sa place près du bar. Il était réglé comme une horloge. Cela l'étonna, mais elle parvint cette fois à porter sur leur relation un regard détaché et aussi – fait pour le moins nouveau – honnête et lucide. Elle prit soudain conscience qu'elle avait passé l'essentiel de sa vie d'adulte piégée dans l'orbite de cet homme, dans un monde régi par ses lois, ses habitudes et sa sensibilité. Pour elle qui était plus jeune et plus fragile, cette situation avait été rassurante, et même nécessaire. Mais à mesure que les années filaient, elle avait commencé à se sentir oppressée, étouffée. En mettant fin à leur relation, Desmond lui avait donné la liberté de mener sa propre vie. Elle secoua la tête, sidérée. Son ex-compagnon lui avait en fait rendu service.

Elle se décida ensuite à écouter ses messages téléphoniques – au nombre de quinze à présent, dont deux nouveaux de Delores concernant le tableau, trois de Jesse, qui proposait à chaque fois qu'ils se revoient, et un autre d'Agatha, plus surprenant, pour l'informer que les Winkleman offraient une récompense à quiconque leur rapporterait un Watteau disparu. Elle devait faire erreur, supposa Annie.

Une belle surprise l'attendait également : un journaliste de l'*Evening Standard* désirait rédiger un article sur son dîner. Sans compter Mme Appledore, qui voulait savoir si elle pourrait préparer le même repas au musée des Arts décoratifs de New York le mois suivant. Annie vida son verre d'un trait. La chance était enfin de son côté.

Son téléphone sonna à cet instant – un numéro masqué. Il était temps de réintégrer le monde réel. Elle répondit avec hésitation.

— Allô ?

— Mademoiselle McDee ? Ici le commissariat de Paddington Green. Votre mère est avec nous. Encore.

C'était le même policier qui avait arrêté Evie la fois précédente.

— Encore ? répéta Annie sans pouvoir masquer sa lassitude.

— Pourriez-vous venir la chercher, s'il vous plaît ? lui demanda-t-il du même ton las. Et pensez à prendre votre carnet de chèques. Le gérant du bar a gardé son tableau en compensation des dégâts qu'elle a causés.

— Quel tableau ? Quels dégâts ? l'interrogea Annie, bien qu'elle eût déjà une bonne idée de ce qui s'était passé.

— Elle a échangé une toile contre quelques consommations en promettant que quelqu'un viendrait la dépanner plus tard, mais personne n'est venu. Elle a alors commencé à se montrer injurieuse, avant de casser un miroir et plusieurs verres.

Annie s'adossa à sa chaise. Cela ne faisait même pas une semaine qu'elle savourait son succès, et voilà qu'Evie lui infligeait ça.

— Vous serez là bientôt ? s'enquit le policier.

— Non, ne comptez pas sur moi. Et dites à ma

mère de ne plus me contacter. J'en ai assez de ses mensonges et de son alcoolisme.

— Que faites-vous du tableau et de tout ce qu'elle a cassé ?

— Cela ne regarde que le gérant du pub et elle. En ce qui me concerne, je ne veux plus la voir. Merci.

Et elle raccrocha. Elle s'attendait à éprouver un sentiment de libération – c'en était fini de ses efforts pour aider sa mère –, mais non, rien. Elle était seulement triste. Evie avait gâché sa vie, et elle-même avait perdu bien trop de temps à s'inquiéter pour elle.

Elle ramassa son sac et alla poser son verre vide sur le comptoir. Quels que soient le temps et la distance qu'elle mettrait entre Evie et elle, elle n'échapperait pas à ses souvenirs et ne pourrait jamais répondre au téléphone sans redouter une mauvaise nouvelle. En attendant, on lui offrait du travail à New York. Une chose en entraînant une autre, peut-être qu'elle pourrait démarrer une nouvelle vie aux États-Unis. Cette pensée l'enthousiasma brusquement. Rien ne la retenait à Londres, à part un boulot peu intéressant et un appartement qu'elle n'aimait pas particulièrement. Tandis qu'elle descendait Uxbridge Road, un projet se fit jour en elle. Elle allait démissionner et accepter l'offre de Mme Appledore.

Faire disparaître tous les éléments incriminant des archives de la galerie était bien plus long que Rebecca ne s'y attendait. Elle avait acheté deux déchiqueteuses industrielles, mais il y avait plus de vingt grands livres reliés en cuir et soixante-neuf caisses de documents dans la chambre forte, et elle ne pouvait s'atteler à la tâche qu'après les heures de bureau. Il lui avait donc fallu quatre soirées pour effacer les preuves d'une seule année, 1946. Parce que son père s'était régulièrement servi dans sa réserve bavaroise sans le mentionner, elle ne savait pas avec certitude ce qui provenait de son stock de guerre et ce qui avait été obtenu par des voies honnêtes, d'où son choix de tout détruire sans distinction.

Dans un cabinet, elle avait trouvé une liste de tous les déplacements de Memling. En 1946, il avait effectué plusieurs voyages en Bavière, trois à Munich, un à Vienne et quatre à Buenos Aires. Quelqu'un en avait-il été témoin ou avait-il deviné l'objet de ces allers et retours ? Elle jeta un coup d'œil au cadeau reçu pour ses vingt ans, une petite huile de Raphaël, et à celui que lui avait offert son père pour la naissance de Grace – un charmant tableau de Klimt qui valait à présent plus de 12 millions de livres. Les avait-il achetés, ou bien volés eux aussi ?

Elle pensa à tous ceux qui essayaient de récupérer leur patrimoine. Il se passait rarement une journée sans que les journaux se fassent l'écho d'une histoire déchirante. Les Silverman, autrefois de riches et puissants bourgeois allemands, avaient fini leurs jours à Grimsby sans autre ressource que les aides sociales. À quatre-vingt-dix-huit ans, Manny Silverman était toujours en vie, quoique perclus d'arthrose, et il n'avait pas perdu l'espoir de récupérer au moins une des peintures disparues de sa famille. Même un modeste Modigliani, celui de ses tableaux qui avait le moins de valeur, permettrait à ses petits-enfants de disposer d'une rente annuelle fort utile pour affronter les difficultés de la vie moderne. Manny avait localisé quelques-uns de ses biens – deux dans des galeries allemandes et quatre dans des musées russes –, mais les pays concernés ne manifestaient pas la moindre intention de les lui rendre. Si la guerre était terminée, certaines batailles continuaient. Rebecca fut toutefois soulagée de ne découvrir aucune demande de restitution concernant des œuvres vendues par son père. Peut-être pourrait-elle utiliser les millions qu'ils avaient gagnés pour aider des personnes dans le besoin. Ce serait une façon comme une autre de laver sa conscience.

Une idée lui vint soudain alors qu'elle essayait d'établir l'origine d'un Titien. Inscrit dans les registres de la galerie pour l'année 1962, le tableau était décrit comme le « portrait d'un homme en manteau de fourrure ». Sa provenance n'était mentionnée nulle part, mais les initiales KH en disaient long. Un peu plus tard, en parcourant un nouveau livre de comptes, elle tomba sur une autre toile du même peintre, *L'Homme à l'hermine*, aux dimensions identiques, à la composition similaire et à la provenance parfaitement établie. S'agissait-il du même tableau sous un nom différent ? Son père avait-il falsifié le titre et l'origine de certaines œuvres ?

Elle éclata de rire. Comment avait-elle pu être

si naïve, si lente à comprendre ? Contrefaire des documents relevait de l'anathème pour quelqu'un d'aussi pointilleux et qualifié qu'elle, mais si elle voulait maîtriser l'art de la duperie et couvrir l'une des plus grandes fraudes jamais commises dans sa profession, il était temps d'arrêter de réfléchir comme une universitaire et de commencer à se comporter en criminelle. Les marchands, les propriétaires et même les musées étaient nombreux à falsifier régulièrement l'historique d'une œuvre. Elle pouvait faire la même chose avec le Watteau et lui forger une provenance tout à fait fictive qui ferait office d'écran de fumée. L'essentiel était d'éviter toute mention à la Seconde Guerre mondiale, par exemple en modifiant les documents et les archives pour donner l'impression que le tableau avait été caché dans un château écossais ou dans la maison d'un industriel véreux américain. À présent que Trichcombe n'était plus là et que son téléphone, son ordinateur et ses papiers avaient été détruits, qui pourrait jamais relier cette peinture à un jeune officier SS via un appartement berlinois ? Et même si quelqu'un retrouvait la trace de Frau Goldberg, elle n'avait plus la photo incriminante en sa possession.

La solution à ses problèmes coulait de source désormais. La galerie possédait plusieurs Watteau achetés légalement. Tout ce qu'elle avait à faire, c'était attribuer les documents concernant une toile aux dimensions et au sujet à peu près similaires à *L'Improbabilité de l'amour*.

Cette fois, elle s'approcha du bar et ouvrit une

bouteille de Cristal millésimé. Elle avait enfin quelque chose à fêter. Elle rapporta sa coupe dans la chambre forte et sortit les archives relatives aux autres Watteau détenus par sa famille. Il y avait dix-sept dessins à l'origine formellement établie qu'elle photographia avec son Smartphone, même si aucun ne faisait l'affaire, plus une grande peinture à l'huile acquise un peu plus tôt cette année-là chez Sotheby's. Son sujet, une fête musicale, étant trop bien documenté, elle préféra l'exclure et s'intéressa à un autre tableau que Memling avait acheté dans les années 1970. Intitulé *Marche de soldats*, il avait été réalisé par le peintre à ses débuts, mais la taille et le sujet ne collaient pas. Restait une dernière possibilité, *L'Amoureux éconduit*, acquis en 1951 et toujours entreposé dans les réserves de la galerie.

Elle se pencha sur l'histoire de cette toile. Le marquis de Jumblie se l'était offerte en 1869 lors de la vente à Paris de la collection du duc de Pennant, lequel la tenait de lord Cunnington, qui lui-même en était devenu propriétaire lors de la liquidation du patrimoine de Mme de Pompadour à Versailles. Rebecca referma le dossier et leva son verre en saluant la mémoire de la maîtresse de Louis XV. Elle n'avait plus qu'à détruire *L'Amoureux éconduit* et à attribuer les documents qui s'y rapportaient à *L'Impossibilité de l'amour*. Cela pouvait paraître barbare de brûler une toile qui valait entre 5 et 8 millions de livres, mais ce n'était pas cher payé pour préserver la réputation de sa famille.

Elle repensa à Annie. Cette fille était-elle au courant de tout, ou s'agissait-il simplement d'une curieuse coïncidence ? Carlo pouvait-il avoir découvert le passé de Memling et chargé son chef cuisinier de récupérer des preuves compromettantes ? Elle écarta très vite cette hypothèse, son mari étant lui-même impliqué jusqu'au cou dans des activités frauduleuses. Il était aussi envisageable qu'Annie ait tout compris sans aucune aide extérieure. Rebecca ouvrit un gros classeur contenant toutes les informations collectées sur la jeune femme et les parcourut rapidement. À en croire un rapport réalisé dans l'urgence, mais a priori très complet, Annie était bien ce qu'elle prétendait être : la fille d'une alcoolique qui avait été plaquée sans façon par son petit ami de longue date et qui était venue à Londres tenter de démarrer une nouvelle vie. L'enquêteur avait épluché tous ses relevés bancaires et toutes ses factures téléphoniques détaillées des cinq années précédentes sans remarquer de paiement suspect ni de numéro intriguant. Quelle existence pathétique, pensa Rebecca. Être l'esclave d'un homme, se faire larguer, perdre son entreprise et finir dans une cuisine à un poste qui vous obligeait jour après jour à ne préparer que du poisson.

En scrutant les clichés tirés des caméras de surveillance qui avaient filmé Annie à sa sortie de la boutique d'antiquités, une nouvelle idée lui vint à l'esprit. Elle se connecta à la base de données de la galerie afin de visionner les enregistrements de ses propres caméras. Après avoir choisi une date au hasard, elle regarda Annie s'affairer devant ses fourneaux, émincer des herbes et découper des filets. Elle fit ensuite défiler plusieurs journées en accéléré.

Son employée avait une éthique professionnelle, cela sautait aux yeux – elle ne sortait de sa cuisine que pour aller aux toilettes et ne perdait pas des heures à faire des recherches sur Google ou à aller sur des sites de rencontre. Rebecca continua ainsi sans être tout à fait sûre de ce qu'elle espérait trouver.

Ce fut par hasard qu'elle tomba sur des images qui montraient Annie arrivant un matin et posant sur un plan de travail de la cuisine un paquet aux dimensions similaires à celles du tableau disparu. Plus tard ce jour-là, Rebecca était entrée dans la pièce pour fouiller ses tiroirs. Dire que le Watteau était juste là, sous ses yeux… Elle passa aux jours suivants et constata que le tableau était resté au même endroit. Il y avait de quoi se mordre les doigts.

Le jeudi de cette même semaine, Annie avait remporté son paquet. Rebecca y vit la preuve qu'elle n'avait aucune idée de l'importance du tableau. Si son employée en avait eu la moindre idée, elle ne l'aurait pas manipulé si négligemment. Et si elle avait été un détective professionnel, elle ne se serait jamais jetée avec dans la gueule du loup. Rebecca poussa un soupir de soulagement – tout ça n'était qu'un malheureux concours de circonstances.

Elle comprit à cet instant qu'il lui suffisait d'agencer différemment les séquences filmées par les caméras de surveillance pour faire croire qu'Annie avait volé le tableau dans leur réserve. En l'absence des preuves amassées par Trichcombe, des photos de Frau Goldberg avec les documents falsifiés répertoriés dans les archives de la galerie, elle pourrait faire valoir que cette œuvre appartenait légalement à la famille Winkleman et avait été dérobée dans leurs locaux. Ce serait la parole d'Annie contre celle de Memling, c'est-à-dire d'une cuisinière par intérim contre un survivant de l'Holocauste qui avait fait don de millions et de millions de livres à des musées européens au cours des décennies précédentes.

Quelles conclusions la justice en tirerait-elle ? Facile. Annie prétendrait avoir acheté le tableau sur un coup de tête dans la boutique d'un brocanteur. Pouvait-elle dire où se trouvait cette boutique ? Elle a entre-temps été détruite par un incendie, Votre Honneur. Vraiment ? N'est-ce pas curieux ? Effectivement, Votre Honneur. Qu'avez-vous fait de la facture ? Je n'en ai pas demandé. Vous arrive-t-il souvent de faire des achats sans réclamer de reçu ? Vous êtes employée à plein temps comme cuisinière et vous avez dirigé auparavant une entreprise. Vous mesurez bien l'importance des factures aux yeux du fisc ? Oui, Votre Honneur. La personne qui vous a vendu le tableau est morte dans l'incendie de sa boutique, n'est-ce pas ? Vous étiez donc présente sur les lieux du crime la veille du sinistre ? Ce n'est pas ce que vous croyez. Ah oui ? Alors que s'est-il passé ? C'était une coïncidence, Votre Honneur, une horrible coïncidence. Et le fait que les caméras de surveillance vous aient filmée sur votre lieu de travail avec un paquet que vous aviez glissé dans un sac plastique et dont les dimensions correspondent exactement à celles du tableau volé, est-ce aussi une horrible coïncidence ? Votre Honneur, les mêmes caméras prouveront que je l'avais avec moi ce matin-là quand je suis arrivée. Il se trouvait auparavant dans mon appartement. Mademoiselle McDee, les caméras ne montrent pas que vous êtes arrivée à la galerie ce matin-là avec le tableau. Si, obligatoirement, Votre Honneur. Non, pas du tout. Tous les enregistrements des caméras de surveillance entre 7 heures et 13 heures ce jour-là ont été mystérieusement effacés. Le ministère public soutient que vous avez volé le tableau dans la chambre forte des Winkleman pendant votre pause déjeuner et que vous avez effacé toute trace de votre méfait avant le retour des autres employés. Mais, Votre Honneur, j'ignore où est situé le centre de contrôle des caméras. Et personne ne peut entrer dans la chambre forte, en dehors de M. Memling et de Mme Rebecca. Ils sont les seuls à en détenir les codes d'accès et les clés.

Dans son scénario fantaisiste, Rebecca voyait le juge se tourner vers un officier de police et lui ordonner d'emmener la prévenue après avoir condamné celle-ci à quinze ans de réclusion. Les journaux s'en donneraient à cœur joie en multipliant les critiques contre l'alcoolisme et en présentant Annie et sa mère comme les nouvelles Thelma et Louise, ou sous les traits d'un duo caricatural d'arnaqueuses. Plus il y aurait d'articles sur elles, moins la vérité serait susceptible d'éclater au grand jour. Les faits réels seraient brouillés par les reportages des tabloïds. Rebecca n'éprouvait aucune culpabilité à l'idée d'envoyer une innocente en prison. C'était une forme de sélection naturelle, voilà tout, et rien d'autre ne comptait pour elle que de préserver l'avenir de sa fille et la lignée des Winkleman. Finalement, elle comprenait le jeune Memling mieux qu'il ne l'aurait imaginé. Elle se dit aussi qu'elle aurait peut-être intérêt à mettre le tableau en vente et à faire don de l'argent récolté à quelque noble cause juive. S'il atteignait une somme suffisante, elle pourrait même créer un musée au nom de sa mère – après tout, elle avait bien été juive, et elle avait perdu de nombreux parents dans les camps de concentration. Le Centre Winkleman pour les survivants. Un tel geste ne serait pas totalement cynique.

Il était déjà 3 heures du matin. Il fallait qu'elle dorme un peu si elle voulait rester vigilante et lucide. Avant de se coucher pourtant, elle fit le tour du pâté de maisons pour s'éclaircir les idées. Elle sortit dans la ruelle derrière la galerie en éprouvant une petite pointe d'excitation. Tout allait changer, et pas qu'un peu. Pour la première fois de sa vie, elle n'avait pas peur. Elle se sentait même animée par une force et une détermination nouvelles. Tout en longeant Curzon Street, elle leva les yeux vers un avion qui passait dans le ciel, mais sans redouter qu'il s'écrase sur elle. Et lorsqu'un taxi s'avança dans sa direction, elle n'imagina pas d'emblée que le chauffeur allait perdre le contrôle de son véhicule et la renverser. Elle eut alors une pensée pour Grace. Quelques jours plus tôt, elle s'était inquiétée de la relation que sa fille entretenait avec un Russe, mais ses amours ne lui inspiraient soudain plus qu'un certain détachement, voire un léger amusement.

Sa volonté ne fit que s'affermir à mesure qu'elle marchait. Son but dans l'existence lui avait toujours paru assez flou, et elle ne s'était préoccupée que d'élever sa fille et de publier des articles universitaires très estimés. À présent, elle se consacrerait corps et âme à la Winkleman Fine Art afin que celle-ci demeure l'une des plus importantes galeries au monde spécialisées dans les tableaux de grands maîtres.

Parvenue dans New Bond Street, elle surprit son reflet dans une vitrine. Il était temps qu'elle revoie son apparence – ses tailleurs et sa coupe de cheveux étaient restés figés dans une décennie antérieure. Dorénavant, elle s'affirmerait comme une femme de caractère, pleine de panache et de style. Elle repéra un somptueux manteau du soir en velours rouge et brocart doré dans une boutique et décida de revenir l'acheter plus tard. Elle changerait également de rouge à lèvres en abandonnant son rose pâle habituel au profit d'un rouge bien vif. Et tant qu'elle y était, elle demanderait à Grace de l'aider à choisir une nouvelle coiffure.

Au coin de la rue, un panneau d'affichage présentant le journal du soir oscillait dans la brise froide. Un titre retint son intention. « Le tableau, l'artiste ivre et le patron de bar ». Elle s'arrêta net en voyant une photo du Watteau disparu reproduite à côté. La nausée monta en elle. Était-il trop tard ? Elle sortit son Smartphone et tapa l'adresse Internet du journal afin de consulter l'article. Elle fit ensuite demi-tour et regagna précipitamment son bureau. Cette nouvelle pourrait éventuellement corroborer ses futures accusations contre Annie, mais il lui fallait encore trafiquer les bandes des caméras de surveillance et expurger les archives familiales. Il n'était plus question pour elle de fermer l'œil tant que toutes les preuves n'auraient pas disparu et que le tableau n'aurait pas une nouvelle provenance parfaitement plausible.

33

J'ai été redécouvert. Voilà qui me réjouit diablement : après tant d'années à errer dans la nature, qu'il est bon de savourer le discret brouhaha des louanges et des murmures approbateurs. On m'a un peu nettoyé et doté à la hâte d'un cadre d'époque du meilleur goût, puis un commissaire-priseur, le comte Machin-Chose, a utilisé toutes les ficelles de son métier pour faire monter la tension en vue de la vente aux enchères qui aura lieu en juillet, d'ici deux mois. Des filles joliment moulées dans leur tailleur escortent les collectionneurs et les directeurs de musée du monde entier jusqu'à *moi**. Des restaurateurs scrutent à la loupe le moindre fil de ma toile. Des assureurs et des banquiers se bousculent auprès de desperados pleins aux as qui ne pensent qu'à me posséder.

Tout le milieu de l'art sera là, et l'on s'attend déjà à ce que les enchères battent tous les records. Chacun connaît désormais mon passé et la liste de mes illustres propriétaires. Grâce à moi, l'histoire est à la mode. Même le commun des mortels discute apparemment dans les centres commerciaux de la créativité et de Voltaire et ses semblables. Louis et Frédéric sont aussi souvent évoqués que n'importe quelle vedette de feuilleton télévisé, et il est de rigueur de citer le nom de Mme de Pompadour dans les conversations les plus banales.

Septimus Ward-Thomas a résolu l'énigme de l'identité de la jeune fille lorsqu'il s'est aperçu qu'un autre visage avait été peint par-dessus celui de Charlotte. Vous imaginez le raffut lorsqu'il a fallu décider si on faisait réapparaître ou non le premier... Des psychiatres et des philosophes ont même été consultés pour savoir comment réagirait Watteau. J'avais envie de crier à ces imbéciles qu'il était mort depuis près de trois cents ans !

Rebecca a décidé de publier les détails de mon incroyable épopée. Dans sa version des faits, Memling était un pauvre garçon juif qui, contrairement à toute sa famille, avait échappé de justesse à la mort dans un camp de concentration. Emportant avec lui le bien le plus précieux de sa mère, un tableau de Watteau, il s'était caché jusqu'à la fin de la guerre dans une ferme isolée où les Alliés l'avaient découvert en 1946, accroché à moi comme à un doudou. Tout le monde est convenu que cette histoire était trop belle pour avoir été inventée. Sauf que si, c'était bien le cas.

On se dispute à présent les droits d'adaptation de ce récit au cinéma.

Un homme poilu est en train de réaliser un documentaire pour la BBC.

Le comte a commandé une biographie de moi – il était temps – à un écrivain excentrique, un bricoleur capable de jongler avec les mots et les scènes mélodramatiques. Le livre sera truffé d'erreurs, bien sûr, mais cela n'en est pas moins gratifiant. Pour l'heure, je suis exposé en grande pompe dans une demeure de Houghton Street, où j'ai reçu plus de visiteurs qu'un monarque défunt. On fait la queue pour me voir. *Franchement**.

Le mois prochain, j'entamerai une tournée à la manière d'un général en campagne ou d'une rock star, dit-on. J'aurai mon avion privé, ainsi que des manutentionnaires et des gardes du corps attitrés. Je visiterai l'Amérique (la côte Est et la côte Ouest), Moscou, Saint-Pétersbourg, Tokyo et Pékin. Plus personne ne se soucie de l'Europe – elle appartient au passé –, mais je n'aurais jamais cru que le Japon et la Chine s'intéresseraient à l'art occidental. Comme quoi, on peut se tromper. Il fut un temps aussi où je prenais les Russes pour des barbares – encore que là, à bien y réfléchir, je n'aie pas changé d'avis.

Le catalogue de la vente sera monstrueux, rempli d'articles érudits, de détails et de photos, et s'accompagnera même d'une édition collector numérotée et reliée cuir tirée à cent exemplaires.

Dans un rare souci d'harmonie culturelle, la Tate Gallery, la National Gallery, le National Theatre, et d'autres encore, organisent en ce moment un hommage à *L'Improbabilité de l'amour*. Une vingtaine d'artistes contemporains, dramaturges, chanteurs et personnalités mondialement connues, ont été priés de s'inspirer de moi pour créer des œuvres qui seront mises aux enchères le même soir. Les profits seront reversés au Centre Winkleman pour les survivants. Inutile de dire que Mme Winkleman prélèvera une commission sur tout ceci. Elle a obtenu 60 pour cent du montant de la vente afin de couvrir le préjudice et les dégâts qui lui ont été occasionnés (comprenne qui pourra).

Mais il reste un gros point noir à l'horizon : ma pauvre Annie, qui risque de finir ses jours en prison pour vol, incendie volontaire et meurtre. Parmi les preuves « gentiment » fournies par Mme Winkleman, et apparemment irréfutables, figurent un film la montrant près de la petite brocante, un autre où elle apparaît avec moi, des témoignages et des déclarations sous serment – n'en jetez plus. Annie se serait immiscée par la ruse dans la vie des Winkleman afin de se procurer les clés et les codes d'accès de leur chambre forte. Si je n'avais pas un peu de jugeote, je me laisserais totalement convaincre par ce scénario. La mère d'Annie, qui n'est pas du genre à rater une occasion de se donner en spectacle, a tenté de se poignarder devant moi en signe de protestation. Elle a fait semblant d'être une visiteuse parmi d'autres, avant de sortir un couteau à pain et de s'automutiler en hurlant : « Elle est innocente ! Elle est innocente ! » Bien sûr, le comte a adoré – cela lui faisait encore plus de publicité. Je l'ai entendu dire à une assistante que cet incident avait fait monter ma cote de 800 000 livres.

Le plus triste, c'est que personne n'a tenté de défendre Annie. Un ancien compagnon surgi de je ne sais où – une belle raclure, celui-là – s'est épanché contre rémunération sur le cauchemar qu'il aurait vécu durant des années à ses côtés. Selon lui, elle avait tenté de s'approprier son entreprise, l'obligeant ainsi à se battre pour la conserver. Les journalistes ont aussi retrouvé d'anciens camarades d'école d'Annie qui ont reconnu qu'Evie et elle étaient un peu « bizarres ». Annie était toujours seule et sa mère ne venait jamais la chercher à la sortie des classes. La presse s'est aperçue qu'elles n'avaient cessé de déménager, chaque fois à quelques mois d'intervalles, ce qui a entraîné une nouvelle avalanche de commentaires sur le problème des mères célibataires. Mlle McDee est soudain devenue le parfait exemple d'un fléau moderne majeur. La pauvre n'a pas la moindre chance de s'en tirer. Le jeune homme, sa mère et moi sommes les seuls à rester convaincus de son innocence – mais un tableau et deux personnes dépourvues de relations haut placées peuvent-ils triompher contre des adversaires si puissants ?

Quand vous aurez roulé votre bosse aussi longtemps que moi, vous comprendrez mieux qu'il n'y a pas de justice en ce bas monde. Je pense notamment à la courte et tragique existence de mon maître, à sa santé toujours chancelante, au spectre de la mort qui planait sur lui et qui l'a emporté à l'âge de trente-six ans seulement.

Après son douloureux trépas, je ne me suis pas autorisé à éprouver le moindre sentiment envers mes propriétaires. Mais il y a quelque chose chez cette jeune femme – sa vulnérabilité, sa passion, son tempérament à la fois fort et fragile – qui m'émeut profondément.

Au moins a-t-elle fait partie, ne serait-ce qu'un temps, d'une longue succession de mécènes et de collectionneurs extraordinaires, de grands dirigeants, de faiseurs de mode et d'intellectuels. Elle m'a tenu entre ses mains. Elle a plongé son regard en moi. Ce n'est pas rien.

34

Jesse se joignit aux amis et aux parents de détenus qui formaient une longue file d'attente devant la prison d'Holloway. Cela faisait trois semaines qu'il se présentait là tous les jours, et il espérait qu'Annie accepterait cette fois de lui parler. Elle s'obstinait depuis le début à refuser toute visite, si bien qu'elle avait été placée sous surveillance vingt-quatre heures sur vingt-quatre pour prévenir toute tentative de suicide.

Contrairement au monde entier, Jesse ne doutait pas de son innocence. Même le menteur le plus chevronné n'aurait pas pu maintenir un tel degré de duplicité. Mais Evie était la seule à partager sa conviction. Il était allé voir la police, avait demandé des attestations à Agatha à la National Gallery et même aux commerçants du marché où Annie faisait régulièrement ses courses – en vain. Les preuves contre elle étaient trop accablantes.

La douleur et les protestations outrancières d'Evie n'arrangeaient rien. Jesse avait essayé de lui expliquer que s'il était dans l'intérêt d'Annie de dévoiler sa vie de famille perturbée, une telle hystérie était en revanche contreproductive. En feignant de vouloir se suicider devant le tableau, en se jetant devant des chevaux de course à Windsor et en s'attachant à une barrière près de Downing Street, Evie n'avait réussi qu'à générer une publicité négative autour de cette affaire. Pendant quelque temps, les journalistes s'étaient intéressés à elle, et ce d'autant plus que son comportement était pain bénit pour eux. Mais lorsqu'elle leur avait fait visiter l'appartement saccagé d'Annie, la plupart avaient supposé que c'était elle qui l'avait ravagé dans un accès d'ébriété. Très vite, ils s'étaient lassés, et peu d'entre eux se donnaient encore la peine de signaler ses dernières lubies sur Twitter.

Au bout d'une heure d'attente, il ne resta plus devant Jesse qu'une femme et ses trois jeunes enfants, ainsi qu'un couple élégant et assez âgé.

— Pourquoi on est obligés de revenir ? geignit une petite fille.

Sa mère regarda tristement Jesse.

— Je peux leur donner un bonbon ? s'enquit la dame à côté d'elle en ouvrant son sac pour en sortir un paquet de berlingots à la menthe.

L'autre haussa les épaules comme si plus rien ne lui faisait ni chaud ni froid depuis longtemps.

— Vous êtes de quel pays ? demanda le petit garçon en ôtant le papier qui enveloppait le bonbon et en le laissant tomber par terre.

— De la Jamaïque, répondit la dame.

— Mon papa à moi – mon vrai papa –, il est jamaïcain lui aussi.

— C'est lui que tu vas voir ?

— Nan. Il l'a plaquée, fit-il avec un signe de la tête en direction de sa mère. Et on peut pas lui en vouloir.

— Vous avez de la visite, McDee, annonça le gardien en déverrouillant la porte de sa cellule. C'est encore ce type, Jesse. Celui qui vient tous les jours depuis trois semaines.

Étendue sur son lit, Annie ne bougea pas.

— Ne soyez pas si dure avec lui, ajouta-t-il d'un ton plus bienveillant. Il faudra bien vous lever à un moment ou à un autre.

Annie finit par obtempérer, les jambes raidies par le manque d'activité, et repoussa ses cheveux gras derrière ses oreilles. Peut-être que la voir comme ça ferait fuir Jesse une bonne fois pour toutes.

Elle dormait mal depuis son arrivée à la prison d'Holloway. Ce n'était pas seulement les claquements de porte incessants, les cris et les divagations de ses compagnes de cellule qui la tenaient éveillée, mais aussi ses cauchemars récurrents. Le scénario était toujours le même. Cela commence chez elle, alors qu'elle dort profondément. Quelqu'un frappe soudain à sa porte en criant :

« Ouvrez ! Police, ouvrez ! »

Sur le seuil, elle découvre un homme et une femme en uniforme bleu.

« Mademoiselle Anne Tabitha McDee ? »

Elle hoche la tête, encore à moitié endormie, sans comprendre ce qui se passe.

« Je vous arrête pour vol, incendie volontaire et

meurtre avec préméditation. Tout ce que vous direz sera susceptible d'être retenu contre vous. »

Dans son rêve, Annie éclate de rire. C'est une erreur. Ils se trompent de personne. Mais les officiers de police lui assurent que non.

« Vous devez nous suivre. »

La femme la surveille pendant qu'elle va aux toilettes et qu'elle s'habille.

Plus tard, elle est conduite d'une cellule exiguë jusqu'à une zone de détention dépourvue de fenêtres de la prison d'Holloway. Pendant qu'elle attend, des visions de sa vie, bonnes et mauvaises, défilent devant elle comme les motifs d'un kaléidoscope, mais dès qu'elle essaie de se rappeler le moindre événement en détail, il s'évapore instantanément. De temps à autre, Rebecca et son père surgissent en riant aux éclats, si près d'elle qu'elle distingue le fond de leur gorge noire.

Puis un gardien la fait asseoir à l'arrière d'un fourgon dont les toutes petites vitres teintées sont trop hautes pour qu'elle puisse voir à l'extérieur. Le véhicule démarre en trombe. Tout le long du trajet, il ne cesse de faire des embardées, obligeant Annie à s'accrocher à son siège. Ses yeux se posent sur le sol couvert de vomi – le sien. Dans cet amas visqueux et jaune, elle distingue les restes du banquet de Delores. Des petites cailles, des morceaux de pâté, des œufs et douze poulets plumés en costume d'arlequin flottent à ses pieds. Elle tente de s'échapper par une fenêtre vers un ciel d'été d'un bleu éclatant, mais les feuilles des arbres sont en fait des couteaux qui la forcent à redescendre. De temps à autre, des bruits assourdissants lui parviennent : les cris d'un bébé, les basses incessantes d'une chanson émanant d'une voiture à proximité, un concert de klaxons et des crissements de freins.

Enfin, le fourgon bifurque dans un passage en pente. Annie est projetée contre le fond du véhicule. En tremblant, elle descend ensuite une longue rampe et pénètre dans une nouvelle pièce confinée où se trouvent déjà d'autres hommes à la mine inquiétante, tous vêtus de combinaisons orange.

« C'est toi, la femme dont on parle. La meurtrière amatrice d'art, chantent-ils en chœur, comme dans un opéra de Gilbert et Sullivan.

— Je suis innocente, innocente, fredonne-t-elle en retour.

— Va raconter ça au juge et aux jurés ! Va raconter ça au juge et aux jurés !

— Non coupable, non coupable.

— Un crime est un crime. Tu ne vaux pas mieux que n'importe lequel d'entre nous.

— Ma place n'est pas ici », proteste-t-elle dans le noir.

On l'emmène dans une salle d'audience, où elle est accueillie par un mur de visages familiers et grimaçants - ses anciens instituteurs, les petites pestes qui la tourmentaient autrefois dans la cour de récréation, Robert, son « coup d'un soir » allemand, les Winkleman et sa mère.

« Coupable, coupable, coupable ! » clament-ils tous.

Horrifiée, elle découvre que le procureur n'est autre que Desmond et qu'il porte un bébé au creux de son bras.

« Que comptez-vous plaider ? s'enquiert le juge.

— Coupable, coupable, coupable ! » chante le chœur de plus en plus fort.

Annie se tourne vers le juge en implorant sa pitié, mais elle n'a plus en face d'elle que le clown triste de son tableau.

« Emmenez-la ! » ordonne-t-il.

La fin est toujours la même.

Il fallut quelques secondes à Jesse pour se rendre compte que la silhouette qui s'avançait vers lui en traînant les pieds, le regard éteint, les cheveux sales et l'air totalement apathique, n'était autre qu'Annie. Elle avait maigri, mais le pire était qu'elle semblait avoir perdu toute sa force vitale.

— Tu es venu jubiler devant moi ?

Il accusa le coup.

— Non, bien sûr que non.

— En général, ce sont des journalistes qui demandent à me voir.

— Je n'en suis pas un.

Elle prit place en face de lui à une table en formica. D'autres familles et d'autres couples discutaient autour d'eux, mais Jesse n'avait d'yeux que pour elle.

— Je ne comprends rien à toute cette histoire, Jesse, dit-elle d'une voix si basse qu'il dut se pencher vers elle. Même mon avocat se moque de ce que je lui raconte. Il essaie juste de me convaincre de plaider coupable en mettant en avant des circonstances atténuantes afin d'inciter le juge à être plus clément. Selon lui, je pourrais obtenir ensuite une remise de peine pour bonne conduite. Il veut aussi que je fasse porter le chapeau à ma mère en disant que je n'ai été que sa complice et qu'elle se sert de son alcoolisme comme d'une couverture.

Tout en parlant, Annie ne cessait d'arracher les envies autour de ses ongles rongés.

— Je sais que tu n'es pas coupable, déclara fermement Jesse.

— Moi-même, je n'en suis plus certaine. Je n'arrête pas de revoir les images des caméras de surveillance aux infos. J'ai l'air bizarre et sournoise dessus.

— Tu n'es pas coupable, Annie. Ne l'oublie jamais.

— Il faudrait un miracle pour en convaincre qui que ce soit.

Jesse voulut prendre sa main dans la sienne, mais elle se dégagea.

— Le seul moyen pour moi de tenir bon, c'est de me replier complètement sur moi-même, de ne penser à rien et de refouler mes souvenirs et mes rêves. On est enfermées vingt-trois heures par jour. J'ai de la chance d'avoir trois compagnes de cellule complètement givrées. Être avec elles m'empêche de trop réfléchir à ma situation.

Jesse hocha la tête, mais il dut se retenir de se lever et d'aller la prendre dans ses bras. À cet instant, il l'aimait plus que jamais.

— Laisse-moi t'aider, Annie. S'il te plaît, revoyons

ensemble tout ce qui s'est passé, au cas où un petit détail pourrait plaider en ta faveur. Commençons par le jour où tu as acheté le tableau : as-tu retiré de l'argent pour le payer ? En as-tu parlé ou l'as-tu montré à quelqu'un ? Il faut qu'on prouve que tu l'as bien trouvé dans la boutique de ce brocanteur.

— Je l'ai mis dans un sac en plastique que j'ai rangé dans le panier de mon vélo, et ensuite je suis allée au marché. Le tableau est resté là jusqu'à ce que je rentre chez moi.

— L'as-tu évoqué devant les commerçants ?

— Non, je ne pensais qu'à préparer mon dîner.

— Et dans ton immeuble ? Tu n'as croisé aucun de tes voisins en montant l'escalier jusqu'à ton appartement ?

— Non. Ce soir-là, on m'a posé un lapin, et le lendemain matin, ma mère a débarqué. Les premières personnes après elle à avoir vu ce tableau, ç'a été toi à la Wallace Collection puis Agatha à la National Gallery.

— Tu ne l'as pas montré à Delores ?

— Si, mais c'est une preuve retenue contre moi. Les enquêteurs affirment que j'essayais de le vendre dans le dos des Winkleman.

— Et ce type, là… Trichcombe Abufel ?

— Il a seulement aperçu tes dessins.

— Tu m'as dit qu'il t'avait laissé un message.

— Le lendemain du dîner de Delores, il a demandé à me voir de toute urgence pour une histoire en rapport avec Berlin et l'attribution d'une œuvre.

— Tu l'as rappelé ?

— Tu ne sais pas qu'il est mort ?

— Si. Larissa, une collègue qui est aussi une de mes amies, m'a appris qu'il avait rédigé un testament dans lequel il léguait tous ses travaux de recherche à l'Institut Courtauld, mais lorsqu'ils ont envoyé quelqu'un récupérer ses dossiers, il ne restait plus rien et le disque dur de son ordinateur avait été effacé.

Pour la première fois, Annie leva les yeux vers lui.

— Qu'est-ce que tu suggères ?

— J'ai demandé à voir le certificat de décès, mais la police a eu du mal à le trouver.

— Ça ne prouve pas grand-chose.

— Quand j'en ai enfin obtenu une copie, j'ai constaté que le document était daté de la semaine dernière, alors qu'il est mort il y a un mois.

— En quoi cela nous avance-t-il ?

— Je n'en suis pas sûr, Annie. Tout l'establishment se serre les coudes. Les musées, la police, la presse et les autorités - ils se conforment tous à une sorte de mot d'ordre tacite. Quelqu'un leur a soumis une histoire qu'ils ont gobée sans broncher et sans qu'il ait jamais été question de la remettre en cause. L'affaire était entendue.

— Donc je suis fichue ?

Jesse reprit sa main. Elle voulut de nouveau se dégager, mais il la retint fermement cette fois.

— Tant qu'il y aura un souffle de vie en moi, tu peux garder espoir. Je ne les laisserai pas t'envoyer en prison, Annie. Je te le promets.

Bien des heures plus tard, étendue sur sa couchette, Annie repensa à Jesse. Elle l'avait sous-estimé en ne voyant en lui qu'un garçon charmant, séduisant même, mais d'une certaine façon mal dégrossi, comme s'il lui restait encore du chemin à parcourir pour devenir vraiment un homme. Sa timidité l'avait agacée, et elle en avait déduit qu'il n'était tout simplement bon à rien. Si seulement elle avait compris que ce n'était qu'un masque. Si seulement elle avait perçu sa vraie personnalité deux mois plus tôt. Elle aurait peut-être eu une chance de vivre un amour sincère. Elle se sermonna. Son incarcération faussait son jugement et l'épuisement altérait sa capacité à prendre la mesure de la situation. Quelques semaines plus tôt, se rappela-t-elle, elle avait caressé l'idée de partir travailler en Amérique. À présent qu'elle avait un casier judiciaire, elle n'obtiendrait jamais de visa, même de tourisme, et le temps qu'elle sorte de prison – à supposer qu'elle en sorte un jour –, Jesse aurait rencontré quelqu'un d'autre.

Sentant le désespoir enfler en elle, elle se raccrocha à sa bouée de sauvetage habituelle en imaginant le banquet qu'elle préparerait pour fêter sa libération. Ce jour-là pourtant, elle se découvrit incapable de réunir les ingrédients, a fortiori de les associer. Elle tenta de se concentrer sur un sentier qu'elle aimait beaucoup parcourir au printemps dans le Dartmoor. À ce moment-là de l'année, les collines apparaissaient encore brûlées après un hiver venteux et sans soleil, et seules quelques fougères laissaient poindre des pousses hésitantes hors du sol en attendant de dérouler leurs feuilles. Les bords du chemin étaient couverts de primevères, de pissenlits et de cerfeuil sauvage, et de toutes petites violettes parsemaient la lande, semblables à des taches de rousseur pourpres sur la terre brune. Annie se revit franchir des haies vives en embrassant du regard le maceron, le mouron des oiseaux, les lychnis et les prunelliers en fleur. C'était la première fois qu'elle parvenait à penser au Devon sans éprouver de pincement au cœur. Elle se félicitait simplement d'avoir connu et chéri cet endroit.

Mais ce répit fut de courte durée, et elle soupira au souvenir de l'élan de générosité qui l'avait poussée à acheter un cadeau à un homme encore affligé par sa séparation d'avec sa femme. Toute sa vie, elle avait tenté d'être bonne et loyale envers les autres. Elle avait tiré sa mère d'une foule de mauvais pas – certains dangereux, d'autres tout bonnement humiliants. Elle avait aimé quelqu'un qui s'était lassé d'elle. Soucieuse de lui plaire, elle avait abandonné l'idée d'avoir des enfants, tout ça pour le voir faire un bébé avec une autre. Elle avait travaillé dur et consciencieusement, sans jamais voler ne serait-ce qu'un trombone. Et voilà qu'elle se retrouvait enfermée dans un piège qui ne lui laissait aucune échappatoire.

Elle se mit à pleurer.

— Ta gueule, marmonna l'une de ses codétenues.

— Désolée, dit Annie en enfouissant le visage dans son oreiller en mousse dure.

Même à travers une couverture propre, elle sentait l'haleine des autres, leurs mucosités, leurs cheveux sales – tous ces effluves de la vie en prison.

Jesse était le seul à la croire, mais comment pourrait-il retourner l'opinion publique ? Sa visite à son amie Larissa, qui connaissait bien Trichcombe, n'avait rien donné. Le rédacteur en chef du magazine *Apollo* n'avait pas déjeuné avec l'historien, celui-ci étant mort juste avant leur rendez-vous. Les Winkleman avaient produit un catalogue d'exposition et une facture datant de 1929 afin de prouver que le Watteau leur appartenait. Et pour ne rien arranger, aucun des commerçants du marché ne se souvenait de l'avoir vue le matin où elle avait acheté le tableau, contrairement à la policière, laquelle n'avait pas oublié qu'elle était venue sur les lieux de l'incendie et l'avait interrogée sur le propriétaire de la boutique et sur l'étendue des dégâts. L'innocence ne comptait apparemment pour rien.

Annie se rappela avec quelle impatience elle avait attendu l'arrivée de l'été, les journées plus longues, les balades au bord du fleuve, les pique-niques dans le parc. Mais surtout, elle songea à sa nouvelle vie à peine entamée, et déjà broyée. Même si elle finissait par sortir de prison, elle savait qu'elle ne retrouverait pas sa confiance en soi. Ses efforts pour se faire une place au soleil avaient échoué. Levant les yeux, elle aperçut un avion qui passait dans le ciel derrière les barreaux de sa petite fenêtre. Cette vision si ordinaire lui semblait soudain incomparable. Quels autres petits plaisirs du quotidien allait-elle regretter ?

D'ici deux jours, son petit tableau serait vendu aux enchères, mais elle ne puisait aucun réconfort dans l'idée que, parmi toutes les personnes à avoir posé les yeux sur lui, elle seule avait reconnu sa valeur. Elle avait lu son histoire avec émerveillement, et dans d'autres circonstances, peut-être se serait-elle réjouie qu'il soit dorénavant sous bonne garde et couvert d'éloges par le gratin de la société. Seulement, il avait été pour elle un talisman maléfique qui ne lui avait valu que des ennuis. Peu lui importait que son prix soit estimé à des dizaines, voire des centaines de millions de livres, ou qu'en l'ayant possédé, elle ait ajouté son nom à une liste de personnages comptant parmi les plus célèbres de l'histoire. Elle ne voulait plus rien avoir à faire avec ce tableau et son passé tragique. Plus elle mettrait de distance entre elle et lui, mieux cela vaudrait.

À mesure qu'elle s'apitoyait sur son sort, le découragement la gagna. Peut-être aurait-elle intérêt à suivre le conseil de son avocat et à plaider coupable en se présentant comme une femme désespérée qui s'était bercée d'illusions… C'est alors que, surgie de nulle part, la voix d'Evie l'interpella : « Chiche que tu t'en sors. » Annie s'assit dans son lit et regarda autour d'elle. Sa mère n'était pas là, mais ses paroles résonnaient entre les murs de la cellule. Evie avait raison, elle ne pouvait pas renoncer si facilement. Elle devait trouver un moyen de battre en brèche tous ces mensonges en y cherchant même les plus infimes anomalies. Et elle allait commencer par la fin. Pourquoi Rebecca tenait-elle à la faire reconnaître coupable d'un crime ? Ce n'était pas une question d'argent – les Winkleman en avaient bien assez, et ils n'auraient pas pris le risque d'être accusés de malversations ou de subterfuges pour ce seul motif. Elle sentait aussi que leur animosité n'était pas dirigée contre elle personnellement. Elle n'était rien pour Rebecca – rien qu'un misérable pion.

Le tableau était-il la clé de tout ? Pourquoi les Winkleman n'en revendiquaient-ils pas simplement la propriété ? Pourquoi accusaient-ils une personne qu'ils savaient innocente ? Rebecca était un fin stratège. Elle avait forcément de bonnes raisons d'agir ainsi. Et ces raisons étaient liées au Watteau, cela ne faisait aucun doute.

Annie tenta de se rappeler tout ce qu'elle avait appris au cours des mois écoulés. Chaque tableau possédait une marque de fabrique unique, qui dépendait en premier lieu de l'artiste et de ses intentions, de son talent, de ses choix de vie et de la chance qu'il avait eue ou pas. La différence entre une bonne et une grande œuvre d'art résidait dans un ensemble de facteurs complexes et parfois imperceptibles : la force ou le mouvement accidentel d'un coup de pinceau, la juxtaposition des couleurs, la collision des divers éléments composant le sujet. Chaque toile s'accompagnait d'une histoire, de commentaires et d'appréciations qui renforçaient son importance. Malgré son existence relativement courte, le Watteau avait ainsi fait l'objet de tant d'admiration et connu tant de grands moments historiques que cette aura portait sa valeur à des sommets vertigineux. Et quelque part au milieu de tout cela se cachaient les indices qui expliquaient pourquoi elle avait atterri en prison. Ce n'était qu'en résolvant cette énigme qu'elle pourrait recouvrer sa liberté.

Jesse avait raison : il était urgent qu'elle étudie toutes les pistes possibles et qu'elle se remémore chaque fait et chaque conversation. Elle repensa au message de Trichcombe, dans lequel il évoquait Berlin et la provenance du tableau. Mais quel rapport avec ce qui lui arrivait ?

Une vague de frustration la submergea. Comment réussirait-elle à prouver son innocence en étant coincée en prison ? Elle n'avait accès ni à Internet, ni à aucun livre, et il lui était impossible de refaire tous ses déplacements. Était-ce voulu de la part de Rebecca ? Un frisson de peur la parcourut à cette idée. La galeriste ne devait surtout pas découvrir qu'elle avait un allié à l'extérieur. Il faudrait mettre Jesse en garde, et le plus rapidement possible.

Jesse ne se considérait pas comme particulièrement courageux ni pétri de convictions. Il avait toujours vécu à sa guise, en fuyant les responsabilités et en ignorant les conventions sociales pour s'adonner à sa passion de la peinture. À certains égards, il ne pouvait pas se prévaloir de grand-chose à trente-deux ans, ni d'une grande histoire d'amour ou d'une paternité ni d'une exposition majeure. Il savait que son manque d'ambition et son rejet du matérialisme frustraient sa famille et la plupart de ses amis, mais l'idée qu'il se faisait de la réussite ne correspondait tout simplement pas à la leur. Il refusait d'être tenu en laisse par un crédit immobilier ou un contrat de travail. Les biens matériels ne l'intéressaient pas et il n'avait jamais pu comprendre la quête incessante de ses frères pour posséder toujours plus et leur manie de changer constamment de téléviseur, de petite amie, de voiture. Son petit boulot à la Wallace Collection et la vente occasionnelle d'un tableau couvraient ses besoins élémentaires, et l'ensemble de ses biens, à savoir deux costumes, dix T-shirts, quatre pantalons, une bouilloire, deux casseroles, un poste de radio, des pinceaux, des tubes de peinture et un chevalet, tenait dans deux ou trois sacs. Il n'avait besoin ni envie de rien d'autre, et ce mode de vie simple et dépouillé lui avait toujours parfaitement convenu. Du moins jusqu'à ce qu'il rencontre Annie McDee.

Il repensa au suicide supposé de son père et se demanda s'il ne faisait pas une sorte d'amalgame entre la situation de la jeune femme et ce décès dont il ne s'était jamais remis. Peut-être ce drame passé renforçait-il son sentiment d'injustice et son dégoût vis-à-vis d'une partie du monde de l'art. En revanche, il était sûr de l'amour qu'il portait à Annie. Pour la première fois de sa vie, il mesura tout l'intérêt d'avoir de l'argent. La fortune ne garantissait pas le bonheur, mais elle permettait une certaine sécurité, et offrait de plus grandes possibilités. Avant l'arrestation d'Annie, il avait rêvé de lui faire cadeau d'une cuisine professionnelle. Depuis, il ne songeait qu'à engager un grand avocat pour la défendre. Mais il n'avait que ses pensées incessantes et sa foi absolue en son innocence à lui offrir…

Parce qu'il était persuadé que Trichcombe Abufel avait découvert des informations relatives au tableau et qu'il ne voyait pas quelle autre piste suivre, il releva son adresse dans l'annuaire et alla trouver le concierge de son immeuble en décidant de se faire passer pour un collègue qui cherchait à récupérer un livre. L'homme était encore en pyjama lorsqu'il arriva à 8 heures, mais il se montra étonnamment bien disposé et loquace pour quelqu'un qui venait d'être tiré de son lit par des coups de sonnette insistants – il faut dire qu'il n'avait pas encore eu l'occasion de s'épancher sur le défunt. Oui, il était triste que M. Abufel ait rendu l'âme après une vie dépourvue de tout plaisir. Ce vieux garçon n'avait jamais rien fait d'autre que travailler, travailler, et encore travailler. Sa famille, qui vivait quelque part au pays de Galles, ne lui avait pas une seule fois rendu visite, et son neveu l'avait prié, pas plus tard que la veille, de vendre toutes ses affaires sans exception. Il ne souhaitait garder aucun souvenir, pas même les vêtements de son oncle ou l'une de ses belles cravates.

Jesse écouta patiemment le concierge en espérant que celui-ci le laisserait monter jusqu'à l'appartement de Trichcombe, situé au dernier étage, sans l'accompagner. À plus de soixante ans, l'employé de l'immeuble avait le souffle rauque, aussi croisa-t-il les doigts dans sa poche. La chance lui sourit : une demi-heure plus tard, il entrait seul chez Trichcombe. Le logement donnait l'impression que son occupant venait juste de partir. Une tasse de thé encore à moitié pleine était posée sur la table, un livre gisait ouvert près d'un fauteuil et des chaussons attendaient leur propriétaire près du lit défait. Jesse ramassa le livre – une monographie sur Watteau écrite par Trichcombe, qui relisait apparemment un chapitre traitant de la provenance des œuvres au moment de sa mort. Il l'agita, dans l'espoir d'en faire tomber un morceau de papier ou quelques notes explicatives. Peine perdue. Il n'eut pas plus de succès avec les *Essais* de Montaigne et une biographie de la Grande Catherine, qu'il découvrit sur la table de nuit.

Il s'approcha d'un ensemble de huit étagères murales croulant sous le poids d'une foule de monographies d'artistes représentant essentiellement les périodes rococo et baroque. Cette collection était aussi riche que celle de la bibliothèque de la Wallace Collection – et sans doute avait-elle été mieux assimilée. Jesse se demanda s'il devait prévenir l'un de ses collègues qu'elle serait cédée pour trois fois rien le lendemain à la maison de vente aux enchères de Lots Road. Puis il se rappela le message paniqué d'Annie ce matin-là. Personne ne devait découvrir ses liens avec elle, a fortiori avec le tableau. Cette inquiétude soudaine qu'elle manifestait à son égard l'avait empli de joie.

Il sortit tous les livres consacrés à Watteau en espérant de nouveau y dénicher des informations. Mais Trichcombe était du genre soigneux et ne cornait pas ses ouvrages. Tout juste avait-il laissé çà et là un morceau de papier sur lequel figuraient un chiffre et une lettre inscrits au crayon, mais s'il s'agissait de références, où étaient les dossiers correspondants ? Jesse s'avança vers un grand cabinet dans un coin de la pièce dont la façade comprenait trois étiquettes – « Personnel », « Livres achevés » et « Livres en cours ». Chacun des trois tiroirs était vide. Tous ses écrits personnels et professionnels avaient disparu. Cela n'avait aucun sens. Pas plus que l'effacement total du disque dur de son ordinateur au moment même où il avait succombé à une crise cardiaque.

Jesse alla se planter devant la fenêtre de la cuisine et contempla le jardin en contrebas. Des femmes faisaient de la gymnastique sous la direction d'un entraîneur musclé vêtu d'un marcel en résille. Plus loin, deux nourrices discutaient pendant que les enfants dont elles avaient la charge s'amusaient dans le bac à sable. Son attention fut soudain attirée par un petit tableau à la droite de l'évier sur lequel Trichcombe avait griffonné quelques notes – « Envoyer manuscrit à Mold ; Déjeuner *Apollo*. Liquide vaisselle ; Mot de remerciement à Larissa. » Jesse en prit une photo avec son téléphone avant de ramasser la monographie sur Watteau et de quitter l'appartement.

Le concierge l'attendait au pied de l'escalier.

— Le voilà ! dit Jesse en montrant le livre.

— Ah, très bien. Une dame est venue ici l'autre jour et m'a demandé de l'appeler si quelqu'un passait à l'appartement. Elle a beaucoup insisté sur ce point.

Jesse ne se laissa pas démonter.

— Une femme grande et mince, la cinquantaine, les cheveux blonds coupés court ? dit-il en décrivant Rebecca Winkleman.

— Oui.

— C'est ma chef. Elle sera ravie d'apprendre que j'ai retrouvé cet ouvrage.

— Du coup, je n'ai pas besoin de lui téléphoner ?

— Oh, non. Je file tout de suite au bureau, répondit Jesse d'un ton faussement léger et insouciant.

Il salua le concierge d'un signe de la main, sortit de l'immeuble et, sitôt qu'il eut passé l'angle de la rue, se mit à courir aussi vite qu'il le pouvait.

Rebecca et Memling marchaient autour de la fontaine des jardins à l'italienne de Kensington.

— Tu es contente de la tournure qu'a prise la situation ? demanda Memling d'une voix tendue et fatiguée.

— Je n'avais pas anticipé tout ce cirque médiatique, reconnut Rebecca.

Elle n'avait pas besoin de préciser que l'intérêt de la presse la rendait nerveuse, et ce d'autant plus qu'il ne semblait pas près de s'estomper. Elle avait envisagé une petite conférence durant laquelle quelques journalistes bien disposés à leur égard auraient écouté le récit de son père avec respect. Et le lendemain, peut-être auraient-ils eu droit à un paragraphe ou deux dans les journaux, au pire à une brève allusion dans *Today*, l'émission d'information matinale de Radio 4.

Au lieu de quoi, toute sa famille était désormais traquée du matin au soir par une meute insatiable de photographes et de reporters. Leur histoire faisait la une des journaux depuis trois semaines déjà, et les mots « art » et « tableau » s'affichaient en gros même dans les tabloïds.

— Je crains simplement que ton plan n'ait échappé à ton contrôle, dit Memling.

— C'est toi qui as incendié la brocante et tué ce malheureux marchand. Tes hommes de main et toi feriez mieux de me remercier.

Memling jeta un coup d'œil autour de lui afin de vérifier que personne ne risquait de les entendre.

— Il vaut mieux régler ce genre de problème discrètement, sans provoquer un tel tapage.

— Je te rappelle que c'est ta faute si on en est là. J'essaie juste de protéger notre patrimoine.

Tous deux continuèrent à marcher en silence. Son père traînait plus la jambe que d'habitude, remarqua Rebecca, qui oubliait souvent qu'il avait quatre-vingt-onze ans.

— Il ne reste plus que le documentaire et la vente. Après ça, le soufflé retombera.

— Je ne veux pas d'un documentaire, protesta Memling, qui avait une sainte horreur des photos et des films et qui avait toujours refusé qu'on lui consacre un reportage.

— J'ai besoin que tu participes à celui-là.

— Pourquoi ?

— L'imprimatur de la télévision scellera notre innocence.

— Tu es comme Icare, tu voles trop près du soleil, Rebecca, rétorqua-t-il en haussant le ton. Il faut qu'on fasse profil bas, sinon tu verras que la compassion des gens à notre égard se transformera vite en antipathie. Il est toujours préférable de prétendre que l'on ne possède rien et que l'on n'est rien.

— Père, c'est toi qui nous as mis dans ce pétrin, alors tu as intérêt à nous en sortir.

Une telle réponse aurait dû le mettre en colère, mais la transformation de sa fille et sa volonté de fer l'émerveillaient. Grâce à elle, l'empire Winkleman perdurerait, et la postérité était ce à quoi il aspirait le plus – surtout en des instants pareils, où il prenait conscience du raidissement de ses articulations. Ce matin-là, il avait annulé son cours de tennis et, pour la première fois de sa vie, s'était senti véritablement épuisé. Peut-être que la nature préparait ainsi son corps à la mort – une échéance qu'il attendait avec impatience et qu'il se représentait comme un néant brumeux dans lequel il sombrerait à jamais. Il avait connu suffisamment de plaisirs terrestres, plus même que la plupart des gens ne pouvaient en rêver.

— Tu n'as aucun remords vis-à-vis de ta cuisinière ? Elle risque de passer toute sa vie derrière les barreaux.

Memling se moquait du sort d'Annie, mais il s'étonnait de la brutalité soudaine de Rebecca.

— Ce n'est qu'une pauvre fille fauchée et célibataire d'une trentaine d'années. Sa vie est déjà une prison. Je respirerai mieux quand elle aura été condamnée.

— Oh, non. Tu ne pourras plus jamais dormir tranquille. Tu seras toujours habitée par la peur d'être percée à jour et de voir s'écrouler ton château de sable.

— La culpabilité n'a pas l'air de te tourmenter, toi.

— J'ai eu plus de soixante ans pour apprendre à vivre avec. Il te reste encore un long chemin à parcourir.

Malgré la chaleur de cette journée, Rebecca frissonna et referma les pans de son manteau en cachemire.

— Tu as écrit la lettre que je t'ai demandée ?

— Tu sais très bien que oui. Je vous ai entièrement disculpés, ton mari, ta fille et toi. Il est entendu qu'aucun de vous n'étiez au courant de mon passé.

— Où est-elle ?

— Dans un coffre-fort en Suisse. Je l'y ai déposée moi-même il y a deux jours. Les détails figurent dans mon testament. Il y a vingt-neuf coffres différents répartis dans quatre banques. Le code d'accès à celui-là est « Souricière », et le mot de passe, « Amour », suivi de la date d'anniversaire de Marty, mais à l'envers.

Memling se tourna vers Rebecca.

— Je t'en conjure une dernière fois, continua-t-il. Nous ne devrions plus évoquer cette affaire en public. Laissons les braises s'éteindre toutes seules et contentons-nous d'observer un silence digne. Ce n'est pas à nous de parler de compassion ou de pardon. Nous ne sommes ni des dieux, ni des juges, mais deux marchands fourbes et malhonnêtes, rien de plus, rien de moins.

— Fais cette interview. Ce n'est pas négociable. Une voiture viendra te chercher à 16 heures pour te conduire aux studios de télévision, rétorqua Rebecca avant de s'éloigner.

La maison du comte était de nouveau remplie de bons produits bio et le marchand de vin Berry Brothers avait repris ses livraisons régulières. Beachendon organisa même un petit dîner la veille de la vente, mais préféra ne pas convier ses clients importants à Balham (le quartier ne figurait probablement pas sur le GPS de leur chauffeur, de toute façon). Non, la soirée eut lieu dans la galerie où le Watteau était exposé dans une vitrine pare-balles réalisée spécialement pour lui. Beachendon s'étonnait encore de voir qui avait accepté son invitation dès l'instant où il avait mentionné le tableau : le prince de Galles, les ambassadeurs de tous les grands pays, quelques oligarques et deux ou trois autres milliardaires, sans compter le vice-Premier ministre et sa femme.

Il repensa à cette froide soirée du mois d'avril, trois semaines plus tôt, où il avait mangé un petit pain rance avec de la confiture moisie, avant d'enfiler un smoking et de se rendre à un dîner dans le quartier de Little Venice. Une fois n'étant pas coutume, la Northern Line du métro fonctionnait, tout comme cette chère vieille Victoria Line, mais il n'avait pas pu aller plus loin qu'Edgeware Road sur la Bakerloo Line – l'une des pires stations qui soient dans le nord-ouest de Londres. En demandant son chemin au poste de police de Paddington Green, il avait eu la surprise de découvrir le tableau appuyé sur le rebord d'une fenêtre derrière l'agent de service. Jamais pourtant il n'y aurait prêté attention sans la petite zone nettoyée dans l'angle supérieur gauche de la toile. Il n'était pas du genre à croire aux coïncidences ou au destin, mais tout au long de cette soirée – qui s'était révélée ennuyeuse au possible –, il n'avait pu songer à rien d'autre. Il s'était rappelé l'article dans le journal et le coup de fil que Rebecca Winkleman lui avait passé le matin même au sujet d'une œuvre disparue dont la description correspondait pile à celle qu'il venait de voir. Voilà pourquoi, en rentrant de ce dîner, il était retourné au poste de police et s'était servi des quelques centaines de livres qui restaient sur son compte courant pour payer la caution d'Evie et la persuader de le laisser emporter le tableau.

De retour à Balham, il avait enfin pu l'examiner à loisir, et sa qualité s'était vite imposé à lui malgré la couche de crasse qui le recouvrait. Un peu éméché, il avait tiré son épouse du lit en lui demandant d'y jeter un coup d'œil. Elle avait concédé que cette toile était merveilleuse, mais lui avait suggéré qu'ils en reparlent le lendemain matin. Il ne l'avait pas attendue. Dès 10 h 15, il filait avec le tableau. Quand il était rentré chez lui en fin de journée, celui-ci avait été reconnu par Monachorum comme une œuvre originale de Jean-Antoine Watteau, et la maison de vente aux enchères s'en était vu confier la garde temporaire jusqu'à ce que son propriétaire se fasse connaître. La presse tenait déjà le début d'une belle histoire, il n'avait pas fallu grand-chose ensuite pour attiser l'intérêt des journalistes. Ravi d'être sous le feu des projecteurs, Beachendon avait autorisé le magazine *Tatler* à prendre une photo de lui avec ses filles et le vicomte Draycott sur les marches de leur demeure ancestrale.

La raison pour laquelle les Winkleman avaient mis une semaine entière à réagir lui échappait toujours. Il pouvait seulement supposer que Memling ne tenait pas à s'épancher sur son douloureux passé – à moins que Rebecca n'ait préféré attendre que l'agitation autour du tableau soit un peu retombée. À ce moment-là, tout le monde ou presque en Angleterre avait entendu parler d'Antoine Watteau et avait un avis sur la question.

Après avoir pris la difficile décision de vendre la toile au profit de leurs œuvres caritatives, les Winkleman avaient chargé Beachendon de représenter leurs intérêts. Et au moment même où cette histoire avait cessé d'être médiatisée, leur cuisinière, Annie McDee, avait été arrêtée et inculpée de vol et de meurtre. Son joli visage et sa vieille complice alcoolique – qui n'était autre que sa propre mère – avaient bien arrangé les affaires du comte. La presse les avait dépeintes comme les Thelma et Louise du XXIe siècle, tandis que les grandes dames et les ingénues d'Hollywood postulaient déjà pour les incarner au cinéma. À aucun moment Beachendon ne s'était rappelé qu'Annie McDee était le chef cuisinier dont il avait apprécié les talents à deux reprises.

Monachorum lui avait accordé une promotion et une augmentation, mais il n'était resté qu'à plusieurs conditions, au premier rang desquelles figurait le renvoi immédiat de l'avocat de la société,

Roger Linterman, qui avait tout fait pour provoquer sa chute.

Dès que l'intérêt du public semblait s'émousser, une nouvelle information inattendue surgissait. Chaque journaliste se transformait en historien d'art. Submergé par un afflux de visiteurs, le Département des dessins du British Museum dut restreindre son accès, chose qui ne s'était encore jamais vue. La fréquentation de la Wallace Collection ne cessait d'augmenter à mesure qu'émergeait le passé fascinant du tableau. Pour citer le *Mail*, même Hollywood n'aurait pu imaginer un tel scénario. On redécouvrait Antoine, ce peintre pauvre, affligé, tuberculeux et amoureux d'une catin, Charlotte, qui l'avait traité comme un chiot auquel elle dispensait de temps à autre de petites marques d'affection mais dont elle ignorait le plus souvent les suppliques. Trois cents ans après sa mort, la comédienne recevait enfin l'attention qu'elle avait tant désirée de son vivant.

Les descendants du Dr Mead, le médecin anglais qui avait échoué à guérir Watteau de sa tuberculose, furent retrouvés à Guernesey, où ils présentèrent des excuses publiques.

Un petit génie fit remonter *L'Improbabilité de l'amour* à Voltaire et sa maîtresse, et, de là, à Mme de Pompadour. CE QUE J'AI VU : LE ROI, LA PUTAIN ET L'HOMME À TOUT FAIRE, titra le *Daily Gossip*. Suivaient des pages et des pages de spéculations racoleuses sur les actes lubriques dont le tableau avait été témoin en trois siècles. Les journaux sérieux, qui s'estimaient au-dessus de cette presse de caniveau, publièrent quant à eux des frises chronologiques répertoriant les traités et les textes de loi importants qui avaient peut-être été signés devant lui. Mais lorsqu'il fut établi que Frédéric le Grand et la Grande Catherine comptaient parmi ses anciens propriétaires, il n'y eut plus aucune retenue. Les petits chiens, les chevaux, les mignons, les sodomites, les eunuques, les vierges et les nains – toutes les déviances sexuelles connues furent évoquées sans vergogne.

La fréquentation des musées augmenta de 34 pour cent pour les adultes. À l'inverse, les écoles annulèrent des sorties pédagogiques afin de ne pas s'attirer les foudres des défenseurs des droits de l'enfant et des opposants à la pornographie – tant et si bien que Septimus Ward-Thomas, le directeur de la National Gallery, se fendit d'un communiqué : « S'il est vrai que le musée abrite des portraits de mères célibataires (la Vierge Marie) et des œuvres montrant des scènes de violence, des viols, des meurtres, des agressions et diverses autres activités humaines inquiétantes, il convient de souligner que tous ces actes sont présentés à travers le prisme de l'art. Nous ne considérons pas qu'une visite à la National Gallery soit à déconseiller à quiconque, de quelque âge que ce soit. »

Puis on découvrit que le tableau avait été volé au palais de Buckingham par un valet, ce qui donna lieu à toute une nouvelle série de spéculations. Comment la famille royale avait-elle pu ne pas s'apercevoir d'une perte aussi inestimable ? N'était-ce que des barbares ? Les Winkleman allaient-ils s'incliner devant la reine et lui restituer le Watteau ? Au terme d'un silence de cinq jours, Sa Majesté fit savoir qu'« elle se réjouissait que ce tableau ait été retrouvé après une si longue absence et qu'il soit mis en vente pour lever des fonds en faveur d'une cause admirable ». Tous les journaux des deux côtés de l'Atlantique et de Durban à Dar es-Salaam, en passant par le cap Wrath et le cap de Bonne-Espérance, publièrent une photo de la reine toute grimaçante (prise en fait juste après que son cheval eut été battu à Epsom, et non au moment où elle avait fait cette annonce).

L'attention des médias attisait les convoitises. Chacun semblait vouloir posséder *L'Improbabilité de l'amour*. Monachorum reçut des milliers de coups de téléphone. Des retraités proposaient toutes leurs économies. Des enfants promettaient de donner « à jamais » leur argent de poche. Des musées, des collectionneurs privés, des rois, des reines, des Russes, des Arabes, des stars du rap et même des gouvernements firent part eux aussi de leur intérêt.

Le comte ne s'était jamais senti aussi populaire et regrettait simplement de ne pas pouvoir repousser la vente de deux ans afin de continuer à profiter des caisses de vin, des dîners gratuits et des autres cadeaux extravagants qui lui étaient offerts. Dans le même temps, il avait conscience qu'il devrait déployer d'habiles talents de négociateur pour satisfaire tout le monde. Il n'y aurait qu'un seul vainqueur et, d'une façon ou d'une autre, il faudrait qu'il maintienne le calme parmi tous les concurrents. Monachorum risquait de perdre plus d'argent qu'elle n'en gagnait si toutes ces grandes fortunes s'estimaient flouées ou lésées au terme de la vente.

Après avoir écarté ceux qui lui faisaient perdre son temps et ceux qui n'avaient clairement pas les moyens de leurs ambitions, il parvint à identifier quelques candidats potentiels. Mme Appledore, une vieille amie de la maison de vente aux enchères, voulait faire bon usage avant sa mort des millions de dollars de la fondation créée par son mari. Elle serait en mesure d'offrir 250 millions de livres, estimait-il.

Il faudrait également compter avec le rappeur M. Power Dub-Box, qui avait stupéfié le monde de l'art au cours des quelques mois précédents en achetant plusieurs œuvres phares, et qui assisterait également à la vente – cette nouvelle à elle seule avait mis littéralement en transe les demoiselles Sans-le-Sou.

L'émir et la princesse d'Alwabbi avaient récemment fait construire un musée dans leur capitale poussiéreuse du Moyen-Orient. Le bâtiment en marbre poli couvrait 1 227 hectares, soit la même superficie que le terminal 5 de l'aéroport d'Heathrow, mais il était encore trop récent pour compter beaucoup d'œuvres notables. Si le couple parvenait à mettre la main sur le Watteau, leur petit royaume s'imposerait immédiatement parmi les destinations incontournables de tout amateur d'art. Et, parce qu'ils étaient les plus gros producteurs au monde de gaz liquide, ils pouvaient faire monter les enchères jusqu'à un milliard de livres. Restait juste à savoir si la princesse réussirait à faire accepter une telle dépense à son mari...

Venaient ensuite des oligarques dont la rivalité avait déjà fait monter le prix de certains objets précieux à des niveaux inimaginables. Le comte avait rencontré le dernier à être arrivé à Londres, Vladimir Antipovsky. Il était de notoriété publique que l'homme contrôlait 43 pour cent de la production mondiale d'étain et qu'il ne reculerait devant rien pour surclasser son ennemi juré, Dmitri Voldakov, qui contrôlait quant à lui 68 pour cent de toute la potasse mondiale. Les deux hommes avaient vendu peu de temps auparavant quelques parts de leur société, respectivement pour 8 et 9 milliards de dollars. Beachendon n'osait imaginer combien chacun était prêt à dépenser.

À son grand étonnement, des représentants des gouvernements français et britannique s'étaient également manifestés. Les Français estimaient avoir des droits sur le tableau dans la mesure où Watteau était l'un des leurs – et le comte se garda bien d'expliquer à leur ambassadeur que le peintre était né à Valenciennes, ce qui faisait plutôt de lui un Flamand à l'époque. Quant au Premier ministre britannique, il soutenait que l'œuvre devait demeurer sur le sol national, même si personne n'ignorait que le pays ne pouvait se permettre de débourser la somme faramineuse qu'elle atteindrait.

En tant que récipiendaire de 0,2 pour cent de la meilleure enchère, le comte se préparait en tout cas à disposer bientôt d'un joli bas de laine.

— Ce tableau va nous arracher aux griffes de la pauvreté, dit-il à la comtesse. Ce n'est pas trop tôt.

Son épouse lui sourit et convint que tout cela était vraiment merveilleux.

Après avoir vu Jesse complètement abattu dans la salle du personnel de la Wallace Collection, Larissa l'avait invité à dîner ce soir-là. À son arrivée, elle le fit asseoir près d'elle sur un tabouret pendant qu'elle s'affairait.

— Bien sûr que j'ai entendu parler du Watteau. Il faudrait vivre en Nouvelle-Écosse avec la tête coincée dans le cul d'un ours polaire pour passer à côté d'une telle histoire, dit-elle en plongeant un homard vivant dans l'eau bouillante.

Un cri s'éleva de la casserole. Jesse grimaça.

— Ne t'inquiète pas, c'est juste de l'air qui s'échappe de la carapace, lâcha-t-elle joyeusement. Tu peux m'éplucher ces gousses d'ail ? Oups… à moins que tu n'aies rendez-vous ensuite avec quelqu'un ?

Il secoua la tête.

— Mon Dieu… Cette fille que tu aimais bien, ce n'était pas Annie, la voleuse ?

— Si.

— Tu as de la chance d'en être sorti vivant.

— Rien n'avait jamais vraiment commencé entre nous, dit-il en décidant que, dans son intérêt à elle comme dans le sien, Larissa n'avait pas besoin de tout savoir.

— Émince les gousses d'ail, s'il te plaît.

Il obtempéra avec une pointe de tristesse. La dernière fois qu'il avait fait ça, c'était avec Annie, le soir de son grand repas. Elle avait eu l'air si heureuse, si à son aise dans sa cuisine de fortune d'où elle envoyait ses plats les uns après les autres, comme des bataillons bien ordonnés.

— Tu étais proche de Trichcombe ? demanda-t-il à Larissa d'un ton faussement détaché.

— Je le connaissais depuis vingt ans, mais il n'a jamais été qu'une simple relation. Tu sais faire une mayonnaise ?

Il acquiesça et commença à mélanger les ingrédients dans un bol.

— Il est venu dîner ici quelques jours avant sa mort, reprit Larissa. Je ne l'avais jamais vu si joyeux.

— Sur quoi travaillait-il ?

— Il n'a pas voulu me le dire, mais c'était apparemment un sujet de nature à provoquer un gros scandale. Il n'arrêtait pas de répéter : « Ça va être énorme, vraiment énorme. » Pourquoi cette question ?

— Il m'a appelé et m'a parlé un bon moment d'*Apollo*, mentit Jesse. L'ennui, c'est que je ne comprenais pas du tout à quoi il faisait allusion.

— Il paraît qu'il écrivait un nouvel ouvrage sur Watteau, dit Larissa en repêchant le homard et en le déposant sur une assiette. Il comptait publier le résultat de ses derniers travaux de recherche, mais n'arrivait pas à se décider entre le *Mail* et *Apollo*. Ce ne sont pourtant pas des magazines très comparables.

— Il t'a expliqué de quoi il s'agissait ? insista

Jesse, qui se sentit rougir légèrement – il avait toujours été un piètre menteur.

— Ça portait sur la provenance d'un tableau perdu. Un truc merveilleusement rasoir, à mon avis. Ce pauvre vieux Trichcombe. Il a toujours été à côté de la plaque. Il ne s'est jamais vraiment remis d'avoir été viré par Memling Winkleman.

— Il a été viré par Winkleman ? Pourquoi ?

— Continue de remuer, sinon la mayonnaise ne prendra pas, le sermonna Larissa. Je n'ai jamais su le fin mot de cette histoire – on lui avait fait signer une clause de confidentialité qui lui interdisait d'en parler. Un jour, sans réfléchir, il m'a confié qu'il avait découvert des irrégularités dans les archives de la galerie, mais bon, les théories du complot sont monnaie courante dans le monde de l'art. Delores considère qu'il avait sans doute trop bu et que Memling a flippé.

— À tout hasard, il ne t'aurait pas donné une copie de son manuscrit pour que tu le mettes à l'abri ?

— Mon Dieu, non ! Jamais il n'aurait partagé ce genre de chose avec qui que ce soit. Il en a plus probablement envoyé un exemplaire à une boîte postale à Tombouctou ou à un membre de sa famille à Mold.

— Mold ?

— C'est de là qu'il était originaire.

Jesse se rappela le petit tableau dans la cuisine d'Abufel sur lequel l'historien avait griffonné « Envoyer manuscrit à Mold ».

— Assieds-toi, ce gentleman est *à point**, dit Larissa en plongeant le homard dans l'eau glacée.

Elle apporta ensuite une salade sur la table et goûta la mayonnaise.

— Pas mal, pas mal du tout.

Mais Jesse ne pensait qu'à Annie. Le jour viendrait-il où elle pourrait de nouveau manger ou cuisiner du homard, voire préparer une simple mayonnaise ? Et lui, qu'éprouverait-il si on lui disait que jamais plus il ne pourrait peindre, s'absorber complètement dans une composition ou exprimer ses idées par des images ?

— Qu'y a-t-il, Jesse ? s'inquiéta Larissa, qui l'observait attentivement. Dans quoi t'es-tu fourré ?

— Dans rien du tout. Je me disais juste que ton dîner avait l'air délicieux.

Elle reposa ses couverts et lui prit la main.

— Écoute mon conseil. Le monde de l'art n'est pas une petite mare bien tranquille, mais une mer infestée de requins. La beauté et le désir de posséder rendent les hommes fous depuis des siècles. Ajoute 120 milliards de dollars par an à cette équation, et tu obtiens de sérieux ennuis. Réfléchis, Jesse. De nos jours, même une œuvre secondaire réalisée par un artiste mineur vaut plus que ce que la plupart d'entre nous gagneront en l'espace de toute une vie.

Il opina tristement.

— Et puis, continua-t-elle, tout dans ce milieu est affaire de réputation. Les gros bonnets ne reculeront devant rien pour préserver leur statut social. Absolument rien. J'ignore ce qui s'est passé entre Trichcombe et les Winkleman, à vrai dire, j'ai préféré ne pas le savoir. Quand Trich est venu chez moi il y a quelques semaines en prétendant tenir enfin « ce salopard », je lui ai demandé de la boucler. Je regrette maintenant de t'avoir parlé de ça. L'influence des Winkleman s'étend bien au-delà des salles de vente, des musées, des galeries et des institutions. Ils s'appuient aussi sur des informateurs. Ils ont les moyens d'acheter la police et la presse. Si ça se trouve, Memling est peut-être même propriétaire d'*Apollo* et de *Burlington*. C'est le plus grand philanthrope du pays, et sa générosité ne se limite pas au monde de l'art, loin de là. Elle touche aussi les partis politiques. Trich s'est cru capable de l'affronter, et maintenant il est mort. Va comprendre. Même si je savais quelque chose, Jesse, je ne te le dirais pas. Je suis désolée pour toi si tu es tombé amoureux de cette fille. Vraiment désolée. Mais qu'elle soit innocente ou pas, tu dois accepter l'idée qu'elle ne sortira jamais de prison.

— Elle est innocente ! s'exclama Jesse, le teint rouge.

— On a donc une femme et son petit ami en guerre contre le monde entier ? Ça ne peut pas marcher. Le mieux pour toi est de l'oublier.

— Impossible.

— Tu n'as pas le choix. Si elle a de la chance, elle restera derrière les barreaux. Maintenant mange et raconte-moi ce qui se passe d'autre dans ta vie.

Jesse n'avait aucun appétit. Il se doutait bien que Larissa avait raison, et même s'il n'avait pas vraiment peur pour lui-même, il était terrifié à l'idée de ce qui pouvait arriver à Annie. Peut-être était-elle plus en sécurité en prison, effectivement. Là-bas au moins, personne ne risquait de la tuer.

35

C'était la première fois que le Très Honorable Barnaby Damson, ministre de la Culture, était convoqué dans le bureau du Premier ministre au Parlement. Il attendit devant la porte pendant que des secrétaires allaient et venaient avec zèle autour de lui en l'ignorant superbement. Chacun savait que son poste était au mieux un tremplin vers de plus hautes fonctions, au pire une voie de garage. Autrefois, les cas désespérés et les ravis de la crèche étaient envoyés en Irlande du Nord. Désormais, on les affectait à la culture.

Au bout de quarante minutes, il fut introduit dans une pièce de la taille d'un court de tennis. Le Premier ministre était assis tout au fond, et les chaussures de Damson couinèrent bruyamment sur le parquet lorsqu'il s'avança vers l'imposant bureau.

— J'ai l'impression d'être de retour à l'université et d'avoir été convoqué devant le doyen, dit-il.

— Évitez ce genre de remarque devant moi, répliqua le Premier ministre. Eton était censé nous aguerrir, pas nous faire sentir coupables. Bon, que faites-vous là ?

— Vous avez demandé à me voir.

— Pour quelle raison ?

Damson sentit ses espoirs renaître et s'éteindre en même temps. De toute évidence, il ne serait ni promu, ni démis de ses fonctions ce jour-là.

— Peut-être pour évoquer ce tableau, *L'Improbabilité de l'amour* ?

— Bien sûr. Commençons par le commencement. Comment prononcez-vous le nom de ce type ?

— Watteau.

— Wato ?

— V-A-T-T-E-A-U, le corrigea Damson avec un parfait accent français.

— Vat... comment ?

— Pensez à « Watteau à vapeur ».

— Un « Watteau à vapeur » ? Et à voile aussi, peut-être ? Ce doit être le genre de peintre qu'apprécie Bertie Wooster[1].

— Très drôle. Quelle excellente plaisanterie, monsieur, dit Damson en songeant à sa promotion.

— Et quel en est le sujet ?

— Deux amants dans une clairière au milieu des bois.

— C'est pornographique ? demanda nerveusement le Premier ministre.

— Pas du tout. Tenez, j'en ai une reproduction, dit Damson en sortant de sa poche une feuille pliée.

— L'art est un champ de mines, n'est-ce pas ?

1. Aristocrate oisif, héros de plusieurs romans de P.G. Wodehouse.

Damson acquiesça et posa la feuille sur le bureau.

— Vous voyez, ça n'a rien d'obscène. C'est juste un homme qui regarde une belle femme.

Le Premier ministre étudia attentivement l'image.

— Pas de quoi fouetter un chat, hein ? commenta-t-il. C'est le genre de truc que ma grand-tante Maude aurait aimé.

— Cette œuvre se distingue par sa plénitude et sa beauté.

— Mouais. Je n'ai jamais beaucoup aimé l'art.

— Vraiment ?

Le Premier ministre se leva et fit quelques pas dans son bureau. Par la fenêtre, il voyait quatre groupes distincts de manifestants qui s'insurgeaient contre le prix du pain, l'échec du système éducatif, la politique étrangère au Moyen-Orient et l'effondrement des services de santé. Ils avaient l'air insignifiants sur leur carré de pelouse, écrasés par les imposants bâtiments gouvernementaux qui les encadraient – la Cour suprême d'un côté, l'abbaye de Westminster de l'autre –, mais il savait qu'ils incarnaient l'état d'esprit du pays. Les prochaines élections auraient lieu dans moins d'un an et sa cote de popularité s'était effondrée.

— J'ai besoin d'une histoire patriotique, déclara-t-il en s'animant. Cette vente ne peut-elle servir à délivrer un message positif ? Du style : « La brave Angleterre rafle un tableau au nez et à la barbe des étrangers », ou encore : « Votre gouvernement sauve un chef-d'œuvre pour la nation » ? Qu'en pensez-vous ?

— C'est une excellente idée.

— Merci, Plum.

— Damson, monsieur.

— Combien vaut ce machin ?

— Il vaut ce qu'une personne acceptera de payer pour en devenir propriétaire. Cela dit, il existe une sorte de consensus sur le marché qui nous permet d'avoir une estimation.

— Bon sang, arrêtez de tourner autour du pot. Combien ?

— La fourchette basse est de 180 millions.

Le Premier ministre porta une main à son cœur.

— Cent quatre-vingts millions de livres sterling ? Il est peint sur de l'or ou quoi ?

— Non, juste sur une vieille toile toute simple.

— Je pourrais acheter une ogive nucléaire pour ce prix-là – un morceau d'ogive, en tout cas.

— C'est une grosse somme, reconnut Damson. Mais les Français ont la ferme intention d'acquérir ce tableau et j'ai entendu dire qu'ils étaient disposés à monter jusqu'à 300 millions de livres.

— Trois cents millions ! C'est exactement ce qu'ils ont reçu pour sauver une autre de leurs banques de la faillite. Ces bouffeurs de grenouilles devront me passer sur le corps avant de mettre la main sur mon Bateau !

— Lequel est français.

— Mais il est sur notre sol maintenant, ce qui en fait un tableau anglais.

— A-t-on l'argent nécessaire ?

— Pas vraiment. Pas du tout, même. Quelles sont les solutions possibles ?

— Nous pouvons refuser de lui accorder une

licence d'exportation et espérer trouver un preux chevalier prêt à l'acheter et à l'offrir au pays.

— Qui pourrait bien vouloir faire ça ?

— Une personne en quête d'un titre honorifique.

— On a moyen de s'en tirer avec l'ordre de l'Empire britannique ?

— J'en doute.

— Un titre de chevalier ?

— C'est peu probable.

— Mais je ne peux plus distribuer des pairies comme ça sans me faire lyncher par les journaux et ces foutus comités de sélection !

— Le problème, vous le savez bien, c'est que l'art est devenu une sorte de monnaie, un peu comparable à l'or. Maintenant que l'euro ne vaut plus rien et que le cours du yen est en chute libre, beaucoup voient là un investissement sans danger.

Le Premier ministre ne répondit pas et se mit à aller et venir dans son bureau. Il avait l'habitude déconcertante de faire craquer les jointures de ses doigts et de temps à autre, un bruit sec alarmant brisait le silence.

Damson regarda les manifestants à l'extérieur. Apercevant une silhouette derrière la fenêtre, ils agitèrent leurs panneaux avec énergie.

— J'ai pris une décision, annonça soudain le Premier ministre. Je ferais mieux de m'en remettre au MI6. Je vais leur demander de régler ça.

— Ils ne peuvent pas vraiment prendre d'assaut une maison de vente aux enchères. Nous ne sommes pas au Congo, observa nerveusement Damson.

— Il est fort peu probable qu'il y ait une seule

maison de vente aux enchères au Congo, alors que notre ministère de l'Intérieur dispose de services secrets, lui.

— James Bond à la rescousse ! plaisanta Damson en se livrant à une imitation assez réussie de Sean Connery – avant de se reprendre en constatant qu'elle n'avait pas l'heur de plaire. Je plaisantais. Seul un imbécile pourrait imaginer de faire intervenir James Bond.

— Et pourquoi pas ? répliqua froidement le Premier ministre. En fait, c'est précisément à ça que je pensais. La seule différence, c'est que James Bond s'appelle Darren Lu de nos jours. Un Chinois de la deuxième génération. Un type redoutable, à ce qu'il paraît.

Il regarda ensuite sa montre et soupira.

— On se reverra plus tard, Plum, dit-il en lui tournant le dos.

Cette fois, Damson ne le corrigea pas – qui sait, peut-être se féliciterait-il un jour que l'on ne se souvienne pas de son vrai nom.

Derrière les murs lourdement protégés et les colonnes ioniques du grand portail de l'Élysée, un Conseil des ministres avait été convoqué de toute urgence. Les membres du gouvernement traversèrent rapidement la cour d'honneur du palais. Ils étaient déjà venus là avant, mais la plupart étaient encore intimidés par la majesté du style classique français, les exquises tentures murales et le raffinement des tableaux et des ornements.

Pour une fois, le président ne se fit pas attendre.

Il entra dans la salle d'un pas déterminé, entouré de deux assistants.

— D'ici deux jours, un tableau sera vendu aux enchères à Londres, déclara-t-il.

Le ministre de la Culture sourit - c'était lui qui l'en avait informé.

— Cette toile est signée du peintre français Antoine Watteau, fondateur du mouvement rococo, et fait partie des plus grands chefs-d'œuvre de notre pays, continua le président. Pour ceux dont les connaissances en histoire de l'art sont un peu sommaires, Watteau est mort en 1721, un an avant que ce palais ait été achevé. Le rapatrier dans son pays d'origine et l'accrocher ici rappellerait de façon spectaculaire au monde entier que la France est une nation d'une importance et d'une richesse culturelles exceptionnelles. Au moment où nous subissons la plus grave crise économique de notre histoire, où nos banques font faillite, où les crédits ne sont pas remboursés et où nos obligations peinent à trouver preneur sur les marchés, nous prouverons en ramenant ce tableau qu'il faut toujours compter avec nous. Nous ne sommes pas à terre, loin de là. Nous achèterons le Watteau demain, quel qu'en soit le prix. *Vive la France* !*

Et sur ces mots, le président quitta la salle.

Les ministres se consultèrent du regard. La situation était encore pire qu'aucun d'eux ne l'avait imaginé.

Depuis qu'ils s'étaient rencontrés lors du dîner de Delores, Vlad et Grace Spinetti-Winkleman ne s'étaient presque pas quittés. C'était la première fois en dix ans que Vlad ne payait pas pour coucher avec une femme.

Durant l'un des rares moments que le couple passa séparé, il sollicita l'avis de Barty.

— Comment je prouve amour ?

— Dans l'ancien temps, vous auriez provoqué quelqu'un en duel.

— Un duel ? Et qui je provoque ? demanda Vlad, dérouté.

— Je plaisantais, mon cher. Le problème, c'est que je n'ai jamais été très doué en amour. Je suis même un cas désespéré. Vous devriez interroger quelqu'un de plus qualifié.

Vlad perdit toute patience et attrapa Barty par les pans de son costume de velours (inspiré ce jour-là du chanteur Adam Ant et des nouveaux romantiques).

— Ça ne pas être plaisanterie stupide. Ça être une question. Une question importante. Comment je prouve amour ? Répondez.

— Le sujet a occupé une foule de beaux esprits durant des siècles. Je ne suis ni un sémioticien, ni un philosophe, protesta Barty en essayant d'échapper à la poigne de fer du Russe.

— Elle ne veut pas argent. Pas voiture, pas bijoux, pas maison. Elle dit : « Toi prouver juste ton amour. »

Vlad envoya son haleine fortement imprégnée d'ail au visage de Barty avant de le laisser tomber lourdement sur son fauteuil.

Barty desserra son col et se tapota le front avec un mouchoir parfumé.

— Avez-vous vraiment besoin de le prouver ? Ne pouvez-vous pas simplement rester ensemble ?

— Je veux qu'elle venir en Russie avec moi. Pour vivre.

— C'est une très, très mauvaise idée. Vous allez tout perdre !

Barty se sentait dépossédé. Vlad serait dépouillé de toute sa fortune sitôt qu'il aurait remis un pied sur le sol russe.

— Et que faites-vous de notre musée ? demanda-t-il d'un ton plaintif.

Ces derniers temps, il n'avait pensé à rien d'autre qu'au bâtiment de Vlad à Saint-Pétersbourg, mais pas pour des raisons mercantiles. Il adorait l'idée de façonner un parfait petit joyau architectural que n'importe qui pourrait visiter. La plupart des demeures qu'il redécorait n'étaient même pas photographiées – leurs riches propriétaires tenaient à ce qu'elles restent leur trésor secret. À l'inverse, sa propre maison, ouverte à tous sept jours sur sept, lui procurait un immense plaisir, et il mourait d'envie d'aménager un autre édifice dont tout le monde profiterait.

— Amour plus important que musée, répondit fermement Vlad.

— Pourquoi voulez-vous retourner là-bas et redevenir pauvre, alors que vous avez la possibilité de vous amuser ici avec tout votre argent et l'amour de cette femme ?

— Je veux que mes enfants être russes.

— Elle est enceinte ?

— *Niet.*

De désespoir, Barty se passa les mains dans les cheveux. L'amour hétérosexuel était si déroutant parfois. Ce n'était qu'une succession sans fin de négociations et de malentendus qui rendaient chacun malheureux au bout du compte. Il était nettement préférable d'être homosexuel non pratiquant : là au moins, les choses étaient remarquables de clarté et de simplicité.

— Et Grace se réjouit-elle de vivre dans la pauvreté en Sibérie ?

— Elle dit que ça être cool.

— Ben voyons.

— Elle dit qu'elle en avoir assez de foutu capitalisme de merde. Elle préfère vraies valeurs.

— Dites-lui qu'une foutue pauvreté de merde est bien pire qu'un foutu capitalisme de merde, s'énerva Barty. Franchement, je n'ai jamais rien entendu d'aussi stupide.

Les deux hommes restèrent silencieux quelques instants. Ils étaient l'un et l'autre tout près de perdre ce qu'ils désiraient le plus.

— Je sais ! s'exclama soudain Barty en se redressant.

Vlad releva légèrement la tête.

— Il faut que vous achetiez le tableau qui a appartenu à son arrière-grand-mère. *L'Improbabilité,* ou *L'Impossibilité*... enfin bref, peu importe. *Le machin de l'amour.* Vous l'accrocherez dans notre – je veux dire, dans *votre* musée de Saint-Pétersbourg.

— Son arrière quoi ?

— Laissez tomber. L'essentiel, c'est d'acheter ce tableau. Voilà la preuve d'amour que vous cherchez. Vous ne comprenez donc pas ?

Vlad le dévisagea. Des larmes brillèrent dans ses yeux et commencèrent à couler sur ses joues.

— Mon ami, dit-il en empoignant de nouveau Barty par les pans de sa veste, mais cette fois pour planter des baisers humides et aillés sur ses joues. Mon ami. Mon ami.

— Doucement, doucement. Tout ça fait beaucoup d'affection pour un seul homme.

— Vous partir maintenant. Aller acheter le tableau. Tout de suite. Nous l'offrir à Grace ce soir.

— Ces choses-là ne se passent pas comme ça, Vlad. Il s'agit d'une vente aux enchères, ce qui signifie que vous devrez proposer une somme supérieure à celle des autres acheteurs.

— Alors proposer plus.

— On ne peut pas tant qu'on ne connaît pas le prix de départ.

— Avec argent, on peut tout, répliqua Vlad, qui s'échauffait encore.

— Vous aurez votre tableau, mais pas avant sa mise aux enchères. Vous n'avez que deux jours à attendre. Songez un peu : votre geste aura d'autant plus d'importance aux yeux de Grace que vous aurez acheté cette œuvre dans un lieu public et devant les médias du monde entier.

Vlad acquiesça. Ce plan lui plaisait bien.

— Et tout de suite après, nous annoncerons la création de votre musée, continua Barty.

Le Russe attrapa sa main et la secoua furieusement.

— Doucement, mon ami. Je n'en ai que deux comme celle-là.

— Ça être belle preuve d'amour. Très, très belle preuve d'amour.

Assis dans sa banque privée de St. James's Square, Dmitri Voldakov décida d'acquérir *L'Improbabilité de l'amour*, même s'il lui fallait pour ça se ruiner et s'attirer les foudres du Grand Chef. Sa motivation était simple : il voulait humilier Vlad. Depuis son arrivée en Angleterre, celui-ci ne lui avait causé que des ennuis en investissant dans les mêmes secteurs que lui et en faisant flamber comme jamais les cours du marché de l'art. Comble de l'affront, il avait aussi tenté de séduire sa fiancée Liudmila. Parce qu'il y allait de son honneur, Voldakov entendait donc bien lui souffler le tableau, au point d'avoir réalisé une partie significative de sa fortune en prévision de son triomphe lors de la vente aux enchères. Mais il avait également prévu un plan B au cas où. Il n'était pas du genre à accorder beaucoup de prix à la vie humaine, à la liberté ou aux valeurs morales. Seule comptait pour lui la victoire, quoi qu'il lui en coûte.

Depuis son bureau au 87e étage de la Brent Tower, à l'angle de Park Avenue et de la 73e Rue, Stevie Brent, fondateur et P-DG de SB Capital Partners Inc., contemplait Central Park en réfléchissant aux choix qui s'offraient à lui. D'ici dix jours, lui, le titan de Wall Street, serait traîné devant un procureur américain et accusé de délit d'initié. Nerveux, les investisseurs avaient déjà retiré quinze milliards de dollars de son principal fonds spéculatif, dont le capital se retrouvait en conséquence sérieusement érodé. Mais le trader allait bientôt faire savoir aux places boursières du monde entier que, loin d'être fini, il restait riche et assez sûr de lui pour acheter le tableau le plus cher jamais mis aux enchères. *L'Improbabilité de l'amour* trônerait bientôt dans le hall d'entrée de son bureau de Manhattan, et sa photo figurerait en première page de son rapport annuel.

Brent avait l'habitude des paris risqués. Plus l'enjeu était élevé, plus il montrait sa valeur. Il gardait son sang-froid quand d'autres s'effondraient. Pour l'heure, il avait besoin de frapper fort. Ce ne serait pas la première fois que l'art lui servirait à redorer son blason. Par le passé, dès que son entreprise avait rencontré des difficultés ou que les autorités fédérales s'étaient un peu trop intéressées à lui, le roi de Wall Street avait acheté une toile fabuleuse. Tout comme les Médicis, les esclavagistes, les chefs d'État voyous, et d'autres encore avant lui, il comprenait que l'art avait le pouvoir de laver une réputation. Le Watteau était un moyen parfait de regagner la confiance des investisseurs. Lorsqu'ils ouvriraient leur journal ou consulteraient les sites d'information sur Internet le lendemain de la vente, ils apprendraient qu'il avait de nouveau triomphé. Aucun autre homme sur le point d'être emprisonné ou de finir ruiné n'aurait osé un coup si audacieux.

Dans sa suite de l'hôtel Claridge, Mme Appledore signa les derniers papiers autorisant la liquidation de la fondation Melanie et Horace Appledore.

À la National Gallery de Londres, Septimus Ward-Thomas présida une réunion d'urgence du conseil d'administration, dont les membres acceptèrent à l'unanimité d'utiliser le fonds de réserve du musée, d'un montant total de 2 millions de livres, pour tenter d'acquérir le tableau.

Darren Lu fit le tour de la maison de vente aux enchères en examinant les portes et les fenêtres. Ses instructions étaient claires, mais il n'était pas sûr encore de la manière de remplir sa mission. Cela viendrait. Son travail n'avait jamais laissé à désirer jusque-là.

Son Excellence le président de la République française avait puisé dans les caisses de l'État pour s'assurer l'achat du tableau. Après avoir obtenu que l'armée de l'air lui organise un vol spécial, il convia toute la presse à le rejoindre le lendemain soir sur le tarmac de l'aéroport, où messieurs les journalistes pourraient assister au retour du plus grand chef-d'œuvre artistique de leur pays.

Dans son studio de Hoxton, M. M. Power Dub-Box écouta un morceau de son nouvel album. Il avait réservé sa soirée du jeudi afin d'assister à la vente aux enchères et prévoyait de s'y rendre avec un convoi de Range Rover blanches qui diffuseraient à plein tube son dernier single, *Witches' Brew*, pendant que deux ou trois filles se frotteraient contre lui. Sachant que le tableau atteindrait une somme qui excédait sa fortune, comment aurait-il pu prendre au sérieux le monde de l'art ? Tous des malades avec leurs prix délirants. Tous des bouffons.

Le bureau de Barty était rempli de costumes, mais il n'arrivait pas à se décider. Irait-il à la vente déguisé en Grande Catherine (avec un cheval sous le bras), en Pierre le Grand (avec un chiot), en comte dissolu (avec plusieurs bouteilles de vin vides), en Louis XIV (avec une énorme perruque), ou en Mme de Pompadour (avec une perruque de boucles blanches tombant en cascade et une robe de bal en dentelle et taffetas rose foncé) ?

— Vous aviez une tenue similaire à mon dîner, lui fit remarquer Delores.

— Sauf votre respect, ma chère, votre dîner comptait seulement cinquante invités et avait lieu dans un coin paumé de Londres. Ce soir, deux milliards de personnes suivront la vente à la télévision, répliqua-t-il, agacé. Bennie, Emeline, où sont mes assistants ?

— Nous sommes tous là, répondit sa secrétaire Frances d'un ton las.

Barty se retourna et découvrit ses quinze employés en rang d'oignons qui attendaient patiemment ses ordres.

— Si vous portez encore une perruque ridicule, personne ne vous reconnaîtra. Oubliez ça, insista

Delores. Visez quelque chose de classe, qui fasse moins grande folle.

— Quand le tableau aura trouvé preneur, j'ôterai ma perruque et tout le monde saura qui je suis, expliqua Barty en se représentant déjà la scène diffusée aux informations du soir.

— Vous aurez simplement l'air d'une vieille dragqueen détrempée. Vous imaginez dans quel état seront vos cheveux et votre maquillage après quatre heures sous des spots brûlants ? lança Delores en se dirigeant vers la porte.

— Vous n'allez pas partir maintenant ! gémit-il. Pourquoi faut-il que je me débrouille toujours tout seul ?

Deux jours avant la vente, la BBC diffusa un documentaire sur *L'Improbabilité de l'amour*. Il était très inhabituel que la chaîne consacre une première partie de soirée à un tableau, songea Larissa en s'installant devant son téléviseur. Autrefois considéré comme un loisir peu répandu et contemplatif, l'art était désormais présenté sous des dehors populaires et populistes. Finies les archives poussiéreuses, les églises décrépies et les demeures imposantes presque en ruine qu'elle avait découvertes durant ses études, quelque quarante ans plus tôt. La jeune génération aurait même eu du mal à croire qu'une telle époque avait existé, elle qui ne connaissait que les archives numériques et les extensions flambant neuves des musées.

Le programme était conçu de manière assez imaginative. Grâce à des effets spéciaux dernier cri, les réalisateurs avaient recréé avec exactitude les diverses salles où le tableau avait été exposé. Un instant on le voyait dans la mansarde d'un artiste, le suivant dans la chambre à coucher du tsar. Chacun de ses propriétaires l'avait acheté afin de l'offrir en gage d'amour. Tout comme douze autres millions de spectateurs ce soir-là, Larissa apprit avec étonnement comment cette petite toile avait traversé l'histoire, ballottée d'un couple illustre à un autre, jusqu'à ce qu'elle soit achetée en 1929 par un jeune avocat juif, Ezra Winkleman, pour sa fiancée Esther. Après leur mariage, le Watteau était resté accroché dans leur petit appartement berlinois, où le couple avait mené une vie simple mais heureuse avec ses quatre enfants. Puis la guerre avait éclaté et les juifs de Berlin avaient été déportés. Les Winkleman et leurs enfants avaient fait partie des convois vers les camps de concentration. Presque tout le monde les avaient crus morts, mais leur plus jeune fils, Memling, avait réussi à en réchapper et avait passé la fin de la guerre dans une ferme isolée, sans rien manger d'autre que des herbes et des baies. Lorsque les Alliés l'avaient découvert en 1946, il ne possédait que sa carte d'identité, une photo de sa mère et le tableau. Larissa sentit sa gorge se nouer curieusement en entendant cela.

Peu après, Memling apparut à l'écran – un bel homme aux traits carrés, aux larges pommettes et aux yeux bleus étranges, qu'elle remarqua pour la première fois. Elle fut hypnotisée par sa voix basse et autoritaire comme tout le reste du pays. Son histoire était terrifiante, bouleversante, et pourtant elle ne fut pas tout à fait convaincue. Il n'était vraiment pas commun qu'un juif ashkénaze ait de tels yeux bleu clair, pensa-t-elle. Puis elle nota la manière dont il baissait la tête chaque fois qu'il évoquait ses parents.

Elle se remémora alors son dernier dîner avec Trichcombe. L'historien lui avait affirmé qu'il tenait enfin des « preuves ». Une histoire de photo à Berlin et de certificat de naissance. Elle ne l'avait écouté que d'une oreille, tant cela faisait longtemps qu'il ruminait sa rancœur contre les Winkleman, mais quelque chose dans ce documentaire et chez Memling la troublait profondément. Et bien qu'il fût déjà presque 23 heures, elle appela Jesse pour lui demander de passer tout de suite la voir.

36

La veille de la vente

L'Angleterre n'avait jamais été plus jolie, pensa tristement Jesse en admirant depuis son train les dernières haies d'aubépines encore en fleur, toutes roses et blanches, et le tapis de velours des prés où paissaient çà et là quelques moutons. Les arbres avaient déroulé leurs feuilles vert vif et dressaient leurs silhouettes noires et souples sur la toile bleue tendre du ciel. À l'exception de quelques champs de colza jaune électrique, la voie ferrée ne longeait que des étendues qui déployaient toute la palette des verts. En temps normal, Jesse aurait réfléchi à la manière dont il aurait pu restituer ce paysage vallonné et majestueux, mais il avait du mal à peindre depuis l'arrestation d'Annie. Il se demanda ce qu'elle-même voyait par sa fenêtre – à supposer qu'elle en ait une – et craignit qu'elle ne supporte plus très longtemps encore de rester incarcérée. À chacune de ses visites, elle semblait se recroqueviller davantage sur elle-même. Son regard lumineux était devenu morne et voilé, et la tenue réglementaire des détenus flottait de plus en plus autour de son corps émacié.

Ce matin-là, suivant une suggestion de Larissa, il était monté dans un train à destination de Wrexham, où il comptait prendre ensuite une correspondance vers Buckley. Lorsque la petite navette arriva, à 16 heures, tous les sièges étaient occupés par des enfants qui rentraient de l'école. Il trouva une place dans un coin au fond de son wagon et eut subitement le sentiment d'être plongé au milieu d'un feu d'artifice humain à la vue de tous ces gamins qui couraient, sautaient et criaient autour de lui. Il était le seul adulte à bord mais, sans qu'il s'explique pourquoi, personne ne paraissait remarquer sa présence. Onze arrêts séparaient Wrexham de Buckley. À trois reprises, il envisagea de descendre à l'un d'entre eux et d'attendre une heure le train suivant. Alors qu'ils traversaient la rivière Cegidod, un groupe de sauvageons abandonna l'un de ses jeux, qui consistait à bondir dans les allées, au profit d'un autre dont le but était cette fois de jeter des enfants plus petits sur les sièges. Leurs victimes étaient parfois rattrapées au vol, mais parfois aussi tombaient par terre avec un bruit inquiétant. Jesse redouta d'abord qu'ils se cassent quelque chose ou qu'ils finissent par saigner du nez. Puis il songea que ces gamins pouvaient aussi s'en prendre à lui. Peut-être serait-il traîné par les orteils et balancé par la fenêtre, à moins qu'on ne se serve de lui comme d'un trampoline humain. Cela dura jusqu'à Penyffordd, où le train se vida massivement d'un seul coup, le laissant seul avec une petite fille et son frère qui avaient cherché refuge dans un porte-bagages en hauteur et qui en descendirent prudemment avant de s'asseoir en face de lui.

— C'est pareil tous les jours ? leur demanda-t-il.

La fillette haussa les épaules. Son frère se tourna vers la vitre.

Jesse tenta de se représenter le jeune Trichcombe Abufel dans des circonstances similaires. Comment cet être ascétique et asexué avait-il pu survivre à une telle enfance ? Avait-il trouvé refuge dans les œuvres d'art ? Ces dernières lui avaient-elles offert des scènes d'immobilité et de calme à l'opposé de celle-ci ?

À Buckley, il prit un bus local pour Mold en espérant découvrir quelques beaux paysages campagnards le long du trajet, mais à peine eut-il quitté la banlieue de la ville que les premiers immeubles de Mold apparurent. Jesse vérifia l'adresse : 21 Ffordd Pentre. Pourvu qu'elle soit plus facile à localiser qu'à prononcer, songea-t-il.

Après bien des délibérations avec Larissa, tous deux avaient décidé qu'il serait préférable de rendre visite au neveu de Trichcombe, Maurice, plutôt que de lui téléphoner ou de lui écrire, et ce d'autant plus que la vente aux enchères devait avoir lieu le lendemain soir. Quand toute l'agitation autour de cet événement serait retombée et que la presse et le public se seraient désintéressés du tableau, Jesse craignait que la police ne se donne plus la peine d'examiner le cas d'Annie. Or il ne voulait pas qu'elle passe une minute de plus en prison.

« Et si jamais ils sont en vacances ? avait-il

demandé à Larissa en arpentant nerveusement son petit appartement.

— Ils reviendront forcément un jour.

— Et si jamais ils ont jeté toutes les affaires de Trichcombe ?

— Dans ce cas, il n'y aura plus rien à espérer. Jesse, tu dois être prudent. Tu n'as aucune idée du pouvoir qu'ont les Winkleman.

— Tu n'arrêtes pas de me le rappeler », s'était-il agacé.

Il aurait voulu aller à Mold dès cette nuit-là, et sans doute l'aurait-il fait s'il avait eu une voiture et un permis de conduire, ou les moyens de se payer un taxi jusqu'au pays de Galles.

Larissa lui avait tendu le catalogue de la vente.

« Regarde ça. »

L'énorme ouvrage, dont le titre, *L'Improbabilité de l'amour*, figurait en lettres dorées sur l'épaisse couverture cartonnée, comprenait onze essais vantant l'importance et la signification culturelle du Watteau. Il y avait là des textes de Septimus Ward-Thomas sur sa place prééminente dans l'histoire de l'art, de Simon Schama sur sa valeur artistique et historique, ainsi que des commentaires de Jasper Johns, Peter Doig, Dexter Dalwood, Catherine Goodman, Gerhard Richter et Tarka Kings – sans même parler des poèmes de Carol Ann Duffy et d'Alice Oswald.

« À part nous, personne n'a envie que cette vente soit un échec, Jesse.

— Annie est innocente ! s'était-il emporté.

— Je ne prétends pas le contraire, seulement les

preuves s'accumulent contre elle. D'abord, aucune bande vidéo ne la montre dans la boutique le jour où elle prétend y être allée. Ensuite, une policière se rappelle qu'elle a fourni une déposition après l'incendie et qu'elle semblait porter un grand intérêt à la mort du commerçant. Les caméras de surveillance l'ont filmée en train de sortir de chez les Winkleman avec le tableau. Il a été établi qu'elle a amassé des informations à son sujet, notamment à la National Gallery et au British Museum. Et pour finir, elle a également emprunté des livres sur Watteau dans des bibliothèques et tenté de faire authentifier la toile auprès de plusieurs personnes, à l'exception de celles auxquelles n'importe qui aurait pensé : les Winkleman. Pourquoi n'a-t-elle pas soumis le tableau à Rebecca ?

— Elle ne voulait pas qu'on puisse lui reprocher de musarder pendant son temps de travail. Et tu sais combien Rebecca et son père peuvent être effrayants et inaccessibles.

— Il faut quand même reconnaître qu'elle est en mauvaise posture. Aucun juré n'hésitera à la déclarer coupable.

— Elle a été piégée.

— Tu es un homme amoureux, lui avait gentiment fait observer Larissa. Si tu veux aider Annie, tu vas devoir être plus prudent et maître de toi. »

Jesse se repassait cette conversation dans sa tête lorsqu'il traversa le centre de Mold. Assoiffé et affamé, il jeta un coup d'œil à la fenêtre d'une auberge en se demandant s'il avait le temps de grignoter quelque chose et de prendre une bière.

Mais l'image d'Annie s'imposa aussitôt à lui, et il éprouva un sentiment de honte – comment pouvait-il penser à manger alors que l'avenir de la jeune femme dépendait de lui ? Il trouva facilement Ffordd Pentre, un lotissement construit dans les années 1980 près de Chester Road. Chaque maison se résumait à un cube de briques rouges qui ne se distinguait des autres que par quelques petits détails : ici des fenêtres en saillie, là des bardeaux blancs. Toutes possédaient un garage démesuré et une petite cour pavée à l'avant. Celle située au n° 21 était entourée d'un muret et d'une haie de troènes. Contrairement à ses voisines, elle était agrémentée d'une pelouse parfaitement tondue et de suspensions fleuries. Un chat roux et noir faisait sa toilette derrière la fenêtre et une petite voiture était garée sur le trottoir.

Jesse s'était habillé avec soin, choisissant une chemise bleu pâle, une cravate et son plus beau costume en velours côtelé dans l'espoir de paraître respectable, mais pas trop solennel. Il se lissa les cheveux et sonna résolument à la porte.

À l'intérieur, Delia Abufel venait juste de se faire un thé et de sortir trois petits biscuits fourrés d'une boîte en étain. Tout en songeant qu'elle devrait en racheter chez Tesco le lendemain, elle s'assit pour regarder son jeu télévisé quotidien, *Personne n'y avait pensé !* et à 16 h 50 précises, quand tout fut « au poil », elle alluma la télévision. Tout sourire, Alexander Armstrong annonçait déjà le premier invité. Aujourd'hui, pensa-t-elle, je vais gagner. Pas comme la veille, où elle avait encore échoué – une défaite de plus dans la longue liste de ses déceptions. Quelqu'un sonna à la porte à ce moment-là. Un coup bref, mais insistant. Elle se tourna vers le chat et, voyant qu'il continuait à se lécher la patte sans sourciller, monta le son. Ce n'était probablement que les gamins qui habitaient plus loin dans la rue. Autant les ignorer.

Dehors, Jesse se dandinait sur le perron. Il savait qu'il y avait quelqu'un à l'intérieur – il distinguait les reflets fantomatiques d'un écran de télévision derrière les voilages. Combien de temps devait-il attendre avant de sonner de nouveau ? Il ne tenait pas à agacer les Abufel.

Delia examina les différents concurrents en cherchant à identifier ses principaux rivaux. La plupart étaient des gens ordinaires, entre deux âges, issus de l'Angleterre profonde, mais il y avait un duo qu'elle détesta au premier regard. Milly et Daisy, de Blackpool. Elles étaient trop bien foutues et trop bien fringuées pour avoir quelque chose dans le crâne. Elle aurait pu être l'une de ces filles. Elle aurait dû, même. Mais quelque chose avait déraillé. Elle n'avait pas eu la main heureuse. Elle aurait mieux fait d'épouser Tod Florence et de partir s'installer avec lui en Nouvelle-Zélande. Ou alors Ronnie Carbutt, qui dirigeait désormais tous les Tesco du pays de Galles. Mais elle leur avait préféré le gentil garçon du coin. Franchement, Maurice était un bon à rien. Un plombier sans aucun espoir de promotion. Un homme avec qui le quotidien était toujours prévisible, jamais excitant.

Chacune de ses grossesses lui avait laissé six kilos supplémentaires, et à présent que ses quatre enfants avaient quitté la maison, elle se retrouvait avec un grand vide dans sa vie et un ventre qui retombait par-dessus son pantalon. Son regard se posa sur deux étagères remplies de livres parfaitement alignés à côté de la télévision. Celle du haut, consacrée aux recettes de cuisine, rassemblait des ouvrages publiés par les présentatrices de diverses émissions culinaires. Celle du bas, sa collection de régimes inaboutis. Tous les concepts en vogue y étaient représentés, de la diète Miami à la cure Atkins. Trois mètres de rêves brisés.

La sonnette de la porte d'entrée retentit de nouveau, plus longtemps cette fois.

« De quel film Sigourney Weaver a-t-elle été l'héroïne ? demanda Alexander Armstrong. Si vous réussissez à deviner la réponse la moins probable et à inscrire le plus petit nombre de points, vous aurez une chance d'aller jusqu'au duel final. »

Delia se creusa les méninges. Était-ce *Alien* ? *Ice Storm* ? *Ghostbusters* ?

La sonnette la déconcentra encore. Elle songea à faire bouillir une casserole d'eau et à la balancer au visage de ce foutu gamin.

Mais une pensée lui vint alors. Peut-être était-ce la police militaire qui venait lui annoncer que son fils aîné, Mark, avait été blessé en Afghanistan. Ils se déplaçaient chez les gens, dans ces cas-là. Ils ne téléphonaient pas. Où était Maurice quand elle avait besoin de lui ? Prise d'une envie soudaine de crier, elle s'arracha péniblement à son fauteuil et courut presque ouvrir la porte.

— Allez-y, annoncez-moi le pire, bafouilla-t-elle en refoulant ses larmes.

L'homme devant elle n'avait cependant pas l'air d'un soldat, ni d'un policier, ni d'un représentant d'une quelconque autorité. Il portait des chaussures maculées de peinture, un costume qui avait connu des jours meilleurs, et si sa cravate était bien droite, ses cheveux bruns pointaient en tous sens.

— Qui êtes-vous ?

Jesse dévisagea la petite femme replète qui se tenait devant lui en peignoir et chaussons roses. Il revit Trichcombe Afubel, cet homme à la carrure si étroite, aux cravates toujours parfaitement nouées et aux chaussures bien cirées. Même s'il avait dû lui associer la partenaire la plus improbable qui soit, il n'aurait jamais osé imaginer Delia. Trichcombe ne montrait presque pas ses émotions, contrairement à elle, qui le fusillait du regard quelques secondes seulement après avoir paru accablée de douleur en lui ouvrant la porte.

— Qui êtes-vous ? répéta-t-elle.

— Je suis un ami de Trichcombe Abufel.

— Sa tapette ? demanda-t-elle avec hésitation.

— Pardon ?

— Sa pédale ?

— Non, juste un ami !

— D'après vous, quel est le film le moins connu de Sigourney Weaver ?

— *Gorilles dans la brume* ?

— Putain, oui, bonne idée, dit Delia avant de lui claquer la porte au nez et de se précipiter vers son téléviseur.

Jesse resta planté sur le perron pendant que Milly et Daisy raflaient la mise avec un film obscur intitulé *Galaxy Quest*.

« Voici les noms de huit footballeurs. Rattachez leur club britannique au pays dont ils sont originaires », lança Alexander Armstrong aux téléspectateurs.

Delia s'avachit sur son fauteuil. Elle ne connaissait rien au football – pas comme Milly et Daisy, manifestement, qui semblaient bien parties pour remporter cette nouvelle manche haut la main.

La sonnette de la porte d'entrée retentit une troisième fois.

Delia s'extirpa de son fauteuil.

— Quoi encore ?

— Je suis désolé de vous déranger, mais c'est très urgent.

— Je ne peux pas vous faire entrer. Vous allez devoir attendre le retour de Maurice.

— Et à quelle heure sera-t-il là ? demanda poliment Jesse.

— À 18 heures tapantes. Il n'a jamais une minute d'avance ou de retard. Bon, dites-moi maintenant de quelle équipe fait partie Robin van Persie et de quel pays vient ce connard.

— Il joue à Manchester United et il est néerlandais.

La porte se referma devant lui.

Jesse alla s'asseoir sur le muret qui bordait la

maison. Un vent frisquet soufflait sur Ffordd Pentre. Des voisins qui ramenaient leurs enfants de l'école ou qui rentraient du travail garèrent leurs grosses voitures aux couleurs vives devant leur perron et s'engouffrèrent chez eux. Bien qu'on fût au mois de juin, le ciel s'était soudain assombri. Jesse regarda les réverbères s'allumer et jeter un halo de lumière sur le pavé des courettes. Alors qu'elles ne payaient pas de mine en plein soleil, les maisons alentour devinrent plus avenantes, leurs fenêtres brillant comme de doux yeux au milieu d'un visage inexpressif. À 18 heures pile, ainsi que Delia l'avait annoncé, une voiture s'arrêta devant le n° 21 de la rue.

— Bonsoir, vous devez être Maurice Abufel, dit Jesse au conducteur.

Si Maurice fut surpris de voir un inconnu devant chez lui, il n'en montra rien. Grand et maigre, les traits marqués et la mine plutôt sombre, il ressemblait un peu à son oncle. Mais contrairement à Trichcombe, qui était toujours vêtu avec une élégance exquise, il portait un bleu de travail et des chaussures à semelles en caoutchouc.

— Qui êtes-vous ?

— Je suis un ami de votre oncle Trichcombe. Ou du moins je l'étais. Je vous présente mes condoléances.

— Qu'est-ce que vous fabriquez ici ? Pourquoi vous n'avez pas sonné ? Entrez donc.

Maurice lui fit signe de le suivre. À l'intérieur de la maison, il posa sa casquette sur une console, puis suspendit la clé de la porte à un petit crochet étiqueté « Clé » et celle de sa voiture à un autre étiqueté « Voiture de M ». Enfin, il rangea son blouson dans un placard.

— Nous avons de la visite, dit-il à sa femme. Éteins la télé.

— C'est qui ?

— Un ami de mon oncle. Il était assis sur le muret.

Maurice et Jesse se tenaient toujours côte à côte dans le petit vestibule. Par la porte ouverte du salon, ils virent Delia s'arracher à son fauteuil et s'avancer vers eux.

— Je l'ai fait attendre dehors, dit-elle en ignorant Jesse.

— Pourquoi ? Il fait frais ce soir.

— Ç'aurait très bien pu être un violeur.

— Dans tes rêves, ma chère, répliqua Maurice. Dans tes rêves.

— Ferme-la et viens boire un thé.

— Qu'est-ce qu'on mange ?

— Du poisson pané et des haricots.

— Ah. Oui, c'est vrai qu'on est mercredi.

— Il n'y en a pas assez pour trois.

— Tu prépares toujours de quoi nourrir un régiment et tu manges presque tout à toi toute seule. Tu n'auras qu'à te rationner un peu, ça ne te fera pas de mal.

Jesse n'avait rien avalé depuis ce matin-là, mais, sentant qu'il avait toute leur attention, il commença à leur parler d'Annie et du tableau qu'elle avait déniché dans une brocante, puis tenté de faire authentifier sur ses conseils. Il expliqua ensuite comment

Trichcombe avait déterré quelque sombre secret dans le passé des Winkleman, ce qui lui avait valu d'être licencié et mis au ban du monde de l'art dans les années 1970. Quelque chose dans l'œuvre achetée par Annie confirmait cependant son intuition. Il avait guetté pendant quarante ans une occasion de démasquer les Winkleman, et il avait enfin eu la preuve qu'il cherchait en rencontrant Annie et en voyant son tableau. Il projetait de publier un article à ce sujet dans un magazine d'art, *Apollo*, mais il était mort soudainement le jour même où il devait remettre son manuscrit au rédacteur en chef.

— Le médecin légiste a dit qu'il avait succombé à une crise cardiaque, objecta Maurice.

— Par quel hasard quelqu'un succomberait-il à une crise cardiaque précisément après avoir fait disparaître tous ses messages téléphoniques et tous ses dossiers papier et effacé complètement le disque dur de son ordinateur ?

— Peut-être que c'était trop de stress pour lui ?

— Le concierge de son immeuble l'a vu partir ce matin-là avec un paquet sous le bras. Trichcombe lui a dit qu'il allait à la poste. J'ai demandé si votre oncle était pâle ou mal en point, mais apparemment pas du tout. Il semblait en pleine forme et a même salué le gars au passage, ce qui était étonnant de la part d'un vieux grincheux comme lui – avec tout le respect que je lui dois, bien sûr.

— Ah ça, pour être grincheux, il se posait là ! commenta Delia.

— Deux jours plus tôt, il avait dîné chez une amie commune à qui il a raconté qu'il avait découvert un crime et que tout le monde allait être scotché en l'apprenant. Ce qu'il avait trouvé prouvait qu'il avait raison depuis le début et qu'on l'avait calomnié. Je ne pense donc pas que sa mort ait été accidentelle.

Maurice et Delia échangèrent un regard.

— Je me disais justement aujourd'hui en étendant ma lessive qu'il ne se passait jamais rien à Mold, lâcha Delia.

— Il ne se passe jamais rien à Mold. Tout ça a eu lieu à Londres.

— D'après mon amie, reprit Jesse, votre oncle pourrait vous avoir envoyé une copie de son manuscrit.

Il retint son souffle. C'était la dernière chance d'Annie.

Maurice secoua la tête.

— On n'a rien reçu, j'en ai peur.

— Si, il y a eu ce paquet..., intervint Delia. Je croyais que c'était des habits que j'avais commandés sur Internet. Je suis allée à pied jusqu'en ville et j'ai dû faire la queue pendant trois quarts d'heure, tout ça pour découvrir que c'était juste un de ses courriers habituels. Il m'avait prévenue par téléphone quelques jours plus tôt.

— Qu'en avez-vous fait ? demanda Jesse.

— Attendez, j'essaie de me rappeler...

— Ne te presse pas, surtout, ironisa Maurice. Ce n'est pas comme si on parlait du meurtre de mon oncle et de l'incarcération d'une innocente.

— En sortant de la poste, je suis passée chez le boucher acheter deux côtelettes d'agneau. Là, j'ai croisé Lily, qui m'a proposé d'aller prendre un café chez Ivy. Et c'est ce qu'on a fait. Ivy avait préparé un bon gâteau. Une sorte de génoise fourrée à la confiture et à la crème, avec de vraies fraises importées d'Espagne.

Jesse dut se retenir de crier de frustration.

— Après ça, je suis rentrée à la maison.

— Et c'est tout ce que tu as fait ce jour-là ? s'écria Maurice, incrédule. Quand je pense que j'ai sans doute cavalé de Chester à Birmingham pour réparer quatre chaudières, désengorger deux canalisations et remplir le même nombre de fiches d'intervention, pendant que toi, tu jouais les altesses en t'empiffrant de gâteaux.

Delia fit la moue, mais ne répondit pas.

— Avez-vous rapporté le colis chez vous ? s'enquit Jesse.

— Il faudrait juste que je sache quel sac j'avais ce jour-là…

— Vous l'avez peut-être laissé chez votre amie Ivy ? insista-t-il en essayant de masquer sa panique.

— Est-ce que j'avais mon grand cabas ou mon filet à provisions ?

— Qu'est-ce que ça peut faire ? s'énerva Maurice.

— Il y en a un qui possède une poche intérieure.

— Pourriez-vous aller voir si le paquet s'y trouve ?

Delia s'approcha d'un placard. Son cabas était rangé au fond, derrière une planche à repasser. Elle palpa la grande poche avant.

— Il n'est pas là.

Elle poussa soudain un petit cri en voyant l'heure.

— Le *Mac Show* commence dans dix minutes.

Ils ont invité Rob Brydon, ce soir. Si on allait le regarder ?

— S'il vous plaît, madame Abufel, je sais que c'est beaucoup vous demander, mais il faut qu'on retrouve ce paquet, dit Jesse en s'efforçant de rester calme.

— Ne vous inquiétez pas. Dès que le jeu sera terminé, je le chercherai.

Cette fois, ce fut Maurice qui se leva. Maurice, avec ses vieilles charentaises, sa mèche rabattue sur son crâne, son gilet marron rapiécé, sa tenue de travail réglementaire et ses lunettes des années 1960, n'avait plus rien d'un plombier, mais bien tout d'un colosse rugissant.

— Tu vas décoller de cette chaise et monter au grenier ! cria-t-il à sa femme. Pour une fois dans ta vie, fais passer quelqu'un avant ce foutu téléviseur. On parle de mon oncle Trich. Il faisait partie de la famille, et la famille compte plus que tout. Si ce n'était pas le cas, je t'aurais quittée il y a longtemps. Maintenant, file chercher tout ce que mon oncle nous a déjà envoyé et rapplique aussi sec.

Delia dévisagea son mari avec étonnement. Elle parut sur le point de dire quelque chose, mais sortit finalement de la pièce sans un mot. Jesse et Maurice écoutèrent ses pas lourds dans l'escalier, puis à l'étage, avant qu'un bruit sourd retentisse lorsqu'elle fit descendre l'échelle du grenier. Peu après, les barreaux grincèrent sous son poids.

— Je ferais peut-être mieux d'aller l'aider ? dit Jesse.

— Restez ici, lui ordonna Maurice, le regard fixe.

Quelques minutes plus tard, Delia revint avec trois sacs en plastique. À l'intérieur se trouvaient des enveloppes matelassées et toujours scellées adressées à son mari. Jesse examina avec attention les tampons de la poste. Aucune n'avait été expédiée récemment.

— Tout ça, ce sont ses livres ? demanda Maurice.

— Sans doute. Il en a écrit au moins douze. Mais le paquet qu'on recherche n'est pas là.

— Appelle Ivy, dit Maurice à sa femme. Vois si tu ne l'as pas laissé chez elle.

— Elle est sûrement en train de regarder *The One Show*, marmonna Delia en se dirigeant vers le vestibule.

Il s'avéra qu'Ivy n'avait pas le manuscrit en sa possession, pas plus que Lily.

Jesse sentit son avenir et celui d'Annie lui glisser entre les doigts. Il n'y avait plus aucun espoir. Elle serait déclarée coupable et croupirait en prison jusqu'à la fin de ses jours pour un crime qu'elle n'avait pas commis. Autant dire qu'elle serait sacrifiée sur l'autel d'un secret. Il savait qu'il n'aimerait jamais plus personne après elle. Bien sûr, il rencontrerait sans doute d'autres femmes, il se forgerait d'autres souvenirs et peindrait d'autres tableaux, mais ce ne serait que l'ombre de la vie qu'il rêvait de passer avec Annie. Avant de la rencontrer, comprit-il, son existence avait été teintée d'ambivalence, et il avait confondu réussite et liberté personnelle en rejetant en bloc les contraintes, les soucis, les angoisses et les biens matériels. Il en était arrivé ainsi à se créer un quotidien fade, fermé à tout sentiment.

Il aimait la peinture et sa famille, mais pas grand-chose à part ça. Et s'il lui était arrivé à une ou deux reprises d'avoir envie de traverser toute la ville pour une femme, il s'était contenté de hausser les épaules d'un air désolé chaque fois que ses compagnes l'avaient quitté en se plaignant de son refus de s'engager.

Tout avait changé avec Annie. L'ensemble agréable, monotone et bien ordonné de notes isolées et mélodieuses qu'était jusqu'alors sa vie avait explosé en une cacophonie d'accords déchaînés et imprévisibles. Le soleil avait inondé des recoins sombres et inconnus de son être, et il était soudain devenu joyeux, étourdi et généreux. Il souriait aux inconnus, chantait dans les ascenseurs, dansait dans les couloirs. Il entendait des mélodies comme si c'était la première fois et redécouvrait les couleurs. La moindre petite tâche n'exigeait plus de lui aucun effort – il courait dans les rues et montait quatre à quatre les escaliers. Un voile semblait lui avoir été arraché des yeux, lui permettant enfin de voir le monde sous un angle à la fois familier et surprenant. Tout devenait plus intense, plus profond, plus touchant. Sa peinture avait pris un virage radical, sa palette douce et ses compositions soignées cédant la place à des éruptions de couleurs et à de folles envolées de son imagination. De temps à autre, l'air s'échappait si fort de ses poumons qu'il devait s'accrocher à quelque chose pour ne pas être pris de vertige. Bref, il avait la certitude absolue et indéniable qu'Annie et lui étaient faits pour vivre ensemble.

Mais se sentiment nouveau s'était accompagné

de son corollaire : la peur de perdre l'être aimé. Dès l'instant où il avait rencontré Annie, il avait su ce qu'était la terreur. Son approche insouciante et nonchalante de la vie avait pris fin, et chaque événement, si minime fût-il, suscitait désormais en lui une bouffée de panique et d'impatience. À cet instant, assis dans la cuisine du 21 Ffordd Pentre, il se rendit compte qu'il avait perdu, qu'Annie et lui ne seraient jamais réunis et que la personne qu'il aimait le plus au monde devrait faire face à un avenir bien sombre. De désespoir, il se mit à pleurer.

— Il y a un étranger qui pleure dans ma cuisine, dit Delia.

Maurice tendit un mouchoir à Jesse.

— Sors ton gros cabas et ton filet à provisions, lança-t-il ensuite à sa femme. Va aussi jeter un coup d'œil dans la poubelle du recyclage. Cette enveloppe est forcément quelque part.

Delia regarda l'heure. Elle ne savait plus très bien quelle émission allait commencer. Quel jour était-on, déjà ?

Maurice se leva, s'approcha du placard et le vida sans ménagement du balai et des casseroles afin de pouvoir accéder au cabas et aux autres sacs rangés là.

— Tu me fiches le bazar partout, se plaignit Delia.

— Fais ce que je t'ai dit.

Elle obtempéra et alla dans l'ancienne remise à charbon où son mari et elle entassaient leurs vieux papiers et leurs emballages en plastique. Depuis que la mairie avait décidé des coupes budgétaires, les éboueurs ne passaient plus que toutes les deux semaines, si bien qu'ils avaient déjà une assez grosse pile.

Pendant ce temps, Maurice retourna le cabas. Une carotte solitaire en tomba. Il fit de même avec les autres sacs – en pure perte.

Dans la remise, Delia alluma la lampe et commença à fouiller parmi les détritus, à la fois furieuse et humiliée. Qu'est-ce qui prenait à Maurice de lui parler sur ce ton devant un inconnu ? Et comment ce type bizarre et pleurnicheur osait-il interrompre ses programmes télévisés ? Elle donna un coup de pied dans une pile de papiers qui s'effondra. L'enveloppe n'était pas là, c'était évident. Qu'est-ce que Maurice s'imaginait ? Qu'elle aurait pu mettre le courrier de son oncle à la poubelle sans s'en rendre compte ? Elle se figea brusquement en apercevant le coin d'une enveloppe matelassée. Elle l'attira vers elle et reconnut les pattes de mouche familières. La panique la gagna. Retrouver ce paquet lui faisait encore plus perdre la face. Il valait sûrement mieux le cacher. Une fois que Maurice serait parti travailler le lendemain matin, elle n'aurait qu'à le détruire ou le déposer dans une benne à ordures devant chez Tesco. Sa priorité pour le moment était de se débarrasser de cet homme qui braillait dans sa cuisine et de regagner son fauteuil devant la télé. Elle ne s'en sortait au quotidien que lorsque tout autour d'elle était bien ordonné. Dans le cas contraire, elle perdait vite ses moyens. Et là, il ne faisait aucun doute à ses yeux que le contenu de cette enveloppe allait changer sa vie, pas nécessairement pour le mieux.

— Qu'est-ce que tu fabriques ?

Apparu derrière elle, Maurice jetait une ombre terrifiante dans la remise.

— Tu m'as fait peur, dit-elle.

Elle recula en essayant de lui cacher l'enveloppe, mais sa nervosité et son coup d'œil de côté n'échappèrent pas à son mari.

— Qu'est-ce que tu caches ?

— Rien du tout. Pourquoi veux-tu que je cache quelque chose ? Rentrons et allons réconforter ce jeune homme. Le pauvre. Tu pourrais le raccompagner à la gare.

Il l'ignora et la poussa pour se mettre à genoux devant le tas de papiers.

— Tu vas te salir, Maurice. Relève-toi !

Il ne mit que quelques secondes à retrouver l'envoi de Trichcombe. Il l'attrapa d'un geste triomphant et, sans un regard pour sa femme, retourna porter le paquet à Jesse dans la cuisine.

— Le voilà, dit-il. Qui va l'ouvrir ? Vous ou moi ?

Jesse fixa tour à tour l'enveloppe et Maurice, avant d'essuyer ses larmes.

— C'est merveilleux, tout simplement merveilleux, bafouilla-t-il. Allez-y.

De joie, il alla serrer Maurice dans ses bras. Il voulut faire de même avec Delia, mais elle l'en dissuada aussitôt.

— Ne vous approchez pas de moi, cracha-t-elle en se redressant autant que le lui permettait son petit mètre cinquante-cinq.

Maurice ouvrit l'enveloppe avec précaution et en sortit une carte mémoire, quelques photos, un manuscrit dactylographié d'environ quarante pages et une lettre.

Cher Maurice,

Je souhaite que tu n'aies jamais l'occasion de lire cette lettre et de donner suite aux éléments qu'elle contient. Si ce jour-là est venu, c'est que je suis probablement mort. Parce que tu es mon parent le plus proche encore en vie et que tu me sembles être quelqu'un de fiable et d'intègre, j'ai toujours compté sur ton bon cœur pour conserver des copies de mon travail. J'imagine que tu n'as eu ni le temps ni l'envie de prendre connaissance de mes ouvrages. Je n'ai jamais rencontré personne ayant grandi à Mold qui partageât ma passion pour l'art, et je ne sais pas vraiment d'où me vient ce trait de caractère. Tes grands-parents n'avaient pas la moindre petite reproduction chez eux, a fortiori pas la moindre œuvre originale. Ma passion est née quand la directrice de notre école, Mlle Quilter, a oublié de réserver une sortie scolaire à l'usine de Bournville, ce qui nous a obligés à nous rabattre sur le musée et la galerie d'art de Birmingham. Tu ne t'en souviens peut-être pas, mais je t'ai emmené là-bas lorsque tu étais petit. J'estimais que tout le monde méritait de connaître une expérience de nature à changer sa vie, quitte à laisser ensuite passer cette chance. L'art a été ma bouée de sauvetage. Étudier des œuvres, les regarder et les aimer a été le seul moyen que j'ai trouvé de me sentir un peu moins seul et atypique. Certains aiment les femmes, d'autres les hommes, d'autres encore le jeu ou la bouteille. Moi, j'adore les tableaux, et j'ai consacré toute ma vie à les analyser et à essayer d'expliquer leur beauté et leur mystique à autrui.

Un homme m'a aidé à faire carrière, et ce même homme m'a détruit quelques années plus tard. Il s'appelle Memling Winkleman.

Maurice interrompit sa lecture et se tourna vers Jesse.

— C'est lui dont vous nous avez parlé ?

Jesse acquiesça. Il ne pleurait plus, mais son cœur battait sourdement dans sa poitrine.

— Continuez, dit-il.

J'espère que, le temps que tu lises cette lettre, son infamie aura été révélée au monde entier et qu'il aura été démasqué pour ce qu'il est réellement : un criminel fourbe et malhonnête, un nazi qui n'a jamais laissé rien ni personne l'empêcher de créer la galerie d'art la plus prospère au monde.

— Un nazi. Voyez-vous ça, se moqua Delia.

D'un simple regard, Maurice lui intima de se taire.

Tu ne le sais peut-être pas, mais j'ai été son expert en authentification, c'est-à-dire que je décidais si telle ou telle peinture était une copie ou un original. Si je puis m'attribuer quelque mérite, j'ai une très grande érudition et je possède une bonne mémoire visuelle. À partir du moment où j'ai vu une œuvre et où je l'ai étudiée pendant quelque temps, je n'en oublie plus jamais aucun détail. Montre-moi un morceau d'une toile de Rembrandt et je te dirai tout ce qu'il y a à savoir sur elle. J'avais donc l'œil pour repérer les pépites. Memling et moi écumions les salles de vente, et dès que j'avais identifié et authentifié un tableau de maître, il l'achetait. Cela peut paraître bizarre, mais l'argent ne m'intéressait pas vraiment. Ce que je voulais, c'était être associé à de grandes œuvres d'art et avoir la chance de publier mes réflexions et mes lumières sur le sujet. Memling et moi formions une grande équipe. À lui la richesse, à moi la reconnaissance.

— Quelle reconnaissance ? demanda Delia.
Maurice et Jesse l'ignorèrent.

Il y avait une chose cependant qui m'échappait et que Memling a toujours refusé d'expliquer. Même quand le marché se contractait, même quand il y avait moins d'œuvres de qualité à vendre, il déterrait des trésors comme par enchantement. Il prenait un avion et à son retour, sans que je sache comment, il avait une ou deux toiles dans ses bagages. J'avais beau l'interroger, lui demander où il se les était procurées, il ne me répondait pas. Un jour, il est revenu avec un Titien de toute beauté – le portrait d'une jeune femme, petit mais parfait. Cela a piqué ma curiosité. Ayant déjà vu une esquisse de ce tableau à la Gemäldegalerie de Berlin, j'ai vite établi qu'il avait appartenu à une famille juive avant la guerre et qu'il avait ensuite disparu. J'ai alors commencé à regarder d'un peu plus près d'autres œuvres passées par la galerie – en cachette, bien sûr – et je me suis rendu compte que, pendant les dix années où j'avais travaillé pour lui, Memling avait vendu environ trente tableaux ayant appartenu à des juifs exterminés dans les camps de concentration. Je pense que je savais déjà à ce moment-là ce que cette découverte allait peut-être me coûter.

Un jour, je suis entré dans son bureau en oubliant de frapper, et j'ai vu devant lui un tableau du peintre français Watteau intitulé L'Improbabilité de l'amour. *Lui aussi, je le connaissais par des dessins. Il s'agit d'une œuvre véritablement merveilleuse, dont on dit qu'elle a le pouvoir d'inspirer l'amour aux simples mortels. Ce qui est sûr, c'est qu'elle m'a inspiré un acte de folie. Sans réfléchir, je l'ai soulevée en la dévorant des yeux. Mais il aurait mieux valu pour moi que je fasse semblant de ne pas l'avoir remarquée. Memling me l'a arrachée des mains et m'a crié de sortir de son bureau et de quitter le bâtiment. J'étais si choqué que j'ai fait ce qu'il me demandait. À mon retour le lendemain matin, j'ai trouvé toutes mes affaires et tous mes livres dans un carton, dehors, sur le trottoir. L'accès à la galerie m'a été interdit, et les rumeurs à mon sujet ont commencé tout de suite après. Le monde de l'art est un petit milieu dirigé par une élite puissante. Quand j'allais visiter des expositions privées ou des galeries, les gens m'ignoraient ou me jetaient des regards franchement hostiles. Mes manuscrits ont été rejetés et je n'ai plus réussi à me faire publier – encore moins à trouver du travail. J'ai tenté de faire connaître la vraie personnalité de Memling, de parler de mes découvertes, mais personne ne voulait m'écouter. Les gens savaient trop bien qui détenait le pouvoir. Nous sommes tous complices, dans ce manège.*

J'ai réussi à joindre les deux bouts, non sans mal.

J'avais mon appartement et quelques subsides versés par la Wallace Collection. J'ai continué à écrire des livres non publiés. Tu as une copie de chacun d'eux. Je m'étais résigné à voir les Memling du monde entier continuer à prospérer pendant que les petits hommes de Mold moisissaient à l'écart.

Mais un jour, l'espoir m'est revenu. J'ai vu un dessin du tableau – L'Improbabilité de l'amour *– et une jeune femme m'a dit qu'elle en était propriétaire. Faut-il l'attribuer à cette rage latente que j'avais enfouie en moi durant toutes ces années, ou bien à quelque vestige du tempérament combatif des Gallois ? Toujours est-il que je tenais soudain une chance de démasquer ce monstre. Cette petite et sublime œuvre d'art m'a donné la force et la détermination d'entreprendre ce que j'aurais dû faire bien plus tôt.*

Ce long essai, dont j'espère qu'il a été publié et diffusé dans les journaux du monde entier, te dira comment j'y suis arrivé et quelles sont mes preuves. Des vies ont été perdues, mais au moins justice aura-t-elle été faite.

Si, pour une raison ou pour une autre, ma vie devait être abrégée (et je ne pense pas exagérer en supposant qu'elle le sera), je te demande, mon cher neveu, de veiller à ce que ces informations éclatent au grand jour. Je te recommande de le faire de façon anonyme et avec la plus grande prudence, mais je sais que tu n'es pas homme à refuser de réparer un tort.

Avec tout mon respect,
Ton oncle Trichcombe

Delia porta une main à son cœur.

— Je savais qu'on aurait dû laisser ce truc dans la remise, Maurice. Il ne nous vaudra rien de bon.

— Branche la bouilloire, répliqua-t-il.

Durant les deux heures qui suivirent, Jesse et lui lurent et relurent l'essai de Trichcombe avec la plus grande attention. Renonçant aux conventions, l'historien avait opté pour un récit à la première personne dans lequel il décrivait sa relation avec Memling et les affaires qu'ils avaient conclues ensemble. Il évoquait ses premiers doutes, qu'il avait d'abord balayés, mais qui avaient été ravivés par le portrait de Titien et d'autres apparitions « miraculeuses ». Il ne cachait pas qu'il avait étouffé ses soupçons afin de protéger sa carrière, et que cela avait duré jusqu'au jour où il avait aperçu le Watteau. Chaque tableau mentionné s'accompagnait de détails sur sa provenance qui démontraient sa précédente appartenance à des juifs exterminés durant la guerre. Les preuves les plus accablantes étaient les photos du jeune « Memling » et de la famille Winkleman prises devant *L'Improbabilité de l'amour* dans un appartement berlinois. En sortant de chez Danica Goldberg, Trichcombe était allé directement au bureau d'état civil, où il s'était procuré une photocopie du certificat de naissance de Memling Winkleman et de celui d'un garçon prénommé Heinrich Fuchs. Et il ne s'était pas arrêté en si bon chemin. Il avait également déniché des photos des Jeunesses hitlériennes montrant un jeune conscrit du nom d'Heinrich Fuchs – un portrait en plus jeune de l'homme qui passait aux yeux de tous pour Memling Winkleman. Il avait reconstitué son parcours jusqu'à son entrée dans la brigade nazie chargée de voler des œuvres d'art, où Fuchs avait travaillé directement sous les ordres de Karl Haberstock. Mais la photo la plus étonnante était peut-être celle d'un jeune officier posté derrière Hitler avec un tableau dans les mains. Bien que la photo ne fût pas très nette, il n'y avait pas d'erreur possible : ce jeune homme à la casquette inclinée en arrière et au dos bien droit était Heinrich Fuchs.

— Qu'est-ce qu'on fait maintenant ? demanda Maurice.

— Tu fais comme si tu n'avais jamais rien vu, répondit Delia, qui avait passé les deux heures précédentes à aller et venir nerveusement entre la télévision et la cuisine.

— Trop tard. Je dois remplir mon devoir envers mon oncle, déclara fermement Maurice. Mais j'imagine que les flics du coin ne prendront pas cette histoire au sérieux.

Jesse photographia avec son Smartphone tous les documents amassés par Trichcombe et toutes les pages de son manuscrit avant de les enregistrer sur un serveur distant.

— Je pourrais envoyer ça par mail à qui de droit, proposa-t-il.

— Non, on va porter nous-mêmes toutes ces preuves à Londres, fit Maurice.

— Mais tu n'es jamais allé à Londres, protesta Delia. Tu ne sais même pas où c'est.

— Certaines choses sont trop importantes pour qu'on prenne le risque de se planter.

— Tu ne vas pas me laisser ici toute seule !

— J'aurais dû le faire il y a longtemps, répliqua-t-il en quittant la pièce.

Jesse et Delia restèrent assis en silence à la table de la cuisine. Le jeune homme affichait un grand sourire, alors qu'elle, avec ses bajoues et ses yeux tombants, avait plutôt l'air d'un tas de cire après une nuit passée sur un radiateur.

Quelques minutes plus tard, Maurice réapparut avec une petite valise dans une main et son pardessus dans l'autre.

— Venez, Jesse. On y va.

37

Extrait du *Daily Shout*
« Art et arrestations : de l'improbabilité de toute chose », par notre correspondant Arthur Christopher, journaliste d'art

Petite huile sur toile de seulement 45 × 60 cm, *L'Improbabilité de l'amour* peut se prévaloir d'une histoire extraordinaire – et qui vient de le devenir encore plus. Ce tableau du XVIIIe siècle, signé du maître Antoine Watteau, devait être vendu aux enchères chez Monachorum hier soir à 18 heures, et chacun s'attendait à ce qu'il batte tous les records. Bien qu'il ne soit pas d'une qualité ou d'une importance historique aussi grandes qu'un Titien ou un Vinci, ni aussi tendance ou moderne qu'un Richter ou un Warhol, sa provenance a frappé l'imagination de nombre de gens dans le monde entier, et bien des collectionneurs ont rêvé d'ajouter leur nom à la liste illustre des rois, des reines, des grands penseurs et des amoureux qui en ont un jour été les détenteurs.

Quelques instants avant le début de la vente, une coupure de courant a plongé la salle dans le noir et, de fait, dans le chaos le plus complet. Les grilles de sécurité automatiques se sont abaissées, bloquant à l'intérieur du bâtiment quelque deux cent cinquante invités triés sur le volet. Le désordre qui en est résulté s'est aggravé avec l'arrivée de cinq policiers en armes qui se sont heurtés aux équipes de sécurité privées chargées de protéger quelques-unes des personnes les plus riches du monde, ainsi que le président français et le ministre britannique de la Culture. Plusieurs coups de feu ont été tirés. M. Barthomley Chesterfield Fitzroy St George a été blessé au bras, mais on ne déplore qu'un seul décès en la personne de Mme Melanie Appledore, philanthrope new-yorkaise de soixante-dix-neuf ans, morte sur le coup d'une crise cardiaque.

La foule qui s'était massée à l'extérieur pour assister en direct à l'événement grâce aux écrans géants installés à cet effet n'a rien arrangé. Lorsqu'ils se sont éteints suite à la coupure de courant, les spectateurs mécontents ont tenté de forcer l'entrée de la maison de vente aux enchères.

Au milieu de ce désordre, personne n'a remarqué que le tableau avait disparu sous les yeux mêmes des médias du monde entier, de la police et des équipes de sécurité. Une confusion indescriptible a fait suite à cette découverte. Un manutentionnaire l'avait-il porté dans une chambre forte ? L'un des prestigieux invités l'avait-il subtilisé ? Les employés de Monachorum se sont alors aperçus que toutes les bandes des caméras de surveillance avaient été effacées.

Un de mes confrères du *Daily Shout* posté devant la résidence privée de M. Memling Winkleman nous a signalé que des officiers de police s'étaient présentés à 8 heures chez le célèbre marchand d'art et qu'ils étaient repartis avec lui. Plus tard, le poste de Paddington Green a confirmé que cet homme de quatre-vingt-onze ans ainsi que sa fille, Rebecca Spinetti-Winkleman, âgée de cinquante ans, coopéraient avec les enquêteurs. Aucune plainte n'avait encore été déposée contre eux à ce moment-là.

À midi, Mlle Annie McDee a été libérée de la prison d'Holloway, toutes les poursuites à son encontre ayant été abandonnées. Nos lecteurs se rappelleront que la jeune femme avait été placée en détention provisoire pour vol, extorsion de fonds, escroquerie en bande organisée et meurtre sur la personne de M. Ralph Bernoff, fils du propriétaire de la boutique d'antiquités du même nom située sur Goldhawk Road, à Londres.

À 10 heures, le centre Simon-Wiesenthal a fait savoir sur Tweeter que l'un des derniers chefs de section nazis, Heinrich Fuchs, avait été démasqué. Fuchs, l'un des principaux membres de la tristement célèbre *Einsatzstab Reichsleiter Rosenberg* (ERR), la brigade chargée par Hitler de voler des œuvres d'art dans toute l'Europe, était en fuite depuis 1945. Des rumeurs, pour l'heure non confirmées, laissent entendre que Fuchs a usurpé l'identité et volé le patrimoine d'un juif berlinois, Memling Winkleman, mort en 1943 à Auschwitz.

À 11 heures, le président français a fait publier ce communiqué : « Je suis venu hier soir en Angleterre afin d'acheter *L'Improbabilité de l'amour*, de Watteau, un chef-d'œuvre de l'art français dont la place est au palais de l'Élysée à Paris. Il est absolument capital pour mon pays que ce tableau lui soit restitué le plus rapidement possible. »

À midi, le 10 Downing Street s'est fendu de la déclaration suivante : « Nous sommes heureux d'annoncer que l'un de nos agents a pu récupérer le tableau de Watteau à l'intérieur même de la maison de vente aux enchères hier soir. L'œuvre restera dans un endroit tenu secret jusqu'à nouvel ordre. »

38

Comme vous l'avez probablement deviné, tout ça n'était qu'un coup monté orchestré par le jeune agent des services secrets M. Darren Lu. Déguisé en portier, il a profité du chaos dû à la coupure de courant pour percer une ouverture dans ma vitrine prétendument inviolable, avant de me ranger dans un sac à dos et de filer par une entrée de service.

Je compatis au sort de cette pauvre Melanie Appledore – une grande dame qui a réchappé à une guerre mondiale, navigué dans les eaux dangereuses de Central Park et survécu seule pendant presque un quart de siècle à son mari, tout ça pour passer l'arme à gauche dans une salle de vente. Au moins est-elle morte en étant persuadée que la victoire lui était tout acquise.

Je suis amèrement déçu aussi de ne pas avoir eu l'occasion de battre un nouveau record. Ce vieux renard de Beachendon espérait dépasser les 500 millions de dollars, ce qui était tout à fait envisageable si l'on considère que *Les Joueurs de cartes* de Cézanne – une de ses cinq versions – se sont vendus 261 millions et que ma provenance est bien plus prestigieuse que celle du portrait d'Adèle Bloch-Bauer, de Klimt, cédé quant à lui pour 150 millions.

Ne soyez pas choqué par cette apparente suffisance. Ma toile porte en elle le génie d'un peintre, mais aussi des siècles de désir, d'amour et de cupidité. Chacun de mes propriétaires a laissé en moi une marque indélébile, quoique intangible. Les épanchements de mon maître, pour commencer. Puis l'affection fraternelle de son ami Julienne. L'admiration de figures illustres, tantôt admirables, tantôt abjectes. Même la jeune Annie m'a insufflé une touche de magie. Toute cette reconnaissance accumulée au fil des ans, bien qu'invisible à l'œil nu, est perceptible par ceux qui sont dotés d'une intuition et d'une sensibilité particulières.

Ceci explique-t-il, je vous le demande, le prix affolant de certaines œuvres d'art et la valeur qui nous est attribuée, à moi et à mes semblables – une valeur supérieure à celle de l'or ou des diamants, ce qui fait de nous un investissement plus sûr que les biens immobiliers ou fonciers, alors même que nous ne sommes rien de plus que des morceaux de toile tendus sur quatre bouts de bois ? La réponse est assez simple : regardez le monde cynique, fou et impie qui vous entoure, et cherchez en quoi l'humanité peut encore avoir foi. Je sais, vous me prenez sûrement pour un vieux barbon qui n'en finit pas de pontifier, mais en ces temps décadents, dégénérés et obsédés par l'argent, où même le veau d'or laisse tomber la plupart de ses adorateurs, l'art est devenu une sorte de religion et la beauté offre une forme rare de transcendance.

Comme d'autres cultes prospères, l'art a évolué. Il a désormais des temples magnifiques, des grands prêtres érudits, fait l'objet de pactes et a ses credo. Dans ces nouvelles églises que sont les musées, la contemplation des œuvres s'apparente à une sorte de prière collective, tandis que les grosses fortunes, dans les chapelles privées qu'elles édifient pour elles, sont aux premières loges pour admirer les œuvres d'une rareté inimaginable dont elles les remplissent. Il en a toujours été ainsi.

Mais revenons-en à *moi** : des débats houleux ont eu lieu pour désigner mon propriétaire légitime. Fidèle à sa parole, Annie a renoncé à faire valoir ses droits, si bien que des gens partout sur la planète tentent désespérément de se trouver une parenté avec les Winkleman. Dix mille prétendants se sont fait connaître. La plupart peuvent être écartés sans le moindre doute, mais il y a une femme, en Israël, dont les prétentions paraissent sérieuses.

Pour ma part, j'ai hâte que toutes ces questions soient résolues. Il y a eu bien trop d'agitation autour de moi et j'ai vraiment besoin d'une période de calme et de stabilité. Ma chance est d'inspirer des émotions excessives. Ma malédiction est de ne pouvoir maîtriser mon destin.

En attendant, je suis accroché dans la salle de réception du Premier ministre, officiellement « par mesure de sécurité », même si son principal objectif est en réalité d'agacer les Français. En trois cents ans, rien n'a changé, la France et l'Angleterre se chamaillent toujours pour des broutilles. Le rocher de Gibraltar, cédé aux Anglais en 1713, reste un sujet de contentieux avec l'Espagne et la Grande-Bretagne a depuis toujours avec la Russie une relation en dents de scie. On ne parle plus beaucoup de la Suède et de l'Empire austro-hongrois à notre époque, mais on compte deux nouveaux protagonistes sur la scène internationale, l'Amérique et la Chine. Les superpuissances vont et viennent comme les marées.

Le scandale du jour est que le vieux nazi a avalé une pilule de cyanure et qu'il a été trouvé mort par terre, la bave aux lèvres, dans sa cellule de la prison de Wandsworth. Dans une lettre produite à la justice, il affirmait que sa fille ne savait rien de ses malversations. Ben voyons. La même lettre a également révélé l'emplacement d'une cache renfermant plusieurs tableaux volés – tous pillés par les nazis – dans une mine de sel abandonnée en Bavière. On y a retrouvé quatre-vingt-quatre chefs-d'œuvre, ainsi que la Chambre d'ambre. Je ne vous raconte pas le barouf entre la Russie, la France et l'Allemagne pour établir à qui revient quoi. Depuis Hélène de Troie, la beauté ne cesse décidément pas d'être source d'affrontements.

Annie a été relâchée et plus aucune charge n'a été retenue contre elle. Invitée à déjeuner par le Premier ministre, elle est venue accompagnée de Jesse et d'un type originaire du pays de Galles. Le hasard a voulu que des toilettes soient bouchées ce jour-là au 10, Downing Street. Le Gallois a ôté sa veste et s'est éclipsé avec un employé. Lorsqu'il est réapparu une demi-heure plus tard, le problème était réglé. Bigrement content, le Premier ministre n'a cessé de déblatérer sur les bons citoyens et la « grandeur » de la société. Je dois avouer que je le trouve assommant, mais il faut probablement l'être un peu pour avoir envie d'entrer en politique, et plus encore pour y rester.

Le Gallois a eu une idée durant ce repas : pourquoi ne pas faire de *moi** « le tableau du peuple » ? Il a proposé de lancer une campagne incitant chaque citoyen à faire don de trois livres afin de financer mon acquisition. Le Premier ministre a adoré – comment refuser cette occasion unique dans l'histoire d'introduire une taxe approuvée par tous ?

Malgré la mort de Mme Appledore, Annie a décidé de tenter sa chance aux États-Unis. Juste avant de partir, Annie est passée me voir. Elle a vérifié que personne autour d'elle ne pouvait l'entendre, puis s'est penchée vers moi.

— Merci de m'avoir redonné foi en ce monde, et surtout de m'avoir permis de retrouver l'amour. J'ai une grande dette envers toi, a-t-elle murmuré.

Quelques instants plus tard, Jesse l'a rejointe et l'a serrée contre lui en posant un doux baiser sur sa tête.

— À quoi penses-tu ?

— À l'improbabilité de l'amour, a-t-elle répondu sans me quitter des yeux.

Et, ses doigts entrelacés aux siens, elle a appuyé la tête sur son épaule.

Je dois avouer que j'en ai été tout ému.

Tomi Horschaft a été reconnue comme la petite-fille d'Ezra et d'Esther Winkleman. Née à Auschwitz-Birkenau en 1943 et devenue orpheline peu de temps après, elle avait été adoptée par un couple américain qui s'était ensuite installé dans un kibboutz au nord d'Israël. Depuis les rives du lac de Tibériade, elle a fait cette déclaration : « Cette découverte ne me ramènera jamais mes parents, mes grands-parents et mes cousins, mais j'utiliserai l'argent que rapportera la vente de ce tableau pour construire une école en leur honneur. »

Le peuple de Grande-Bretagne s'est cotisé et a réussi à m'acheter pour un montant de 240 millions de livres (une fraction seulement de ma valeur estimée). Cette période de collecte a été rasoir au possible. Tous les trimestres, j'étais transféré dans un nouveau musée régional. Des files d'attente se formaient, grossies par les centaines de milliers de gens venus m'admirer. Les couples qui souhaitaient se marier devant moi devaient s'acquitter de sommes élevées. Depuis, je suis chaque année élu plus beau trésor national britannique, avec six fois plus de voix que Stonehenge, le palais de Blenheim, la Chaussée des géants ou la tour de Blackpool – qui sont pour moi d'illustres inconnus.

Enfin, j'ai appris par la populace des ragots intéressants. J'ai entendu dire qu'Annie et Jesse avaient emménagé dans une ferme au nord de l'État de New York – un lieu qui satisfaisait leur amour de la campagne sans être trop éloigné de la ville. L'entreprise créée par Annie, Gastronomiquement vôtre, est aujourd'hui ce qui se fait de mieux en matière de traiteur haut de gamme. Elle a cependant rejeté toutes les offres qui lui ont été faites pour la développer dans le monde entier. « À mes yeux, a-t-elle expliqué à un gratte-papier, la nourriture est synonyme d'amour, de mémoire, de souffrance et d'espoir. Elle représente le passé et l'avenir, elle dit qui nous sommes et qui nous voulons être. Cuisiner est affaire d'originalité et d'intimité, on ne peut donc pas transposer cette expérience à une grande échelle. » Et lorsque le journaliste lui avait demandé si elle était la même Annie McDee qui avait acheté le tableau le plus célèbre du monde dans un bric-à-brac, qui était ensuite allée en prison et qui avait refusé un million de livres en compensation de la part de la fondation Winkleman, elle a répondu par ces mots : « Cette femme était une tout autre personne. »

Jesse, désormais son mari, peint toujours des paysages de mémoire dans une énorme grange reconvertie en atelier. Il semble que ses toiles colorées et abstraites soient très recherchées.

Accusée d'avoir falsifié des documents et dissimulé des preuves, Rebecca Winkleman a été condamnée à cinq ans de prison, mais elle a bénéficié d'un régime de semi-liberté qui lui a permis de continuer à diriger la Winkleman Fine Arts. Elle a finalement été libérée au bout de deux ans et demi. La plupart des gens ont supposé qu'elle n'avait agi illégalement que pour protéger son père adoré, et le monde de l'art a accueilli son retour avec compassion. Grâce à son flair extraordinaire et à ses nerfs à toute épreuve, les affaires de la galerie ont prospéré. En 2025, elle a été élevée au rang de dame de l'ordre de l'Empire britannique en reconnaissance de son action en faveur des arts.

Une fois Memling démasqué, Carlo Spinetti est devenu réalisateur indépendant, a remporté un oscar pour un film d'horreur parodique à tout petit budget, *Mon beau-père*, l'histoire d'un ex-nazi impitoyable qui se gorgeait de sang au petit déjeuner. Il est mort juste après avoir été surpris en flagrant délit d'adultère avec deux jeunes femmes au Château Marmont, à Los Angeles.

Vlad et Grace Spinetti se sont mariés. Il a renoncé à sa fortune pour retourner s'installer avec elle dans sa ville natale de Smlinsk, où ils ont donné naissance à sept enfants tout en tenant un salon de tatouage. Grace a envisagé un temps de rentrer en Angleterre et de s'associer à sa mère dans l'entreprise familiale, mais au bout du compte, elle a privilégié la liberté aux gratifications professionnelles.

Le très honorable Barnaby Damson a perdu son siège aux élections de 2020. Il est devenu depuis conseiller en communication du gouvernement albanais.

Blessé au bras gauche durant la fusillade, Barty a reçu un dédommagement significatif de la part de la maison de vente aux enchères. Il a animé sa propre émission de télévision, *C'est d'un vulgaire !*, portant un regard original sur les diverses strates de la société britannique, et a vécu jusqu'à l'âge de cent deux ans, toujours vêtu avec soin en toutes circonstances.

Delores Ryan a épousé un chauffeur de taxi marocain et est partie s'installer à Taroudant, dans la vallée du Souss. Ayant échoué à identifier le Watteau, elle a renoncé à l'histoire de l'art pour se lancer dans la production massive de cosmétiques à base d'huile d'argan.

Le comte Beachendon a quitté Monachorum afin de diriger le musée de l'émir et de la princesse d'Alwabbi. Avec un milliard de dollars à consacrer chaque année à l'acquisition de nouveaux tableaux, il est devenu l'une des personnalités les plus influentes du monde de l'art.

Suite à son idée ingénieuse de lancer une campagne de souscription nationale, Maurice Abufel a été récompensé par un poste d'ambassadeur auprès de la république du Daghestan. « C'est à peu près aussi grand que le pays de Galles, mais très, très loin de Mold », répétait-il à l'envi. Son ex-femme, Delia Abufel, s'est remariée après avoir remporté le prix de « la plus grosse perte de poids de l'année » et a déménagé à Pontefract.

Evie a suivi avec succès une cure de désintoxication, puis a obtenu son bac ainsi qu'une bourse pour étudier à Oxford. Deux ans plus tard, elle a épousé Bruce Goldenheart (sobre depuis trente-cinq ans) et a dirigé avec lui un service d'aide aux alcooliques en voie de guérison sur l'île de Wight.

Après quatre années de mariage, la femme de Desmond l'a quitté en arguant de son « besoin déraisonnable de tout contrôler autour de lui ».

Et *moi** dans tout ça ? Voyez-vous toujours en moi une vieille toile de 45 × 60 cm recouverte de pigments, d'huile, d'un peu de bouillon de poulet et d'une mouche morte ? Je ne crois pas.

Ma fin est proche. Franchement, je suis épuisé. Il est difficile d'entretenir la flamme de la beauté et de l'excellence. Tous ces siècles durant lesquels j'ai été arraché à mes cadres, transporté à dos de mule, chargé dans des bateaux, fourré dans des sacs plastique et accroché au-dessus de feux de cheminée ont laissé des traces. Ma toile se désintègre. L'huile de ma peinture s'est desséchée. Bientôt, je ne serai plus qu'un petit tas de poussière. Par chance, nombre de disciples et de copieurs suivent avec succès les pas de mon maître – et certains sont excellents. L'essentiel est que les artistes ne cessent de rappeler aux humains que rien ne compte et ne comptera jamais tant que le miracle, la magie, la folie, l'importance et l'improbabilité de l'amour.

Remerciements

Les protagonistes de ce roman s'inspirent de nombreuses personnes que j'ai rencontrées, dont j'ai eu vent par mes lectures ou dont j'espère simplement qu'elles existent. Toute ressemblance avec elles est soit purement accidentelle, soit volontairement flatteuse. Par ailleurs, diverses personnalités publiques et institutions apparaissent ici sous leur vrai nom car il serait difficile d'imaginer un monde de l'art, réel ou fictif, privé de leur présence.

J'ai eu la chance de m'instruire au contact d'éminents spécialistes, mais aussi auprès des directeurs, des conservateurs et des administrateurs de la National Gallery, de la Tate Modern, de la Wallace Collection et de Waddesdon Manor. Ces institutions et leurs sommités ont toujours été pour moi une source de réconfort et d'inspiration.

Merci également à Catherine Goodman pour la salle de travail mise à ma disposition et pour son éclairage sur certains peintres et leurs tableaux.

Sarah Chalfant, agent littéraire extraordinaire s'il en est, a repéré le potentiel de ce livre et l'a fait parvenir à l'incomparable Alexandra Pringle et à l'inestimable Shelley Wanger. Merci à tous les collaborateurs de la Wylie Agency, de Bloomsbury et de Knopf, ainsi qu'à Sonny Mehta, Nigel Newton, Alba Ziegler-Bailey, Charles Buchan, Alexa von Hirschberg et Anna Simpson.

J'ai une dette toute particulière envers ma famille, mes amis et mes collègues pour leur soutien, leur humour et leur patience, ainsi qu'envers mes lecteurs attentifs, Jacob et Serena Rothschild, Fiona Golfar, Justine Picardie, Philip Astor, Stephen Frears, Rosie Boycott et les SP. Enfin, plus que tout autre, je remercie Emmy.

Collection « Littérature étrangère »

Adams Poppy
Le Temps des métamorphoses

Adderson Caroline
La Femme assise

Aguéev M.
Roman avec cocaïne

Ali Monica
Sept mers et treize rivières
Café Paraíso
En cuisine
La Véritable Histoire de Lady L.

Allison Dorothy
Retour à Cayro

Anderson Scott
Triage
Moonlight Hotel

Arlt Roberto
Les Sept Fous
Les Lance-Flammes

Arpino Giovanni
Une âme perdue
Le Pas de l'adieu
Mon frère italien
Giovanni le bienheureux

Auslander Shalom
La Lamentation du prépuce
Attention Dieu méchant
L'Espoir, cette tragédie

Ballantyne Lisa
Un visage d'ange
Le Piège de la mémoire

Baker Kline Christina
Le Train des orphelins

Baxter Charles
Festin d'amour

Benioff David
24 heures avant la nuit

Bezmozgis David
Le Monde libre
Refuznik

Bloom Amy
Ailleurs, plus loin

Boykey Sidley Steven
Meyer et la catastrophe

Brookner Anita
Hôtel du Lac
États seconds
La Vie, quelque part
Une chute très lente
Une trop longue attente
Fêlures
Le Dernier Voyage

Brooks Geraldine
Le Livre d'Hanna
La Solitude du Dr March
L'Autre Rive du monde

Brown Clare
Un enfant à soi

Caballero Antonio
Un mal sans remède

Caicedo Andrés
Que viva la música !

Cañón James
Dans la ville des veuves intrépides

Cash Wiley
Un pays plus vaste que la terre
Les Chemins de la rédemption

CONNELL D. J.
Julian Corkle est un fieffé menteur
Sherry Cracker et les Sept Voleurs

CONROY Pat
Le Prince des marées
Le Grand Santini

COURTENAY Bryce
La Puissance de l'Ange

CUNNINGHAM Michael
La Maison du bout du monde
Les Heures
De chair et de sang
Le Livre des jours
Crépuscule
Snow Queen
Ils vécurent heureux, eurent beaucoup d'enfants et puis…

DI PAOLO Paolo
Tanta vita !
Où étiez-vous tous

DORRESTEIN Renate
Vices cachés
Un cœur de pierre
Sans merci
Le Champ de fraises
Tant qu'il y a de la vie

DOUGHTY Louise
Je trouverai ce que tu aimes
Portrait d'une femme sous influence

DUNANT Sarah
La Courtisane de Venise
Un cœur insoumis

DUNMORE Helen
Un été vénéneux
Ils iraient jusqu'à la mer
Malgré la douleur
La Faim
Les Petits Avions de Mandelstam
La Maison des orphelins

EDELMAN Gwen
Dernier refuge avant la nuit
Le Train pour Varsovie

ELTON Ben
Nuit grave
Ze Star

FERRARIS Zoë
La Disparue du désert
Les Mystères de Djeddah
Clandestines

FEUCHTWANGER Lion
Le Juif Süss

FITZGERALD Helen
Le Don

FLANAGAN Richard
La Fureur et l'Ennui
Désirer

FRENCH Paul
Minuit à Pékin

FREY James
Mille morceaux
Mon ami Leonard

FROMBERG SCHAEFFER Susan
Folie d'une femme séduite

FRY Stephen
L'Hippopotame
Mensonges, mensonges
L'Île du Dr Mallo

GAIGE Amity
Schroder
O my Darling

GALE Patrick
Chronique d'un été
Une douce obscurité

Tableaux d'une exposition
Jusqu'au dernier jour

GARLAND Alex
Le Coma

GARTSIDE Mark
Ce qui restera de nous

GATALICA Aleksandar
À la guerre comme à la guerre !

GEE Maggie
Ma bonne

GEMMELL Nikki
Les Noces sauvages
Love Song

GEORGE Alex
Une symphonie américaine

GILBERT David
Les Normaux
Les Marchands de vanité

GUSTAFSSON Lars
La Mort d'un apiculteur

HAGEN George
La Famille Lament
Les Grandes Espérances du jeune Bedlam

HAYES Suzanne
et NYHAN Loretta
Petites recettes de bonheur pour les temps difficiles

HODGKINSON Amanda
22 Britannia Road
Rose et ses sœurs

HOMES A. M.
Mauvaise mère

HOSSEINI Khaled
Les Cerfs-Volants de Kaboul
Mille soleils splendides
Les Cerfs-Volants de Kaboul (roman graphique)
Ainsi résonne l'écho infini des montagnes

HUTCHINS Scott
L'Amour comme hypothèse de travail

JOHNSTON Jennifer
Petite musique des adieux
Ceci n'est pas un roman
De grâce et de vérité
Un Noël en famille

JONES Kaylie
La fille d'un soldat ne pleure jamais
Dépendances

JORDAN Hillary
Mississippi
Écarlate

KAMINER Wladimir
Musique militaire
Voyage à Trulala

KANON Joseph
L'Ultime Trahison
L'Ami allemand
Alibi

KENNEDY Douglas
La Poursuite du bonheur
Rien ne va plus
Une relation dangereuse
L'homme qui voulait vivre sa vie
Les Désarrois de Ned Allen
Les Charmes discrets de la vie conjugale
Piège nuptial
*La Femme du Ve*
Quitter le monde
Cet instant-là
Murmurer à l'oreille des femmes
Mirage

KLIMKO Hubert
La Maison de Róża
Berceuse pour un pendu
Les Toutes Premières Choses

KNEALE Matthew
Les Passagers anglais
Douce Tamise
Cauchemar nippon
Petits crimes dans un âge d'abondance
Maman, ma sœur, Hermann et moi

KOCH Herman
Le Dîner
Villa avec piscine

LAMB Wally
Le Chant de Dolorès
La Puissance des vaincus
Le Chagrin et la Grâce

LAW Benjamin
Les Lois de la famille

LAWSON Mary
Le Choix des Morrison
L'Autre Côté du pont
Un hiver long et rude

LEONI Giulio
La Conjuration du Troisième Ciel
La Conspiration des miroirs
La Croisade des ténèbres

LI YIYUN
Un millier d'années de bonnes prières
Un beau jour de printemps
Plus doux que la solitude

LISCANO Carlos
La Route d'Ithaque
Le Fourgon des fous
Souvenirs de la guerre récente
L'Écrivain et l'Autre
Le Lecteur inconstant suivi de *Vie du corbeau blanc*

LOTT Tim
Frankie Blue
Lames de fond
Les Secrets amoureux d'un don Juan
L'Affaire Seymour

MADDEN Deirdre
Authenticité

MAKSIK Alexander
La Mesure de la dérive

MARCIANO Francesca
L'Africaine
Casa Rossa
La Fin des bonnes manières

MCAFEE Annalena
Le Doux Parfum du scandale

MCCANN Colum
Danseur
Les Saisons de la nuit
La Rivière de l'exil
Ailleurs, en ce pays
Le Chant du coyote
Zoli
Et que le vaste monde poursuive sa course folle
Transatlantic

MCCOURT Frank
Les Cendres d'Angela
C'est comment l'Amérique ?
Teacher Man, un jeune prof à New York

MCGARRY MORRIS Mary
Mélodie du temps ordinaire
Fiona Range
Un abri en ce monde
Une douloureuse absence
Le Dernier Secret

À la lueur d'une étoile distante

McKEON Darragh
Tout ce qui est solide se dissout dans l'air

MERCURIO Jed
La Vie sexuelle d'un Américain sans reproche

MILLS Jenni
Le Murmure des pierres

MILLS Mark
En attendant Doggo

MORTON Brian
Une fenêtre sur l'Hudson
Des liens trop fragiles

MURAKAMI Haruki
Au sud de la frontière, à l'ouest du soleil
Les Amants du Spoutnik
Kafka sur le rivage
Le Passage de la nuit
La Ballade de l'impossible
L'éléphant s'évapore
Saules aveugles, femme endormie
Autoportrait de l'auteur en coureur de fond
Sommeil
1Q84 (Livre 1)
1Q84 (Livre 2)
1Q84 (Livre 3)
Chroniques de l'oiseau à ressort
Les Attaques de la boulangerie
Underground
L'Incolore Tsukuru Tazaki et ses années de pèlerinage
L'Étrange Bibliothèque
Écoute le chant du vent suivi de *Flipper, 1973*

MURRAY Paul
Skippy dans les étoiles

NICHOLLS David
Un jour
Pourquoi pas ?
Pour une fois
Nous

O'CONNOR Scott
Ce que porte la nuit

O'DELL Tawni
Le Temps de la colère
Retour à Coal Run
Le ciel n'attend pas
Animaux fragiles

O'FARRELL Maggie
Quand tu es parti
La Maîtresse de mon amant
La Distance entre nous
L'Étrange Disparition d'Esme Lennox
Cette main qui a pris la mienne
En cas de forte chaleur

ONSTAD Katrina
La Vie rêvée des gens heureux

OWENS Damien
Les Trottoirs de Dublin

OZEKI Ruth
En même temps, toute la terre et tout le ciel

PARLAND Henry
Déconstructions

PAYNE David
Le Dragon et le Tigre : confessions d'un taoïste à Wall Street
Le Monde perdu de Joey Madden

Le Phare d'un monde flottant
Wando Passo

PEARS Iain
Le Cercle de la Croix
Le Songe de Scipion
Le Portrait
La Chute de John Stone

PENNEY Stef
La Tendresse des loups
Le Peuple des invisibles

PICKARD Nancy
Mémoire d'une nuit d'orage

PIZZOLATTO Nic
Galveston

POLLEN Bella
L'Été de l'ours

RADULESCU Domnica
Un train pour Trieste

RAVEL Edeet
Dix mille amants
Un mur de lumière

RAYMO Chet
Le Nain astronome
Valentin, une histoire d'amour

RELINDES ELLIS Mary
Bohemian Flats

ROBERTIS Carolina De
La Montagne invisible

ROLÓN Gabriel
La Maison des belles personnes

ROSEN Jonathan
La Pomme d'Ève

SANSOM C. J.
Dissolution
Les Larmes du diable
Sang royal
Un hiver à Madrid
Prophétie
Corruption
Dominion

SAVAGE Thomas
Le Pouvoir du chien
La Reine de l'Idaho
Rue du Pacifique

SCHWARTZ Leslie
Perdu dans les bois

SEWELL Kitty
Fleur de glace

SHARPE Tom
Fumiers et Cie
Panique à Porterhouse
Wilt 4
Le Gang des mégères inapprivoisées ou Comment kidnapper un mari quand on n'a rien pour plaire
Wilt 5 – Comment enseigner l'histoire à un ado dégénéré en repoussant les assauts d'une nymphomane alcoolique

SHIPSTEAD Maggie
Plan de table
Étonnez-moi

SHREVE Anita
Le Poids de l'eau
Un seul amour
La Femme du pilote
Nostalgie d'amour
Ultime rencontre
La Maison du bord de mer
L'Objet de son désir
Une lumière sur la neige
Un amour volé
Un mariage en décembre
Le Tumulte des vagues
Une scandaleuse affaire
Un jour après l'autre

SHRIVER Lionel
Il faut qu'on parle de Kevin
La Double Vie d'Irina
Double faute
Tout ça pour quoi
Big Brother

SILVESTRE Edney
Si je ferme les yeux
Le bonheur est facile

SMITH Tom Rob
Enfant 44
La Ferme

SOLER Jordi
Les Exilés de la mémoire
La Dernière Heure du dernier jour
La Fête de l'Ours
Dis-leur qu'ils ne sont que cadavres
Restos Humanos

SWARUP Vikas
Les Fabuleuses Aventures d'un Indien malchanceux qui devint milliardaire
Meurtre dans un jardin indien
Pour quelques milliards et une roupie

THOMAS Matthew
Nous ne sommes pas nous-mêmes

TOBAR Héctor
Printemps barbare
Jaguar

TOLTZ Steve
Une partie du tout
Vivant, où est ta victoire ?

TSIOLKAS Christos
La Gifle
Jesus Man
Barracuda

ULINICH Anya
La Folle Équipée de Sashenka Goldberg

UNSWORTH Barry
Le Nègre du paradis
La Folie Nelson

VALLEJO Fernando
La Vierge des tueurs
Le Feu secret
La Rambla paralela
Carlitos qui êtes aux cieux

VELASCO Stefanie de
Lait de tigre

VERMES Timur
Il est de retour

VREELAND Susan
Jeune fille en bleu jacinthe

WARD Jesmyn
Bois Sauvage
Ligne de fracture

WATSON Larry
Sonja à la fenêtre

WEBB Katherine
L'Héritage
Pressentiments
À la claire rivière
La Vérité à propos d'Alice

WEISGARBER Ann
L'Histoire très ordinaire de Rachel Dupree

WELLS Rebecca
Fleurs de Ya-Ya

WEST Dorothy
Le Mariage

WINGFIELD Jenny
Les Ailes de l'ange

WOLF Jack
Misericordia

WRINKLE Margaret
Wash

ZAILCKAS Koren
Notre mère

ZHANG Xianliang
La mort est une habitude
La moitié de l'homme, c'est la femme

ZWEIG Stefan
Le Monde d'hier. Souvenirs d'un Européen

Composition et mise en pages
Nord Compo à Villeneuve-d'Ascq

FSC
www.fsc.org
MIXTE
Papier issu de
sources responsables
FSC® C003309

Cet ouvrage a été achevé d'imprimer en mars 2016
dans les ateliers de Normandie Roto Impression s.a.s.
61250 Lonrai (Orne)

N° d'impression : 1601001
Dépôt légal : avril 2016

Imprimé en France